KB266567

해상도를
높여라

해상도를 높여라
고객·시장·제품을 읽는 4시점, 판단을 구조화하는 48프레임

초판 1쇄 발행 2026년 4월 23일

지은이 우마다 다카아키　옮긴이 류두진　펴낸이 한기성　기획·편집 김나희　교정 박한솔
표지 디자인 오필민　내지 디자인 윤영준　제작·관리 김진불　영업·마케팅 김진불　경영지원 박미경
용지 월드페이퍼　출력·인쇄 예림인쇄　제본 예림원색

펴낸곳 (주)도서출판인사이트　등록번호 제2002-000049호　등록일자 2002년 2월 19일
주소 서울특별시 마포구 연남로5길 19-5　전화 02-322-5143　팩스 02-3143-5579
이메일 insight@insightbook.co.kr

Copyright ⓒ (주)도서출판인사이트　ISBN 978-89-6626-526-8 13320

책값은 뒤표지에 있습니다. 잘못 만들어진 책은 구입처에서 교환하실 수 있습니다.
이 책의 정오표는 https://blog.insightbook.co.kr에서 확인하실 수 있습니다.

글쓰기는 더 큰 배움에 이르는 보람 있는 여정입니다.
독자 여러분의 소중한 원고를 기다립니다. submit@insightbook.co.kr

해상도를 높여라

우마다 다카아키 지음 | 류두진 옮김

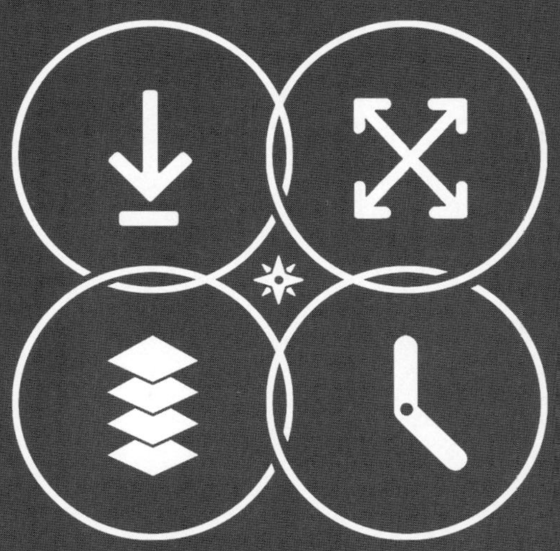

고객·시장·제품을 읽는 4시점
판단을 구조화하는 48프레임

인사이트

해상도가 높은 사람은 더 많이 고민하지 않는다 — 먼저 정의하고 더 빨리 행동한다

차례

시작하는 글

"제안을 완성했는데도 뭔가 핵심이 빠진 듯해서 마음이 찜찜합니다."
"이 사람의 말은 현실감이 없고 어딘가 붕 떠 있는 느낌이에요."
"무슨 말을 하려는지는 알겠지만 설득력이 부족한 것 같아요."

일을 하며 이런 경험을 한 적이 없었는가?

논의가 잘 풀리지 않거나, 발언의 요지가 모호하게 느껴지거나, 핵심이 분명하지 않다고 느낄 때, 혹은 사안을 충분히 이해하지 못했다고 생각될 때……. 이는 마치 카메라의 초점이 맞지 않거나, 시력이 나쁜 사람이 안경 없이 볼 때 세상이 흐릿하게 보이는 것과 같다.

이러한 사고의 상태를 우리는 흔히 '해상도가 낮다.'라고 표현한다. 반대로 명확하고 논리적으로 사고할 수 있는 상태를 '해상도가 높다.'라고 한다.

뛰어난 창업가가 바라보는 세상

지난 10년 가까이 창업가를 지원해 왔다. 그중에서도 뛰어나다고 느낀 사람들은 예외 없이 '해상도가 높은' 사람들이었다. 그들이 몰두하는 분야를 물어보면 명확하고 간결하며 무엇보다도 이해하기 쉬운 답변이 돌아온다. 고객이 지금 어떤 점에서 불편함을 느끼는지, 일주일에 몇 번 그 문제를 경험하는지, 해결하기 위해 어떤 경쟁 제품을 사용하고, 그 과정에서 어떤 아이디어나 노하우로 효과적으로 대응하는지, 그리고 그때 고객이 어떤 감정을 느끼는지까지 구체적으로 이야기한다. 이야기를 듣다 보면 눈앞에 고객의 모습이 선명하게 떠오를 정도다.

단순히 사실을 자세히 알고 있을 뿐만 아니라 거기서 도출되는 통찰도 날카롭고 독창적이다. 이야기를 들을 때마다 '아, 그렇군요! 그런 이유가 있었네요.'라는 말이 나올 만큼 자연스럽게 이야기에 귀를 기울이게 된다. 문제의 원인 분석 또한 명쾌해 '그렇네요, 확실히 그렇습니다……' 하고 고개를 끄덕이게 된다.

그들의 통찰력은 고객 이해에만 머물지 않는다. 뛰어난 창업가는 시장, 기술, 비즈니스 모델, 미래의 사업 계획 등 비즈니스의 거의 모든 측면에서 높은 해상도를 갖추고 있다. 그 정보는 점으로 흩어져 있는 것이 아니라 서로 유기적으로 연결되어 있다. 이야기를 듣는 동안 정보가 선으로, 면으로, 입체로 이어지며 새로운 깨달음을 주는 순간이 있다. 정보는 체계적으로 구조화되어 있어 이해하기도 쉽다.

현재의 현상만 명확히 파악하는 데 그치지 않는다. 앞으로 전개할 전략의 포석도 탁월하다. 각각 두는 수가 마치 정교한 톱니바퀴처럼 맞물려, 눈앞의 작은 한 수를 두면 작은 톱니가 돌아가고, 그 작은 톱니가 연쇄적으로 큰 톱니바퀴를 움직인다. 그 결과 사회 전체가 변화하는 듯한 예감마저 든다.

무엇보다 인상적인 점은 뛰어난 창업가일수록 높은 해상도에 도달하는 속도가 빠르다는 것이다. 즉, '해상도를 높이는 능력'이 탁월하다. 새로운 분야로 사업을 확장하겠다는 상담을 받은 지 얼마 지나지 않아 다시 만나면 이미 그 새로운 영역에서도 놀라울 만큼 높은 해상도를 확보하고 있다.

이처럼 높은 해상도를 가진 창업가들은 고객을 사로잡는 제품을 만들고 설득력 있는 계획으로 투자자를 설득시켜 자금 조달에도 성공한다.

해상도가 낮을 때의 증상

반면 이제 막 창업을 시작하려는 지망생들의 답변은 종종 모호하다. 다시 말해 '해상도가 낮은' 경우가 많다. '학생이 진로를 고민할 때 필요한 정보가 부족해 올바른 판단을 내리지 못하므로 AI를 활용해 개인 맞춤형 진로 정보를 제공한다.' 이 아이디어는 최근 몇 년간 자주 등장한 사례 중 하나다. 언뜻 그럴 듯하게 들린다. 그러나 이 아이디어만으로는 정보가 충분하지만 단순히 전달되지 않은 것인지, 아니면 애초에 정보 자체가 없는 것인지조차 알 수 없다. 학생들이 정말 필요한 정보를 갖고 있지 않은 걸까? 부족하다면 어떤 정보가 부족한 걸까? 어떤 학생이 그 문제로 어려움을 겪고 있을까? 어떤 AI를 만들겠다는 것일까? 이렇게 질문이 꼬리를 물고 이어진다.

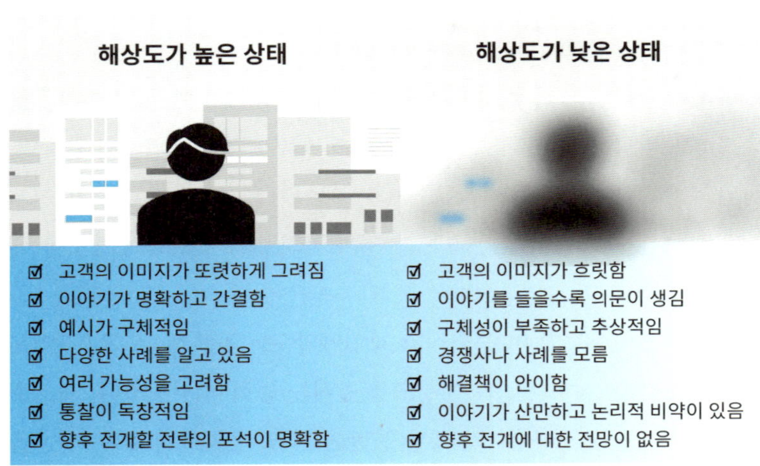

자세히 알아보기 위해 질문을 던져도 해상도가 낮은 창업 지망생에게서는 구체적인 답변이 돌아오지 않는다. 답변이 질문의 요지와 어긋나 있거나, 핵심을 짚지 못하거나, 논리적 비약이 눈에 띄는 경우가 많다. 해상도가 높은 사람의 이야기와 달리 과제에 대한 해결책이어야 할 제품이 실제 문제 해결로 거의 연결되지 않기도 한다. 제시되는 정보가 여기저기 흩어져 있고 각 정보 간의 연결성이나 관련성도 보이지 않는다. 구조화되어 있지 않아 이해하기 힘든 것도 특징으로 꼽힌다. 그들의 설명을 듣고 있으면 마치 불투명한 유리 너머로 희미한 그림자를 보는 듯 피상적인 이미지밖에 떠오르지 않는다. 기술적인 부분을 물어봐도 구체적으로 무엇을 만들고 어떻게 진행하겠다는 것인지 알 수 없어 의문만 커진다.

이런 아이디어 상담을 할 때 나는 과거에 만났던 뛰어난 창업가들의 사고와 행동 패턴을 떠올리며 조언을 건넨다. 조언을 거듭하는 과정에서 해상도가 높은 창업가에게는 공통된 사고와 행동 패턴이 존재한다는 사실을 깨닫게 되었고 그 내용을 체계적으로 정리한 것이 바로 이 책이다. 실제로 조언을 실천한 창업 지망생들이 단기간에 해상도를 높여 좋은 아이디어에 이르는 모습을 여러 번 목격해 왔다.

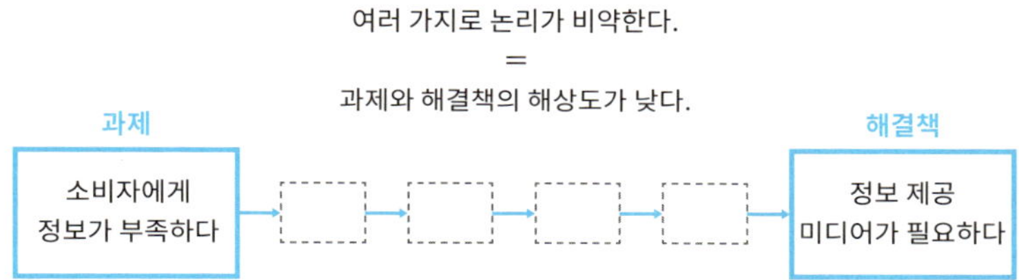

해상도가 낮은 상태에서 사업을 하는 것은
안개 속에서 화살을 쏘는 것과 같다

창업가는 높은 해상도가 가장 필요한 직업이다. 모두가 간과하고 있는 숨겨진 핵심 과제를 발견하고, 이를 해결하기 위해 새로운 사업을 시작한다. 이를 위해 누구보다 높은 해상도로 사안을 바라보고 사업 기회를 포착해야 한다. 또한 창업가는 아이디어의 방향을 바꿔야 할 때가 자주 있다. 그럴 때는 새로운 사업 영역의 해상도를 신속히 높여야 한다. 가령 아이디어가 잘 진행되어 성공의 조짐이 보이더라도 기업이 성장함에 따라 조직 구성이나 자금 조달 등 이전에 경험하지 못한 업무는 계속해서 생겨난다. 이렇게 경험하지 못한 영역에서도 단기간에 해상도를 높여야 하는 것이 바로 창업가다. 창업가뿐만 아니라 신규 사업 담당자도 마찬가지다. 아직 아무도 도전하지 않은 분야에서 사내·외의 여러 장애물을 높은 해상도로 내다보고, 끊임없이 배우며 나아가야 하기 때문이다.

창업가나 신규 사업 담당자뿐만 아니라 모든 사업가 역시 해상도를 높여야 한다는 압박 속에서 일한다. 제품이나 서비스를 개선해 매출을 높이거나 업무 생산성을 향상하기 위해서는 해결했을 때 영향력이 큰 과제를 찾아내야 한다. 이를 위해서는 자신이 담당하는 고객이나 업무의 해상도를 높여야 한다. 또한 해결책을 생각하려면 첨단 기술과 효과적인 방법을 높은 해상도로 파악해야 한다. 이처럼 해상도를 높이면 '이 숫자를 올리면 사업 전체가 좋아진다.'와 같은 핵심 포인트를 정확히 짚어 낼 수 있다. 예를 들어 '인재 채용 관련 원하는 인재상을 더 구체화하고 싶다.'거나 '고객 지원 관련, 고객의 과제 해결 속도를 높이고 싶다.' 같은 상황에서도 필요한 것은 결국 인재나 고객에 대한 해상도를 높이는 일이다. 여러분이 관리자라면 부하 직원의 업무 해상도를 높이기 위해 구체적이고 적절한 피드백을 제공해야 할 것이다.

경영진이라면 불확실한 환경 속에서도 미래의 해상도를 높여 경영 방침이나 전략과 같은 가설을 세우고 의사 결정을 내려야 한다. 동시에 그 의사 결정의 배경을 높은 해상도로 모든 이해관계자에게 전달해야 한다. 고객과 업계에 대한 해상도를 높여 두면 자사의 근간을 흔들 위험도 빠르게 감지하고 대응할 수 있다.

이처럼 어떤 업무든 해상도를 높이면 현재 상황에 대한 이해가 깊어지고, 때로는 새로운 사업이나 개선의 기회를 인식하고, 때로는 새로운 위협을 발견해 효과적으로 업무를 수행할 수 있다. 반대로 해상도가 낮은 상태에서 업무나 의사 결정을 내리는 것은 과녁이 보이지 않는 안개 속에서 아무렇게나 화살을 쏘는 것과 같다. 사업을 할 때는 언제나 사람·사물·자금 등 자원이 항상 부족하기 때문에 목표 없이 화살을 마구 쏠 수는 없다. 그렇기에 화살을 쏘기 전에는 제대로 안개를 걷어 내는 것, 즉 실행이나 의사 결정을 내리기 전에는 사안을 높은 해상도로 바라보는 것이 중요하다.

이 책은 뛰어난 창업가들에게서 해상도를 높이는 사고와 행동 패턴을 찾아내 정리한 것이다. 그 내용을 창업가뿐만 아니라 모든 사업가가 활용할 수 있도록 정리했다. 이 책의 토대가 된 슬라이드는 슬라이드 공유 플랫폼인 스피커덱(Speaker Deck)에서 18만 회 이상 조회되었으며, 2021년에 많이 읽힌 슬라이드 중 하나[1]로 선정되었다. 아마도 많은 사업가에게 지금 이 시점에 꼭 필요한 내용이었기 때문일 것이다. 이 책은 그 슬라이드를 발전시켜 해상도를 높이는 요령을 상세히 전하고자 한다.

---

1   2021 - Most Viewed Decks(SpeakerDeck)에서의 발표에 의한 것이다. 조회 수는 2022년 10월 기준이다.
    https://blog.speakerdeck.com/2021-most-viewed-presentations
    https://twitter.com/speakerdeck/status/1475998693941813249

- 각주에서는 국내에 번역·출판된 도서는 번역본의 제목을 사용하였고, 출판되지 않은 도서는 원제목을 우리말로 옮긴 뒤 원어를 병기하였다.

- 원문의 視点, 視座, 視野는 각각 '시점(viewpoint)', '시좌(standpoint)', '시야(field of vision)'로 옮겼다. 세 용어는 모두 '보다(視)'에서 파생된 개념으로 상호 대비되는 의미망을 유지하고 리듬감을 살리기 위해 한자어 형태를 살려 번역하였다.

- 원문에서는 視点(viewpoint)과 時点(point in time)을 구분하여 사용하였다. 한국어에서는 두 용어 모두 '시점'으로 옮길 수 있으나 동일 문장 안에서 두 의미가 함께 쓰일 경우 혼동이 발생할 수 있다고 판단하였다. 이에 본서에서는 관찰의 기준점을 의미하는 視点은 '시점(viewpoint)'으로, 연속된 시간선에서의 한 지점을 의미하는 時点은 '타이밍(point in time)'으로 구분하여 번역하였다.

해상도를 높이는
네 가지 시점

해상도란 무엇인가

다시 한번 '해상도'라는 용어에 대해 생각해 보자. 해상도라는 단어는 본래 인쇄나 PC 디스플레이, 이미지 등에서 사용되는 용어다. 웹사이트나 디스플레이에서는 화소(픽셀)의 개수를, 인쇄에서는 1인치당 점(dot)의 밀도를 의미한다.

예를 들어 디스플레이의 풀HD(1080p) 해상도는 가로 1920픽셀×세로 1080픽셀, 즉 약 207만 화소로 구성된다. 각 화소가 색을 표현하며 전체 이미지를 만들어 내는 구조다. 최근 널리 보급된 4K TV는 2160p라고도 불리며, 3840×2160으로 약 829만 화소로 구성된다. 8K 해상도는 이보다 더 높아 약 3318만 화소에 이른다. 디스플레이의 경우 일정 면적당 화소 개수가 많을수록, 즉 화소 밀도가 높을수록 영상이 더욱 선명하게 표현된다.

디스플레이에 표시되는 이미지는 각 화소가 색을 내면서 만들어진다. 예를 들어 가로 2×세로 2, 총 4화소로 구성된 극단적인 저해상도 이미지는 원래 표현하고 싶었던 이미지의 색 배치만 대략적으로 나타낼 수 있다. 반면 1000×1000, 총 100만 화소로 구성된 이미지는 훨씬 정교하게 원래 이미지를 표현할 수 있다. 다음 그림과 같이 단순한 형태라 하더라도 10×10(100화소)의 하트 모양과 20×20(400화소)의 하트 모양

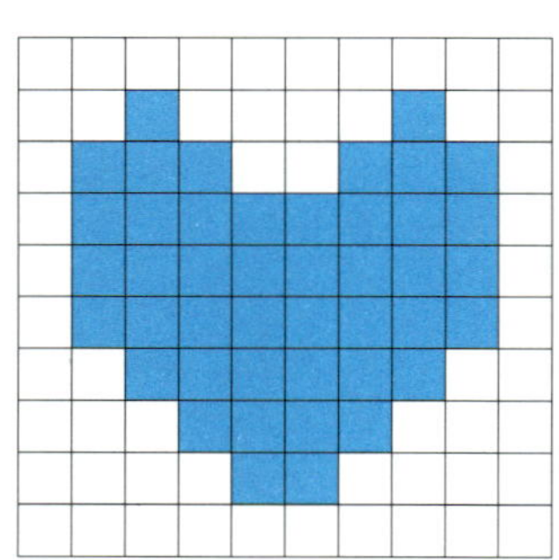

10×10 픽셀 해상도의 하트 모양

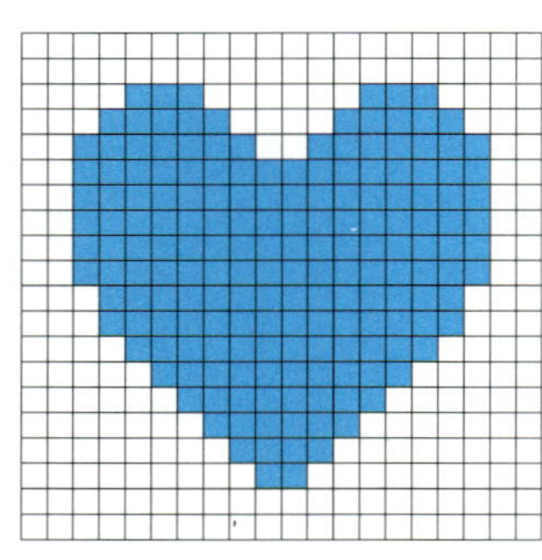

20×20 픽셀 해상도의 하트 모양

을 비교해 보면 형태의 정밀도 차이는 분명하게 드러난다.

'최후의 만찬'의 저해상도 이미지와 고해상도 이미지를 비교해 보자. 오른쪽처럼 흐릿한 이미지는 무엇이 그려져 있는지 식별하기 어렵지만, 왼쪽처럼 선명한 이미지는 예수와 제자들이 있는 장면을 분명히 알아볼 수 있다. 즉, 선명하게 보이는 쪽이 해상도가 높은 이미지다.

원래는 이러한 의미의 '해상도'라는 단어가 최근에는 비즈니스 영역에서도 자주 사용되고 있다. '해상도가 높다.', '해상도가 낮다.', '해상도가 부족하다.' 등의 표현은 사안에 대한 이해도, 사안을 표현할 때의 정밀함, 사고의 명석함을 나타내는 비유적 표현으로 자리 잡았다. 즉, 영상의 선명도에서 출발해 사고의 선명도를 표현하는 언어로 확장된 것이다.

예를 들어 해상도가 낮다는 말을 들을 때의 상태는 다음과 같다.

- 사안에 대한 이해가 부족해 보인다.
- 논의가 현실적이지 않고 추상적이다.
- 구체적인 수치나 근거가 없어 설득력이 떨어진다.
- 추상적인 이야기만 하고 구체적인 예시를 제시하지 않는다.

반대로 해상도가 높다는 것은 앞서 소개한 뛰어난 창업가의 사례처럼 논의와 사고가 명석하고 고객과 시장에 대한 이해가 깊은 상태를 말한다.

원래 다른 분야에서 쓰이던 단어가 전용된다는 것은 '무언가를 전하고 싶지만 기존 언어로는 완전히 표현하기 어려운' 뉘앙스를 담고 싶을 때 나타나는 현상이다. 즉, '해상도'라는 단어는 그 답답함을 해소하기 위한 새로운 표현인 셈이다. 이 용어로 전달하고자 하는 의미를 좀 더 구체화하고 정리한다면 '해상도'는 훨씬 유용한 사고의 틀로 발전할 수 있을 것이다.

따라서 1장에서는 '해상도'라는 용어가 실제로 무엇을 가리키는지, 즉 '해상도라는 개념의 해상도'를 여러분과 함께 높여 나가고자 한다.

해상도가 높은 사람이 갖고 있는 네 가지 시점

해상도가 높다는 것은 무슨 뜻일까? 조금 더 구체적으로 살펴보자.

'건강해지고 싶다.'라는 사람에게 조언한다고 가정해 보자. 이때 떠오르는 선택지는 다양하다. 식단을 바꾸는 방법일 수도 있고, 운동일 수도 있다. 이미 병에 걸렸다면 치료가 필요할 수도 있다. 하지만 '건강해지고 싶다.'라는 표현은 너무 막연한 희망이기 때문에 바로 답을 제시하기는 어렵다. 따라서 먼저 그 사람에게 여러 질문을 던져 현재 상태를 파악해야 한다.

대화를 이어가다 보면 그 사람이 말하는 '건강해지고 싶다.'라는 것이 사실은 '근육을 키우고 싶다.'라는 뜻이었고, 나아가 '상완 이두근과 상완 삼두근을 단련하고 싶다.'라는 것을 알게 되었다고 하자. 그렇다면 이제 "이 웨이트 트레이닝이 좋습니다.", "운동을 하고 이 단백질을 섭취하세요.", "휴식은 이틀 동안 충분히 취하세요.", "처음에는 이 운동부터 시작해 한 달 후에는 다음 단계를 시도해 보세요.", "만약 하나를 선택한다면 이 운동을 추천합니다."라고 명확히 제안할 수 있을 것이다. 이처럼 상대의 과제를 시간 축을 고려해 깊고 넓게, 구조적으로 파악한 뒤 과제의 해결책을 가장 효과적으로 제공할 수 있는 상태가 바로 '해상도가 높은 상태'다.

비즈니스 현장에서도 마찬가지다. 예를 들어 인재 채용에서 '커뮤니케이션 능력이 뛰어난 사람을 원한다.'라는 막연한 공고보다는 '현장에서 고객의 니즈를 직접 듣고 시스템 요구사항을 정리할 수 있는 사람을 찾는다.'라고 하면 더 최적의 인재가 지원해 올 것을 기대할 수 있다. '자사가 원하는 인재상'이나 '커뮤니케이션 능력'이라는 추상적인 개념을 세부 요소로 분해해 어디가 중요한지를 제시할 수 있다는 것은 곧 그 회사가 필요로 하는 인재상과 그 배경이 되는 자사의 과제에 대한 해상도가 높다는 뜻이다.

반대로 해상도가 낮은 예도 있다. '교육이 문제다.'라는 주장이 자주 들린다. 하지만 그것만으로는 교육 시스템 전체를 개혁해야 하는지, 교과서를 바꿔야 하는지, 혹은 다른 접근이 필요한지 알 수 없어 행동으로 옮기기 어렵다. '교육'이라는 개념의 요소를 충분히 세분화하지 못했기 때문에 그 주장은 해상도가 낮고 흐릿한 주장이라 할 수 있다. 이 주장을 토대로 대책을 세우면 방향이 불분명한 채로 의사 결정을 내리게 되

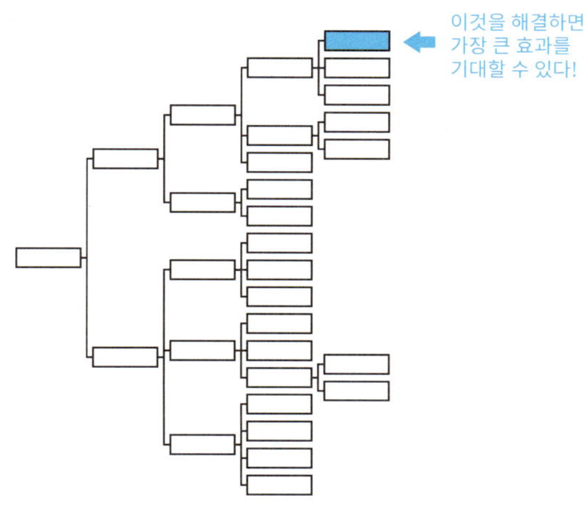

고, 결국 목적에 맞는 대책은 나오지 않는다.

나는 뛰어난 창업가들을 많이 만나며 그들의 높은 해상도에 여러 번 감탄해 왔다. 그리고 그들이 가진 높은 해상도가 어떤 요소로 구성되어 있는지 깊이 생각해 본 결과, 그 핵심에는 '깊이', '넓이', '구조', '시간'이라는 네 가지 시점(viewpoint)이 있다는 사실을 발견했다. 앞선 웨이트 트레이닝의 예처럼 '하나의 현상을 깊고 넓게 요소로 분해한 뒤 구조화하고, 그 중에서도 특히 중요한 포인트를 특정하며, 여기에 시간의 영향도 고려하는 것'이다.

- **깊이의 시점**이란 원인이나 요인, 방법을 자세하고 구체적으로 파고드는 것을 의미한다. 앞의 예처럼 근육의 대략적인 위치뿐만 아니라 종류까지 제대로 특정하고, 각각이 어떤 특징을 지니는지까지 파악한 상태다.
- **넓이의 시점**이란 고려하는 원인, 요인, 접근법의 다양성을 확보하는 것이다. 앞의 예에서 단순히 웨이트 트레이닝을 제안하는 데 그치지 않고 식사나 휴식에 관한 조언까지 포함한다. 또한 운동 보조 장비의 선택처럼 운동과 직접적으로 관련되지 않은 요소까지 넓은 시점에서 검토하는 것이 넓이의 시점이다.

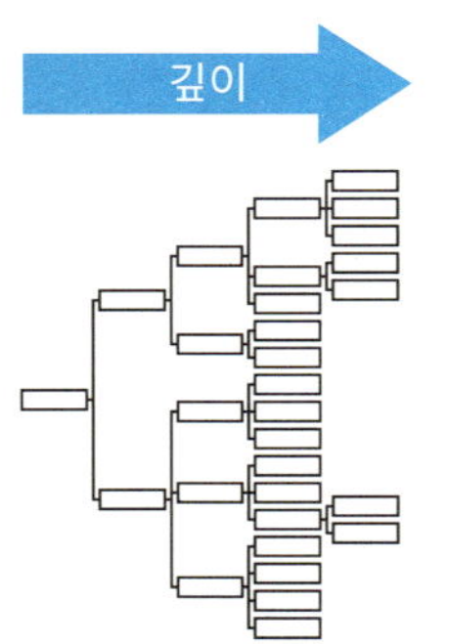

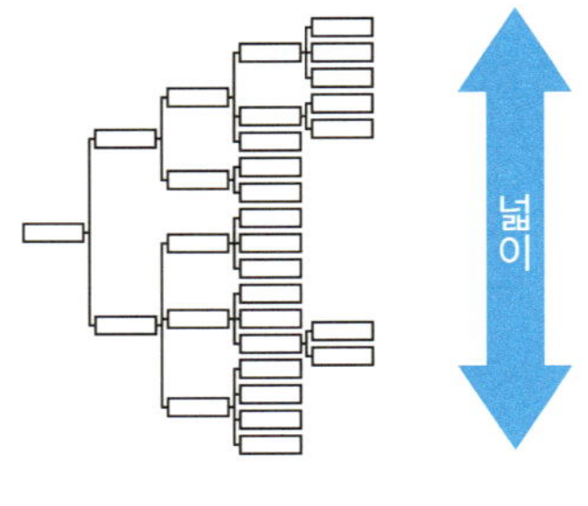

- **구조의 시점**이란 '깊이'와 '넓이'의 시점에서 드러난 요소를 의미 있는 형태로 분류하고 요소 간의 관계나 상대적 중요성을 파악하는 것이다. 예를 들어 근육량을 늘린다는 목표 아래 어떤 요소가 연관되어 있는지, 그 연결의 강약도 파악하는 것이 구조의 파악이다. 이 중에는 효과가 미미한 운동도 있고 운동이 습관화되지 않은 초심자에게는 복잡한 루틴보다는 '우선 이 한 가지를 해 보자.'라는 단순한 제안이 더 효과적일 수도 있다. 다양한 선택지를 인식한 뒤 상황이나 과제에 따라 무엇을 생략해도 되는지를 판단할 수 있는 것이 구조를 파악하고 있다는 하나의 지표다.

- **시간의 시점**이란 시간의 흐름에 따른 변화, 인과관계, 사안의 프로세스나 흐름을 포착하는 것이다. 근육이 아직 생기지 않은 시기에는 어떤 운동이 적합한지, 점차 근육이 붙기 시작했을 때는 어떤 운동이 효과적인지 등 시간의 변화나 프로세스를 고려하면서 운동 프로그램을 제안할 수 있는지는 시간 축을 의식하고 있는가와 연관되어 있다.

구조의 시점

'깊이'와 '넓이'의 시점에서 드러난 요소를 의미 있는 형태로 분류하고, 요소 간의 관계나 상대적 중요성을 파악한다.

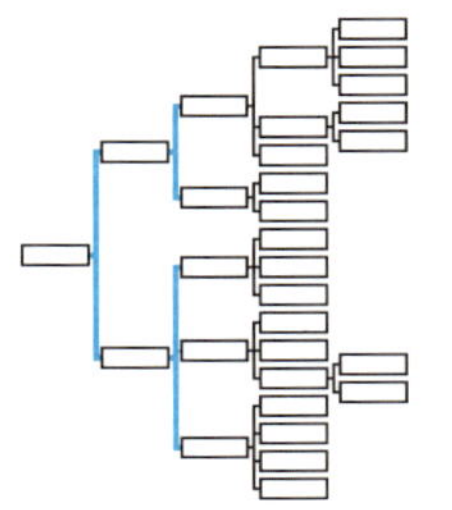

시간의 시점

시간의 흐름에 따른 변화, 인과관계, 사안의 과정이나 흐름을 포착한다.

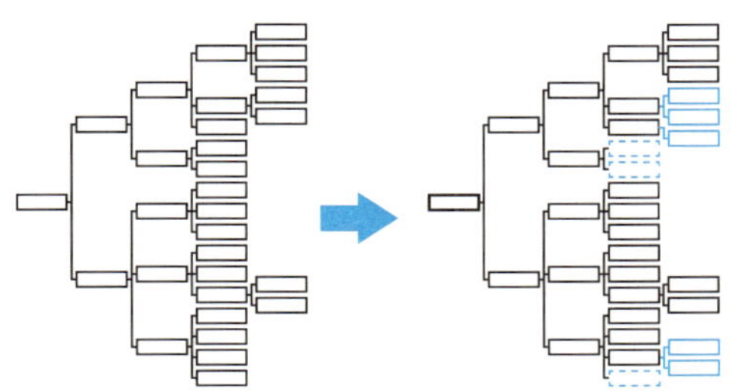

이처럼 네 가지 시점으로 정리하면 누군가에게 '해상도를 높이자.'라고 조언할 때도 '깊이, 넓이, 구조, 시간 중 어느 시점을 보완해야 하는가'를

명확히 전달할 수 있다. 그 결과 조언은 보다 구체적인 행동으로 이어질 수 있다.

이 책에서는 네 가지 시점을 바탕으로 해상도를 높이는 방법을 구체적으로 살펴볼 것이다. 먼저 '깊이', '넓이', '구조', '시간'이라는 각 시점 자체를 조금 더 자세히 들여다보자.

깊이

여러분이 맛있는 요리를 먹었다고 해 보자. 해상도가 낮은 상태에서는 그저 '맛있다.' 정도로만 느낄 것이다. 그러나 만약 여러분이 요리사라면 어떤 요리인지, 어떤 재료가 조합되어 있는지까지 생김새와 맛으로 판별할 수 있다. 생선이 들어갔다면 어떤 종류의 생선인지, 지금 시기에 어떤 산지의 것이 품질이 좋은지, 어느 부위를 사용해 어떻게 조리했기 때문에 이런 맛이 나는지까지 세밀한 부분을 파악할 수 있

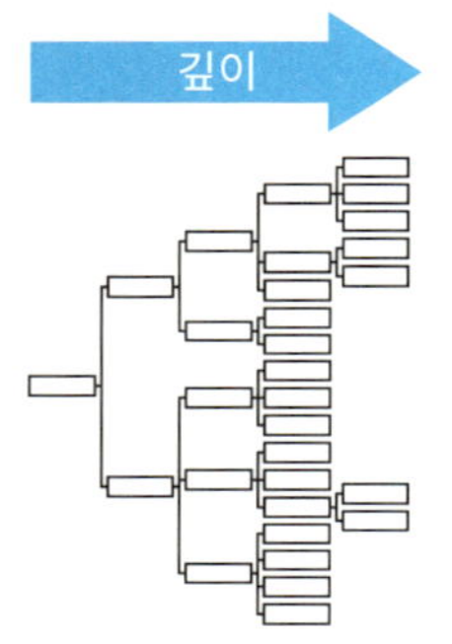

다. 이처럼 현장의 경험과 원시 정보를 바탕으로 사안을 세분화하고, 맛있음의 원인을 깊이 탐구할 수 있는 사람이 바로 깊이의 시점을 가진 사람이다.

깊이가 부족하면 과제를 다룰 때 근본 원인을 파악할 수 없다. 예를 들어 '매출이 떨어지고 있다.'라는 과제를 분석할 때 고객 수가 줄고 있는지, 단가가 낮아진 것인지, 고객 1인당 구매 빈도가 감소한 것인지 등 과제의 원인을 깊게 파고들어야 한다. 즉, 겉으로 드러난 현상 뒤에 숨어 있는 요인이나 가능성을 깊이 탐색함으로써 해상도를 높일 수 있다.

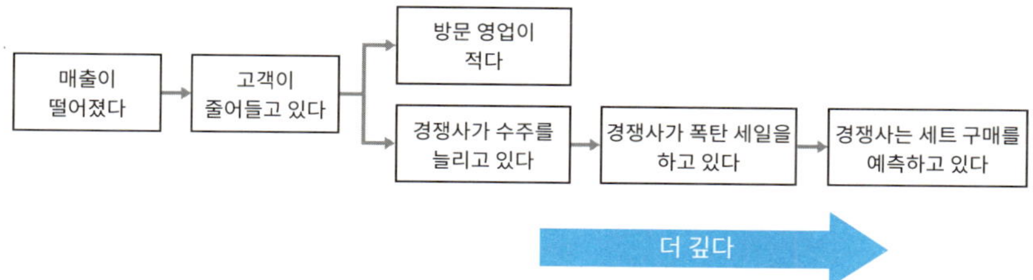

고열이 나서 불안한 상태로 병원에 가는 상황을 상상해 보길 바란다. 의사의 간단한 문진 결과 "체온이 높으니 해열제를 처방해 드릴게요."라는 말을 듣고 해열제를 처방받았다. 그때는 해열제로 어떻게든 증상이 나았지만 1개월 후 또다시 열이 났다고 하자. 이번에는 지난번과는 달리 복통도 상당했다. 최근에 먹은 닭고기가 조금 설익었을지도 모른다. 그래서 다시 같은 의사를 찾아가 그 사실을 말했더니 "체온이 높으니 해열제를 처방해 드릴게요."라며 또 해열제를 처방받는다면 어떤 생각이 들까? 지난번과는 달리 복통이 있는데도 고열이라는 증상만으로 판단하는 이 의사는 진짜 병의 원인을 파악하려 하지 않는다고 느끼지 않겠는가? 지난번에는 단순한 감기였을지 몰라도 이번에는 닭고기가 상했을 수도 있고, 전혀 다른 원인인 맹장일지도 모른다.

깊이의 시점이 있는 의사라면 발열이라는 증상만 확인하는 데 그치지 않고 다각적이고 세밀하게 질문을 던져 진짜 병의 원인을 찾아내려 할 것이다. 경우에 따라 혈액 검사나 대변 검사를 하여 발열의 원인을 밝혀내고, 지난번과 원인이 다르다는 것을 알게 되면 그에 맞는 대처를 할 것이다.

앞서 설명한 '매출이 떨어지고 있다.'라는 비즈니스 과제에서도 '매출이 떨어진 이유는 틀림없이 방문 영업 횟수가 적기 때문이다. 방문 영업 횟수를 늘려라.'라고 단정 짓는 사람보다는 데이터를 근거로 '매출이 떨어진 이유는 유사 상품을 파는 경쟁사가 수주를 늘려 획득 고객 수가 줄어들었기 때문이다. 이는 경쟁사가 폭탄 세일을 하고 있기 때문이며, 그들은 타 상품과의 세트 구매를 예측하고 전략적으로 세일을 진행하고 있는 것으로 보인다. 따라서 그 세일에 대응할 대책을 세울 필요가 있다.'라고 말하는 사람이 더 높은 해상도로 과제를 이해하고 있다고 할 수 있다.

넓이

1장의 머리말에서 〈최후의 만찬〉의 예를 들었는데, 정사각형 그림이라는 점에 어색함을 느낀 독자도 있을 것이다. 사실 이렇게 잘라 낸 탓에 처음 이미지에서는 그림 속에서 중요한 인물인 '유다'가 잘려 버렸다. 이렇게 하면 그림의 의미를 제대로 해석하기 어려울 것이다. 이처럼 전체 중 일부만 잘

넓이의 시점

고려하는 원인, 요인, 접근법의 다양성을 확보한다.

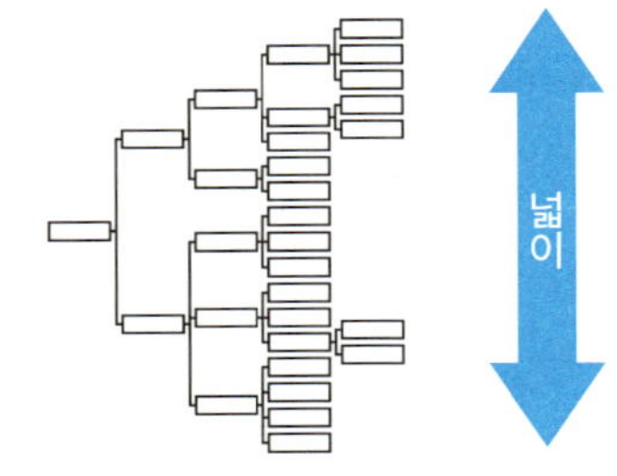

보이는 것으로는 충분하지 않다. 넓이의 시점이 충분하지 않으면 해상도가 높다고 할 수 없다.

요리를 예로 들어 보자. 음식점을 소개하는 언론 기자는 요리사만큼 재료나 조리법에 대해 깊이 알지 못할 수도 있다. 그러나 다양한 식당에서 식사를 해 봤기 때문에 요리의 종류를 폭넓게 알고 있을 것이다. 왜 그 요리가 맛있는지에 대해서는 각 가게의 요리를 비교하며 특징을 파악할 수 있을지도 모른다. 이처럼 다양한 사안을 넓게 알고 있어 '맛있음'을 규정할 수 있는 사람은 해상도가 높은 사람이라 할 수 있다.

비즈니스 과제를 다룰 때도 마찬가지다. 넓은 시야로 원인을 파악하고 다

넓이가 부족하다

주변의 해상도가 낮다

넓이와 깊이 모두 충분 = 해상도가 높다

른 접근법이나 시점을 폭넓게 검토함으로써 처음 생각했던 것과는 전혀 다른 곳에 존재하는 원인이나 가능성을 깨달을 수 있다.

예를 들어 여러분이 간장 제조 업체에서 근무하고 있고 '간장을 더 맛있게 만들어야 한다.'라는 과제가 주어졌다고 하자. 콩의 품질이 나빴을 수도 있고, 발효가 충분하지 않았을 수도 있다. 일반적으로는 간장 자체의 품질을 중심으로 과제의 원인을 깊이 파고들려 할 것이다.

하지만 더 넓은 시야로 검토할 수는 없을까?

식문화의 트렌드가 변하거나 1인 가구가 증가하면서 애초에 간장을 사용하는 상황 자체가 줄어들었다는 사실을 깨닫는 사람도 있을 것이다. 간장의 사용 빈도가 낮아짐에 따라 간장이 공기에 장시간 노출되어 산화가 진행되고, 신선도가 떨어진 상태로 사용되는 경우가 늘어났을 가능성도 있다.

이렇게 생각하다 보면 '간장의 맛있음'에는 간장 자체의 맛뿐만 아니라 산화라는 요인이 관련되어 있다는, 또 다른 원인에 주목할 수도 있다. 그렇다면 '잘 산화되지 않는 간장병을 만들면 되지 않을까?'라는 새로운 해결책을 발견할 수도 있다.[1]

대부분 수십 년간 해당 영역에서 활약해 온 기업이나 전문가는 이미 충분한 '깊이의 시점'을 익히고 있다. 이럴 때는 시야를 넓히는 데 자원을 투자하면 해상도를 더욱 높일 수 있다.

신규 사업이나 스타트업의 경우에도 시야가 충분히 넓지 않으면 진짜 과제를 알아차릴 수 없다. 해결책 또한 폭넓게 검토되지 않으면 과제를 해결할 효과적인 방법이 떠오르지 않는다. 따라서 해상도를 높이기 위해서는 깊이 파고드는 것뿐만 아니라 사안을 넓게 바라보는 것이 중요하다.

---

1 실제로 일본에서는 2009년 야마사 간장, 2010년 기꼬만 간장이 산화 문제에 착안한 산화 방지 용기를 도입했고, 그 제품들은 좋은 반응을 얻었다.

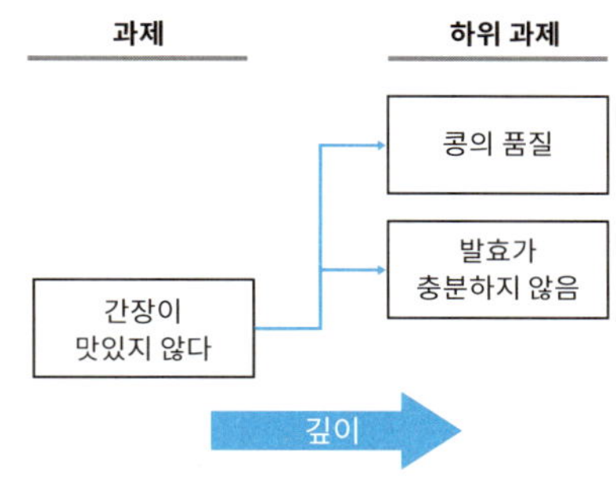

과제
하위 과제
콩의 품질
발효가
충분하지 않음
간장이
맛있지 않다
깊이

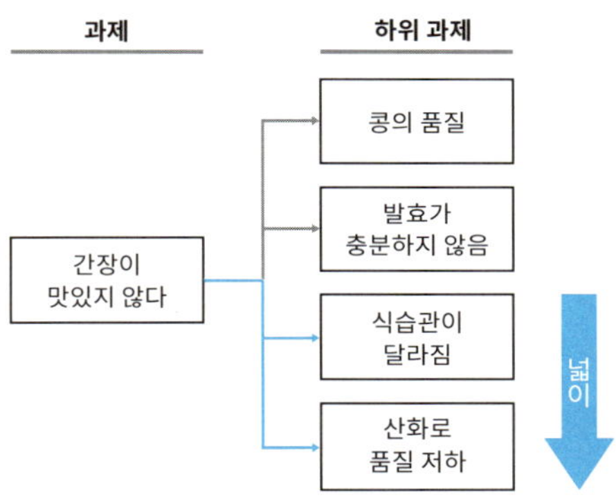

과제
하위 과제
콩의 품질
발효가
충분하지 않음
간장이
맛있지 않다
식습관이
달라짐
산화로
품질 저하
넓이

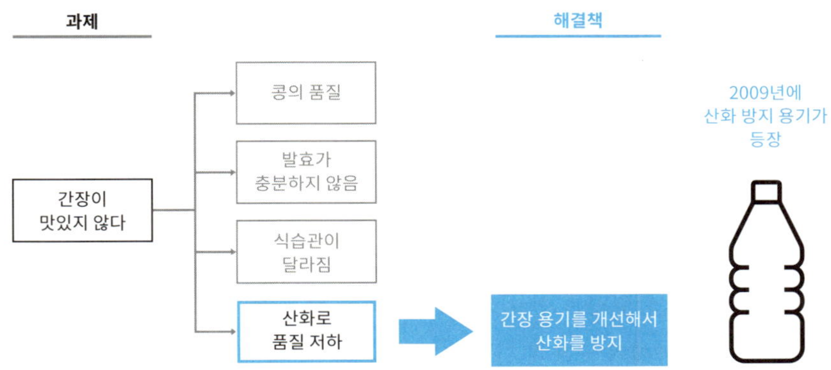

과제
해결책
콩의 품질
발효가
충분하지 않음
간장이
맛있지 않다
식습관이
달라짐
산화로
품질 저하
간장 용기를 개선해서
산화를 방지
2009년에
산화 방지 용기가
등장

구조

사안의 원인이나 요인, 방법을 깊이 있게, 그리고 다양한 영역에 걸쳐 넓게 검토할 수 있었다고 하더라도 그 요소들이 적절히 구조화되어 있지 않다면 단지 지식의 나열에 그치고 만다. 구조를 파악함으로써 우리는 요소 간의 관계성이나 상대적 중요성을 이해할 수 있다. 사안을 구조화하여 파악하는 것은 해상도를 높이는 데 반드시 필요한 과정이다.

구조의 시점

'깊이'와 '넓이'의 시점에서 드러난 요소를 의미 있는 형태로 분류하고, 요소 간의 관계나 상대적 중요성을 파악한다.

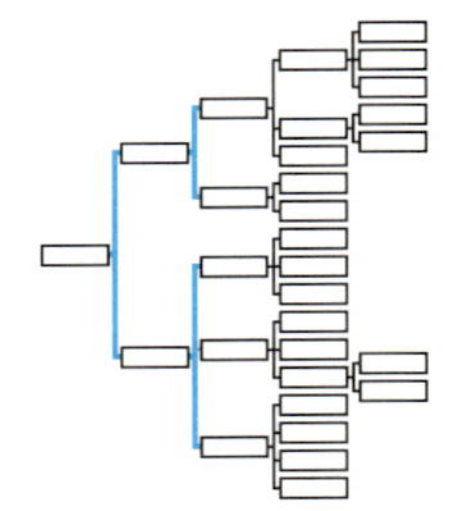

　예를 들어 지인인 음식점 주인으로부터 최근 매출이 감소한 원인을 알아봐 달라는 의뢰를 받았다고 하자. 그가 단순히 나열된 원시 매출 데이터를 제공했다면 몇천 행에 이르는 데이터를 위에서부터 순서대로 살펴보기만 해서는 원인을 발견하기 어려울 것이다. 이럴 때는 우선 매출 데이터를 구조화하여 이해해야 한다고 생각할 것이다. 매출을 고객 단가×고객 수로 나누어 분석하고, 고객 단가는 식사와 음료로 나누며, 식사는 코스와 단품 요리로, 음료는 알코올과 무알코올로 더 세분화하다 보면 어떤 품목의 매출이 떨어졌는지를 파악할 수 있다. 고객 수 관련해서는 방문 빈도별로 신규 고객, 2~3번 방문 고객, 4번 이상 재방문 고객으로 나누어 각각의 비율 변화를 분석해 어떤 고객층의 방문 빈도가 줄었는지를 확인할 수도 있다. 이렇게 매출을 구조적으로 파악함으로써 '매출이 떨어진 원인은 신규 고객 수가 최근 몇 개월간 급감했기 때문이다.'와 같은 과제의 근본 원인을 규명할 수 있다.

　신규 사업을 시작하기 위해 선행 사례를 수집할 때도 마찬가지다. 성

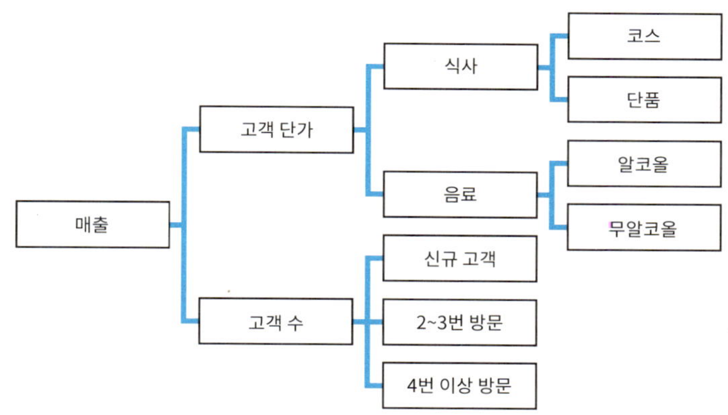

공 사례나 실패 사례를 많이, 그리고 깊이 알고 있다고 해도 그저 각각의 사례를 파악하는 것만으로는 해상도가 높다고 할 수 없다. 각 사례의 공통점은 무엇인지, 차이점은 어디에 있는지, 그들 간의 관계성은 어떠한지, 이 중에서도 가장 중요한 요인은 무엇이며 왜 그런지 이해하지 못한다면 그 사례에서 새로운 통찰을 얻지 못하고 단순한 데이터 축적에 그치고 만다.

과제를 이해하는 데 있어서 수집한 요소를 구조적으로 정리할 수 있는지는 매우 중요하다. 또한 해결책을 제안할 때도 구조화되어 있는지 여부에 따라 설득력의 수준이 크게 달라진다.

예를 들어 '인류를 행복하게 만들기 위해 도라에몽을 만든다.'라는 기술자가 있다고 하자. 이 말은 언뜻 맞는 것처럼 들리지만 '인류를 행복하게 만든다.'와 '도라에몽을 만든다.' 사이에는 큰 간극이 있다. 가령 기술적으로 도라에몽을 만든다 하더라도 도라에몽의 어떤 요소가 인류의 행복으로 이어지는지는 이 설명만으로는 명확하지 않다. 도라에몽이 가진 비밀 도구가 행복으로 이어지는 것인지, 도라에몽과 함께하는 모험이 행복으로 이어지는 것인지, 혹은 곁에서 함께 있어 주는 것이 행복으로 이어지는 것인지조차 분명하지 않다. 행복과 도라에몽을 연결하는 해결책의 구조가 정리되어 있지 않은 상태인 것이다. 깊고 넓게 검토한 요소를 구조화해야 비로소 해상도는 높아진다.

시간

요리 재료는 시간이 흐름에 따라 맛이 달라진다. 과일을 너무 일찍 따면 단맛이 부족해 맛이 덜하고, 너무 오래 두면 썩어 버린다. 고기는 일부러 시간을 두고 숙성해야 더 맛있을 때도 있다. 이처럼 재료를 높은 해상도로 파악한다는 것은 특정 타이밍에 맛을 아는 것뿐만 아니라 시간이 지남에 따라 그 맛이 어떻게 변해 가는지를 이해하고 있다는 뜻이다.

'깊이', '넓이', '구조'에서는 공간적 비유로 해상도를 살펴보았다. 바꿔 말하면 이는 특정한 타이밍에 사안의 해상도를 높이기 위한 시점이었다. 그러나 잊지 말아야 할 것은 우리 세상은 항상 시간이 흐르고 있고, 해상도를 높이는 대상이 되는 세상 또한 끊임없이 변하며 '깊이', '넓이', '구조' 역시 시간의 흐름과 함께 변화한다는 점이다.

시간의 시점

시간의 흐름에 따른 변화, 인과관계,
사안의 과정이나 흐름을 포착한다.

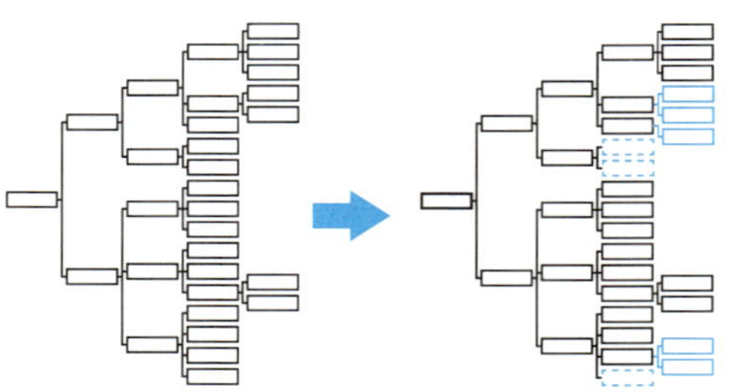

비즈니스는 언제나 시간과의 싸움이다. 시간이 조금만 지나도 예전과는 다른 과제가 등장한다. 예를 들어 앞서 들었던 음식점의 매출 구조 사례를 다시 생각해 보자. 신규 고객 수의 감소를 과제로 특정하고 해결책으로 신규 고객 우대 정책을 시행했더니 이번에는 신규 고객이 지나치게 늘어나 기존 단골 고객이 줄어드는 상황이 발생할 수도 있다. 시간이 흐르면 고객의 행동이 달라지고 시장도 시시각각 변한다. 비즈니스상의 과제는 '움직이는 과녁(moving target)'이다.

특정 타이밍에 사안의 깊이, 넓이, 구조를 잘 파악했다고 해도 움직이는 과녁의 경로를 적절히 예측하지 못한다면 '분석하는 타이밍에는 맞았지만 행동하기 시작했을 때는 이미 틀려 버린다.'라는 결과를 맞을 수도 있다.

또한 경쟁사가 갑자기 효과적인 정책을 시행하여 시장 환경이 바뀌는 경우도 있을 것이다. 자사의 비즈니스 활동 역시 시장에 영향을 미친다. '신규 고객을 위해 자사가 할인을 하면 경쟁사도 곧바로 따라 할 것이므로, 그 전에 장기 계약을 전제로 한 할인 캠페인을 선제적으로 실시하자.'와 같은 판단을 내릴 때도 반드시 시간을 고려해야 한다. 이처럼 시간에 따른 변화를 제대로 파악하지 못한다면 해상도가 높다고 할 수 없다.

여기까지 '깊이', '넓이', '구조', '시간'이라는 해상도를 높이기 위한 네 가지 시점에 대해 살펴보았다.

다시 디스플레이의 해상도에 비유하자면 '깊이'는 화소 하나하나가 내는 색의 선명함, '넓이'는 전체 화소의 개수에 해당한다. 화소가 아무리 선명하고 많아도 배치가 난잡하면 화면 표시가 엉망이 되기 때문에 화소의 적절한 구조화

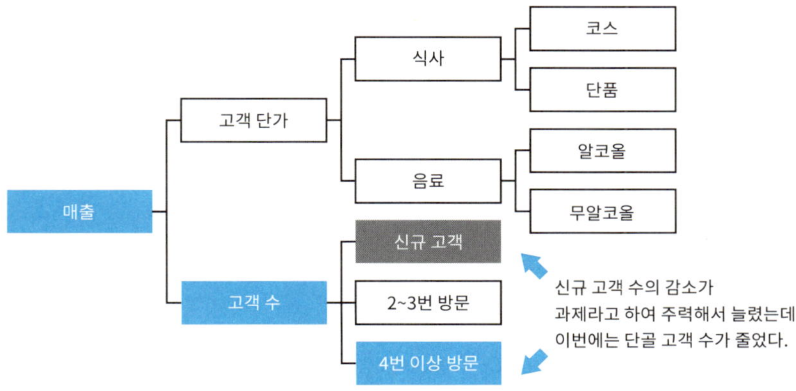

가 필수적이다. 그리고 여기에 시간 축이 더해지면 화면이 시간과 함께 변하면서 정지 화면이 아닌 움직이는 영상으로 표시할 수 있다.

기본적으로 '깊이'가 부족하다

'깊이', '넓이', '구조', '시간'은 어느 하나만 집중한다고 해서 좋은 것은 아니다. 이 네 가지는 서로 영향을 주고받으며 함께 해상도를 높인다.

현장에 여러 번 직접 찾아가 '깊이'를 확보하기 위한 정보를 많이 얻었다 하더라도 어느 시점부터는 현장에서 일어나는 현상의 '구조'를 분석해야 할 필요가 생긴다. 사안을 많이 알고 충분한 시야, 즉 '넓이'를 확보했더라도 어떤 부분을 더 깊이 파고들어야 할지를 판단하려면 '구조'나 '시간' 분석이 함께 필요하다. 한편 '구조'만을 분석해 정보를 깔끔히 정리하는 데 그친다면 그 이상으로 '깊이'나 '넓이'에 도달하기 어렵다. '깊이', '넓이', '구조', '시간' 중 어느 하나라도 부족하거나 불균형하면 해상도는 높아지지 않는다.

이처럼 불균형한 상황 중 가장 흔히 나타나는 유형은 깊이가 부족한 경우다. 그래서 먼저 '깊이'부터 시작하기를 권한다. 창업가를 지망하는 사람들에게서도 자주 보이는 문제는 바로 깊이의 부족이다. 해외 스타트업을 표면적으로 모방하고 비즈니스 모델 자체는 그럴듯해 보일 수 있지만, 정작 눈앞의 고객이 마주한 과제는 충분히 파고들지 못하고 해결책이 되는 제품의 내용도 현실과 동떨어져 있는 경우가 많다. 이런 식의 아이디어 제안은 실제로 매우 빈번하게 발생한다. 창업 초기 단계에서 받는 상담의 80% 이상이 이처럼 깊이가 부족한 아이디어에 해당한다. 반대로 말하면 '깊이'에 집중하는 것만으로도 다른 사람들보다 빠르게 두각을 나타낼 수 있다는 뜻이다.

과거에는 사안을 넓게 아는 사람이 도움이 된다고 여겼다. 하지만 지

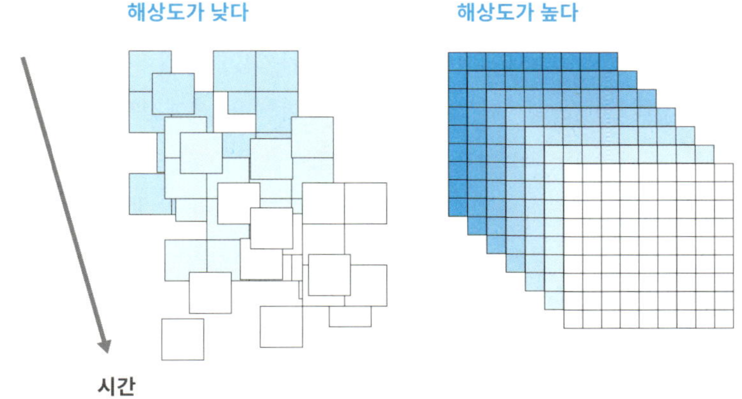

금은 인터넷 검색으로 누구나 다양한 정보를 쉽게 얻을 수 있다. 구조화된 보고서나 이론에 접근하는 것도 어렵지 않다. 그러나 '교육 현장에서 실제로 어떤 일이 벌어지고 있는가?', '앱을 개선하기 위해 기업이 실제로 취한 조치는 무엇인가?', '창업 실패의 원인은 무엇인가?'와 같은 깊이 있는 정보는 인터넷에서 얻기 어렵고, 그러므로 희소가치가 높다. 따라서 먼저 현장에 존재하는 희소하고 구체적인, 즉 깊이 있는 정보를 먼저 얻어 해상도를 높여야 한다. 깊이 있는 정보를 보유하고 이를 공유하면 사람들은 자연스럽게 '이 사람은 통찰력이 있다.'라고 평가하며 사람들을 끌어들이기도 쉬워진다. 그렇게 연결된 사람들과 정보를 교환하고 논의하는 과정에서 넓이와 구조, 시간의 시점도 점차 보완되어 간다. 먼저 '깊이'를 확보해야 해상도를 높이는 순환이 시작되는 것이다. 따라서 우선 '어떻게 깊이 파고들 것인가'를 중심으로 생각해 보길 바란다. 그리고 이를 위해서는 생각뿐만 아니라 행동을 중시해야 한다. 이 책이 기존의 사고 중심 서적과 크게 다른 점은 행동을 통한 사고를 중시한다는 데 있다. 세밀한 정보를 얻고 이를 통해 더 깊이 사고하며 해상도를 높이기 위해서는 행동하는 것이 무엇보다 중요하다.

다음 표에서 흔히 나타나는 불균형의 유형을 정리했다. 화이트칼라 직종에 종사하는 사람들에게서 특히 자주 보이는 경향은 넓이와 구조에 지나치게 집착하는 유형이다. 조사나 분석만 무한히 반복하고 정작 현장에는 가지 않기 때문에 깊이를 확보하지 못하는 것이다. 이런 경우 해상도가 일정 수준 이상으로 높아지지 않는 상황을 자주 보고 듣게 된다. 또한 전략 컨설팅 회사나 경영 기획 부서 출신 창업가에게서도 비슷한 패턴이 보인다. 이들은 정보를 폭넓게 수집하고 구조화하는 능력도 뛰어나 표면적으로는 아이디어를 잘 정리하는 것처럼 보이지만, 정작 고객의 구체적인 과제를 깊이 파고들지 못하는 경우가 많다. 즉, 깊이가 부족한 경우가 대부분이다. 무엇을 해야 할지 고민될 때는 주저하지 말고 먼저 '깊이'부터 집중해 보길 바란다.

불균형의 유형	흔히 하는 행동	흔히 나타나는 모습	추천 대책
'깊이'에 너무 집착함	현장에 계속 가서 원시 데이터만 모으고 구조화를 하지 않는다.	정보를 분석하지 않기 때문에 어느 정도 이상의 깊이와 넓이에 도달하지 않는다.	구조화와 넓이를 의식하면서 정보를 수집하고 분석한다.
'넓이'에 너무 집착함	정보 수집이나 인맥을 넓히는 것만 한다.	행동하지 않고 현장에 가지 않기 때문에 어느 정도 이상 깊어지지 않는다. 수집한 정보가 뿔뿔이 흩어져 있어 통찰이 생기지 않는다.	깊이와 구조를 의식하면서 손을 움직여 행동한다.
'구조'에 너무 집착함	특정 영역의 분석만 한다.	행동하지 않고 현장에 가지 않기 때문에 어느 정도 이상 깊어지지 않는다.	깊이를 의식하면서 다리로 생각하고 행동한다.
'시간'에 너무 집착함	예측이나 망상만 한다.	현재의 해상도가 충분히 높지 않은데도 미래에 관해 생각한다.	현재의 해상도를 높이기 위해 깊이, 넓이, 구조를 생각한다.

당신의 현재 해상도를 진단하자

구체적으로 해상도를 높이는 방법으로 들어가기 전에 먼저 지금 여러분의 현재 해상도를 진단해 보자. 평소 사고방식이나 사안에 대한 견해, 그리고 구체적으로 지금 몰두하고 있는 일을 떠올리며 읽어 가길 바란다.

모르는 부분을 알고 있는가

신문, TV, 인터넷 등에서 흘러나오는 뉴스나 기사를 보면서 의문을 품은 적이 있는가? 만약 '아, 그렇구나.' 하고 아무 의문 없이 그대로 받아들이고 있다면 그 영역에 대한 해상도는 아직 충분히 높지 않을 가능성이 크다. 해상도가 높은 상태라면 하나의 뉴스를 접했을 때 '분명 그런 면도 있지만 다른 면에서 보면 이런 의견도 있지.'라고 다른 각도에서 본 견해를 알고 있거나 '이 부분은 검토되지 않았는데?', '이건 의도적으로 생략된 건 아닐까?'처럼 언급되지 않은 부분까지 상상할 수 있다.

모르는 부분을 모르는 것, 즉 의문이 없고 질문이 생기지 않는 것은 해상도가 낮을 때 나타나는 전형적인 증상이다. 학교에서 선생님이 "질문 있나요?"라고 물었을 때 '무엇을 물어봐야 할지 모르겠다.'라는 상황을 경험한 사람도 많을 것이다. 사안을 어느 정도 깊이 이해하지 못하면 질문 자체가 떠오르지 않는다. 반대로 연구자처럼 특정 분야를 끝까지 파고드는 사람일수록 '모르는 것'과 '아직 이해하지 못한 것'을 많이 말할 수 있는 경향이 있다.

연구자가 논문을 쓸 때는 먼저 '이미 알려진 부분'을 조사해 명확히 함으로써 '아직 모르는 부분'을 파악한다. 즉, 먼저 '모르는 것'을 정확히 말할 수 있는 상태가 되어야 한다. 그런 다음 여러 가지 '모르는 것' 중에서도 상대적으로 중요도가 높은 부분을 가려내고, 그것을 해결하는 의의를 설명한 뒤 해결책이 될 수 있는 가설을 세워 검증함으로써 '아직 모르는 부분'의 수수께끼를 밝혀내는 것이 바로 연구자에게 요구되는 높은 해상도다.

비즈니스에서도 마찬가지다. 많은 지적 생산자는 비즈니스의 최전선에서 일어나는 현상을 끊임없이 연구하고, 그 과정에서 과제와 해결책을 계속 찾아내는 연구자라고도 할 수 있다. 예를 들어 매출 데이터에서 신규 고객이 줄어들고 있다는 사실을 발견했다면 왜 줄어들었는지, 어느 타이밍부터 뚜렷하게 줄어들었는지 등 모르는 부분을 구체적으로 짚어 낸 다음 각각의 원인을 조사해 밝혀 나가자.

> **현재의 해상도를 진단하기 위해**
> **알고 있는 것과 모르는 것을 꼽아 보자.**

아는 것	모르는 것
신규 고객이 줄고 있다.	왜? 언제부터? 어느 정도? 같은 업계에 있는 타사의 상황은? 등

뛰어난 창업가에게서 "그때 나는 전혀 몰랐다."라는 말을 자주 듣는다. 그 말은 곧 '이전에는 몰랐던 것을 그 과정에서 부딪히며 배우고 새롭게 알아가고 있다.'라는 뜻이다. 먼저 자신이 무엇을 모르는지를 파악하는 단계부터 시작하자.

이제부터는 여러분이 구체적인 사업 아이디어를 생각하거나 고객에게 자사의 제품을 제안할 때, 또는 사내 업무를 개선하기 위한 규정을 세울 때의 '해상도'를 진단한다.

상황	이라는 상황에서
과제	라는 과제를 가진
대상 고객	대상의
제품/서비스명	이라는
제품/서비스	장르다.

여기에는 | 이점 | 이라는 이점이 있다.

| 기존 대체품·경쟁사 | 와는 다른

| 차별화 요소 | 가 갖추어져 있다.

※ 사내 업무에 적용한다면 **'대상 고객'**을 사내 구성원으로,
'제품/서비스명'을 변경점으로 바꿔도 된다.
고객 지원 부서라면 **'제품/서비스명'**을
고객에게 제안하는 해결책으로 바꿔 사용하면 된다.
자신의 아이디어에 가장 적합한 형태로 조정해 사용해 보자.

위 문장을 여러분의 아이디어나 제안에 맞게 직접 채워 넣어 보길 바란다.[1] 문장을 채워 넣었다면 1장에서 소개한 네 가지 시점에서 해상도를 체크해 볼 것이다.

간결하게 말할 수 있는가, 독창적인 통찰이 있는가 — 구조를 체크하기

네모 칸에 들어갈 단어가 잘 떠오르지 않거나, 여러 단어가 떠올라 선택하지 못하거나, 장황하게밖에 적지 못한다면 '구조'가 충분하지 않은 상태다. 해상도가 높을 때는 중요한 부분을 명확하고 간결하게 말할 수 있다.

---

1 《애자일 마스터》(인사이트, 2012) 및 도쿄공업대학 엔지니어링 디자인 프로젝트(*https://edparchive.esd.titech.ac.jp/toolkit*)를 참고했다. 네모 칸 채우기는 조너선 라스무슨이 고안한 인셉션 덱의 엘리베이터 피치 구성과 그 일본어판(*https://github.com/agile-samurai-ja/support/tree/master/blank-inception-deck*)을 주로 참고했다. 네모 칸 채우기의 라이선스는 Creative Commons(버전 불명)다.

정보가 구조화되어 있어서 무엇이 핵심인지 알고 있고, 중요하지 않은 정보는 생략할 수 있기 때문에 요점을 말할 수 있는 것이다.

본인은 자신 있게 대답했더라도 막상 남에게 설명했을 때 '그게 무슨 뜻이지?', '앞뒤가 안 맞지 않아?'라는 반응이 돌아온다면 명확성이나 구조화가 아직 부족하다는 뜻이다. 요소 간의 논리적 연결이 매끄럽지 않거나 중간에 비약이 있을 때도 이런 반응을 듣게 된다.

해상도가 높을 때는 **통찰이 독창적이다.** 그 내용을 처음 듣는 사람이 '그건 흥미롭네요!'라고 놀라워하는가? 그렇지 않다면 아직 해상도가 충분히 높지 않은 것일지도 모른다. 남에게 설명했을 때 '그래서 뭐야?', '그게 무슨 가치가 있어?'라는 반응을 듣는다면, 즉 남에게서 So What?(그래서 뭐?)이라는 질문을 받는다면 그것은 아직 독창성이 부족하다는 의미다. 물론 상대가 이해하지 못했을 수도 있지만 우선 자신의 설명 구조를 의심해 볼 필요가 있다.

사례만 나열해서는 'So What?'이라는 질문을 피할 수 없다. 예를 들어 음식점 대상 서비스를 만든다고 할 때 음식점 A의 과제는 이것과 이것이고, 음식점 B의 과제는 이것과 이것과 이것이며…… 하고 모든 고객의 과제를 구체적으로 열거할 수 있다고 해도 공통점이나 핵심 포인트는 알 수 없다. '그래서, 그게 뭐야?'라고 물어보고 싶어진다. 정보를 넓게 가지고 있고 그중 일부는 깊이도 있을 수 있다. 그러나 구조화되어 있지 않고 독창적인 통찰에도 도달하지 못하고 있어서 '그래서 그게 뭔데?(So What?)'라고 물어보고 싶어지는 것이다.

다면적으로 말할 수 있는가 — 넓이를 체크하기

정보가 구조화되어 있고 중요한 점이 특정되어 있다고 해도 독창성이 없을 때가 있다. 그럴 때 결여된 것은 대개 '넓이'다. 폭넓은 선택지 가운데 왜 그것을 선택했는지 설명할 수 있는 것이 구조화가 잘 되어 있는 상태라고 한다면 '폭넓은 선택지'를 제대로 알고 있는지가 넓이에 해당한다. 예를 들어 음식점 경영에 대해 해상도가 높은 사람은 '맛있는 요리를 제공하면 된다.'에서 멈추지 않는다. 입지, 접객, 식기, 조명, 운영 등 다양한 관점에서 이야기할 수 있다. 또한 고객에 대한 시야가 넓은 사람이라면 일반적인 고객의 행동뿐만 아니라 언뜻 이상하게 보일 수 있는 예외적인 행동까지 알고 있다. 넓이를 갖춘 데다가 구조화도 되어 있는 사람은 그러한 드문 행동이 일어나는 이유를 정리해 전달할 수 있다. 서로 얽혀 있는 사안들의 관계를 다층적·다시점적으로 설명할 수 있다.

상품이나 서비스에서는 경쟁 제품을 상세하고 다면적으로 비교할 수 있는지가 해상도의 현재 위치를 진단하는 매우 효과적인 방법이다. 시야가 충분히 넓은 사람은 자사 제품과 경쟁 제품을 여러 평가 기준으로 비교해 항목이 상당히 많은 비교표를 만들 수 있다. 그리고 구조화가 되어 있다면 그중에서도 특히 중요한 항목을 알고 있으므로, 우선순위가 높은 이점순으로 정렬하거나 핵심만 담은 짧고 명확한 비교표를 만들 수 있다.

반대로 해상도가 낮은 사람은 평가 축이 적고 '좋은 디자인'처럼 추상적인 평가 축으로로밖에 비교하지 못한다. 또한 해상도가 낮다면 '우리 제품의 성능은 경쟁사보다 모든 면에서 앞서 있다.', '경쟁사보다 품질은 더 좋으면서 가격은 더 싸다.'와 같은 표현이 자주 등장한다. 하지만 '모든 면에서 앞선다.'라는 상황은 기술력이 압도적이지 않는 한 좀처럼 실현되기 어렵기 때문에 거의 발생하지 않는다. 따라서 뭔가 놓치고 있는 부분, 특히 '넓이'의 부족을 의심해 봐야 한다.

'경쟁사는 없다.'라는 말도 주의해야 한다. 대개 조사가 부족해 경쟁사에 대한 인식이 안이할 가능성이 크다. 정말로 경쟁사가 없다면 애초에 고객이 해결하려는 과제 자체가 없는 시장, 즉 시장 자체가 존재하지 않았을 수 있다. 고객에게 과제가 있다면 경쟁 제품이 없더라도 고객이 과제 해결을 위해 이미 사용하는 대체품이 있을 것이다. 그 대체품이 무엇인지, 고객은 그 대체품의 어떤 부분에 불만을 느끼는지를 명확히 설명할 수 있다면 그것이 바로 시야가 충분히 넓고, 구조화와 깊이가 충분히 있는 상태다.

	자사	경쟁사1	경쟁사2
이점 A	○	○	○
이점 B	○	×	○
이점 C	○	×	○
이점 D	○	○	×

그 말은 어디까지 구체적인가 — 깊이를 체크하기

사실 앞서 채운 네모 칸들은 표면적인 정보만 있으면 메울 수 있다. '상황'에 '신규 개점을 했다.', '과제'에 '매출', '대상 고객'에 '음식점'을 넣고 그 고객을 위한 제품을 생각할 수도 있을 것이다. 그러나 '신규 개점을 한 상황에서 매출에 과제가 있는 음식점 대상의 제품'이라는 문장은 너무 일반적이어서 거의 의미를 갖지 못한다. 따라서 채운 단어의 배경이나 이유를 얼마나 상세하고 구체적으로 설명할 수 있는지가 바로 '깊이'의 바로미터가 된다.

5W1H(Why / What / Who / When / Where / How)나 6W3H(5W1H에 Whom / How much / How often을 추가한 것)로 나눴을 때 각 항목을 구체적이고 확실하게 설명할 수 있는지 확인해 보자. 해상도가 낮은 신규 비즈니스 아이디어에서 특히 'Who'나 'Whom'에 해당하는 '대상 고객'이 모호하다는 특징이 자주 나타난다. 예를 들어 어떤 창업가가 '이 서비스의 대상 고객은 정보가 부족한 사람들입니다.'라고 말한다면 '그럼 구체적으로 어떤 사람이 어떤 어려움을 겪고 있나요? 그 사람의 이름을 예로 들어 설명해 주세요.'라고 물어보자. 이때 사람의 이름조차 제대로 대지 못하는 경우가 의외로 많다. 예시로 고객 한 명을 고유명사로 들고 그 사람의 상황과 문제를 1시간 이상 이야기할 수 있다면 깊이의 시점에서 해상도는 충분히 높다고 볼 수 있다. 대상 고객이 어떤 상황에서 어려움을 겪는지, 하루에 몇 번이나 그런지, 얼마의 비용을 얼마나 지불하는지 등을 얼마나 구체적으로 말할 수 있는지를 확인해 보자.

해상도가 낮을 때는 내용이 붕 떠 있고 대부분의 사례에 들어맞는 말처럼 들린다. 듣는 사람은 '틀린 말은 아니지만 깊이가 없다.'라는 인상을 받게 된다. 예를 들어 '정보 부족으로 어려움을 겪는다.', '매출이 부족하다' 등 다른 업계나 영역에서도 자주 듣는 과제나, '사람은 저렴한 상품을 산다.', '고객 매출이 올라가는 서비스를 만들면 잘 팔린다.' 등 어디에나 들어맞는 통찰은 해상도가 낮을 때 흔히 나오는 표현이다. 면접에서 '앞으로 어떤 경력을 쌓고 싶습니까?'라는 질문에 '성장하고 싶습니다.'라고 붕 뜬 답변을 하는 경우 역시 자기 경력의 해상도가 낮은 상태라고 할 수 있다.

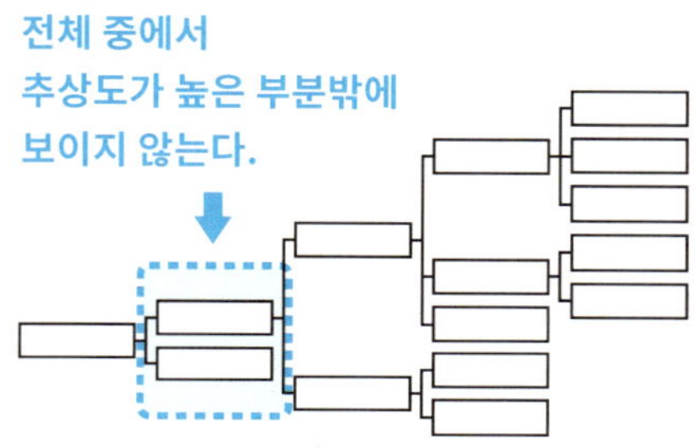

만약 대부분의 경우에 사용될 법한 일반적인 과제를 제시했다면 그 이유를 최소 7단계 이상 파고들 수 있는지를 확인해 보길 바란다. 예를 들어 '음식점 매출이 오르지 않는다.'라는 과제라면 그 이유는 '고객 단가가 오르지 않기 때문'일 것이다. 고객 단가가 오르지 않는 이유 중 하나는 '음료 매출이 기대만큼 늘지 않기 때문'이고, 그 이유는 '세 잔째 이후부터 음료 주문이 줄기 때문'이며 그 이유는 '음료의 선택지가 적기 때문'이고 그 이유는…… 이렇게 어디까지 이유를 댈 수 있는지를 생각해 보자.

　해상도가 낮을 때의 또 다른 전형적인 증상은 추상적인 과제를 단순히 뒤집은 피상적인 해결책만 제시하는 것이다. 예를 들어 '기존 앱이 쓰기 어렵기 때문'에 '쓰기 쉬운 앱을 만든다.', '정보가 부족하기 때문'에 '정보를 제공한다(미디어를 만든다).', '채용이 어렵기 때문'에 '인재 매칭 서비스를 만든다.', '제품의 인지도가 낮기 때문'에 '인지도를 높이는 활동을 한다.'와 같은 경우다. 과제가 남아 있는 데는 그 나름의 이유가 있을 것이다. 왜 그 과제가 해결되지 못하고 남아 있는지, 그 원인의 이해에 대한 깊이가 부족하면 이런 일이 생기는 경향이 있다.

길이 보이는가 — 시간을 체크하기

해상도가 높을 때는 명확하고 간결하게 말할 수 있을 뿐만 아니라 독창적이고 구체적이며, 그 목표에 이르기 위한 길, 즉 시간의 흐름까지 보인다. 앞서 채운 네모 칸의 제품·서비스 항목을 예로 들어 단기 목표는 무엇이며 장기적으로는 어디까지 도달하고 싶은지, 장기 목표에 이르기까지 어떤 단계가 있으며 왜 그 경로가 최적인지, 그리고 그 여정에서 중간 목표를 숫자로 명확하게 말할 수 있는지를 검토해 보자. 이러한 목표 설정과 계획 수립은 번거롭기 때문에 회피하기 쉽다. 그러나 계획이 피상적이거나 모호하면 사안을 원활하게 추진할 수 없다. 게다가 계획이 세워져 있지 않다는 것은 목표에 이르는 과정에 대한 해상도가 아직 충분히 높지 않다는 뜻이기도 하다. 또한 목적이나 비전은 어느 정도 정해져 있더라도 그곳에 도달하기 위한 단계나 어디서 첫걸음을 떼야 할지 모른다면 애초에 목적이나 비전의 해상도가 충분히 높지 않다는 뜻일 때가 많다. 이 점을 유의해야 한다.

자사의 행동에 대한 시간 축뿐만 아니라 환경 변화에 따른 시간적 전망이 있는지도 확인해야 한다. 예를 들어 비즈니스라면 '경쟁사가 특정한 움직임을 보이면 우리는 이렇게 대응한다.'와 같은 사업 환경의 변화에 맞춘 시나리오나 미래의 중요한 분기점을 여러 개 설정할 수 있는지를 확인해 보길 바란다.

트리 구조로 시각화하여 체크하기

지금까지 '깊이', '넓이', '구조', '시간'이라는 네 가지 시점으로 해상도를 확인해 보았다. 보다 쉽게 확인하고 싶다면 자신의 이해를 한번 트리 (tree) 구조로 정리해 보는 방법을 추천한다.

과제에 대한 해상도라면 표면적으로 드러나 있는 과제를 트리의 출발점으로 두고, 그 원인이 되는 요소들을 오른쪽 방향으로 가지처럼 나누어 간다(요소를 어떻게 나누는지는 5장의 구조 파트에서 자세히 설명한다). 그리고 그렇게 꼽은 요소들을 다시 더 작은 하위 요소로 나눠 오른쪽으로 계속 확장해 나간다. 이 과정을 반복함으로써 현재 위치에 대한 해상도를 트리 형태의 그림으로 표현할 수 있다. 트리가 얼마나 오른쪽으로 뻗어 있는지가 트리의 깊이를 나타낸다. 트리의 깊이가 7단계 이상(가능하면 10단계)이라면 그만큼 충분한 깊이까지 파고들었다고 볼 수 있다.

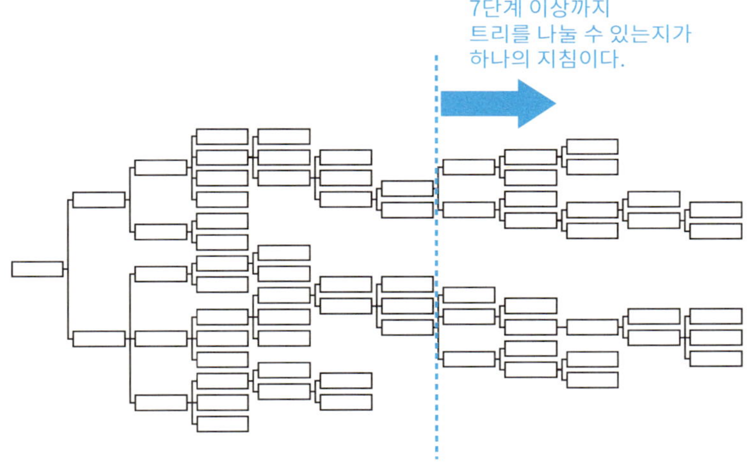

트리가 위아래로 얼마나 확장되어 있는지가 트리의 넓이를 의미한다. 트리가 넓다는 것은 곧 선택지가 다양하다는 뜻이다.

　트리가 직선 형태에 가깝다면 넓이가 부족하거나, 혹은 요소를 충분히 나누지 못해 구조화되지 않은 상태임을 의미한다. '이 트리를 더 넓히려면 어떻게 생각하면 될까?', '이 부분을 다른 방식으로 나누면 어떤 트리가 될까?'와 같이 자문자답해 보길 바란다. 특히 트리의 가장 오른쪽에 있는 요소는 반드시 두 가지 이상으로 나눠야 한다. 그렇지 않다면 분해했다고 할 수 없다.

다음은 트리의 구조다. 구조화가 잘 되어 있다는 것은 누락이나 중복이 없고 깊이 있게 파고들 수 있는 형태로 나뉘어 있다는 의미다. 즉, 그 결과가 통찰로 이어지는 구조를 가진다는 말이다. 어느 정도 이상 깊이 파고들 수 없다면 구조 자체를 다시 살펴봐야 한다.

트리에 깊이, 넓이, 구조가 충분히 확보된 상태라면 '다른 원인도 여러 개 있었지만 그중에서도 특히 이것이 중요하다. 그 요소를 더 깊게 분석해 보면 이런 세부 원인들이 있으며 그중에서도 핵심은 이것이다. 그 이유는…'과 같이 여러 선택지를 검토한 뒤 가장 중요한 하나의 원인으로 범위를 좁혀 해결책을 도출할 수 있다.

마지막으로 트리의 시간적 변화다. 시간이 흐르면서 트리가 어떻게 변화하는지, 그 변화를 예상할 수 있는지를 확인해야 한다.

이처럼 트리 구조로 자신의 이해를 정리하는 방법은 자신의 해상도에 대한 현재 위치를 진단할 수 있는 가장 쉽고도 효과적인 수단 중 하나다. 깊이, 넓이, 구조가 충분한 트리를 그릴 수 있는지, 그리고 그 트리의 시간적 변화를 인식할 수 있는지를 살펴보길 바란다.

넓이와 구조가 부족한 트리

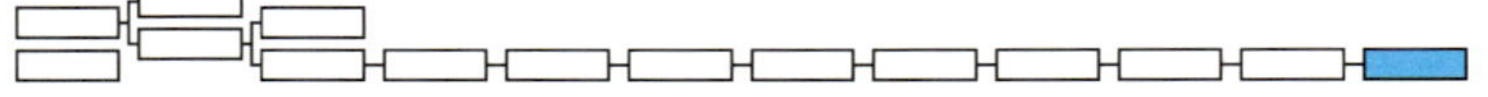

충분히 넓고 구조화도 되어 있는 트리 구조

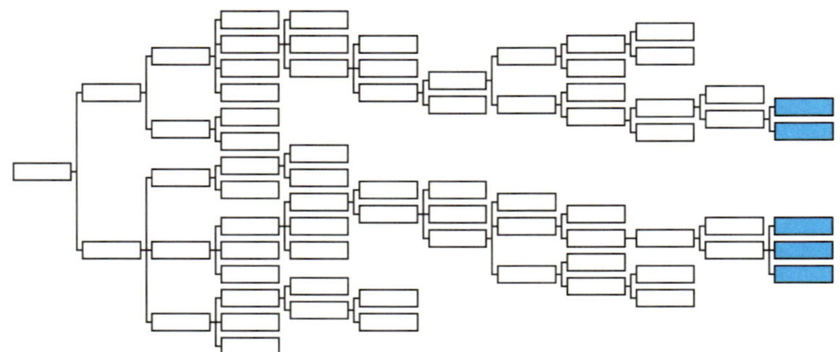

☐ 중요한 부분을 명확하고 간결하게 말할 수 있다(구조).

☐ 자신감 있게 단언할 수 있다(구조).

☐ 통찰이 독창적이다(구조, 넓이).

☐ 다층적·다시점적으로 설명할 수 있다(넓이).

☐ 경쟁 제품과 자세히 비교할 수 있다. 혹은 대체품이 무엇이고 고객은 대체품에 어떤 불만이 있는지를 명확히 말할 수 있다(넓이).

☐ 각 요소가 구체적이다(특히 '고객')(깊이).

☐ 단기 목표는 무엇이고 장기 목표로 어디까지 도달하고 싶은지, 그리고 그곳에 이르기까지의 길이나 과정의 목표를 숫자로 명확히 말할 수 있다(시간).

☑ 다음에 해당한다면 해상도를 높일 여지가 있음

☐ '그건 무슨 뜻이야?', '설득력이 없어.'라는 말을 듣는다(구조).

☐ '그래서 뭐야?', '그건 무슨 가치가 있어?'라는 말을 듣는다(구조, 넓이).

☐ 내용이 붕 떠 있고 어디에나 통할 법한 흔한 이야기만 한다(깊이).

☐ 과제를 단순히 뒤집은 안이한 해결책만 제안한다(깊이).

☐ 첫걸음을 어디서부터 시작해야 할지 모른다(시간).

Column 세상을 선명하게 느끼기 위한 해상도

최근 몇십 년 동안 우리는 말의 '단순함'을 지나치게 높이 평가해 온 것 같다. '복잡한 것을 단순하게 말할 수 있는 사람이 머리가 좋은 사람이다.'라는 말을 들은 지 오래다. 유튜브 등에서도 사회 문제를 '이렇다.'라고 단순하게 정리해 주는 사람이 인기를 얻는 편이다.

요점을 간결하게 정리해 말할 수 있는 것은 해상도가 높다는 하나의 징후다. 하지만 그것은 **복잡한 것을 복잡한 상태 그대로 정확히 이해했다는 전제에서 중요한 핵심이 무엇인지 알고 있기 때문이다.** 더 정확히 말하자면 사안을 높은 해상

도로 이해한 다음 상대가 이해하기 쉬운 해상도로 커뮤니케이션하고 있다는 뜻이다. 다만 이전에 복잡한 사안을 먼저 정확히 이해해야 하며, 그 과정에서 때로는 복잡하게 보이는 전문 용어나 어려운 개념을 사용해야 한다. 즉, 복잡함 자체를 정면으로 마주해야만 한다.

예를 들어 '기업의 사회적 책임은 이윤을 늘리는 것이다.'라는 말은 간단하고 이해하기 쉬운 원칙이지만 그 사고방식만으로 회사를 제대로 운영할 수 있을까? 절대로 그렇지 않다. 경영에 관한 폭넓은 식견, 재무에 관한 지식, 제조 노하우 등 매우 고도의 전문 용어를 구사하지 않고서는 사안을 추진할 수 없는 업무도 있다. 또한 거기서 일하는 구성원들이 어떤 생각으로 일하는지, 주주 외의 이해관계자들은 무엇을 바라는지, 요구되는 기업 윤리가 무엇인지 등 서로 복잡하게 얽힌 사람들의 생각이나 의견을 무시한다면 회사는 지속적으로 경영을 해 나가기 어려울 것이다.

복잡한 문제에 대해 단순한 답이나 결론을 제시할 때도 조심해야 한다. 그 대표적인 예가 음모론이다. 음모론은 '누군가가 세상을 뒤에서 조종하고 있다.'라는 매우 단순한 사고방식이지만 그런 사고가 옳을 가능성은 극히 드물다.

사상적 리더라고 불리는 사람들 중에도 사안을 지나치게 단순화해 세상을 '선과 악', '옳고 그름'으로 나누며 대중의 인기를 얻는 사람이 있다. 정치에서도 마찬가지다. 어떤 주장을 둘러싼 사람들의 다양한 찬반을 받아들이지 않고 단순히 '적과 아군', '선과 악'의 이분법으로 끌고 가며 사람들을 선동하는 정치인도 있다.

인간에게는 모호함을 싫어하는 인지적 욕구가 있다. 모호하고 복잡한 상황 속에서는 아무래도 단순하고 명쾌한 답을 찾으려는 경향이 있기 마련이다. 하지만 알기 쉬움은 때로 독이 되기도 한다. 우리는 필요에 따라서는 사안을 흑백이 아닌 그러데이션으로 파악할 수 있어야 한다. '아직 모르는 것'을 모르는 것으로서 인정하고, 그 모호함과 복잡함을 정면으로 마주해야 한다.

복잡한 것을 복잡한 상태 그대로 파악하기 위해서는 높은 해상도가 필요하다.

물론 어렵고 시간과 노력이 많이 든다. 하지만 이는 세상을 더욱 선명하게 보기 위한 과정이다.

공원에 가서 '녹음이 우거져 있다.'라고만 느끼는 사람도 있다. 반면 어떤 사람은 나무의 종류, 이 나무는 무엇이 다른지, 그리고 그 잎사귀에 있는 잎맥의 특징까지 알아맞힌다. 나무의 종류나 잎맥의 특징까지 말할 수 있는 사람은 높은 해상도로 공원을 거닐며 풍경의 아름다움을 더 깊이 즐길 수 있다.

음식에 대한 해상도가 낮으면 '맛있다.', '맛없다.' 정도로밖에 표현하지 못한다. 그러나 해상도가 높으면 맛의 차이를 이해할 수 있고, 여러 가게의 맛을 비교할 수도 있다. 맛있음을 언어로 누군가에게 전달할 수 있는 것이다. 자기 자신에 대한 감정의 해상도가 높고, 그것을 표현하는 기법에 대한 해상도까지 갖췄다면 그 사람은 예술가가 될 수도 있다.

우리는 **해상도를 높임으로써 세상으로부터 받아들이는 정보의 양과 질을 동시에 높일 수 있다. 그 결과 더 명확한 언어로 세상을 표현할 수 있고, 새로운 비즈니스 기회를 발견할 수도 있다.**

물론 쉬운 일은 아니다. 해상도를 높이는 과정은 우리가 매일 살아가는 세상을 의식적으로 다시 바라보는 것이며, 평소에는 무심히 지나치던 사소한 것에 주의를 기울이고 다시 이해하고자 하는 노력의 연속이기 때문이다. 우리는 일상 속 대부분의 인식을 자동 모드로 처리한다. **해상도를 높이려면 그 '자동 모드'를 잠시 끄고, 일상의 인식을 '수동 모드'로 전환해 사안을 능동적으로 바라보아야 한다.** 번거롭고 노력이 많이 들며, 걸맞은 역량도 필요하다. 세상을 복잡하게 이해하려 하면 인지적 부담이 커질 수밖에 없다. 그러나 수동적이고 자동 모드로 바라보았던 세상을 능동적이고 적극적으로 바라보지 않으면 늘 보던 풍경을 늘 같은 방식으로만 보게 될 뿐이다.

해상도를 높이려는 시도는 익숙한 안전지대에서 벗어나, 세상의 복잡함 앞에서 절망하지 않고 항상 자신이 보고 있는 세상에 의문을 던지는 행위이기도 하다. 때로는 너무 많이 의심해서 자신이 서 있는 상식의 지반이 흔들릴 수도 있다. 주변 사람들에게 '분위기를 못 맞춘다.'라는 말을 들을 수도 있다.[2] 괴로운 진실을 알게 될 때도 있다. 답답함이 쉽게 가시지 않아 오랫동안 괴로워할 수도 있다.

하지만 **이 괴로움이야말로 세상을 이해하려는 노력의 증거다. 세상을 더 깊이 알고, 더 깊이 사랑하려는** 증거이기도 하다. 이런 삶은 '세상은 이렇다.'라고 단순하게 단정 짓고 거기서 만족해 사고를 멈추는 것보다 훨씬 고귀하다.

베토벤이 "고뇌를 넘어 환희로"라고 말한 것처럼, 환희에 이르기 위해서는 고뇌가 반드시 필요하다. 하지만 우리보다 앞선 세대의 사람들도 같은 고뇌를 겪었고, 그 고뇌를 극복하기 위한 방법론을 다듬어 왔다. 그 축적된 방법을 활용한다면 고뇌의 시간이 조금은 줄어들 수 있을지도 모른다. 이 책에서는 그 방법론의 일부를 해상도를 높이기 위한 틀로 정리하려 한다.

이 책에서 다루는 해상도를 높이는 방법이 그 고뇌를 극복하는 데 조금이나마 도움이 되고, 세상과 사회, 그리고 사람들의 마음과 삶을 더 선명하게 이해하기 위한 힌트가 되길 바란다.

2 《공부의 철학》(책세상, 2018)

03

먼저 행동하기,
끈기 있게 임하기,
틀을 의식하기

현재 여러분의 '해상도'는 어떤 수준일까? 지금까지 우리는 해상도라는 개념 자체의 해상도를 높여 왔다. 이제부터는 실전 단계다. 3장에서는 해상도를 높이기 위한 기본 자세를 살펴보려 한다. 핵심 포인트는 '먼저 행동하기', '끈기 있게 임하기', '틀을 의식하기'다. ① 왜 '행동'부터 시작해야 하는지, ② '끈기 있게 임한다.'는 것은 구체적으로 무엇을 의미하는지, ③ '틀'이란 무엇인지 이 세 가지를 차례로 해설한 뒤, 마지막에는 실제 비즈니스 현장에서 무엇의 해상도를 높이면 좋은지를 이야기할 것이다.

① 행동 없이 해상도는 높아지지 않는다

이 책은 언뜻 사고에 관한 책처럼 보일지도 모른다. 사고에 관한 책은 대개 정보를 많이 담고 있어 사고에 관한 시사점이 늘어나는 경향이 있다. 그러나 필자는 경험상 정보와 사고만으로는 해상도를 높일 수 없다고 확신한다. 지금껏 수많은 사람을 보아 왔지만, 정보가 풍부하고 사고력이 뛰어난 사람조차 높은 해상도에 도달하지 못하는 경우가 상당히 많았다.

그들에게 공통적으로 부족했던 것은 바로 '행동'이었다.

높은 해상도는 '정보', '사고', '행동'의 조합으로 완성된다. 이 세 가지에는 각각 '양'과 '질'이라는 양면이 존재한다. 따라서 해상도를 높이려면 '정보', '사고', '행동'의 '양과 질'을 모두 높여야 한다.

요리를 예로 들어 세 가지의 관계를 살펴보자. '정보'는 식재료, '사고'는 요리사의 솜씨, '행동'은 실제 조리에 해당한다. 솜씨가 뛰어난 요리사가 좋은 식재료를 사용해 실제로 조리라는 행동을 해야만 훌륭한 요리가 완성된다. 그리고 완성된 요리를 누군가가 맛보고 남긴 피드백을 바탕으로 요리는 점점 더 나아진다.

그러나 아무리 훌륭한 요리사라도 썩기 직전의 재료로는 맛있는 요리를 만들 수 없다. 반대로 아무리 좋은 재료가 있어도 서툰 요리사의 손에 걸리면 제대로 된 요리가 나오지 않는다. 그리고 실제로 조리라는 행동을 하지 않으면 요리는 결코 완성되지 않는다. 만들어야만 맛을 보고, 맛을 봐야 비로소 피드백을 받을 수 있다.

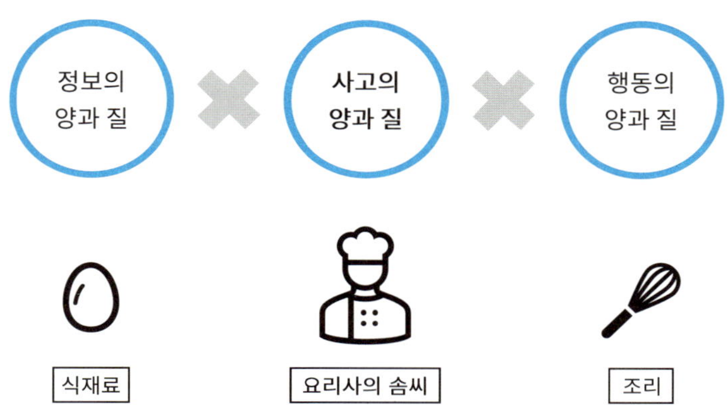

해상도도 이와 같다. 사고의 재료가 되는 정보가 잘못되어 있으면 아무리 사고력이 뛰어나도 올바른 답이 나올 수 없다. 아무리 정보가 훌륭해도 사고가 서툴다면 좋은 판단을 내릴 수 없다. 그리고 아무리 정보가 좋고 사고가 훌륭해도 행동하지 않으면 아무 일도 일어나지 않고, 결과로부터 피드백을 얻을 수도 없다.

결국 이상적인 상태란 정보와 사고와 행동, 세 요소 모두의 수준이 높은 상태를 말한다. 그러나 해상도를 높이려면 아직 정보나 사고가 피상적이라도 행동량을 늘리는 것, 즉 어쨌든 먼저 행동부터 시작하는 것을 추천한다. 왜냐하면 행동해야만 책이나 인터넷에서는 얻을 수 없는 주위나 시장의 피드백을 받을 수 있기 때문이다. 행동해서 얻은 경험은 실감을 동반한 자신만의 사고를 촉진한다. 즉, 행동량을 늘림으로써 질 높은 정보와 사고를 만들어내는 선순환이 시작되는 것이다.

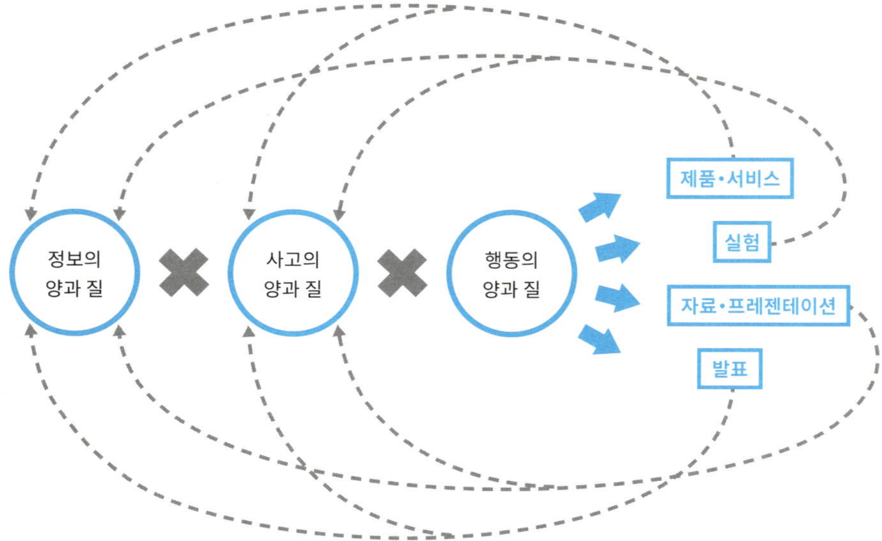

여러분의 주변에도 사고력이 특별히 뛰어나 보이지 않지만 놀라운 실행력으로 수많은 기회를 잡고 유명해진 사람이 있지 않은가? 예를 들어 자기 생각을 겉으로 드러내기를 주저하지 않는 사람이나 아직 서툰 단계여도 작품을 세상에 내놓는 사람 말이다. 처음에는 결과물이 완벽하지 않더라도 계속해서 양을 쌓다 보면 질도 함께 올라간다. 타율이 낮더라도 타석에 서는 횟수가 압도적으로 많으면 총 안타 수도 많아지는 법이다. 이처럼 대량의 경험을 쌓아가는 과정에서 타율은 점점 높아진다. 이 과정에서 취재나 등단 같은 기회를 얻고, 새로운 인맥을 만들고, 더 좋은 정보를 얻고, 결국 더 높은 수준의 결과물을 만들어 내는 순환이 일어나게 된다. 옆에서 보면 그 사람은 '운이 좋은 사람'처럼 보일지도 모른다. 하지만 이는 단순한 행운이 아니다. 그는 행운이 일어나는 장소

로 스스로 움직인 사람이다. 끊임없이 행동하여 행운을 끌어당긴 사람
인 것이다.

기업에서도 마찬가지다. 예를 들어 압도적인 영업력으로 수많은 거래
처를 찾아다니며 영업 활동을 펼치는 기업이 있다. 이 과정에서 고객으
로부터 새로운 정보를 얻고, 이를 사고의 씨앗으로 삼아 제품이나 서비
스에 반영해 간다. 겉으로는 그다지 고민하지 않는 것처럼 보이지만 실
제로는 압도적인 행동량으로 해상도를 끌어올리는 기업이라고 할 수
있다.

창업도 다르지 않다. 시장 선정은 창업에서 중요한 선택 중 하나지만,
처음부터 유망한 시장을 정확히 겨냥할 수 있는 사람은 거의 없다. 경험
이 풍부하고 사고력과 정보력이 모두 뛰어난 베테랑 사업가조차 시장
선택에서 실수하는 경우가 많다. 젊은 창업가가 스스로의 기지나 사고
만으로 좋은 시장을 고르기란 더욱 어렵다는 말이다. 그래서 젊은 창업
가는 끊임없이 움직이며 현장에서 희소한 정보를 얻고 유망한 시장을
발견해야 한다.

작품을 결과물로 만들어 공유하는 과정에서 얻은 경험이 업무나 창업
아이디어로 이어진 사례도 적지 않다. 예를 들어 건설 기계를 원격 조작
하는 시스템을 개발한 스타트업 ARAV의 대표 시로쿠 레이에스 타쓰루
는 자신이 개발한 자율주행 기술의 실험 결과를 SNS에 공유했다. 게시
물을 본 건설업계 관계자가 "그 기술을 건설 기계에 응용할 수 없을까
요?"라는 제안을 하면서 그는 건설 기계 분야에서 창업하게 되었다.[1] 자
율주행 기술 자체는 이미 존재했지만 공공 도로에서의 주행은 규제 장
벽이 높아 사업화가 어려운 상황이었다. 그러나 건설 현장에서 사용하

---

1 건설 기계의 원격 조작과 자율주행으로 건설 현장의 DX를 추진 - ARAV주식회사(도쿄대IPC,
   2021년 6월 4일)
   https://www.utokyo-ipc.co.jp/story/arav_interview

는 기계라면 사유지에서 운용할 수 있어 실제 비즈니스로 이어질 수 있다는 피드백을 얻은 것이다. 스스로 결과물을 만들고 이를 세상에 공개하는 행동을 했기 때문에 그는 자율주행 기술의 활용 가능성에 대한 해상도를 한층 높일 수 있었다.

스타트업 세계에는 MVP(Minimum Viable Product)라는 개념이 있다. 이는 최소 기능 제품을 뜻한다. 핵심 기능만 갖춘 제품을 빠르게 만들어 사용자가 직접 사용하게 하고, 피드백을 통해 학습과 개선의 주기를 반복하는 방식이다. 2010년대 초반의 성공한 스타트업들은 대부분 이른 단계에 실험적으로 MVP를 내놓고, 시장과 고객으로부터 피드백을 얻으면서 성장해 나갔다.

MVP를 이해하기 위해 자동차를 예로 들어 보자. 그림의 맨 위처럼 부품을 하나씩 완성해 가는 것은 MVP가 아니다. 첫 단계의 타이어만으로는 차량이 기능할 수 없기 때문이다. 또한 최종적으로 만들고자 하는 자

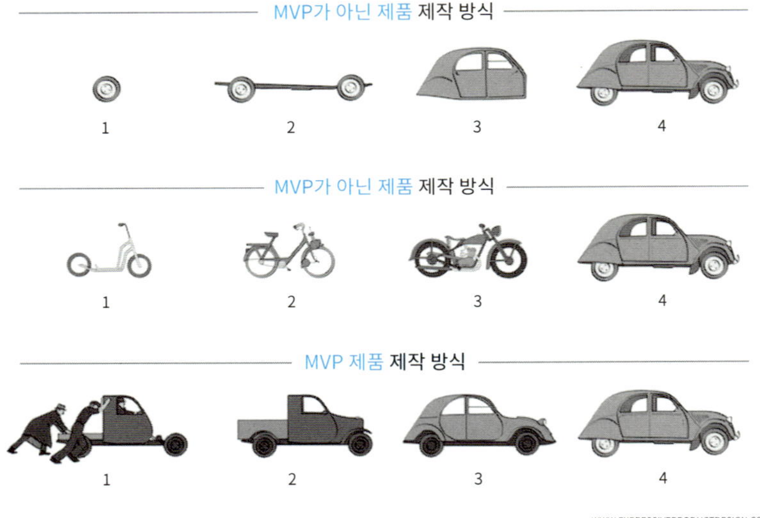

Fred Voohorst "MVP-not 'bike to car'"(LinkedIn, 2016년 5월 18일)을 번역
https://www.linkedin.com/pulse/mvp-bike-car-fred-voorhorst

동차와 전혀 다른 자전거나 오토바이를 먼저 만드는 것도 MVP가 아니다. 최종적으로 제공하려는 사용자 경험이 너무 다르고 해결하려는 고객 과제 또한 다르기 때문이다.

MVP는 세 번째다. 엔진 대신 사람이 밀어서 차를 움직이게 만든 형태다. 이렇게 하면 가장 많은 비용이 들어가는 엔진을 생략하고, 단순한 차체만으로도 '밀폐된 공간에서 앉은 채로 이동한다.'라는 최종 사용자 경험을 빠르게 제공할 수 있다. 속도나 승차감, 디자인 면에서 성능은 부족하더라도 최소한의 과제를 해결할 수 있는 최소한의 제품이라는 MVP의 조건을 충족한다.

MVP를 만들어 세상에 내놓는 일은 단순한 시도가 아니다. 이는 바로 행동을 시작하는 것, 그리고 해상도를 높이는 방법이라 할 수 있다.

실제 MVP의 예도 살펴보자. 디니(dinii)라는 음식점 대상 서비스를 제공하는 스타트업은 초기 단계에서 음식점의 사전 예약 및 주문 앱 사업에 집중했다. 당시 그들이 만든 MVP는 사용자 측에서 보이는 앱 부분만 그럴듯하게 구현하고, 실제 음식점의 예약 시스템은 만들지 않는 방식이었다. 사용자가 앱에서 예약 버튼을 클릭하면 채팅 도구를 통해 개발자에게 알림이 가고, 개발자가 직접 전화를 걸어 가게에 예약을 대

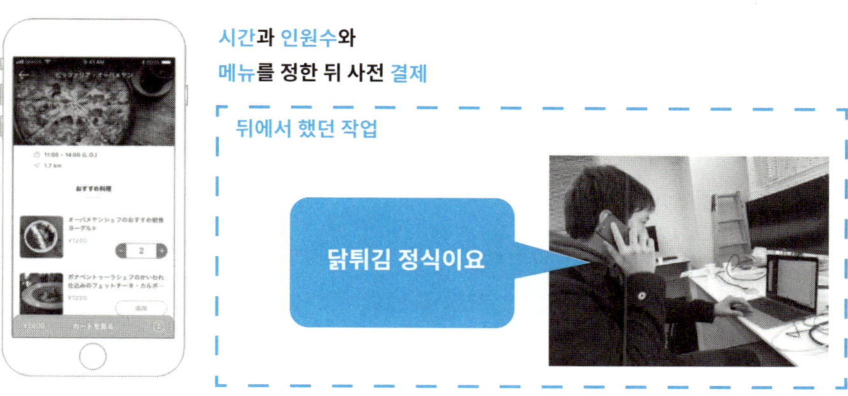

주식회사 dinii가 만든 당시 자료에서 인용

신하는 구조였다. 이 방식은 복잡한 예약 시스템을 만들 필요도 없고, 매장 직원들에게 별도로 신규 시스템 교육을 하지 않아도 되었다. 그 결과 작업 시작 5일 만에 MVP를 출시할 수 있었다. 이때부터 학습의 순환이 시작되었다. 피드백을 반영해 개선을 거듭한 끝에 작업 시작 3주 뒤에는 앱의 재사용률이 64%에 도달했다. 그리고 24일째 되는 날 첫 번째 엔젤 투자[2]가 결정되었다.

MVP 개념은 제품 개발이나 스타트업에 국한되지 않고 활용할 수 있다. 예를 들어 프레젠테이션이라면 Minimum Viable Presentation(이것도 MVP), 즉 최소한의 기능을 하는 프레젠테이션을 만들 수 있다. 그래프는 아직 충분히 예쁘지 않지만 최소한의 데이터가 들어 있고, 슬라이드 제목에 메시지 라인이 있어서 말하고자 하는 핵심이 전달된다. 이게 바로 최소 기능 슬라이드다. 고객에게 납품하는 프레젠테이션에 비하면 완성도는 20% 정도일지 모른다. 하지만 그런 슬라이드를 만들어 사내 관계자나 신뢰할 만한 고객에게 보여 주고 반응을 얻는 것만으로도 많이 배울 수 있다.

완성도 높은 프레젠테이션을 처음부터 만들려고 하면 시간이 오래 걸린다. 그림을 보기 좋게 다듬거나 오탈자를 확인하는 등 완성도를 높이는 작업에는 예상보다 훨씬 많은 시간이 들기 때문이다. 그렇게 95% 수준의 완성도까지 올려 놓고 나서 내용의 방향성이 잘못되었다는 피드백을 받는다면 들어간 시간과 노력이 전부 허사가 되어 버린다. 이런 일을 피하기 위해서라도 먼저 최소 기능 슬라이드를 만들어 배포하고 실험해 보는 것이 중요하다.

우리는 흔히 주위의 비판을 피하기 위해 완벽하게 만들고 나서 공유하려는 경향이 있다. 하지만 그렇게 하면 시간이 낭비되고 개선할 기회

---

2 (옮긴이) 자금이 부족한 신생 스타트업 기업에 자본을 대는 것. 창업 초기 투자

를 놓치기 쉽다. 대부분 우리의 목표는 비판받지 않는 것이 아니라 성과물을 더 좋게 만드는 것이다. 그렇다면 최소한의 것을 빨리 만들어 주변에 공유하고, 주위에서 받는 비판이나 피드백을 반영해 개선을 거듭하는 편이 훨씬 빠르고 효율적일 것이다.

이 밖에도 Minimum Viable 기획서, Minimum Viable 로봇 등 MVP 개념은 다양한 상황에 활용할 수 있다. "무엇이 최소로 기능하는가?", "피드백을 얻을 수 있는 최소한의 행동은 무엇인가?"를 묻고 행동으로 옮김으로써 해상도를 높이는 피드백 루프에 들어갈 수 있다.

결과물이나 MVP를 만드는 것은 비교적 작은 행동이다. 더 큰 단위의 행동으로는 관련 분야에서 실제로 비즈니스를 해 보는 것이다. 이 역시 해상도를 높이기 위해 흔히 하는 한 가지 방법이다.

고령 사회에 적합한 정보 인프라를 구축하는 스타트업 SMS(Senior Marketing System)의 창업자 모로후지 슈헤이는 50년, 100년 단위로 성장하는 시장을 장기적으로 내다보고 고령 사회와 관련된 사업을 시작하기로 결정했다. 그리고 단기적인 시간 축으로 조사를 거듭하기보다 실제로 사업을 시작할 때 통찰을 훨씬 더 많이 얻을 수 있다고 판단했다. 그는 먼저 이익을 낼 수 있는 작고 안정적인 비즈니스부터 진입해 업계에 대한 이해를 넓히며 통찰을 쌓아 갔다.[3] 실제로 그 분야에서 행동함으로써 시장에 대한 해상도를 높여 나간 것이다.

먼저 업계 정보 사이트를 개설하고 그곳에서 업계 네트워크를 쌓으며 과제를 점점 더 깊이 파악해 갔다는 이야기도 많다. 건설 프로젝트 관리 서비스를 제공하는 앤드패드(ANDPAD)가 그 대표적인 예다.[4] 창업자

3　《미래를 구현하다 — 테크놀로지로 사회를 변혁하는 4가지 원칙(未来を実装する — テクノロジーで社会を変革する 4 つの原則)》,(2021)
4　[연재 Vertical SaaS의 정예들] 디지털 전환은 촌스럽다. 50조 엔의 건설 산업을 변혁하는 앤드패드의 이면(FastGrow, 2020년 2월 17일)
　https://www.fastgrow.jp/articles/oct-inada

이나다 다케오는 건설 업계 경험이 전혀 없었다. 하지만 먼저 리모델링 회사를 대상으로 정보 사이트를 개설해 건설사로부터 신뢰와 지식을 쌓았다. 그 과정에서 현재 서비스의 원형이 되는 아이디어의 가능성을 깨달았다고 한다. 또한 2009년 창업해 지금은 도쿄증권거래소 프라임 시장[5]에 상장한 라쿠스루의 창업자 마쓰모토 야스카네도 초기에는 자본이 적게 드는 인쇄 회사 비교 사이트를 시작으로 상거래 흐름에 진입했다고 회상한다(참고로 2010년대 초반에는 정보 사이트가 저비용으로 시작할 수 있어 수익을 내기 쉬운 사업이었기 때문에 두 사람 모두 정보 사이트부터 시작했지만, 시대가 변하면 좋은 진입 방식도 바뀔 수 있다는 점을 염두에 두자).[6]

가령 처음 시도한 사업이 다소 부가가치가 낮더라도 실제로 행동해 상거래 흐름에 참여하고 그 안에서 경험을 쌓는 것만으로도 배움이 시작된다. 이 과정에서 상거래 흐름의 병목이나 본질적인 문제를 발견하며 해상도가 높아지는 경우도 자주 있다.

어느 정도의 정보와 사고력만 있더라도 **행동하면 해상도는 반드시 높아진다.** 반대로 창업을 시도했지만 좋은 아이디어를 찾지 못하거나 대기업의 신규 사업이 실패하는 사례를 보면 정보, 사고, 행동의 양과 질, 특히 행동이 부족한 사람이 대부분이다. 정보도 충분히 수집하지 않고, 깊게 생각하지도 않고, 행동조차 하지 않으면 잘되지 않는 것은 당연하다. 그중에서도 많은 실패는 행동 부족에서 비롯된다.

그러나 행동의 중요성은 좀처럼 전해지지 않는다. 사람들은 다양한 이유를 붙여 가며 '행동하지 않을 이유'를 만든다. 또한 지식이나 사고법을 많이 아는 사람일수록 행동을 경시하는 경향이 있다. MBA 등 비

---

5 (옮긴이) 한국의 코스피에 해당하는 일본의 주식 시장
6 마츠모토 야스카네 CEO가 말하는 '라쿠스루' 창업으로의 궤적(GLOBIS 지견록, 2020년 5월 18일)
   https://globis.jp/article/7609

즈니스에 관한 정보나 사고에 대한 교육을 받은 사람이 있는 팀일수록 행동에 저항감을 느끼고, 결과적으로 비즈니스가 잘되지 않는 경향이 있다는 조사 결과도 있다.[7]

물론 생각하지 않고 행동만 하면 대부분 헛수고로 끝난다. 행동량에는 방향 없이 같은 일을 반복하는 '나쁜 행동량'이 있는가 하면, 조금씩 다듬어가며 일정한 방향으로 계속 쌓이는 '좋은 행동량'도 있다. 하지만 미지의 영역이나 불확실성이 높은 영역에서는 너무 오래 고민하기보다 행동함으로써 새로운 정보를 얻고 그 정보를 바탕으로 다시 사고하는 주기를 반복하는 편이 낫다. 행동하지 않고 인터넷에서 정보를 모으거나 의자에 앉아 깊이 생각하는 데 시간을 쓰는 것보다 훨씬 옳은 답에 가까워진다.

게다가 정보와 사고에 행동이 더해질 때의 시너지는 탁월한 성과를 만들어 낸다. 앞서 언급한 조사에서도 비즈니스 교육을 받은 사람일수록 제대로 행동할 때 그렇지 않은 사람들보다 더 큰 성과를 낸다는 점이 확인되었다.

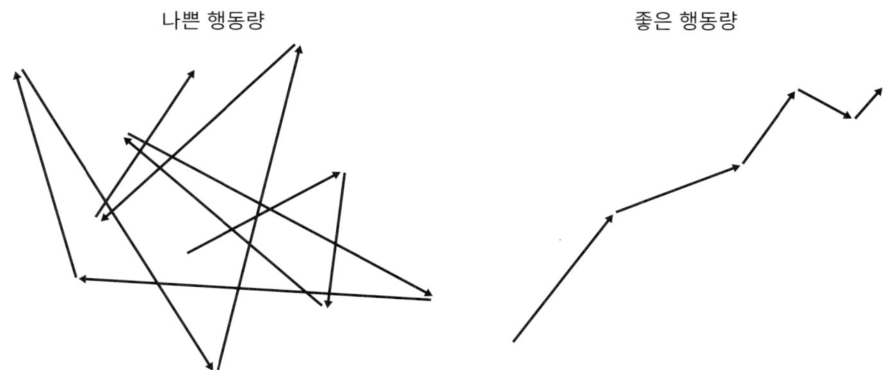

7   Michael Leatherbee, Riitta Katila "The lean startup method: Early-stage teams and hypothesis-based probing of business ideas", Strategic Entrepreneurship Journal, Volume 14, Issue 4, p.570-593, 5 October 2020
https://doi.org/10.1002/sej.1373

따라서 정보와 사고, 행동 사이의 간격을 좁히는 것을 추천한다. 정보를 얻었다면 바로 사고하고, 사고했다면 즉시 행동하며, 행동으로 정보를 얻었다면 다시 깊이 사고한다. 이 과정을 짧은 주기로 반복하는 것이 해상도를 높이는 비결이다.

실제로 뛰어난 창업가 대부분은 행동의 양과 방법의 수가 압도적으로 많을 뿐만 아니라 정보, 사고, 행동의 반복 속도 또한 빠르다. 그들은 어떤 정보나 조언을 얻으면 그것이 의미 있다고 판단되는 즉시 행동으로 옮긴다. "사업화를 위해서는 일주일에 신규 고객 5건이 필요하다."라는 조언을 들으면, 그날 실제로 고객을 찾아가 영업할 정도로 정보, 사고, 행동 사이의 거리가 극도로 짧다. 이런 속도감을 가진 팀은 예외 없이 좋은 아이디어에 도달한다.

여기까지 행동의 중요성에 대해 이야기했다. 사람은 단순히 '행동하자.'라는 말만으로는 쉽게 움직이지 않는다. 그래서 필요한 것이 바로 어떻게 행동해야 하는지에 관한 '행동의 방법론'이다. '어떻게 행동해야 하는가?', '이렇게 된 경우에는 이렇게 한다.'와 같은 실천적인 행동을 위한 지식이 있으면 사람은 행동으로 쉽게 옮길 수 있다.

따라서 4장 이후에서는 '행동의 방법론'을 중심으로 설명하고자 한다.

② 끈기 있게 임한다

정보와 사고와 행동의 모든 면에서 시간을 충분히 들이는 것도 중요하다. 창업 지망생들을 포함해 너무나 많은 사람들이 높은 해상도에 도달하기까지 필요한 시간의 크기를 지나치게 작게 잡는다. 내 주변에도 "창업에 필요한 기본 지식과 방법을 배우면 그리 많은 시간을 들이지 않아도 좋은 아이디어를 얻을 수 있을 줄 알았다."라고 말하는 사람이 상당히 많았다. 하지만 실천해 나가는 과정에서 대부분의 사람들은 '좋은 아이디어는 결코 그렇게 쉽게 떠오르지 않는다.'라는, 어떻게 보면 당연한 사실을 깨닫게 된다.

물론 뛰어난 방법론을 잘 활용하면 보다 효율적으로 좋은 아이디어에 도달할 수는 있지만, 적용하는 시간은 필요하다. 올바른 공부법을 익히면 학습 효율이 오르기는 하지만, 공부에 어느 정도 시간을 써야 하는 것과 같다.

나 역시 '해상도'라는 개념의 해상도를 높이기까지 시간이 오래 걸렸다. 창업가들에게 아이디어 상담을 하거나 지원에 대해 피드백하는 과정에서 "해상도가 부족한 것 같습니다."라는 말을 여러 번 반복하고 있다는 사실을 깨달은 것이 계기였다. 그때부터 해상도란 무엇인지 끈질기게 탐구하기 시작했다. 처음에는 해상도라는 용어 자체의 해상도조차 낮아 어떻게 설명해야 할지 난감했다. 그러나 몇 번이나 생각하고, 생각한 것을 기록하고, 주위 사람들에게 내 생각을 설명했다. 해상도를 높이기 위한 피드백을 주고받는 연습을 반복했다. 이 과정에서 팀원들과 논의하며 '이렇게 표현하면 더 잘 전달된다.', '해상도는 이런 식으로 구조화하면 이해하기 쉽다.'라는 사실을 점차 알게 되었다.

내 경험으로 창업 아이디어라면 약 1,000시간 동안 한 분야에 집중해야 비로소 실마리가 보이기 시작했다. 우선 적어도 200시간은 정보와 사고와 행동에 써야 최초의 '그럭저럭 괜찮은 아이디어'에 도달할 수 있다. 아이디어의 좋고 나쁨을 검증하려면 다시 200~400시간이 필요하다. 대부분 첫 번째 아이디어는 잘못되어 있으므로 재검토하는 데 200시간이 걸리고, 추가로 확인하는 데 200~400시간이 더 필요하다. 총 약 1,000시간 정도다. 참고로 이 정도도 빠른 편이며, 대부분의 팀은 시간을 훨씬 더 많이 들여야 비로소 뛰어난 아이디어에 도달한다.

1,000시간은 어느 정도일까? 하루 8시간씩, 월 20영업일을 기준으로 하면 약 6개월이다. 부업으로 창업을 준비한다면 휴일을 포함해 하루 2

시간 정도만 집중할 수 있을 테니 1년 이상 걸린다. 경험상 아무런 아이디어가 없는 상태에서 그럭저럭 좋은 아이디어에 이르기까지는 기초가 잘 잡혀 있거나 뛰어난 사람이라도 약 1년, 대부분의 사람은 2년 정도가 필요했다. 탐색 기간에 방향이 크게 전환되는 사례도 수없이 보아 왔다. 하지만 대부분의 사람은 거기까지 가기도 전에 포기한다. 좋은 아이디어에 도달하기 위해서는 뛰어난 두뇌나 우수함보다 끈기 있는 지속력이 더 중요하다.

단순히 시간을 오래 들인다고 되는 일도 아니다. 어려운 책을 읽고 끙끙 고민하고, 때로는 타인과 심도 있게 논의하는 등 정보와 사고와 행동의 질을 확보해야 한다. 양뿐만 아니라 질도 중요하다. 엄청난 정보를 모으고 지독할 만큼 사고하며 끊임없이 많은 행동을 반복해야 한다. 그런 과정을 거쳐야만 좋은 아이디어에 도달할 수 있다.

해상도를 높이는 데 이렇게 시간이 많이 걸린다는 이야기를 들으면 절망할지도 모르겠다. 하지만 이는 동시에 희망의 메시지이기도 하다. 꾸준히 축적을 이어 가는 사람은 좀처럼 따라잡히지 않기 때문이다. 가끔은 천재가 등장해 단번에 추월할 수도 있다. 그러나 천재는 그만큼 드물기에 천재라 불린다. 그렇다면 꾸준히 노력하는 사람은 대부분의 사람에게 지지 않는 높은 해상도를 얻어 해당 분야에서 지속적인 우위를 유지할 수 있다.

끈기 있게 계속 임하는 자세야말로 해상도를 높이기 위해 잊어서는 안 될 태도다.

③ 틀을 의식한다

행동량을 늘리기 위해 닥치는 대로 모든 일을 다 하면 된다는 의미는 아니다. 행동을 할 때는 반드시 효율적인 수단과 모범 사례가 있다. 행동하기 전에 우선 그 방법을 조금이라도 배우는 것을 추천한다. 이 책에서 소개하는 해상도를 높이기 위한 방법론, 즉 '틀'을 이해하고 나서 움직이는 것이 그 첫걸음이다.

'틀'이란 앞선 세대의 성공과 실패가 쌓여서 만들어진 모범 사례의 집합체다. 틀을 따름으로써 숙련도를 효율적으로 높일 수 있고, 초심자가 흔히 빠지는 시행착오를 피할 수 있다.

무술이나 다도에는 '수파리(守破離)'라는 개념이 있다. 먼저 스승에게서 틀을 배우는 것이 '수(守)'다. 그다음 자신의 방식에 맞춰 틀을 시험하고 깨뜨리는 것이 '파(破)'이고, 마지막으로 여러 틀을 체득해 기존의 틀에서 벗어나 자신만의 방식을 창조하는 것이 '리(離)'다. 이 순서를 지키는 것이 중요하다. 처음부터 틀을 제대로 배우지 않으면 이후의 단계는 아무리 진행해도 큰 효과를 얻을 수 없다. 물론 틀을 깨는 사람도 있다. 창업처럼 전례 없는 문제를 다루는 분야에서는 기존의 틀에 얽매이지 않는 행동이 필요한 순간도 있다. 하지만 '틀을 깨기' 위해서는 먼저 틀을 알고 익혀야 한다. 틀을 배우지 않은 상태에서 자유분방하게 행동하는 것은 '틀 깨기'가 아니라 단순한 '형체 없음'이다. 그래서 '틀이 있기에 깨뜨릴 수 있고, 틀이 없으면 그저 형체가 없을 뿐'이라는 말이 생겨난 것이다.

지금까지 내가 만난 해상도를 급속히 높인 팀들은 해상도를 높이기 위한 '틀'을 의식하고 있었다. 그들은 먼저 틀을 배우고 묵묵히 실행에 옮겼으며, 때로는 그 틀을 깨고 자신들 나름의 틀을 만들어 냈다. 반면 방법론을 돌아보지 않고 자기 방식대로 시작하거나 충분히 이해하지 못한 채 순서를 바꾼 팀은 대부분 사업이 더디게 진행되거나 좋은 아이디어에 도달하지 못했다.

자기만의 방식을 시험하거나 틀을 충분히 이해하지 못한 채 '파'나 '리' 단계로 가는 이유는 틀의 유효성을 체감하지 못하기 때문이다. 무술이나 다도도 그렇지만, 일반적으로 틀의 유효성이나 의미를 체감하기까지는 몇 개월의 시간이 걸린다. 그때까지는 그저 묵묵히, 꾸준히 계속하는 수밖에 없다. 한 번 큰 실패를 겪은 뒤에서야 비로소 틀의 중요성을 깨닫는 팀도 많다. 틀을 미리 배웠더라면 충분히 피할 수 있었던 실패다.

틀이 시대에 맞지 않거나 새로운 식견을 통해 기존의 틀이 잘못되었다는 사실을 알게 될 수도 있다. 그럴 때는 새로운 틀을 만들어야 한다. 다만 이는 '파'나 '리' 단계에서 해야 할 일이다. 일단은 틀을 진심으로 믿고 최소한 첫 반년 동안이라도 꾸준히 실천해 보길 권한다.

신뢰할 수 있는 틀이 있으면 팀의 망설임이 줄어든다. 픽사(Pixar)가 중요하게 여기는 원칙 중 하나로 "프로세스를 신뢰하라(Trust the process)."라는 말이 있다.[8] 여기서 말하는 프로세스는 픽사만의 창의적 방법론을 뜻한다. 무언가를 창조하는 작업에는 어려움과 실패가 따르지만, 정해진 프로세스를 잘 따른다면 이를 극복할 수 있다. 무엇보다도 팀 전체에서 그 프로세스가 유효하다고 신뢰하면 팀에는 망설임이 사라지고 앞으로 나아갈 힘이 생긴다. 바꿔 말하면 미션으로서의 Why(왜 하는가), 목표의 What(무엇을 하는가)에 더해 진행 방식인 How(어떻게 할 것인가)에 대한 신념을 공유하는 것이 중요하다.

어떤 프로젝트든 반드시 혼란의 시기가 찾아온다. 아무리 생각해도 답이 보이지 않아 좌절하게 되는 때가 있다. 나 역시 여러 번 그런 시기를 겪었고(이 책을 집필하는 과정도 그랬다.) 대부분의 스타트업 역시 이러한 시기를 반드시 거친다. 이럴 때 팀이 계속 나아가기 위해서는 진심으로 믿고 의지할 만한 방법론이 있다는 사실이 무엇보다 중요하다.

이렇게 끈기 있게 계속 나아가면 결과가 나타난다. 지금까지 100명 이상의 창업가와 창업 지망생을 보아 온바, 올바른 방법론(틀)을 익히

---

8 《창의성을 지휘하라》(와이즈베리, 2025)

고 정보와 사고와 행동의 양과 질을 함께 높여 온 사람들은 거의 예외 없이 해당 분야에서 높은 해상도를 얻었다. 물론 해상도를 바탕으로 한 아이디어가 정말로 급성장하는 비즈니스로 이어질지는 운과도 관계되어 있다. 하지만 적어도 그들은 좋은 아이디어가 탄생할 수 있는 토대인 높은 해상도에는 도달해 있었다.

한 번 속는 셈치고 이 책에서 소개하는 해상도를 높이기 위한 방법론을 정해진 기간 동안 꾸준히 실천해 보길 바란다. 틀에 따라 행동을 시작하고 끈기 있게 시간을 들여 임하는 것. 그것이야말로 해상도를 높이기 위한 왕도이자 지름길이다.

여기까지 살펴본 해상도를 높이는 포인트를 다시 정리해 보자. 해상도에는 깊이, 넓이, 구조, 시간이라는 네 가지 시점이 있다. 그리고 해상도를 높이기 위해서는 정보, 사고, 행동 세 요소를 균형 있게 순환시켜야 한다. 그중에서도 특히 행동이 핵심이다. 그리고 틀을 의식하며 행동을 시작해 끈기 있게 이어 가길 바란다.

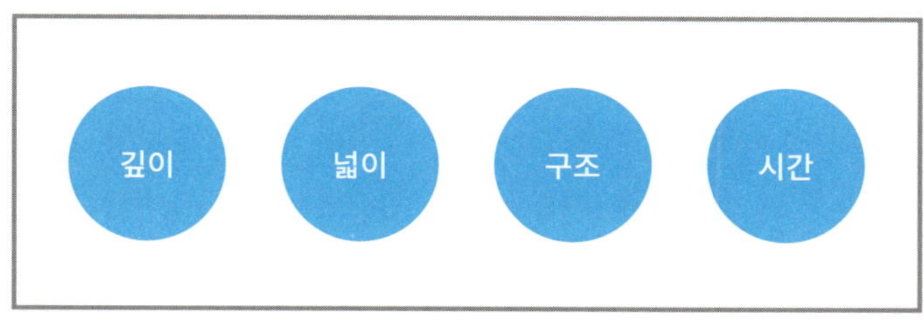

해상도의 네 가지 시점

해상도를 높이기 위한 세 가지 기본 자세

높여야 할 것은 과제와 해결책의 해상도

다음으로 비즈니스에서 무엇의 해상도를 높여야 하는지, 즉 무엇에 초점을 맞춰 정보, 사고, 행동의 순환을 이어 가야 하는지를 생각해 보자.

가장 먼저 의식해야 할 것은 '가치'다. '부가가치', '일로 가치를 실현한다.' 등의 표현이 일상적으로 사용되듯이 비즈니스에서는 '가치'를 만들어 내는 것이 요구된다. 비즈니스에서 가치라는 단어에는 여러 정의가 있고, 경제학에서도 가치에 관한 다양한 논의가 존재한다. 하지만 이 책에서는 '제품이나 서비스로부터 고객이 얻는 이점과 만족감'으로 정의한다. 가치에는 품질, 사용성, 보안, 이익 향상, 즐거움 등 다양한 면이 있다. 또한 하나의 제품 안에는 여러 가치가 포함되어 있다. 예를 들어 커피 컵에는 커피를 맛있게 마실 수 있도록 하는 편의성의 가치가 있는가 하면, 세련된 외관으로 사용자의 만족감을 높여 주는 가치도 있을 것이다. 사람이나 상황에 따라 편의성과 외관 중 어느 쪽의 가치를 더 중시하는지는 달라진다.

결국 비즈니스에서는 고객이나 사회가 가진 '과제'를 '해결'함으로써 가치가 생겨난다.

B2B(기업 대상) 비즈니스라면 고객의 업무상 과제를 해결한다. B2C(소비자 대상) 비즈니스에서는 '청소를 더 효율적이고 깨끗하게 하고 싶다.'처럼 소비자가 생활하면서 맞닥뜨리는 과제를 제품이나 서비스로 해결하기도 한다. 또한 '누군가와 연결되고 싶다.'라는 정신적 욕구를 앱으로 채워 주거나 '건강 악화로 의료비가 부담스럽고 두렵다.'라는 과제를 보험이라는 구조로 해소하기도 한다. B2C인 엔터테인먼트 역시 '즐기고 싶다.', '지루함을 달래고 싶다.'라는 과제를 해결하는 서비스를 제공함으로써 고양감 등의 가치를 만들어 낸다.

과제가 있고 그에 대한 해결책이 있으며 양쪽이 잘 맞물릴 때 과제가 해결되고 가치가 생겨난다. 그리고 사업자는 가치를 창출한 대가로 금전적 보수를 얻는다.

만들어 낸 가치가 클수록 더 큰 보수를 받을 가능성이 높고, 가치가 작으면 보수도 작다. 그리고 자사의 이익은 얻은 금전적 보수와 과제 해결을 위해 사용한 비용의 차이로 결정된다.

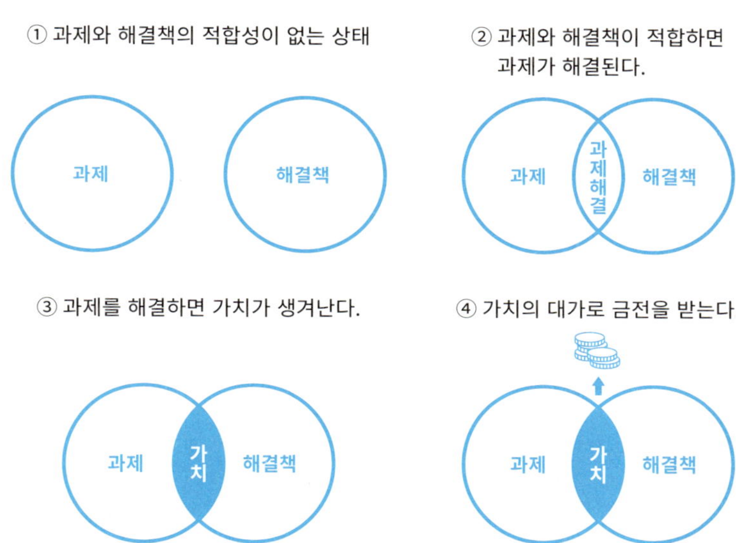

스타트업 영역에서는 과제와 해결책이 잘 맞물려 있는 상태를 가리켜 '문제-해결 적합성(Problem-Solution Fit)'이라고 부른다. 과제(Problem)와 해결책(Solution)에 적합성(Fit)이 있는지를 뜻한다. 과제와 해결책의 적합성이 클수록 과제 해결의 분량이 많아지고 그만큼 더 큰 가치가 만들어진다.

반대로 과제와 해결책의 적합성이 낮으면 가치 창출은 거의 일어나지 않는다. 예를 들어 최첨단 기술로 음속 제트기라는 해결책이 발명되었다 해도 음속 제트기의 비행 구간이 너무 짧아 소비자의 '이동이 필요하다.'라는 과제에서 아주 일부분만 해결된다면 음속 제트기가 만들어 내는 가치는 아주 작을 수밖에 없다. 오히려 기술적으로는 그다지 뛰어나지 않은 평범한 노선버스로 더 편하게 이동할 수 있다면 버스가 만들어 내는 가치가 훨씬 크다고 볼 수도 있다.

신규 비즈니스 초기에는 과제와 해결책이 잘 맞아떨어지는 장소나 상황을 찾는 데 시간을 들일 수 있다. 다시 말해 현재 과제와 해결책이 어긋나 있는 지점을 탐색하는 것이다. 과제와 해결책의 불일치 또는 시장에서의 수요와 공급의 불균형이 일어나는 부분을 '왜곡'이라 부르기도 한다. 고객은 바로 그 왜곡 지점에서 강한 불만을 느낀다. 그리고 그 불만을 해결할 때 새로운 비즈니스 기회가 열린다.

기존 비즈니스에서는 과제를 더 세밀하게 들여다보거나 해결책의 기술적 개선을 거듭해 과제와 해결책의 적합 영역을 점차 확장할 수 있다. 이렇게 하면 만들어 내는 가치를 크게 높일 수 있다.

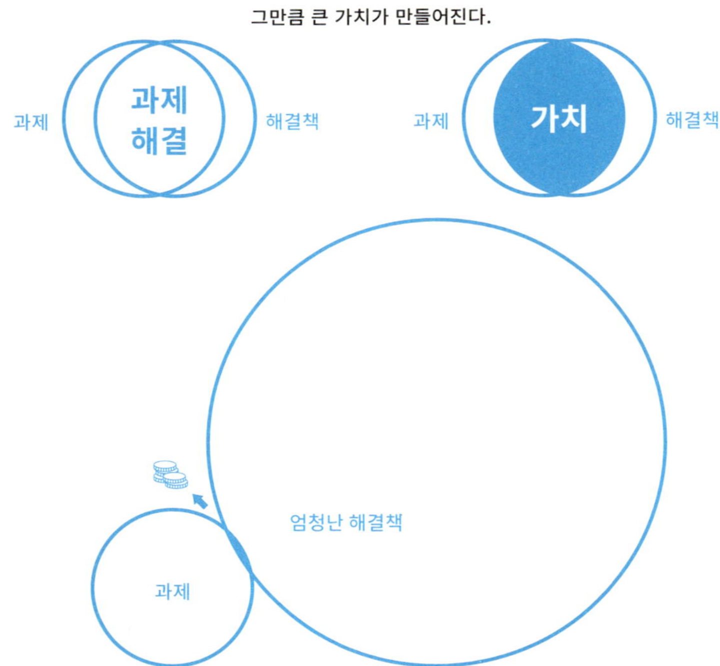

적합하지 않은 부분을 찾아내기 위해서든 적합한 부분을 더 늘리기 위해서든 과제와 해결책 양쪽의 해상도를 높여야 한다. 즉, 신규 사업이든 기존 사업이든 비즈니스에서 가치를 창출하려면 '과제'와 '해결책'의 해상도를 높여야 한다. 업계의 해상도나 사업 계획의 해상도를 높이는 것도 중요하지만, 먼저 해상도를 높여야 할 것은 고객의 '과제'와 그에 대한 '해결책'이다. 이 책에서는 먼저 무엇보다 집중해야 할 이 두 가지의 해상도를 높이는 방법에 대해 설명할 것이다.

이 책에서 소개하는 방법론의 전체상

1장에서는 해상도를 '깊이', '넓이', '구조', '시간'이라는 네 가지 시점에서 높일 수 있다고 설명했다. 4장부터 6장까지는 다음 페이지 그림에 제시된 것처럼 네 가지 시점별로 과제와 해결책의 해상도를 높이기 위한 구체적인 방법론(틀)을 살펴본다.

다만 한 번 도달한 해상도도 어디까지나 가설에 불과하다. 따라서 7장에서는 한 번 높인 해상도가 실제로 올바른지 검증하는 방법을 다룬다. 마지막 8장에서는 미래의 해상도를 높이기 위한 방법에 관해서도 생각해 보고자 한다.

틀은 총 48가지다. 2장에서 진단한 자신의 해상도 결과에 따라 '깊이', '넓이', '구조', '시간' 중 부족한 부분부터 읽어도 상관없다. 하지만 대부분의 사람은 '과제'에 대한 '깊이'가 부족한 경우가 많다. 따라서 가능하다면 이 책의 순서에 따라 차근차근 읽어 나가는 것을 추천한다.

깊이 넓이

| 해상도를 높이기 위한 정보 × 사고 × 행동 | 과제(4장, 5장) | 틀 1. 언어화하여 현 상황을 파악하기
틀 2. 조사하기
틀 3. 인터뷰하기
틀 4. 현장에 몰입하기
틀 5. 개별에 접근하기
틀 6. Why so?를 반복하여 사실로부터 통찰을 끌어내기
틀 7. 습관적으로 언어화하기
틀 8. 단어와 개념, 지식을 늘리기
틀 9. 커뮤니티에서 깊이 파고들기를 가속하기 | 틀 15. 전제를 의심하기
틀 16. 시좌를 바꾸기
틀 17. 체험하기
틀 18. 사람과 이야기하기
틀 19. 다시 파고들 곳을 정하기 |
| | 해결책(6장) | 틀 10. 보도자료를 작성해 보기
틀 11. 행동 가능한 단위까지 How를 묻기
틀 12. 전문성을 연마해 새로운 해결책을 깨닫기
틀 13. 손으로 생각하기
틀 14. 몸으로 생각하기 | 틀 20. 사용할 수 있는 도구를 늘리기
틀 21. 외부 자원을 획득한다는 전제로 확장하기
틀 22. 탐색에 자원을 할당하기
틀 23. 해결책의 진정한 의미를 생각하기 |

끈기 있게
계속 임하기 

정보 × 사고 × 행동의 주기를
반복하는 검증 방법(7장)

구조

시간

틀 24. 나누기
틀 25. 비교하기
틀 26. 관계 짓기
틀 27. 생략하기
틀 28. 질문하기
틀 29. 구조의 패턴을 알기

틀 40. 변화를 보기
틀 41. 프로세스와 단계를 보기
틀 42. 흐름을 보기
틀 43. 역사를 돌아보기

틀 30. 해결할 범위를 정하기
틀 31. 패턴 적용하기
틀 32. 새로운 조합을 만들어 내기
틀 33. 요소 간의 궁합을 생각하기
틀 34. 버림으로써 독자성을 만들기
틀 35. 제약을 의식하기
틀 36. 다른 시스템과의 연동을
       생각하기
틀 37. 의도치 않았던 시스템의
       행동에 대처하기
틀 38. 스토리를 그리기
틀 39. 엉성한 구조부터 그리기

틀 44. 최적의 단계를 찾아내기
틀 45. 시뮬레이션하기
틀 46. 선순환을 만들어 내기
틀 47. 장기적인 시점으로 생각해
       시간을 내 편으로 만들기
틀 48. 순발력과 학습력을 높이기

MVP를 만들어 확장성 없는 일을 해 보기
자기 자금을 투입해 과제의 크기를 검증하기
시스템을 실제로 작동시켜 실험하기
끈기 있게 계속 개선하기
행동함으로써 새로운 기회를 창출하기

지금까지는 '해상도가 높을수록 좋다.'라는 전제를 바탕으로 이야기를 전개해 왔다. 하지만 해상도는 무조건 높을수록 좋은 것이 아니다.

필요한 해상도의 수준은 **최종적으로 어떤 질문에 답하고 싶은지**, 즉 목적에 따라 달라진다. **해상도를 불필요하게 높이려다 시간을 과도하게 쓰지 않도록** 주의해야 한다.

예를 들어 전략 컨설팅 회사가 답해야 할 질문은 전략 수준의 질문이다. 전략이라면 '넓이'의 시점에서 폭넓은 선택지를 검토하고 각각의 수단이 가진 우열을 알고 있다면 충분하다고 할 수 있다. 물론 전략상의 중요한 점에 관해서는 '깊이'가 필요하지만, 그 밖의 세부 요소까지 지나치게 파고들 필요는 없다.

반면 현장의 담당자라면 주어진 영역에서의 깊이가 필수적이다. 예를 들어 고객 지원 업무를 맡았다면 눈앞의 고객 한 사람 한 사람을 깊이 이해하고 고객의 상황에 꼭 맞는 해결책을 자신의 서랍 안에서 꺼내야 한다. 경우에 따라 고객은 문제 해결이 아니라 '그저 이야기를 들어 주는 것'을 바란다는 사실을 깨달을지도 모른다. 평소에 고객의 문제를 해결하기 위한 지식을 폭넓게 확보하고, 그 지식을 토대로 개별 고객의 상황을 깊이 있게 파악해 적절하게 지원하는 것이 충분히 높은 해상도의 상태라 할 수 있다.

흔히 '나무만 보고 숲을 보지 않는다.'라고 하지만, 어떤 사람에게는 숲을 보는 것이 중요하고 어떤 사람에게는 나무를 보는 것이 더 중요하다. 만약 여러분이 나무의 병을 살펴보는 수목의[9]라면 나무뿐만 아니라 잎이나 내부 구조까지 살펴봐야 한다. 환경 파괴를 연구하는 학자는 나무가 아니라 숲을 보아야 할 것이다. 직업에 따라서는 또 다른 시점, 예를 들면 나무나 숲이 아니라 토양을 관찰해야 할 수도 있을 것이다. 결국 '어느 정도의 깊이가 필요한가', '어느 정도의 넓이가 필요

---

9 (옮긴이) 나무 의사, 일본의 민간자격 중 하나로 가로수나 천연기념물 등의 보전·진단·치료를 하기 위한 자격

한가'를 잘못 판단하면 해상도를 높이는 작업에 방대한 시간이 걸리고, 경우에 따라서는 그 노력의 대부분이 무의미한 낭비가 되어 버린다.

'시간'의 시점에서도 마찬가지로 의미 있는 해상도의 단위가 있다. 벌새의 날갯짓을 관찰하려면 마이크로초 단위의 해상도가 필요할 것이다. 그러나 철새인 벌새의 습성을 살펴보는 데 마이크로초 단위로 추적한다면 정보량이 너무 많아져 오히려 의미 있는 시사점으로 이어지지 못한다.

목적에 따라 필요한 해상도의 수준은 달라진다. 목적 달성에 충분한 최소 조건을 충족하는 상태를 심리학에서는 '새티스파이스(satisfice)'[10]라고 부른다. 새티스파이스를 의식하지 못하면 정보를 필요 이상으로 모으거나 불필요한 노력을 들이게 된다. 목적을 달성하기 위해 필요한 해상도는 어느 정도인지 항상 자문자답하면서 해상도를 '충분히' 높여 가길 바란다.

---

10 (옮긴이) 미국의 인지심리학자 허버트 사이먼이 만족(satisfy)과 충분함(suffice)을 합쳐서 만든 조어

04

과제의 해상도를 높인다
- '깊이'

비즈니스에서 가치를 창출하려면 '과제'와 '해결책'의 해상도를 높여야 한다고 설명했다.

대부분의 사람들은 해결책이 떠오르면 그 제품이나 서비스를 바로 만들어 보고 싶어 한다. 우리는 아무래도 '과제'가 아닌 '해결책'과 사랑에 빠지기 쉽다. 그러나 과제를 이해하기도 전에 해결책을 만들어 다듬었다가 나중에 전혀 과제가 아니었음을 알게 된다면 어떻게 할 것인가? 과제와 해결책이 결코 맞물릴 리가 없으므로 가치는 전혀 발생하지 않는다. 해결책을 만드는 데 기울였던 노력이 모두 허사로 돌아가는 것이다.

상상 속에만 있고 실제로는 존재하지 않는 과제에 도전하는 실수는 누구에게나 자주 일어나는 일이다. 예를 들어 한때 주목을 받았던 퀴비(Quibi)라는 스마트폰 전용 숏폼 영상 스트리밍 스타트업이 있었다. 디즈니의 영화 부문 책임자가 2018년에 창업하고 이베이의 전 CEO가 사장으로 취임한 화려한 경력을 지닌 팀이었다. 경력만으로 판단한다면 고객이 원하는 것이나 고객의 과제를 정확히 파악하고 있는 것처럼 보일 수도 있다. 실제로 서비스 개시 전 단계에 약 1,800억 엔의 자금을 조달하며 투자자들의 기대를 한껏 모았다. 그러나 막대한 비용을 들여 서비스를 개발하고 TV와 웹에서 대대적인 마케팅을 진행한 끝에 2020년 4월 정식 서비스를 시작했지만, 결과는 기대와 달리 처참했다. 같은 해 10월 퀴비는 서비스를 종료했다.

누구도 원하지 않는 제품을 만들거나 필요하지 않은 기능을 구현하면 그만큼 비용적·시간적 낭비가 발생한다. 그렇기 때문에 먼저 과제의 해상도를 높이는 일부터 시작해야 한다.

과제 이상의 가치는 생겨나지 않는다

이제 본격적으로 과제의 해상도를 높이기 위한 방법론을 설명하겠다. 하지만 그에 앞서 애초에 좋은 과제란 무엇인지를 짚고 넘어갈 필요가 있다. 조금 돌아가는 길처럼 느껴질지 모르지만, 어느 과제의 해상도를 높일지를 선택할 때도 매우 중요하므로 설명하고자 한다.

'과제'란 고객이나 시장이 지닌 문제를 의미한다. 영어로는 problem에 해당하며, 불만, 불편, 부담 등 '아니 불(不)', '짊어질 부(負)'의 의미를 담고 있다. 특히 중요한 과제를 가리켜 이슈(issue), 논점이라 부르기도 하며, 이슈를 얼마나 적절하게 설정했는지가 중요하다는 이야기는 비즈니스에서 자주 강조된다. 연구에서 중요한 작업 중 하나는 좋은 연구 질문을 세울 수 있는가로 평가된다.

이처럼 과제나 물음이 중시되는 이유는 좋은 과제를 선택할 수 있는지에 따라 창출되는 가치가 결정된다고 해도 과언이 아니기 때문이다.

예를 들어 '점심을 함께 먹을 사람을 찾고 싶다.'라는 과제를 해결하는 비즈니스를 시작했다고 하자. 가능한 해결책으로는 점심을 함께 먹을 사람의 매칭 서비스, 원격으로 함께 식사하며 대화하는 영상 서비스, 점심 친구 대행 서비스 등이 있을 수 있다. 심지어 자신이 직접 고객의 점심 자리에 함께 가는 서비스도 고려해 볼 만하다. 그러나 일반적인 점심 한 끼가 1,000엔 정도라고 가정하면 이런 서비스를 통해 받을 수 있는 요금은 한 번에 약 300엔 정도에 불과할 것이다.

엔지니어라면 AI를 활용하여 정확도가 높은 매칭 앱을 개발하겠다는 아이디어를 낼 수도 있다. 로봇을 좋아하는 기술자라면 함께 점심을 먹으러 가 주는 도라에몽 같은 로봇을 만든다는 발상을 할지도 모른다. 가령 그런 AI나 로봇 같은 고도의 기술을 사용한 서비스를 개발한다면 고객이 지불할 수 있는 금액은 얼마나 될까? 처음에는 신기함에 1,000엔 정도를 낼 수도 있겠지만, 매번 점심 식사 때마다 식비 외에 그만큼의 비용을 추가로 지불할 사람은 거의 없을 것이다.

3장에서 '가치와 보수는 과제가 얼마나 해결되었는가로 결정된다.'라고 했다. '점심을 함께 먹을 사람을 찾고 싶다.'라는 과제를 택한 이상,

해결책이 아무리 기술적으로 앞서 있더라도 그로부터 만들어지는 가치는 그다지 크지 않다. 해결책이 과제를 완벽하게, 혹은 그 이상으로 해결했다 하더라도 과제의 크기 이상으로 가치는 발생하지 않는다. 바꿔 말하면 해결책이 과제에 대해 오버스펙이라 하더라도 초과된 부분에 추가 비용을 지불할 고객은 거의 없다는 뜻이다.

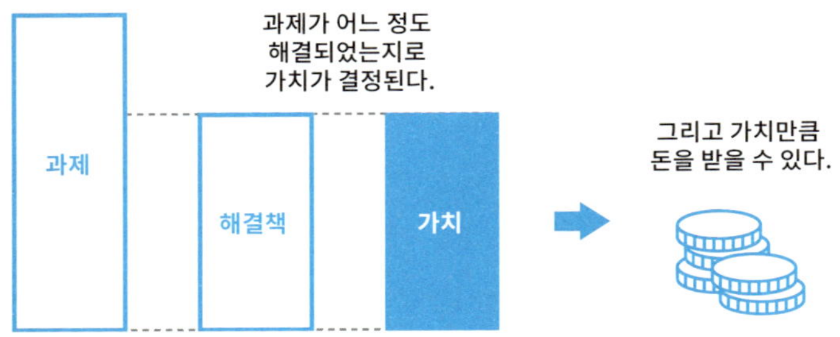

과제 선정의 중요성은 특히 청년이나 학생에게는 쉽게 와닿지 않는다. 그도 그럴 것이 애초에 학교는 100점 만점의 시험에서 정답률을 높이는 것이 요구되는 환경이기 때문이다. 즉, 과제는 스스로 고르는 것이 아니라 누군가로부터 주어지는 것이 중심이며, 그 해결책의 좋고 나쁨을 평가받는 경우가 압도적으로 많다.

신입 사원이 된 뒤에도 한동안은 주어진 범위 내에서 과제를 해결하는 것이 주된 업무다. 상사에게 지시받은 과제에 몰두해 해결책의 질을 높이고 과제의 해결 정도를 높이는 것이 그 사람의 평가를 좌우한다. 중견 직원이 되면 요구되는 해결책의 질이 올라가거나 예산이 늘어 선택할 수 있는 해결 방안의 폭도 넓어지지만, 기본적으로 평가의 중심은 해결책의 질이다. 따라서 좋은 질의 과제를 고를 것을 요구받는 청년은 그리 많지 않다.

반면 경영층에 가까워질수록 업무 내용은 '어떤 과제를 설정했는가'가 된다. 역사가 있는 대기업의 경우 기존 사업이나 사내에 있는 자원의 연장선상에서 임해야 할 과제를 생각해야 한다는 제약은 있지만, 그래도 선택할 수 있는 과제의 자유도는 훨씬 커진다. 그리고 과제와 대략적인 해결책을 정한 뒤 해결책을 자세히 생각하는 일은 부하에게 맡긴다.

바꿔 말하면 경영층은 자신이 치를 시험을 직접 고른다는 뜻이다. 100점 만점의 시험에 도전할 수도 있고, 1억 점이나 1조 점 만점의 시험을 고를 수도 있는 것이 경영자다. 100점 만점 시험에서 정답률 100%를 노릴 수도 있지만, 1조 점 만점 시험에서 단 0.01%의 정답을 맞혀 1억 점의 성과를 거두는 길을 택할 수도 있다.

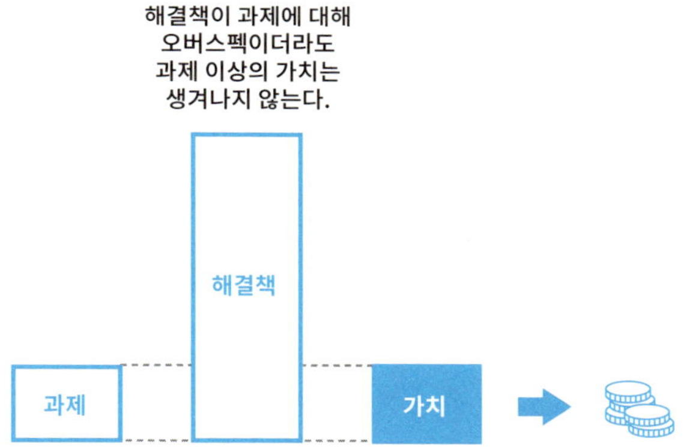

많은 사람을 이끄는 관리자가 되거나 재량이 큰 업무를 맡게 될수록 자신이 지금 '과제의 질을 높이는' 일을 하고 있는지, '해결책의 질을 높이는' 일을 하고 있는지, 그리고 어떤 균형으로 각각을 수행해야 하는지를 항상 의식해야 한다. 과제와 해결책 중 어느 쪽의 해상도를 높일 때인지를 판가름할 필요가 있다.

창업가라면 더 높은 자유도로 과제를 선택할 수 있다. 자사에는 아무런 역사도 없고 사업 분야의 제약도 없기 때문이다. 하지만 스타트업에는 적은 자원으로 급성장하는 사업을 해야 한다는 제약이 있다. 따라서 지금까지 모두가 간과했거나 앞으로 커질 과제를 발견해 급격한 성장을 이룰 수 있는 사업을 만들어야 한다. 게다가 창업가는 자금도 없을 뿐만 아니라 대기업 경영자처럼 부하 중 누군가에게 과제 해결을 맡길 수도 없다. 그러다 보니 한정된 자원을 최대한 활용하며 스스로 과제를 해결해야 한다는 제약도 있다. 즉, 적은 자원으로 해결 가능한 큰 과제를 찾아 직접 해결해야 하는 어려운 작업을 해야 하는 것이다. 창업가에게는 대기업 경영자와는 다른 종류의 어려움이 있다.

직업에 따라 선택할 수 있는 과제의 폭은 다르지만 대부분의 사람은 어느 정도 선택의 여지를 가지고 있다. 어떤 일을 시작할 때는 어떤 과제를 선택하느냐에 따라 만들어지는 가치는 크게 달라진다는 점을 기억해 두자.

좋은 과제의 세 가지 조건

그렇다면 어떤 과제를 선택하는 것이 좋을까? 이 책에서는 다음 세 가지를 모두 만족하는 과제를 좋은 과제로 정의한다.

① 큰 과제일 것
② 합리적인 비용으로 현재 해결 가능한 과제일 것
③ 실적을 만들 수 있는 작은 과제로 나눌 수 있을 것

이제부터 이 세 가지 조건을 하나씩 살펴보자.

① 큰 과제일 것

좋은 과제의 첫째 조건은 큰 과제, 즉 해결하면 큰 가치가 생겨나는 과제여야 한다는 점이다.

앞서 말했듯이 과제는 가치의 최댓값을 결정한다. 큰 과제를 선택하면 그 해결책이 개선되는 폭만큼 만들어지는 가치는 커진다. 반대로 작은 과제를 선택한다면 아무리 해결책을 개선하고 아무리 높은 수준으로

해결하더라도 과제 크기 이상의 가치는 생겨나지 않는다.

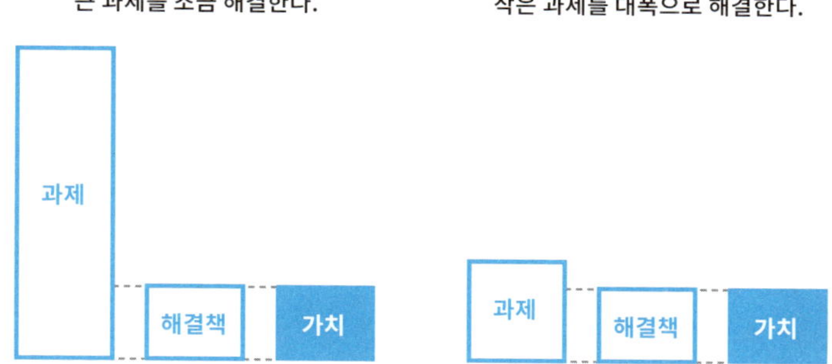

앞의 비유를 빌리자면 100점 만점 시험과 1조 점 만점 시험이 있다면 어느 쪽에 도전하는 것이 더 나을까? 학교에서의 시험은 거의 항상 100점 만점의 세계였다. 하지만 사회에 나오면 우리는 1억 점, 1조 점 만점의 과제에 도전할 수도 있다.

예를 들어 환경 문제라는 거대한 과제에 '환경 부담이 적은 전기자동차'라는 해결책으로 도전한 테슬라(Tesla)는 1조 점 만점짜리 과제를 설정한 기업이라 할 수 있다. 모든 문제를 테슬라라는 한 회사가 단독으로 해결할 수는 없다. 그러나 큰 과제에 도전하고 그 일부를 해결할 수 있는 기업이라는 신뢰를 얻음으로써, 테슬라는 창업한 지 20년이 채 되지 않아 자동차 업계 시가총액 1위, 전 세계 기업 중 상위 10위에 올랐다.

하지만 큰 과제에 도전하는 일은 두렵다. 실패할 가능성도 크고 자신이 해결할 수 있을 리 없다는 생각이 들기 때문이다. 그래서 큰 과제를 선택하겠다고 마음먹지 않으면 승률이 높아 보이는 작은 과제를 선택하게 된다.

그러나 큰 과제에 도전할 때의 승률이 생각보다 더 높을 때도 많다. 모두가 외면하기 때문에 경쟁사가 적어서 경쟁사에 이기는 것을 그다지 생각하지 않아도 된다. 그리고 의미 있는 큰 과제에 임하면 함께 도우려는 우수한 인재들이 자연스레 모인다. 따라서 가능하다면 큰 과제를 택하기를 권한다.

스타트업에서는 처음부터 큰 과제에 임하는 것이 쉽지 않다. 그럴 때는 지금은 작지만 장래에 커질 과제에 미리 임하는 것도 한 가지 방법이다. 과제가 커짐에 따라 자사 제품의 가치도 함께 커진다. 예를 들어 구글은 인터넷의 보급으로 접근 가능한 정보량이 폭발적으로 늘어나자, 정확한 검색이라는 점점 커져 가는 과제를 해결함으로써 기업으로서 급격히 성장했다.

과제의 크기를 판단할 때는 '강도×빈도'로 생각하는 것을 추천한다.

과제의 강도는 과제가 한 번 발생했을 때 느끼는 고통의 크기다. 예를 들어 해결하지 못하면 얼마나 큰 손해를 보는가, 해결할 수 있다면 얼마나 큰 이익을 얻는가 등이다. 강도가 높은 과제는 버닝 니즈(burning needs)라고 부르기도 한다. 머리카락에 불이 붙은 것처럼 다른 것을 생각할 여유도 없을 만큼 곤란한 상황이나 절박한 니즈를 가리키는 단어다. 여러분의 머리카락이 불타고 있다면 발밑의 흙탕물이라도 끼얹어 불을 끄려 할 것이다. 깨끗한 물을 구할 수 없는 상황에서는 더러운 흙탕물 같은 임시방편이라도 사용하고 싶어지는 과제가 바로 버닝 니즈다.

스타트업에서는 특히 이 버닝 니즈를 발견할 수 있는지가 중요하다. 무명 기업이 만든 완성도 낮은 제품이라도 절박한 니즈가 있다면 고객은 기꺼이 구매하기 때문이다. 반대로 절박하지 않은 과제라면 고객은 더 유명한 회사의 제품을 선택하거나, 더 좋은 대안을 구할 수 있을 때까지 구매를 미룰 것이다. 여러분도 인터넷 쇼핑을 할 때 들어 본 적도 없는 회사의 리뷰가 거의 없는 제품을 망설임 없이 구매하는 경우는 드물 것이다. 하지만 정말로 절박한 니즈가 있다면 그런 것은 신경 쓰지 않고 구매하지 않겠는가.

과제의 빈도는 과제가 얼마나 자주 발생하는지를 의미한다. 예를 들어 사람과 교류하고 싶다는 과제는 하루에도 여러 번 일어난다. 쓰레기 버리기는 매주 혹은 며칠에 한 번 일어나는 과제다. 연말정산처럼 일부 사람을 대상으로 1년에 한 번밖에 일어나지 않는 과제도 있다.

빈도가 높을수록 큰 과제가 될 가능성이 크다. 구글 내부에서는 한때 '칫솔 테스트'라는 것이 있었다고 한다. 칫솔처럼 하루에 2~3회 사용하는 가치 있는 서비스인지를 제품의 매력을 측정하는 지표로 삼은 것이다.

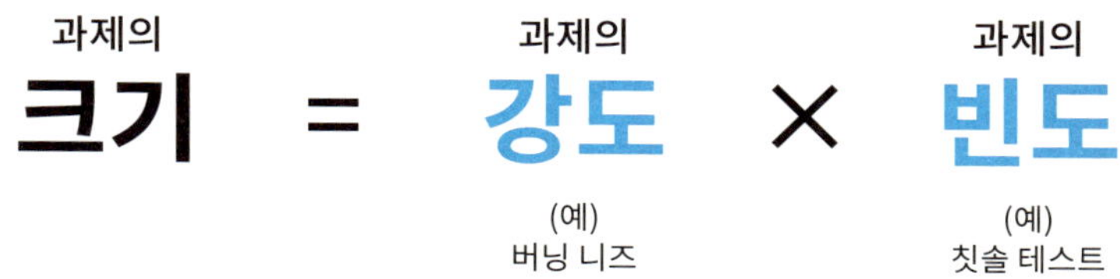

강도와 빈도의 곱으로 과제의 크기를 본다면 예를 들어 경비 정산은 월 1회 정도의 빈도로 일어나지만 바쁜 사람에게는 강도가 상당한 과제다. 따라서 강도×빈도로 생각하면 제법 괜찮은 크기의 과제라 할 수 있고, 이를 자동화하는 솔루션은 충분히 비즈니스가 될 수 있다. 반면 연말정산은 강도는 높지만 1년에 한 번만 일어난다. 따라서 강도는 경비 정산보다는 다소 크지만 빈도가 적기 때문에 그다지 큰 과제는 되지 않는다. 따라서 비즈니스로 확장되기 어렵다.

일반적으로 사람이 생활하는 데 있어 큰 과제로 여겨지는 것, 즉 강도도 높고 빈도도 높은 과제는 대부분 이미 해결되어 있다. 예를 들어 과거에는 물 긷기가 하루 대부분을 차지하는 중노동이었지만, 오늘날에는 상하수도 인프라의 발달로 이미 해결되었다. 사회가 발전해 온 덕분에 이제는 큰 과제를 찾기가 점점 더 어려워지고 있다고도 볼 수 있다.

하지만 시대와 환경이 변함에 따라 강도와 빈도는 달라질 수 있다. 지금 이 사회가 되었기에 강도와 빈도가 늘어난 과제는 항상 존재한다. 그 변화를 포착할 수 있는지가 큰 과제를 발견하는 핵심 포인트다. 예를 들어

SNS의 발달로 사진을 인터넷에 공유하는 빈도가 폭증했고, 그 결과 사진 편집이라는 과제가 빈번히 발생하게 되었다. 이에 따라 사진 편집의 과제가 커졌고, 해결책으로서 사진 편집 앱의 수요가 증가했다.

이처럼 시대의 변화에 따라 강도와 빈도가 높아지고 있는 과제에 주목한다면 지금은 작더라도 앞으로 커질 과제를 발견할 수 있을 것이다.

② 합리적인 비용으로 현재 해결 가능한 과제일 것

과제가 크다 하더라도 아주 일부만 해결할 수 있다면 큰 가치는 생겨나지 않는다. 따라서 '좋은 과제'의 둘째 조건은 현재 해결할 수 있는 과제다.

과학자로 유명한 뉴턴은 사실 과학 이상으로 연금술 연구에 오랜 시간을 쏟았다. 비금속을 금으로 바꾸는 '현자의 돌'이나 불로불사의 만능약에 관해 연구하고 있었다고 한다. 만일 그것이 실현되었다면 엄청난 가치를 낳았을 것이다. 그러나 결국 밝혀내지는 못했고, 대신 현실 문제를 해결한 과학적 업적을 후세에 남겼다. 뉴턴만큼 뛰어난 사람이라도 현실적으로 풀 수 없는 과제를 고르면 성과는 거의 남지 않는다.

IT 엔지니어의 세계에서도 마찬가지다. '무엇을 만들 것인가'라는 요구사항 정의 단계에서 기술적으로 불가능한 목표를 세우면 아무리 시간이 지나도 소프트웨어는 완성되지 않는다.

현재 해결할 수 있는 과제인지를 판별하려면 해결책에 대한 지식이 필요하다. 예를 들어 최첨단 기술이나 전문 지식을 누구보다 빠르게 습득한 사람은 예전에는 해결할 수 없던 과제를 가장 먼저 알아차릴 수 있다. 꼭 최첨단이 아니더라도 선진적인 기술에 관해서 주위 사람보다 조금 더 깊게 이해하고 있다면 그런 기술을 모르는 사람들이 많은 영역에서 우위를 얻을 수 있다. 2010년대 IT 스타트업이 급증했던 이유도 바로 여기에 있다. IT를 아는 사람들이 늘어나면서 다양한 업계의 업무 과제를 낮은 비용의 IT로 해결할 수 있음을 일찍 깨달았기 때문이다.

또한 여러 해결책을 조합함으로써 이전에는 풀 수 없던 과제가 비로소 해결되는 경우도 자주 있다. 그것을 깨닫기 위해서는 폭넓은 해결책에 대한 지식이 필요하다.

여기서 또 한 가지 중요한 포인트는 가성비의 관점이다. 이론상으로는 돈을 무한히 투입하면 거의 모든 문제를 해결할 수 있다. 하지만 현실에서는 자원이 한정되어 있으므로 합리적인 비용으로 해결 가능한 과제인지의 관점, 즉 어느 정도 해결하기 쉬워야 한다는 것도 중요하다. 과제를 해결하더라도 들어간 비용이 너무 많아, 거기서 생겨나는 가치에 걸맞지 않은 경우도 종종 있다.

과제를 재정의하면 낮은 비용의 해결책으로 가치를 만들 수 있는 경우도 있다. 예를 들어 티켓 판매 사이트를 생각해 보자. 인기 티켓 판매를 시작하면 수백만 명이 동시에 접속해 서버가 폭주한다. 이때 과제를 '선착순으로 티켓을 판매하기 위해 수백만 명이 한 번에 접속해도 문제없이 처리할 수 있는 인프라 구축'으로 설정했다고 하자. 기술적으로는 매우 어려운 문제다. 하지만 과제를 '수백만 명이 티켓을 구매할 수 있게 한다.'로 재정의하면 어떨까? 이 정의에서는 '접속자 수가 일정 수를 넘어가면 대기 시스템을 만들어 순차적으로 접속시킨다.'거나 '아예 선착순이 아닌 추첨 방식으로 바꾼다.'라는 해결책을 제시할 수 있다. 이렇게 하면 동시에 수백만 명을 처리할 필요가 없어지므로 기술적 난도와 비용 모두 크게 줄어든다. 꼭 선착순이어야만 하는 것이 아니라면 더 쉬운 과제를 고름으로써 더 쉬운 해결책으로 충분히 가치를 만들어 낼 수 있다. '무엇을 만들어야 하는가?'라는 요구사항 정의를 하는 시스템 엔지니어(SE)가 실제 프로그램을 구현하는 프로그래머보다 더 높은 연봉을 받는 이유 중 하나도 여기에 있다. 이러한 과제 설정이야말로 시스템 제작 난도와 시스템으로부터 생겨나는 가치의 대부분을 결정하기 때문이다.

'합리적인 비용으로 현재 해결 가능한 과제일 것'이라는 조건과 앞서 살펴본 '큰 과제일 것'이라는 두 조건을 동시에 만족시키는 것은 매우 어렵다. 따라서 여기서 셋째 조건이 필요해진다.

③ 실적을 만들 수 있는 작은 과제로 나눌 수 있을 것

처음부터 '큰 과제'의 핵심에 곧바로 접근하면 비용도 많이 들고 어렵기 마련이다. 예컨대 사회 문제에 몰두하려면 제도나 정책을 바꿔야 하는 경우가 많다. 하지만 그런 것들은 즉시 바꿀 수 있는 성질이 아니다. 조직 커뮤니케이션에 과제가 있다고 해서 정보 공유 시스템을 전면 교체하고 조직 구조나 회의 방식을 한 번에 바꾸려 들면 내부 반발이 일어나 성공하기 어렵다.

큰 과제가 정해졌다면 해결 가능한 작은 과제로 쪼개고, 그중 영향이 가장 큰 과제에 집중하자. 해결 가능한 단위로 분할할 수 있는가가 좋은 과제의 셋째 조건이다.

큰 사안이 움직이기 시작하는 순간도 먼저 작은 성공이 쌓인 다음이다. 스타트업이 투자자로부터 자금을 유치할 때도 아이디어만 있는 단계에서 믿어 주는 사람은 거의 없다. 그러나 실적과 사용자가 조금이라도 있으면 투자자의 시선이 달라진다. 사회 제도를 바꾸려는 경우에도 먼저 그와 관련된 작은 변화를 만들어 해결된 실적이나 실제 사례를 쌓으면 국회의원을 설득하거나 정책을 통과시키기 쉬워진다. 처음에는 작게 시작해 점차 큰 과제로 확대해 가는 흐름을 의식하길 바란다.

큰 과제를 바라보면서 작은 과제를 목표로 삼을 때는 크고 작은 과제 간의 연결에 유의해야 한다. 이를테면 큰 과제로서 삼림의 환경 문제를 해결하고 싶다고 하자. 여기서 먼저 해결할 과제를 '삼림 환경 문제에 대한 정보 부족'으로 정하면 정작 몰두해야 할 과제에 닿지 못할 수 있다. 삼림의 환경 문제에 영향을 미치는 커다란 요인이 무엇인지 해상도를 높이지 않으면 그 연결은 보이지 않는다.

아직 손에 잡히는 작은 과제만 보이고 큰 과제는 잘 보이지 않을 때도 있을 것이다. 그럴 때는 작은 과제를 먼저 해결해 보는 것도 한 가지 방법이다. 그 과정에서 점차 큰 과제가 보일 수도 있기 때문이다. 다만 작은 과제 중에서도 일부 고객이 고통을 크게 느끼거나 긴급성을 느끼는 과제를 고르길 바란다. 일부 사람에게 강도 높은 과제는 큰 가치로 이어질 가능성이 높기 때문이다.

큰 가치가 생겨날 가능성이 있으면서도 합리적인 비용 범위 안에서 해결할 수 있는 과제를 찾아낸다. 그중 작은 성과를 낼 수 있을 만한 과제를 선택한다. 이를 위해서는 과제의 해상도를 높일 필요가 있다.

이제부터는 '깊이', '넓이', '구조', '시간'의 네 가지 순서로 과제의 해상도를 높이는 방법론을 설명하고자 한다. 먼저 '깊이'부터다.

1장에서 말했듯이 내가 본 사례들 가운데 대다수는 깊이가 부족했다. 깊이가 부족해서 가설과 주장이 설득력을 갖지 못하는 경우가 압도적으로 많았다. 2010년대에 디자인 사고가 주목받은 것도 개별 고객에 대한 구체적 이해, 즉 '깊이'가 부족하다는 문제의식이 비즈니스 현장에 퍼져 있었기 때문이다. 따라서 먼저 '깊이' 시점에서 과제의 해상도를 높이는 방법부터 설명할 것이다. 특히 시간을 들였으면 하는 대목들이 있으므로 나머지 세 시점과 독립된 장으로 할애하여 자세히 전하고자 한다.

증상이 아닌 병의 원인에 주목한다

1장에서 언급했듯이 '깊이'의 시점에서 과제를 파악하는 것은 증상이 아닌 병의 원인을 밝혀내는 일이다.

예를 들어 체온이 39도까지 올라 열이 나는 상태는 분명 하나의 과제다. 이에 대한 즉각적인 해결책으로 해열제를 복용하는 방법이 떠오를 것이다. 그러나 열이 났다면 뭔가 원인이 있을 테다. 그것이 바로 '병의 원인'이다. 병의 원인은 감기일 수도 있고 독감일 수도 있다. 열사병이나 맹장염일 수도 있다. 이때 근본적인 치료를 하려면 무엇보다 이 '병의 원인'에 주목해야 한다.

병뿐만 아니라 비만이라는 증상도 마찬가지다. 원인이 운동 부족인지 과식인지는 같은 사람이라도 여러 이유가 있을 수 있다. 과식이라면 아침, 점심, 저녁 중 어느 끼니에서인지, 아니면 간식 때문인지 살펴야 한다. 저녁 식사 때 과식한다면 그것이 평소 습관인지, 회식이 많은 탓인지 살펴야 한다. 평소 식사할 때 과식한다면 업무 스트레스 때문인지, 접시가 너무 커서인지까지 파고들 필요가 있다. 이렇게 원인을 따라 문제의 상류로 거슬러 올라가야 비로소 병의 원인, 즉 진짜 과제를 밝혀낼 수 있다. 그리고 그 병의 원인에 접근해야 비로소 근본적인 해결이 가능해진다. 반대로 표면적인 과제, 즉 증상만 보고 해결책을 세운다면 효과는 미미할 것이다. 이처럼 개인 차원에서 생각하면 증상과 원인의 차이를 쉽게 인식할 수 있고, 병의 원인을 파악하지 않으면 효과적인 대책은 세울 수 없다는 발상이 자연스럽게 떠오른다. 하지만 비즈니스 현장에서는 종종 증상과 병의 원인을 혼동한다.

예를 들어 회사의 경영진이 '직원의 동기부여가 떨어졌다.'라는 과제를 설정하고 '전사 합숙을 가자.'라는 해결책을 제시했을 때, 부하 직원들 대부분이 싸늘하게 "왜요?"라고 반응하는 장면을 본 적이 있을 것이다. 이런 반응이 나오는 이유는 표면적인 증상에서 곧바로 해결책을 도출했기 때문이다. '동기부여 저하'의 원인은 급여 수준일 수도 있고, 관리자의 리더십 문제일 수도 있다. 진짜 병의 원인을 생각하지 않은 채, 즉 '깊이'의 해상도가 부족한 상태에서 표면적인 해결책으로 달려들면 제삼자에게는 엉뚱하게 보인다. 하지만 당사자들은 이를 자각하지 못하고 '좋은 합숙 프로그램을 만들려면 어떻게 해야 하는가.'와 같은 해결책의 세부 실행 논의에만 시간을 쓰는 상황을 종종 보게 된다.

신규 사업이나 새로운 시도에서도 똑같은 실수가 자주 발생한다. 스타트업의 아이디어에서도 증상 수준의 현상을 '자사가 해결할 과제'로 설정하고, 그 증상이 일어나는 원인에 대해서는 생각이 미치지 않는 경우가 많다. 물론 최종적으로는 그런 증상이 해결되어야 한다. 하지만 증상을 그대로 과제로 삼으면 결국 아무것도 해결되지 않는 경우가 더 많다.

비즈니스에서 증상과 병의 원인을 가장 많이 혼동하는 지점은 시장 과제와 고객 과제의 혼동이다. 시장의 과제는 증상이고, 고객의 과제가 병의 원인이라고 보면 과제의 깊이가 충분한지가 분명하게 드러난다.

예를 들어 여러분이 인재 매칭 비즈니스를 시작하려 한다고 하자. '인재 수급 매칭이 잘 되지 않는다.'라는 과제를 세우고, 그 해결책으로 '매칭 효율을 높이기 위해 인재 소개업을 시작한다.'라고 하면 아마 곧 험난한 벽에 부딪힐 것이다. 매칭이 잘 되지 않는다는 것은 시장의 상황, 즉 병의 증상일 뿐이다. 이 현상이 왜 일어나는지를 파악하고, 그 원인인 고객의 과제, 즉 병의 원인을 찾아내 해결하지 않으면 좋은 서비스를 만들 수 없다. 병의 원인은 '근무 가능한 시간이 맞지 않는다.'일 수도 있고, '임금 형태가 기대와 다르다.'일 수도 있다. 원인을 구체화해야 비로소 좋은 서비스를 만들 수 있다.

'과제: 일본에서 온라인 진료가 확대되지 않는다. → 해결책: 온라인 진료 앱을 만든다.', '과제: 기회손실이 ○○원으로 추산된다. → 해결책: 업계의 업무 효율화에 몰두한다.'와 같은 접근 역시 모두 시장의 과제, 즉 증상으로부터 해결책을 단순하게 도출했을 뿐이다.

시장 전체의 구조, 시장에 존재하는 불만이나 불편함을 파악하는 일은 기회의 크기를 가늠하는 데 매우 중요하다. 그러나 이런 시장의 과제는 기업이나 개인 단위의 과제들이 누적된 결과 혹은 시장 제도가 만든 '증상'에 불과하다. '병의 원인'은 '눈앞에 있는 한 명의 고객이 대체 무엇에 불편함을 느끼고 있는가'라는 미시적인 고객의 과제다. 돈을 지불하는 것은 고객이고, 고객의 과제를 알지 못하면 적절한 제품(병의 원인에 대한 약)을 만들 수 없다. 그리고 적절한 제품을 만들지 못하면 시장의 과제라는 증상 또한 해결할 수 없다.

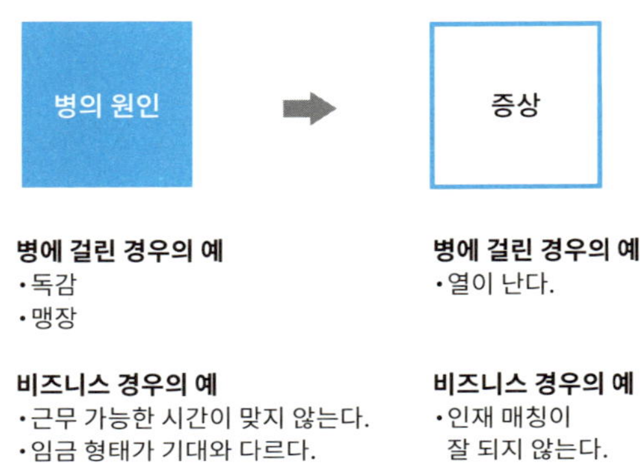

게다가 시장의 분석이나 데이터에서 보이는 '시장의 과제'에 관한 사실은 대부분의 사람이 이미 알고 있다. 타사와의 차별화 포인트는 누구나 접근 가능한 데이터가 아니라 소수만이 파악하고 있는 고객의 과제에 대한 통찰에서 나온다. 그럼에도 데이터와 같은 정량적인 정보가 더 설득력이 있다고 믿는 사람들은 많다. 그래서 일정 수의 사람은 숫자로 제시된 시장의 과제만을 언급하면서 이 문제를 해결하면 큰 비즈니스가 될 것이라고 말하곤 한다. 물론 시장의 과제라는 거시적인 시점을 갖는 것은 중요하다. 그러나 눈앞에 있는 고객의 과제를 밝혀낼 수 있는지, 나아가 표면적인 과제가 아닌 고객 과제의 근본적인 원인인 미시적인 깊은 과제를 밝혀 낼 수 있는지도 그에 못지않게, 아니 그 이상으로 중요하다. 다시 말해 고객보다 고객 과제를 더 잘 아는 고객 마니아(customer mania)가 될 수 있는지가 핵심이다. 이것이 바로 '깊이' 시점에서 과제의 해상도를 체크할 때의 핵심이다.

　과제라고 생각한 것에 바로 몰두해서 해결책을 생각하는 경우는 해상도가 낮을 때 자주 일어난다. 따라서 지금 과제라고 생각하는 것이 '증상'인지, '병의 원인'인지를 의식하기만 해도 과제의 해상도는 훨씬 높아진다. 만약 '이 과제는 증상일지도 모른다.'라는 생각이 든다면 그 근본에 있는 병의 원인을 더 깊이 탐색해 보자.

깊이의 단계를 의식한다

병의 원인을 깊이 탐색할 때는 '깊이의 단계'를 의식하는 것이 효과적이다. 표면적인 증상을 0단계로 두고, 그 아래로 원인을 몇 번 파고들었는지를 단계별로 세어 나가는 것이다. 고열이라는 증상이 감기 때문이었다고 하자. 이것이 1단계다. 감기에 걸린 이유는 다른 사람에게서 바이러스가 옮았거나, 그때 마침 몸이 약해져 있었다는 등 여러 가지일 수 있다. 이것이 2단계다. 또한 몸이 약해진 원인이 운동 부족이나 영양 부족이었을지도 모른다고 보고, 원인을 더 깊게 파악해 나갈 수 있다. 이런 식으로 원인을 거듭 추적하다 보면 과제의 원인은 트리(tree) 형태로 정리된다.

　예를 들어 직원들의 혁신이 적다는 과제가 있다고 하자. 그 원인으로 '기술 개발이 충분하지 않다.', '직원 간 커뮤니케이션이 부족하다.' 등을 들 수 있다. 이것이 1단계다. 몇 가지 과제 중에서 커뮤니케이션 문제에 주목했다고 하자. 이때 서적이나 논문을 조사하면서 '대화량이 적다.', '메일이나 채팅으로 글을 주고받는 양이 적다.'처럼 원인을 더욱 깊이 파내려가 과제를 더 구체화해 갈 수도 있다. 이를 깊이 2단계라고 하자. 그중에서도 특히 대화에 주목해 설문 조사와 데이터 분석을 통해 '직원 간 만남의 횟수가 적다.', '대화 시간이 짧다.'처럼 파 내려가면 3단계다. 이어 직원과 직접 인터뷰를 하여 그 원인을 파악했더니 대화 시간이 짧다는 이유로 '공통 화제가 적다.', '바빠서 잡담할 여유가 없다.'와 같은 더 자세한 과제를 알게 되면 4단계다. 이런 식으로 원인을 계속해서 따져 봄으로써 해상도를 높여 나갈 수 있다.

경험상 7~10단계 정도까지 파고들지 않으면 중요한 통찰을 얻기 어렵고, 효과적인 해결책도 도출되지 않는다. 그러나 대부분의 사람은 2~3단계까지 파 내려가서 멈추고 곧바로 해결책을 검토한다. 이는 과제를 파 내려가는 것이 미숙하거나, 과제가 정해지지 않았다는 모호함을 견디지 못하고 해결책부터 찾으려는 경향 때문이다. 그 결과 과녁을 맞히지 못하는 해결책을 내놓는 사례를 수없이 보아 왔다.

현재 자신이 어느 '깊이 단계'에 있는지를 의식하고, 충분한 깊이에 도달했는지를 수시로 점검하면서 해상도를 높여 가는 것을 추천한다.

깊이 단계의 이미지

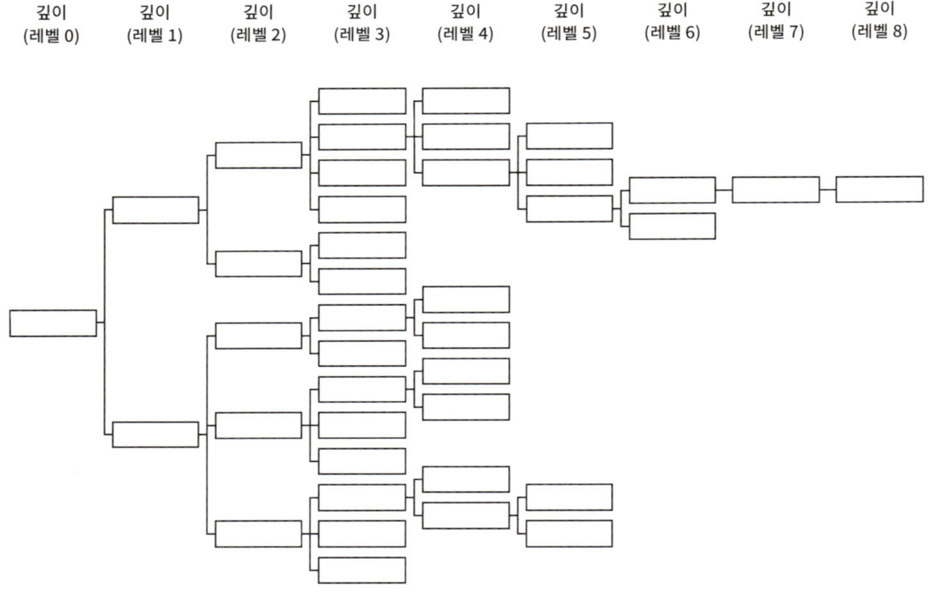

앞서 본 예시에서 깊이 단계마다 조사나 인터뷰 등 다양한 행동을 했다는 것을 알아차렸는가? 일정 수준 이상의 깊이에 도달하려면 그에 걸맞은 정보, 행동, 사고가 필요하다. 이에 4장에서는 이를 위한 틀이 되는 9가지 방법을 소개한다. 그 전에 이 방법들을 실천할 때 알아 두면 좋은 두 가지 개념인 '내부화'와 '외부화'에 대해서 간단히 살펴보겠다.

내부화와 외부화를 반복함으로써 심화해 나간다

'깊이'의 시점에서 해상도를 높이는 행위는 학습의 과정과 닮았다. 학습 과정을 설명할 때 자주 등장하는 개념이 바로 '내부화'와 '외부화'다.[1]

- **내부화**(internalization): 읽기·듣기를 통해 지식을 습득하거나, 활동 (외부화) 이후 회고나 정리를 통해 깨달음과 이해를 얻는 것
- **외부화**(externalization): 쓰기·말하기·발표하기 등의 활동을 통해 지식에 대한 이해나 머릿속에서 사고한 것(인지 과정)을 표현하는 것

이 내부화와 외부화를 반복함으로써 학습은 진전된다. 입력(input)과 출력(output)의 개념과 비슷하게 들릴 수도 있지만, 내부화에는 안으로 받아들이는 것을 넘어 '신념과 행동으로 자리 잡는 과정'이라는 뉘앙스가 있다. 외부화에는 여러 가지 시행착오를 거치면서 사고를 다듬고 정보를 가공해 '만들어 낸다.'라는 의미가 있다. 단순히 데이터를 넣고 꺼내는 기계적인 과정이 아니라, 자기 것으로 소화하고 만들어 낸다는 인간의 인지 활동이 지닌 복잡성을 드러내기 위해 이 책에서는 일부러 이용어를 사용한다.

'심화한다.'라고 하면 흔히 사안을 자세히 알고 이를 위해 정보를 수집하는 '내

---

1 (용어집) 내부화·외부화(미조카미 신이치 홈페이지 '미조카미 신이치의 교육론', 2018년 3월 24일 게시, 2018년 5월 31일 업데이트)
   https://smizok.com/education/subpages/aglo_00011(naika_gaika).html

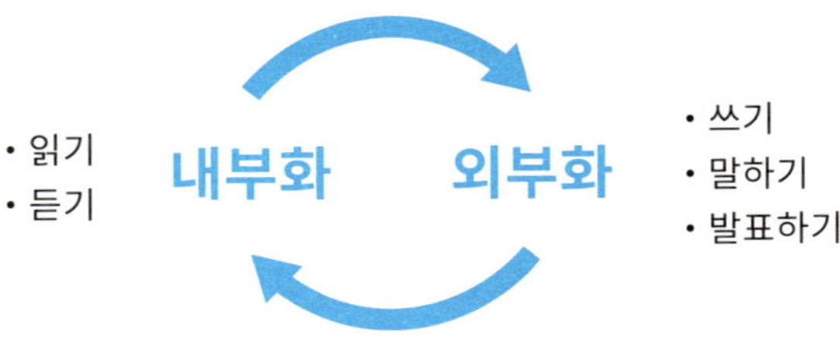

부화'를 떠올리기 쉽다. 하지만 '외부화', 즉 쓰기·말하기·발표하기 등 시행착오를 겪으면서 자기 안에 있는 것을 표현하는 과정도 동시에 필요하다. 정보·사고·행동의 개념으로 말하자면 정보를 얻는 것뿐만 아니라 사고하고 제대로 행동하는 것이 중요하다는 의미다.

벚꽃이 흩날리는 장면을 상상해 보자. 대부분의 사람은 그 광경을 떠올릴 수 있을 것이다. 하지만 "그 아름다운 장면을 5초짜리 애니메이션으로 만들기 위해 그림을 몇 장 그려 주세요."라고 하면 손이 멈추게 된다. 막상 실제로 그리려고 하면 꽃잎의 모양, 흩날리는 속도, 바람의 방향 등 우리가 무심히 지나쳤던 수많은 요소를 새삼 인식하기 때문이다.

혹시 그림을 못 그려서 그런 것 같다면 이번에는 자신의 기억만으로 5분 정도 집 주변의 지도를 그려 보자. 매일 지나다니는 길인데도 막상 그려 보면 길의 형태나 비율이 어색할 것이다. 그리고 지도를 그린 후 다시 걸어 보면, 즉 행동해 보면 이전에는 눈에 들어오지 않던 풍경과 길을 새롭게 발견하게 된다. 이때 평소보다 훨씬 많은 것을 '내부화'하게 된다. 이것이 바로 외부화의 효과다.

'그리기'라는 외부화 시도는 '보기'라는 내부화의 질을 바꾼다. 내부화와 외부화는 서로를 보완하며, 어느 한쪽만으로는 충분하지 않다.

4장에서 소개하는 방법들은 다음 그림처럼 '내부화', '외부화', '내부화와 외부화의 정밀도를 높이기'로 구분된다. 내부화와 외부화 과정을 오가며 일상적으로 정밀도를 높이는 시도를 꾸준히 반복함으로써 충분한 깊이에 도달하고, 결과적으로 해상도를 높일 수 있다.

내부화	외부화
• 조사하기(깊이 1~3단계) • 인터뷰하기(깊이 3~5단계) • 현장에 몰입하기(깊이 4~6단계) • 개별에 접근하기(깊이 4~6단계)	※ 모든 깊이 단계에서 　내부화를 하면서 외부화를 한다. • 언어화하여 현 상황을 파악하기 • Why so?를 거듭해서 사실로부터 　통찰을 이끌어 내기 • 습관적으로 언어화하기

- 단어와 개념, 지식을 늘리기
- 커뮤니티에서 깊이 파고들기를 가속하기

언어화하여 현 상황을 파악하기(외부화)

'깊이'의 시점에서 과제의 해상도를 높이는 첫걸음은 의외로 간단하다. 바로 지금 자신이 생각하고 있는 과제를 언어화, 즉 외부화하는 것이다.

　그렇게 하면 현재 자신의 이해가 어느 깊이 단계에 있는지 확인할 수 있고, 무작정 내부화에 몰두하는 일을 피할 수 있다. 마치 걸레를 짜듯이 우선 자기 안에 있는 것을 끝까지 짜내어 더 이상 지식이나 아이디어가 나오지 않는 상태가 되었을 때, 비로소 새로운 정보를 흡수할 수 있

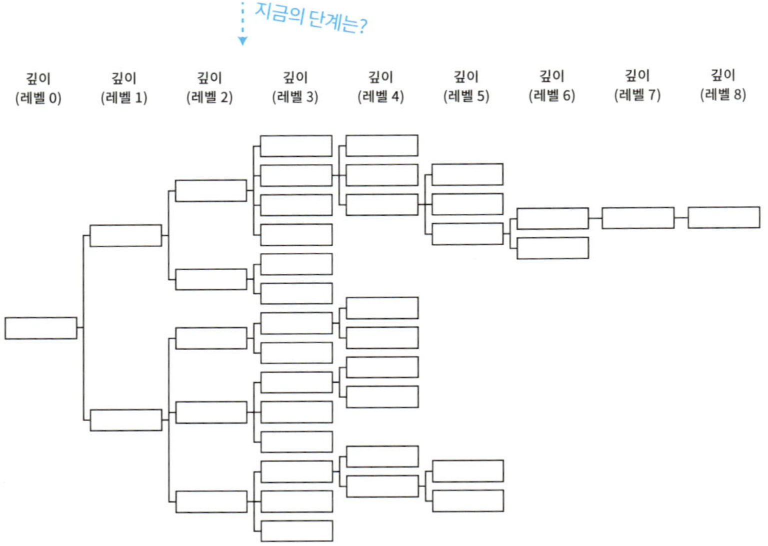

는 '마른걸레' 상태가 된다. 이 과정은 효율적인 내부화를 위한 준비다. 또한 언어화하는 중에 더욱 심화할 수 있는 부분을 알게 되어 저절로 깊이 단계가 높아지는 효과도 있다. 처음에는 이후에 소개할 내부화의 방법과 병행하여 실천하길 추천한다.

다양한 책에서 지적하듯 충분히 언어화하지 못한다면 아직 충분히 생각하지 않은 것이다. '내 머릿속엔 더 깊은 생각이 있는데 말로 표현이 안 된다.', '내 아이디어를 절반도 설명하지 못한다.'라는 답답함은 대개 아직 충분히 생각하지 못하고 있을 뿐인 경우가 많다.

여기서는 언어화의 방법으로 '쓰기'와 '소리 내어 말하기', 두 가지 방법을 설명하겠다.

쓰기

먼저 시도했으면 하는 것은 '지금 가장 중요하다고 생각하는 과제는 무엇이며, 왜 그렇게 생각하는가'를 가설 수준이라도 좋으니 처음에 글로 써 보는 것이다.

여기서 써야 할 것은 깊이 생각한 '결과'가 아니다. 쓰는 것은 사고의 '과정'이다. 우리는 쓰면서 생각할 수 있다.

연구 방법을 해설한 《학술 논문 작성법》[2]이라는 책의 1장 제목은 '쓰면서 생각하기'다. 연구를 시작할 때 무엇보다 먼저 해야 할 일이 '쓰기'라는 말이다. 이 책에서는 쓰기의 목적과 효용을 '기억하기 위해', '이해하기 위해', '생각을 검증하기 위해'라고 정의한다. 쓰는 행위는 단순히 생각의 결과를 바깥으로 내보내기 위한 것이 아니라 사고를 돕는 도구로 간주된다. 컴퓨터 과학 연구자인 사이먼 페이튼 존스도 "연구나 실험을 시작하기 전에 먼저 논문을 써라."라고 조언했다.[3] 쓰기 시작하면 머리가 맑아져 집중할 수 있고 이해되지 않았던 부분이 명확해진다. 또한 자신의 생각을 타인과 공유할 수 있어 협력이나 피드백을 얻기 쉽다는 이점도 있다. 언어에서 다소 멀리 떨어져 있는 듯한 디자인 맥락에서도 '디자인 설명(design statement)'이나 '문제 설명(problem statement)'처럼 디자인 이전 단계에서 핵심을 언어로 정리하는 것이 중요시된다.

과제의 해상도를 높이려면 먼저 가능한 한 구체적으로 적어야 한다. 이때 추상적인 표현에 만족하고 있지 않은지도 점검해야 한다. 예를 들어 프리랜서를 대상으로 한 서비스를 구상한다고 하자. '프리랜서는 계약서를 쓰지 못해 곤란하다.'라는 문장은 너무 추상적이다. 대신 이렇게 써 보자. '프리랜서는 평균 한 달에 한 번 계약서를 작성하며 이 중 80%는 비밀 유지 계약이다. 계약서는 주로 상대 기업이 제시하고, 검토는 지인인 변호사 한 명에게 의뢰한다. 그러나 이 계약이 공정한지 확신이 없어 불안함을 느낀다.' 이와 같이 6W3H(Why/What/Who/When/Where/How/Whom/How much/How often)를 의식하여 적어 보자.

---

2 《학술 논문 작성법》(휴먼싸이언스, 2017)
3 《훌륭한 연구 논문 작성법 — 7가지 제안(slideshare.net)(優れた研究論文の書き方 — 7つの提案(slideshare.net))》(2015)
   https://www.slideshare.net/slideshow/writing-a-paper-seven-suggestions/54599778

무엇이 과제인지를 제대로 언어화하고 그 배후의 이유도 함께 적어 보는 것이다. 이렇게 하면 자신이 어디까지 깊이 이해하고 있는지 확인할 수 있다.

다양한 선택지가 있다면 그 선택지도 모두 적어 보자. 내가 만난 한 연구실 출신 창업가는 자신이 가진 기술을 적용할 수 있을 만한 시장을 일단 전부 적어 내려갔다. 그중에서 시장 규모가 큰 곳부터 순서대로 '그 시장에는 어떤 과제가 있을까?'를 나열하고, 각각의 과제를 검증하면서 진행해 나갔다.

처음에는 개조식으로 정리해도 괜찮다. 하지만 과제를 더 상세히 검토할 때는 장문으로 글을 쓰는 방식을 추천한다. 개조식은 문장 사이의 인과를 놓치기 쉽고 논리적 비약이나 모순도 알아차리기 어렵기 때문이다. 세부 사항을 구체화할 때도 슬라이드 형식의 정리는 피하자. 슬라이드는 개조식으로 쉽게 흐르고 글이 지나치게 간소해지기 때문이다. 개조식이나 슬라이드는 아이디어를 발산하거나 핵심을 타인에게 전달할 때는 편리하지만, 사고를 수렴하고 정제하는 데에는 적합하지 않다. 깊이 있는 사고를 위해서는 워드 등 텍스트 편집기를 사용해 앞뒤 문장의 연결을 의식하면서 보고서처럼 장문으로 작성하는 습관을 들이길 바란다.

적으려다 '무엇을 써야 할지 모르겠다.'라는 상태에 빠지더라도 낙심하지 말자. 그 상태를 스스로 인식했다는 것만으로도 이미 한 걸음 전진한 것이다. 어느 정도는 적을 수 있지만 미래에 대한 생각이 좀처럼 글로 나오지 않는다면 그 부분에 대해서는 아직 충분히 깊게 고민하지 않았다는 뜻이다. 만약 생각한 것의 절반도 적지 못했다고 느껴진다면 지금보다 사고의 양을 두 배로 늘리자.

적는 과정은 실패의 연속이다. 번뜩이는 아이디어를 매끄럽게 적지 못해 답답함을 느끼기도 하고, 글로 옮기다 보면 자신의 논리적 허점이나 생각의 해상도가 낮음을 깨닫게 된다. 실패를 두려워해서인지, 자신의 낮은 해상도를 깨닫고 싶지 않아서인지 좀처럼 펜을 들지 못하는 사람도 있다. 하지만 누구도 처음부터 완벽한 글을 쓰지는 못한다. 적는 일은 어디까지나 중간 작업이라고 생각하고 처음에는 다소 대충이라도 좋으니 일단 써 내려가자. 문장이 단편적이어도 상관없다. 무엇보다 중요한 것은 한 글자라도, 1분이라도 빨리 적기 시작하는 것이다. 처음에 쓴 글은 모두 버릴 각오로 일단 써 보길 바란다.

중요하므로 다시 강조하지만 써라. 써라. 무조건 써라.

적기 시작하는 허들을 낮추는 요령은 몇 가지 있다. 워드 같은 넓은 백지 위에 쓰는 대신 엑셀의 셀을 이용해 가설을 한 행씩 목록으로 적어도 좋다. 혹은 아웃라인 에디터를 사용해 메모하듯 가볍게 적기 시작해도 된다(메모에 대해서는 뒤에서 자세히 다룬다). 마인드맵과 같은 도구를 활용하는 방법도 추천한다.

언어화하는 과정은 괴로운 법이다. 하지만 지금껏 본 해상도가 높은 사람은 모두 이 과정을 제대로 거쳤다. 그리고 짧은 문장에 만족하지 않고 꾸준히 긴 글을 썼다. 스타트업에서도 투자자 대상 업데이트를 성실히 문서화하는 팀일수록 성과가 뛰어난 경우가 많다. 언어화에 들인 노력은 배신하지 않는다. 꼭 시도해 보길 바란다.

글을 쓸 때는 다음 사항에 유의하자.

- **주어를 명확히 하라.** 체언 종결이나 개조식은 논리가 모호해지기 쉬우니 피하자. 해상도를 높이고 싶다면 반드시 문장으로 완결시키자. '한국인은', '남자는'처럼 범위가 지나치게 넓은 주어를 사용할 때는 특히 주의가 필요하다. 지나친 일반화는 대개 오류의 근원이다. 대상이 명확하지 않으므로 논의의 초점이 흐려진다.
- **동사를 넣어라.** 체언 종결 대신 동사를 쓰자. 고객과 관련된 중요한 정보는 명사보다 동사에 담겨 있다. 니즈는 대개 동사에서 드러난다.

따라서 동사 선택에는 세심한 주의를 기울이자.

- **명확하고 간결하게 써라.** 문장이 장황하다면 아직 해상도가 낮다는 뜻이다.

- **명사는 정확히 사용하라.** 잘못된 의미로 명사를 사용하면 불필요한 논쟁이 생긴다. 예컨대 '식별', '인식', '인증', '인가'는 비슷하지만 모두 다른 뜻이다.

- **형용사는 수치화하고 구체화하라.** '매우 크다.', '다양한' 같은 형용사는 피하고 가능한 한 수치나 사례로 구체화하라.

- **전문 용어와 추상적인 표현을 피하라.** '고객의 불만', 'AI로 해결한다.'처럼 구체적인 내용을 알기 어려운 표현은 피하자. '민주화한다.' 등 여러 의미로 해석될 수 있는 추상적인 어구도 피하자. 이념을 말할 때는 추상적 언어가 유효할 수 있다. 하지만 실제 문제를 해결하려면 구체성이 필수다.

- **단언하라.** 의문형으로 끝내지 말고 단언하라. 무엇을 과제로 삼고 있는지가 명확해진다.

소리 내어 말하기

말해 보는 것은 쓰기와 다른 효과를 지닌 언어화의 방법이다.

지금 자신이 생각하고 있는 과제를 소리 내어 말해 보자. 말이 막히는 부분이 있다면 아직 그 지점이 해상도가 충분히 높지 않다는 뜻이다. 소리 내어 말할 때는 적어 둔 내용을 바탕으로 이야기해도 좋다. 발표용 슬라이드를 만들어 실제로 누군가에게 프레젠테이션한다고 생각하며 말해 보는 것도 하나의 방법이다. 슬라이드를 보조 자료로 작성한 뒤 말해 보는 것이다. 그렇게 하면 자신이 이해하지 못한 부분이 드러난다. 슬라이드 간의 연결이 어색한 지점도 보인다. 빠진 내용이나 논리적 오류를 쉽게 찾을 수 있다. 나 역시 수많은 슬라이드를 만들지만, 구두로 발표할 기회가 없더라도 공개 전에는 반드시 한 번 소리 내어 읽는다. 작은 소리로 중얼거리면 핵심을 건너뛰거나 흐름이 매끄럽지 않게 되므로 실제 발표처럼 말하는 것이 중요하다. 스타트업 에세이로 유명한 폴 그레이엄도 에세이를 공개하기 전에는 반드시 소리 내어 읽어 본 뒤, 친구에게 이야기하듯 자연스러운 표현인지 확인한다고 한다.[4]

말하다 보면 자신의 말을 귀로 듣게 된다. 그 말이 새로운 사고를 촉발하기도 한다. 아이디어를 말하는 중에 예상치 못한 말이 저절로 흘러나와 새로운 발상으로 이어진 경험이 있을 것이다. 말을 머릿속에서만 굴리는 것은 아깝다. 다른 사람에게 들려주기 부담스럽다면 밤에 공원을 산책하면서 혼잣말로 중얼거리거나 회사 회의실을 빌려 혼자 말해 보는 것도 좋다.

이렇게 적고 말하면서 언어화한 내용을 트리 구조로 정리해 보자. 그렇게 하면 지금 자신의 깊이 수준이 보일 것이다. 그리고 더 깊이 파 내려갈 만한 부분이 보인다면 그 지점을 중심으로 다시 언어화해 보자. 그렇게 차츰 몰랐던 부분이나 더 파고들지 못해 답답한 부분이 나오면 그 부분을 중심으로 내부화에 집중하자.

조사하기(내부화)

언어화를 시도했지만 아직 깊이 3단계에도 이르지 못했다면 먼저 정보를 폭넓게 모아 전체상을 파악하자. 즉, 조사하는 것을 추천한다.

오늘날 '자기 머리로 생각하는 것'이 강조되지만, 정보가 전혀 없는 상태에서 아무리 고민해도 의미 있는 생각은 나오지 않는다. 예를 들어 환경 문제에 대해 아무런 지식이 없는 상태로 '가장 시급한 환경 문제는

4　Write Like Your Talk (paulgraham.com, 2015년 10월)
　　http://www.paulgraham.com/talk.html

무엇인가?', '환경에 좋은 것이란 무엇인가?'를 물어본들 좋은 답은 나오지 않는다. 지도나 나침반 없이 산에 올라 지형만 보고 길을 찾으려다 길을 잃는 것과 같다. 시간 낭비일 뿐만 아니라 생각이 엉뚱한 방향으로 빠질 위험도 있다.

새로운 분야를 탐색할 때는 반드시 인류가 쌓아 온 지식을 활용해야 한다.

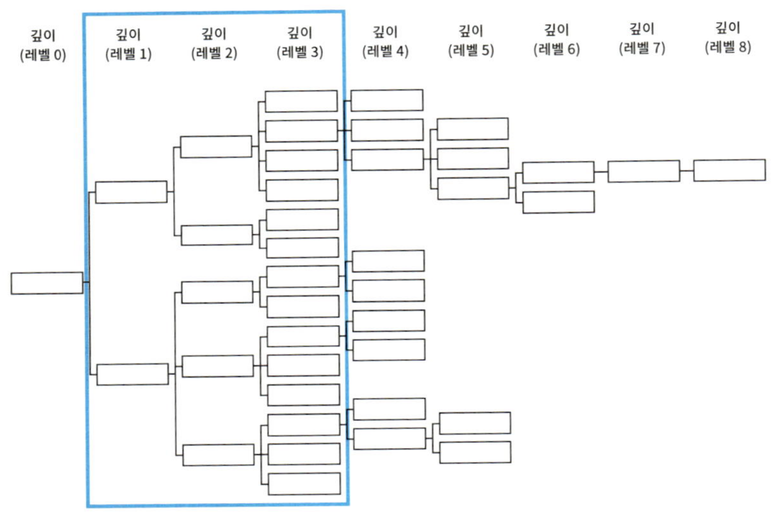

비즈니스든 연구든 학습이든 다른 영역이든 해상도가 낮은 원인은 대개 정보 부족이거나 정보 정리 부족이다. 양질의 정보를 내부화하지 못하면 양질의 외부화도 불가능하다. 당연한 말 같지만 좋은 정보를 의식적으로 모으는 사람은 많지 않다. '무엇을 모르는지도 모르는 상태'. 전형적인 낮은 해상도의 증상이다. 이를 벗어나려면 조사를 통해 전체상을 파악해야 한다.

조사를 통해 많은 정보를 확보하면 '이 정보는 어떤 점이 특이한가?', '내가 관찰한 사실은 무엇이 독창적인가?'와 같은 질문에 답할 수 있다. 그렇게 개별 현상의 특징과 차이를 인식하는 과정에서 과제가 심화된다. 진짜 원인을 밝히는 단서도 잡힌다. 대량의 데이터를 학습한 컴퓨터가 이미지를 인식할 수 있듯이, 인간도 의식적으로 많은 정보를 접하면 다양한 것을 인식할 수 있게 된다.

우주 쓰레기 제거 서비스를 개발한 아스트로스케일의 창업자 오카다 미쓰노부는 창업 전까지 우주 비즈니스와 관련 없는 분야에서 경력을 쌓았다. 그러다 우주 비즈니스를 시작하면서 "우주 쓰레기에 관한 논문 1,000편을 읽고 주요 교수들을 직접 찾아갔다."라고 말한다.[5] 이 정도로 많이 조사해 과제를 깊이 파 내려가지 않으면 창업할 만한 아이디어에 도달하기 어렵다는 사례다.

개중에는 타고난 재능이나 감각으로 홈런을 치는 창업가도 있다. 그러나 그런 경우는 예외다. 좋은 아이디어를 가진 창업가와 그렇지 않은 사람의 차이는 대부분 '정보량'으로 설명할 수 있다. 내가 만난 훌륭한 창업가들은 예외 없이 대량의 정보를 수집했다.

그런데 실제로 놀라울 만큼 많은 사람이 조사를 하지 않는다. 꾸준하고 철저하게 정보를 모으는 사람은 극소수다. 특히 초반에는 조사 방법을 모르거나 생소한 용어에 막혀 힘들게 느껴지는 탓에 중도에 포기하는 경우가 많다. '관련 스타트업을 조사했다.'라고 말하지만 막상 들어보면 조사가 부실한 경우가 대부분이다. 오히려 내가 더 많이 알고 있는 경우도 상당히 많았다.

반대로 말하면 조사를 제대로 하는 것만으로도 충분히 상위 20% 안에 들 수 있다. 꾸준하고 철저하게 조사하면 상위 5%에도 들어갈 수 있다. 모르는 용어는 직접 용어집을 만들자. 이해되지 않는 내용은 뒤로 미루자. 모르면 모르는 대로 조금씩 꾸준히 조사하자. 그 노력은 반드시 보상받는다. 조

---

5 《우직하게, 깊이 생각하기 — 세상에서 가장 귀찮은 문제를 해결하는 사고법(愚直に、考え抜く。—世界一厄介な問題を解決する思考法)》(2019)

사가 진행될수록 정보 처리 속도는 가속적으로 빨라진다. 초반의 벽만 넘으면 점점 수월해진다. 예를 들어 주말 이틀만 온전히 조사를 위해 써도 상당한 정보를 얻을 수 있을 것이다. 이런 꾸준한 과정 없이 뛰어난 아이디어에 도달하는 일은 거의 없다.

'정보를 너무 많이 얻으면 사고가 굳는다.', '모르는 편이 새로운 발상이 생긴다.', '자기 머리로 생각하는 게 좋다.'라는 말을 듣기도 한다. 물론 편견이나 선입견에 사로잡혀 사고가 굳어지지 않도록 주의할 필요는 있다. 그러나 아마추어의 발상이 맞는 경우는 그리 많지 않다. '자기 머리로 생각해서' 많은 정보를 무시한 채 음모론이나 잘못된 답, 반과학적·반사회적인 생각에 이르는 사람도 수없이 많다. 자기 머리로 생각할 때도 먼저 철저히 조사하고 사안을 제대로 아는 데 시간을 들여야 한다. 이제부터 구체적인 조사 요령을 몇 가지 살펴보자.

최소 100가지 사례를 수집하기

조사 대상이 되는 정보는 뉴스, 시장 트렌드, 연구, 사례, 인물, 제품 등 다양한 영역에 걸쳐 있다. 그중에서도 먼저 몇 가지 사례에 적용해 보는 것을 추천한다. 스타트업 아이디어를 구상 중이라면 자신이 관심 있는 과제와 관련된 제품이나 서비스, 그리고 이를 제공하는 스타트업을 중심으로 조사해 보자.

사례 조사가 충분한지 판단하는 기준은 관련 사례를 최소 100개 이상 알고 있는가이다. 제품을 만들고자 한다면 해당 업계의 성공·실패 사례를 모두 포함해 최소 100개 정도는 설명할 수 있어야 한다. 가능하다면 실제로 그 제품을 직접 사용해 보는 것도 좋다. 그래야 비로소 경쟁의 출발선에 설 수 있다. 300~400개 이상을 조사하면 그제야 머릿속에 전체 지도가 그려지기 시작한다. 많다고 느껴질 수 있다. 그러나 앞서 언급한 오카다처럼 대부분의 창업가들은 이런 대규모 조사를 빠르고 꾸준히 실행한다.

조사를 진행하다 보면 자신이 생각한 아이디어가 '이미 존재한다.'라는 사실에 좌절할 때가 있다. 실제로 쉽게 떠오르는 아이디어나 과제는 이미 누군가 해결했을 가능성이 높다. 그러나 초반에는 미세한 차이를 구별하지 못해 모든 것이 이미 시도된 일처럼 보이기 쉽다.[6] 조사를 계속 진행해 세세한 부분까지 이해하게 되면 해상도가 낮았을 때는 보이지 않았던 아직 손대지 않은 빈 공간을 발견할 수 있다. 그것이 새로운 아이디어의 원천이 된다. 쉽게 포기하지 말고 조사를 심화해 나가자.

조사를 할 때는 정보를 단순히 내부화하는 데 그치지 않도록 주의하자. 그것만으로는 신문 기사를 읽는 것과 다를 바 없다. 외부화, 즉 조사로 얻은 정보를 분석하고 의미를 부여하는 과정이 필요하다. 이는 '구조'의 시점에서 해상도를 높이는 행위다(5장에서 자세히 다룬다). 100개의 조사를 수행하느라 지쳐 구조화를 생략하는 팀은 결국 뛰어난 아이디어에 도달하기 어렵다. 반대로 많은 조사와 제대로 된 구조화를 함께 수행하는 팀은 거의 예외 없이 성과를 낸다.

조사 결과를 발표할 기회를 일부러라도 만들어 보는 것도 좋다. 특정 포맷으로 정리해 외부화하는 것도 한 가지 방법이다. 다음은 내가 한때 사용했던 스타트업의 조사 포맷이다. 어디까지나 한 사례에 불과하다. 하지만 이런 포맷을 마련해 두면 살펴봐야 할 시점을 일정하게 유지할 수 있고, 나중에 비교나 회고를 할 때도 유용하다. 조사 과정에서 자신에게 맞는 포맷을 찾아내고, 그 포맷으로 100가지 사례를 정리해 보자.

조사는 정보를 얻기 위해 필수적이지만, 한없이 계속할 수 있는 작업이기도 하다. 정보의 바다에 빠져 시간을 허비하지 않도록 주의하자. 10시간 혹은 50시간처럼 시간 제한을 두는 것을 추천한다.

---

6 폴 그레이엄 '초기 작품'(2020년 10월) 등에서 인용했다.
http://www.paulgraham.com/early.html

(Tag) #tag1 #tag2 #tag3 #tag4
(Web) (The VC) http://thevc.kr
(조사일) ○년 ○월 ○일 (비교 대상일) ○년 현재 프로젝트
※나중에 다시 보기 편하도록 카테고리별로 태그나 관련 url, 조사한 일시를 넣는다.

스타트업명:

한마디로 말해 무엇인가?	이미지 영역
누가 어떤 상황(6W3H)에서 사용하는 제품인가?	왜 지금인가? 지금이라서 가능한 이유는?
이 제품으로 어떤 효과를 얻을 수 있나?	시장 규모는? 10년 후 최대 어느 수준까지 커져 있을까?
이 제품의 Magic Moment는 어디인가?	가장 큰 위험 요소는? (과거 사례라면 왜 실패했나?)

서점에 가서 관련 책을 전부 사기

사례 조사가 어느 정도 끝났다면 다음으로 큰 서점에 가서 자신의 과제와 관련된 업계 서적을 가능한 한 모두 사 보기를 권한다. 예를 들어 음식업 SaaS(Software as a Service, 서비스로서의 소프트웨어) 비즈니스를 하고 싶다면 음식 비즈니스 관련 서적을 전부 산다. 핀테크를 한다면 은행이나 결제와 관련된 주제의 책을 전부 산다. 여러 권을 사면 정보가 중복되어 낭비처럼 느껴질 수 있다. 하지만 저자마다 같은 사안을 서로 다른 시점에서 볼 수 있고, 중복된다면 그 정보는 누구의 시점에서 보더라도 중요하다는 뜻이기도 하다. 이런 방식으로 업계의 구조와 트렌드를 깊이 파고든다.

전문서는 값이 비쌀 수 있지만, 미리 권당 3,000엔 이하의 책은 전부 구매하고 총예산을 10만 엔 이내로 정한 뒤 그 범위에서 '망설이지 말고 모두 산다.'라는 원칙을 지키자. 그렇게 하면 책을 고르는 시간을 독서 시간으로 바꿀 수 있고 불과 수만 엔으로도 몇십 시간 만에 기초 정보를 확보할 수 있다.

업계 잡지의 과월호를 2년 치 정도 읽는 것도 한 가지 방법이다. 업계 내 트렌드가 어떻게 변화해 왔는지를 한눈에 학습할 수 있다. 그 업계의 숫자 감각을 익히는 것도 의식하며 읽자.

분야에 따라서는 서적뿐만 아니라 논문도 읽어야 한다. 구글 스칼라 (Google Scholar)나 시맨틱 스칼라(Semantic Scholar) 등을 활용해 해당 분야의 논문을 폭넓게 살펴보자. 특허와 관련된 내용은 특허 맵부터 살피고, 구글 특허(Google Patents)나 J-PlatPat, 에스파스넷[7], Lens.org 등으로 검색해 보자. 과제에 대한 이해를 심화하고 해상도를 높이려면 영어 문헌을 참고하는 것을 권한다.

아직 책으로 정리되지 않은 주제라면 인터넷 검색부터 시작해도 괜찮다. 다만 온라인 정보는 좋든 나쁘든 선별되어 있지 않다. 책에 실린 정보도 반드시 옳다고 단정할 수는 없다. 그러나 아직은 비교적 신뢰할 만한 매체다. 우선 많은 책을 참고하는 것부터 시작하자.

인터넷 검색 결과는 최소 10페이지까지 보기

현대 사회에서 조사를 위해 가장 편리하게 활용할 수 있는 수단은 인터넷 검색이다. 창업 지망생과 상담을 하다 보면 '창업'처럼 큰 도전을 준비하면서도 관련 아이디어를 검색조차 하지 않는 사람이 적지 않다는 점에 놀랄 때가 많다. 비슷한 과제에 뛰어든 스타트업이나 경쟁 제품을 조사하지 않았거나 조사 깊이가 얕은 경우도 자주 보인다.

몰두할 과제나 아이디어가 떠올랐다면 검색 엔진에서 관련 키워드로 찾아 검색 결과 10페이지, 대략 상위 100건까지는 최소한 확인하자. 비슷한 의미의 다른 키워드도 다양하게 검색해 보고, 관련 기사를 많이 읽자. 가능하면 영어 키워드로도 반드시 검색하자. 경쟁 제품이나 유사 제품이 있다면 사용자가 되어 직접 써 보는 것도 좋다.

7 (옮긴이) Espacenet, 유럽 특허청에 출원된 특허를 조회하는 서비스

검색에는 몇 가지 요령이 있다.

- **큰따옴표로 키워드를 묶기** 모호한 검색을 줄이고 싶다면 키워드를 큰따옴표(" ")로 묶어서 검색하자.
- **전문적인 웹사이트에서 검색하기** 스타트업에 관한 것이라면 테크크런치(TechCrunch)나 해커뉴스(Hacker News) 등의 사이트에서 검색하면 스타트업 기사가 주로 나온다. 사이트 내 검색의 정확도가 약간 아쉬울 경우 구글 같은 검색 엔진으로 'site:사이트의 URL(스페이스) 검색 키워드'라는 형태로 검색하면 해당 사이트 안에서 검색할 수 있다(예를 들어 테크크런치의 경우 'site:https://techcrunch.com Climate Tech'라고 입력하면 테크크런치에서 '기후 변화와 관련된 테크놀로지'에 관한 기사만 검색할 수 있다).

몰두하고 싶은 과제의 시장에 관한 관할 부처의 보고서나 백서를 검색하는 것도 방법이다. 비즈니스라면 경제산업성[8]이나 내각부[9]의 자료, 국제계라면 JETRO[10]의 자료가 유용할 것이다. 검색 엔진에서 'site:사이트의 URL(스페이스)pdf'로 검색하면(경제산업성이라면 'site:meti.go.jp pdf', 내각부라면 'site:cao.go.jp pdf') 찾을 수 있다. 이런 자료는 국가 차원의 넓은 시각을 제공한다. 관공서가 컨설팅사에 의뢰해 만든 보고서도 많은데, 그런 자료가 무료로 공개되어 있으니 적극 활용하자.

싱크탱크나 전략 컨설팅사가 발표한 자료도 참고가 된다. 일본어 자료는 '경제 리포트'[11]라는 사이트가 편리하다. 다만 리포트 중에는 작성 기관의 입장이 강하게 반영된 것도 있으니 주의하자.

---

8 (옮긴이) 한국의 산업통상부, 중소벤처기업부에 해당한다.
9 (옮긴이) 한국의 국무총리실에 해당한다.
10 (옮긴이) 일본무역진흥기구. 한국의 KOTRA에 해당한다.
11 경제 보고서 전문 뉴스 keizai report.com
   http://www3.keizaireport.com

　이런 시장 정보는 마음만 먹으면 한없이 조사할 수 있다. 공개된 정보인 만큼 남들보다 월등히 깊이 있는 정보가 나오는 경우는 거의 없다는 점도 유의하자. 어디까지나 기초 이해를 다지는 단계로 보고, 시간을 정해 수행하는 것이 좋다.

영상이나 강연으로 최신 정보를 파악하기

영상이나 강연을 시청하는 것은 최근 들어 효율이 비약적으로 높아진 조사 방법이다.

　영상이나 강연의 뛰어난 점은 '어디가 핵심인지'를 쉽게 파악할 수 있다는 데 있다. 연사가 어떤 부분에 힘을 주어 말하는지는 시간 배분이나 자료 전개의 흐름만 보아도 감이 잡힌다. 지금은 유튜브나 온라인 행사 등을 통해 강연을 바로 시청할 수 있고, 저자가 직접 책 내용을 요약해 설명하는 영상도 많다. 물론 글이 더 정교하고 치밀한 논의가 가능하므로, 최종적으로는 반드시 읽고 쓰는 과정이 필요하다. 하지만 글을 읽고 깊이 파 내려가기 전에 먼저 영상을 활용하면 요점을 훨씬 쉽게 파악할 수 있다.

　2010년대 후반부터 엔지니어링과 비즈니스 분야를 막론하고 최신 정보는 점차 글이 아닌 영상과 음성 형태로 제공되고 있다. 코로나19 이후에는 과거 국제 학회나 현장 행사에 직접 가지 않으면 접할 수 없었던 최신 정보도 영상과 음성으로 손쉽게 접근할 수 있게 되었다. 특히 영어권의 영상과 음성 자료는 팟캐스트의 확산과 함께 급격히 늘었다. 우리말 자막이나 번역 전사를 활용하면 영어 콘텐츠에서도 충분히 수준 높은 정보를 얻을 수 있다. 조사 과정에서는 이런 영상과 음성 자료에도 반드시 접근해 보길 바란다.

　여기까지 설명한 조사 방법은 모두 해상도를 높이기 위한 기초 공사다. 행동하지 않으면 과제의 해상도는 결코 높아지지 않는다는 점을 잊지 말자.

데이터를 분석하기

조사 과정에서 데이터를 확보했다면 이를 분석해 해상도를 높일 수도 있다.

데이터에는 제삼자 기관의 보고서나 통계처럼 공개된 정보부터 자사의 과거 매출이나 제품 이용 현황 데이터 같은 내부 자료까지 다양한 종류가 있다. 특히 자사 데이터는 공개된 자료보다 훨씬 세밀하고 사내의 독자적인 통찰을 담고 있어 자사의 현황을 파악하는 데 유용하다.

다만 데이터 분석만으로 놀라운 수준의 고해상도 과제를 발견하거나 깊은 통찰을 수반하는 가설에 이르는 경우는 드물다. 데이터 분석은 어디까지나 가설을 검증하고 이해의 기반을 쌓기 위한 수단으로 보는 편이 좋다. 가설 없이 데이터를 보면 의미를 깊이 있게 파악하기 어렵다. 데이터 분석에 지나치게 힘을 쏟다 보면 데이터의 바다에 빠져 허우적대다가 시간만 잡아먹는 경우도 많다.

데이터에 지나치게 의존해 잘못된 판단을 내리는 경우도 있다. 베트남전 당시 미 국방장관이었던 로버트 맥나마라는 정량 지표만으로 판단을 내리고 다른 요인을 무시했다가 결국 패전을 초래했다. 여기서 유래한 오류를 '맥나마라 오류(정량화의 오류)'라 부른다.[12]

데이터 사이언스나 데이터 분석 전문가가 아닌 이상 우선 입수한 데이터를 간단히 분석해 현상을 어느 정도 이해했다면 정성적인 정보를 수집하자. 특히 신규 비즈니스의 경우 애초에 자사에 데이터가 없거나, 있다고 해도 매우 적다. 새로운 시장에서 제삼자 기관의 리포트나 데이터조차 없을 경우도 있다. 이때 정성적인 정보를 얻기 위한 가성비 좋은 방법이 바로 인터뷰다.

---

12 The McNamara Fallacy—measurement is not understanding
  https://en.wikipedia.org/wiki/McNamara_fallacy

인터뷰하기(내부화)

인터뷰는 가장 가성비가 좋고 다양한 직종에서 활용할 수 있는, 해상도를 높이는 행동이다. 지금 여러분이 현재 시점에 갖고 있는 (언어화하고 있는) 과제의 가설에 대해 다른 사람의 이야기를 듣는 것만으로도 새로운 정보를 얻거나 사고가 촉진되어 깊이 3~5단계 수준까지 도달할 수 있다.

예를 들어 제품 아이디어를 구상할 때 고객 인터뷰를 하면, 고객이 평소 어떤 행동을 하고 어떤 과제를 겪는지를 깊이 이해할 수 있다. 또한 전문 지식이 필요하다면 전문가를 인터뷰해 글이나 책에서는 얻기 어려운 최첨단의 깊은 지식을 얻을 수 있다.

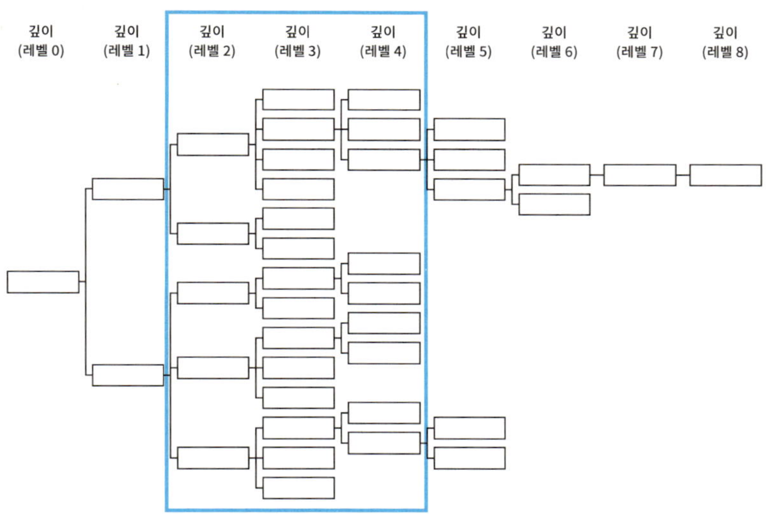

이처럼 특별한 상황에서만 인터뷰가 필요한 것은 아니다. 영업 담당자가 미팅 중 고객의 과제를 탐색하는 것도 일종의 인터뷰다. 고객 지원 담당자가 불만의 근본 원인을 파악하기 위해 대화하는 것도, 사내 업무 개선을 위해 직원의 의견을 듣는 것도, 정치인이 시민이나 당사자와 직접 대화하며 과제를 깊이 있게 이해하는 것 역시 인터뷰라고 할 수 있다. 즉, 인터뷰는 이미 우리가 일상적으로 하는 행동이다. 그러나 늘 한다고 해서 잘하고 있는 것은 아니다. 이야기를 잘 끌어내는 사람과 그렇지 못한 사람의 차이가 보여 주듯, 인터뷰에는 분명한 숙련도와 기법이 있다.

이제부터 인터뷰의 구체적인 방법을 살펴보자.

의견이 아닌 사실을 듣기

비즈니스는 고객으로부터 시작된다. 과제를 깊이 파고들어 해상도를 높인다는 것은 고객의 해상도를 높이는 일이기도 하다. 그리고 고객 인터뷰에서 가장 주의해야 할 점은 고객의 '의견'이 아닌 '사실'을 듣는 것이다. 전문가 인터뷰에서는 의견을 많이 들어도 상관없지만, 고객 인터뷰에서는 우선 사실 중심의 청취에 집중해야 한다.

탐정은 용의자에게 "그 시간에 무엇을 하고 있었습니까?"라는 사실을 묻는다. 그리고 그 사실을 근거로 범인을 추리한다. 만약 "당신은 누가 범인이라고 생각합니까?"라고 묻고 의견을 취합해 다수결로 "이 사람이 범인입니다."라고 추리한다면 여러분은 실망할 것이다. 범인의 의견에 좌우될지도 모른다. 그러면 탐정이 있을 이유도 없다.

이와 마찬가지로 고객의 의견을 듣고 그 의견대로 제품을 만들거나 개선해도 대부분은 잘 되지 않는다. 먼저 고객의 사실을 파악하자. 그 사실로부터 스스로 가설을 세워야 비로소 우리는 가치를 만들어 낼 수 있다. 스티브 잡스는 "고객에게 무엇을 원하는지 물었다면 더 빠른 말을 원한다고 답했을 것이다."라는 헨리 포드의 말을 자주 인용했다고 한다. 이는 고객이 말하는 '원함'이 진짜 니즈와 일치한다고 단정할 수는 없다는 뜻이다.[13] 고객이 진정으로 원하는 것이 무엇인지를 생각하는 것이 우리의

---

13 더 정확하게는 "Some people say, 'Give the customers what they want.' But that's not my approach. Our job is to figure out what they're going to want before they do. I think Henry Ford once said, 'If I'd asked customers what they wanted, they would have told me, "faster horse!"' People don't know what they want until you show it to them. That's why I never rely on market research. Our task is to read things that are not yet on the page."

역할이다.

고객 스스로 인식하는 과제나 해결책의 해상도가 낮은 경우는 흔하다. 사용자 입장에서는 '왠지 불편하다.' 정도의 인식만 남긴 채 깊이 파 내려가지 않고, 왜 그런 과제가 생겼는지까지는 이해하지 못하는 경우가 많다. 예를 들어 일본에서 주민표14를 발급받을 때 '왜 이렇게 오래 걸리지?'라고 불만을 느껴도, 그 원인을 제대로 파악하고 있는 사람은 거의 없다. 맛없는 요리를 먹고도 이유를 분석하는 사람도 그리 많지 않다. '출근 카드 찍기 귀찮다.', '매달 교통비 정산을 자주 깜빡한다.'와 같은 일상적인 불편함도 대부분은 '어쩐지 불편한 상태'로 해상도를 높이지 않은 채 방치된다.

설령 고객이 스스로 자신의 과제를 분석했다고 해도, 그 결론이 옳다고 단정할 수는 없다. 병에 걸렸을 때를 떠올려 보자. 우리는 병에 의한 통증 같은 증상 자체를 호소할 수 있다. 주변에서 들은 지식을 바탕으로 특정 약이나 대체 요법을 시도해 보고 싶다고 의사에게 말할 수도 있다. 하지만 대부분은 잘못된 판단이다. 증상으로부터 진짜 원인을 찾는 일은 전문 지식이 없으면 어려운 법이다. 그래서 전문가인 의사와 상담해 근본 원인을 파악하고, 적절한 해결을 구한다. 이처럼 고객 자신이 과제를 파악하는 데에는 한계가 있다. 전문가가 사실에 근거해 생각할 때 비로소 과제의 진정한 원인에 도달할 수 있다. 이는 비즈니스에서도 마찬가지다.

인터뷰를 수행하는 사람은 고객의 전문가 혹은 그렇게 되려는 사람이다. 인터뷰어는 사실을 수집하고, 그 사실을 토대로 생각해서 스스로 통찰을 도출하는 사람이다. 물론 고객의 의견 속에서도 통찰을 직접 얻을 수는 있다. 하지만 통찰을 얻는 데 필요한 '사고'를 고객에게 지나치게 맡기지 않도록 주의해야 한다.

---

14 (옮긴이) 한국의 주민등록등본에 해당한다. 인터넷 발급이 가능한 한국과는 달리 일본은 관공서나 일부 편의점에서만 발급할 수 있다.

고객 인터뷰는 '과거를 떠올리게는 해도 미래나 아이디어는 묻지 않는다.'가 기본 원칙이다. 미래의 예측을 요구하지 않고, 과거나 현재의 실제 경험을 묻는 것으로 고객 의견의 개입을 최소화할 수 있다.

만약 추상적인 대답이 돌아온다면 구체적인 답을 요구하자. 숫자로 답해 달라고 하는 것도 하나의 방법이다. 예를 들어 '그건 꽤 힘든 일이에요.'라는 답에는 '0점에서 10점까지로 보면 어느 정도인가요?', '다른 과제와 비교하면 어느 쪽이 더 어렵나요?'처럼 계속 파고들어 보자. 이처럼 모호한 답변을 구체화하는 추가 질문을 하면 해상도가 높아진다.

6W3H(Why/What/Who/When/Where/How/Whom/How much/How often)는 기본적인 사실을 확인할 때 유용한 체크리스트다. 고객이 과제를 말했을 때는 '그건 언제, 어디서, 누구에게 발생한 문제입니까?', '얼마나 자주 일어나며 비용은 얼마나 들었습니까?'와 같이 6W3H를 명확히 하면 더욱 자세한 정보를 얻을 수 있다.

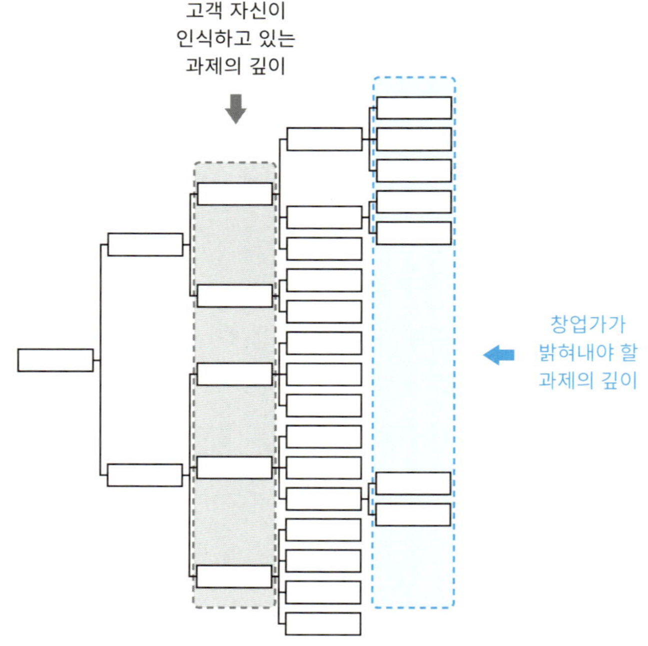

반구조화 인터뷰로 통찰을 얻기

'통찰을 끌어내기 위한 인터뷰'는 평소에 하는 잡담과는 전혀 다른 기술이 필요하다. 잡담할 때는 대화의 흐름을 끊지 않고 서로 즐겁게 이야기하는 것이 중요하다. 그러나 인터뷰에서는 때로 흐름을 멈추고 원래 주제로 되돌아가 깊이 질문함으로써 정보를 얻을 필요가 있다. 알고 싶은 정보를 끌어내려면 다양한 방법을 궁리해야 한다. 이를 위한 방법을 살펴보자.

인터뷰에는 구조화 인터뷰, 반구조화 인터뷰, 비구조화 인터뷰라는 세 가지 방식이 있다. 구조화 인터뷰(structured interview)는 질문을 사전에 모두 정하여 모든 응답자에게 같은 질문을 하는 방법이다. 비구조화 인터뷰(unstructured interview)는 질문 내용을 미리 정하지 않고, 그 자리에서 즉흥적으로 질문을 이어 가는 방식이다. 반구조화 인터뷰(semi-structured interview)는 두 방식의 중간으로, 기본 질문 틀은 유지하되 상황에 따라 자유롭게 추가 질문을 던질 수 있는 방법이다.

고객이나 전문가를 대상으로 인터뷰할 때는 반구조화 인터뷰를 추천한다. 공통된 질문으로 인터뷰를 진행하면 여러 응답 결과를 쉽게 비교할 수 있고, 대화 중 예상치 못한 흥미로운 답변이 나오면 그 자리에서 깊이 파고들 수 있기 때문이다.

반구조화 인터뷰를 하기 전에는 질문 리스트를 준비하자. 기본 형식을 정해 두고, 그 틀 안에서 탐색하듯 인터뷰를 진행하는 것이 좋다. 예를 들어 스타트업 육성 기관인 와이콤비네이터(Y Combinator)에서는 《엄마 테스트(The Mom Test)》[15]라는 책을 기반으로 다음과 같은 반구조화 인터뷰 방식을 권장한다.

---

15 로브 피츠패트릭 《The Mom Test: How to talk to customers and learn if your business is a good idea when everyone is lying to you》(CreateSpace Independent Publishing Platform, 2013)
사용자 인터뷰의 기본(Startup School 2019 #02)"(FoundX Review, 2019년 10월 2일)
https://review.foundx.jp/entry/how-to-talk-to-users

- 당신이 해결하려는 일 중 가장 큰 어려움은 무엇입니까?
- 그 문제에 마지막으로 부딪혔던 상황을 이야기해 주세요.
- 그 상황이 왜 곤란했나요?
- 그 문제를 해결하기 위해 어떤 시도를 해 보셨습니까?
- 지금까지 시도한 솔루션 중 마음에 들지 않았던 점은 무엇입니까?

또한 내가 《린 고객 개발》[16]의 접근법을 일부 변형해 창업가에게 자주 추천하는 반구조화 인터뷰용 질문의 구성은 다음과 같다.

- 현재 ○○(과제/행동/직무)을 어떻게 수행하고 있습니까?
- 마지막으로 ○○에 직면했던 시점과 상황을 알려 주세요.
- ○○을 해결하기 위해 어떤 노력을 했습니까?
- 이전에 시도했던 해결책(솔루션) 중 마음에 들지 않았던 부분은 무엇입니까?
- 만약 도라에몽이 비밀 도구로 어떤 일이든 해결해 준다면 그 ○○에 대해 어떤 일을 해 주었으면 합니까?(만화나 애니메이션에 나오지 않은 상상의 도구라도 괜찮습니다.)
- 그 밖에 제가 알아 두어야 할 것이 있다면 말씀해 주세요.

여기서 말하는 직무(job)란 《일의 언어》[17]에서 설명된 개념으로, '특정한 상황에서 사람들이 이루고 싶어 하는 진전이나 해결하고 싶은 일'을 의미한다.

또한 여기에 도라에몽 질문을 포함한 이유는 '원하는 제품'이 아니라 이상적인 상태, 즉 고객이 바라는 성과(outcome)를 파악하기 위해서다. '무

16 《린 고객 개발》(한빛미디어, 2015)
17 《일의 언어》(알에이치코리아(RHK), 2017)

엇을 원하십니까?'라고 물어보면 고객은 제품이나 기능 등의 결과물을 떠올린다. 고객을 이해할 때는 '어떤 상태가 되길 원하십니까?'를 묻는 편이 고객의 진짜 니즈를 이해하는 데 도움이 된다.

정해진 질문을 하는 도중에 인터뷰 상대의 독특한 행동이나 비일상적인 경험이 나오면 시간이 허락하는 한 그 부분을 깊이 파고들자. 상대가 말하고 싶어서 어쩔 줄 몰라 하는 것처럼 근질근질한 듯한 반응이 있다면 그런 부분도 자세히 들어 보자.

'오, 그 부분은 흥미롭네요. 자세히 들려주시겠어요?'라는 질문이 인터뷰 중에 자연스럽게 나온다면 새로운 통찰을 얻는 부분까지 와 있으며 그 인터뷰는 성공에 가까워져 있다고 볼 수 있다. 이처럼 예상 밖의 대화로부터 새로운 통찰을 얻을 수 있는 것이 반구조화 인터뷰의 묘미다.

인터뷰 상대는 인간관계를 활용하면서 외부에서도 필사적으로 찾기

인터뷰 상대는 지인을 통해 찾는 것이 가장 효율적이다. 다만 지인의 수는 한정되어 있어 금세 한계에 다다를 것이다. 이때 스타트업의 경우, 웹이나 SNS 등으로 직접 연결고리가 없는 사람들에게 연락을 취할 때도 있다. 초기에는 좀처럼 인터뷰 후보를 찾지 못해 기업의 문의 양식으로 이메일을 보내거나, 현장에 찾아가 방문 영업을 하는 경우도 자주 있다. 그정도로 열심히 하지 않으면 인터뷰 상대는 좀처럼 찾기 힘들다. 힘들지만 해내면 해상도는 반드시 높아진다. 인터뷰를 진행하는 중에 협조적인 핵심 인물 한 명을 만나면 그 사람의 소개로 인터뷰 대상이 꼬리에 꼬리를 물고 나타나는 경우도 많다. 처음의 힘든 시기를 어떻게든 극복하자.

전문가 인터뷰 플랫폼인 GLG나 비자스크(VisasQ) 등을 활용하는 방법도 있다. 다만 몇 명만 인터뷰해도 수십만 엔의 비용이 드는 경우가 많아 주로 대기업이 사용하는 방식이다. 예산이 한정되어 있다면 커뮤니티 참여나 전문가가 등단하는 행사에 직접 참석해 간담회에서 이야기를 듣는 등 다른 방법을 생각해 보자.

기업 고객을 대상으로 한 서비스를 인터뷰할 때는 과제를 겪고 있는 현장의 실무자와 결재권을 가진 관리자 양쪽 모두에게 접근해야 한다. 결재권자에게 접근하지 않으면 구매 판단의 기준을 알 수 없다. 한편 결재권자가 현장의 과제를 제대로 정확하게 파악하고 있다고 단정할 수도 없다. 실제로는 관리직이나 결재권자의 의견만을 반복해서 듣다 보니 회사에서는 구매를 결정했지만, 현장의 과제나 워크플로와 맞지 않아 결국 사용하지 않는 제품이 만들어지는 경우도 적지 않다.

전문가 대상 인터뷰에서는 '사실'이 아닌 '의견'을 듣는 경우가 많아진다. 하지만 전문가나 업계의 인플루언서 같은 사람은 업계 전체는 밝은 반면, 실제 현장의 세부 문제에는 어두운 경우가 많다. 전문가뿐만 아니라 반드시 실제로 현장에서 과제를 겪는 사람들의 이야기도 들어야 한다.

또한 한 번의 인터뷰로 관계가 끝나지 않도록 프로젝트 진행 상황을 보고하는 등 협조해 준 사람과 정기적으로 팔로업하기를 추천한다. 같은 사람에게 2주 ~1개월 간격으로 반복 인터뷰를 요청하는 것도 창업가가 종종 쓰는 효과적인 방법이다. 다만 후속 미팅 전에는 반드시 성과나 진척을 보여 줄 자료를 준비하자. 진척 없이 반복해서 요청만 하면 신뢰를 잃기 쉽다. 그러면 다음 약속을 잡기도 어려워진다. 이때 다음 약속은 마감 효과로 작용할 것이다.

'인터뷰할 사람을 거의 찾을 수 없다.'면 자신이 잘하는 것이 아닌 영역에 손을 대려고 하는 것일지도 모른다. 진심으로 흥미와 애착이 있는 분야라면 이미 어떤 형태로든 그 안에서 활동하거나 이미 인간관계를 맺고 있을 가능성이 높다. 다른 영역에 도전하는 편이 더 좋을지도 모른다. 그럼에도 어떻게든 그 분야에서 도전하고 싶다면 시간을 투자하고 노력을 기울여 그 영역에 정통해져야 한다. 행사에 참여하는 것부터 시작해 점차 커뮤니티에 참여해 보는 것도 좋다. 간병 업계에 관심이 있다면 간병 관련 커뮤니티에 들어가고, 디자이너를 위한 소프트웨어를 만들고 싶다면 디자이너 커뮤니티에 참여해 보자. 필요하다면 대학에서 그 분야를 다시 배우는 등 장기적인 시점으로 접근하는 것도 좋다. 커뮤니티에서 인간관계가 생기면 좀 더 가볍게 인터뷰를 할 수 있게 된다. 어느 순간 잡담 중에 상대의 진짜 고민을 듣게 될지도 모른다. 이 과정에서 아이디어를 함께 논의해 줄 사람이 나타날 수도 있다. 더 나아가 함께 창업할 공동 창업자 후보를 발견할 가능성도 있다.

인터뷰 상대의 '이야기'를 엮어 내기

인터뷰 일정이 잡혔다면 미리 상대방에 대해 철저히 조사하자. SNS, 인터뷰 기사, 영상 등을 통해 그 사람의 됨됨이를 비교적 쉽게 알 수 있다. 인터뷰 중 '이분에 대해 미리 알아봤다.'라는 인상을 은연중에 주는 것만으로도 상대는 신뢰감을 느끼고, 이후의 인터뷰도 훨씬 자연스럽게 흐른다. 특히 전문가를 인터뷰할 때는 반드시 그의 저서, 논문, 기사를 읽어 두자.

팀으로 인터뷰를 진행한다면 한 명은 질문 담당, 한 명은 메모 담당으로 역할을 나누는 것이 좋다. 물어보면서 메모를 하면 메모를 하는 데 신경이 쓰여 좋은 질문을 던지기 어렵다. 그렇다고 여러 사람이 물어보면 상대가 부담을 느끼므로 두 명이 가장 이상적이다. 가능하다면 인터뷰를 할 때마다 질문과 메모 역할을 번갈아 맡아 보자. 한 명이 질문하고 한 명이 기록한 뒤, 다음 인터뷰에서는 서로 역할을 바꾸는 것이다. 이렇게 반복하면 서로의 장점을 배우며 인터뷰 실력도 빠르게 늘어난다.

메모할 때는 발언의 요점만 적지 말고 상대의 표현 하나하나를 생생하게 기록하자. "그게요……." 같은 머뭇거림이나 맞장구까지 담아 두면 그 순간의 분위기와 사고의 흐름을 남길 수 있어 회고할 때 도움이 된다. 인터뷰는 상대의 '이야기'를 엮어 내는 작업이라는 마음가짐으로 임하길 추천한다.

설문 조사가 아니라 인터뷰를 하기

"설문 조사로 데이터를 더 많이 모을 수 있지 않나요?" 인터뷰를 이야기할 때마다 꼭 듣게 되는 질문이다. 필자는 대학 수업 과제로 고객 인터뷰를 내 준 적이 있다. "설문 조사가 아니라 반드시 대면 인터뷰를 하세요."라고 여러 번 강조했음에도 설문 조사를 해 오는 학생들이 꽤 있었다.

왜 설문 조사가 아닌 인터뷰가 중요한 걸까? 다시 한번 탐정의 예시를 생각해 보자. 용의자를 포함한 관계자 전원에게 설문 조사를 하고, 그 결과로 범인을 정하는 탐정이 있다면 그 탐정을 믿는 사람은 거의 없을 것이다. 의사가 환자에게 '당신은 어디가 아픈 것 같습니까?'라고 설문 조사를 했다고 해서 정확한 진단을 내릴 수는 없다. 하지만 많은 응답량을 취할 수 있기 때문인지, 평소 소비자로서 대기업의 마케팅만 접해 왔기 때문인지, 혹은 설문 조사가 더 쉽기 때문인지, 많은 사람들이 설문 조사라는 방법을 지나치게 중시하는 경향이 있는 것 같다.

물론 이미 많은 고객이 존재하고, 가설 검증을 위해 넓은 표본의 만족도 조사가 필요한 경우라면 설문도 유효하다. 그러나 고객을 깊이 이해하는 단계에서 설문 조사는 거의 도움이 되지 않는다. 설문 조사는 어디까지나 전체 경향을 얕고 넓게 파악하는 도구일 뿐이다.

혹자는 "설문 조사에서 서술형 응답을 받았으니 인터뷰나 다름없다."라고 말한다. 그러나 서술형 응답은 대면 인터뷰로 얻는 정보와는 다르다. 주관식 응답에는 응답자가 확신하는 생각만 적히기 쉽다. 장문을 쓰는 것이 번거롭기 때문에 단문으로만 답하기도 쉽다. 그 결과 응답에서 미묘한 감정이나 망설임, 고민의 뉘앙스는 사라진다.

반면 대면 인터뷰에서는 복잡한 정보를 얻을 수 있다. 상대가 보여 주는 미묘한 반응은 진짜 니즈를 드러내는 결정적인 힌트가 된다. 예를 들어 인터뷰 중에 고객이 몸을 앞으로 숙이며 적극적으로 대답하는 것은 좋은 신호다. "이 부분이 제일 힘들어요!"처럼 과제에 공감해 줄 때는 강도가 높은 과제가 있을 가능성이 크기 때문이다. "이 제품, 지금 바로 필요해요! 지금 팀원들을 좀 데려올게요."라는 열성적인 반응이 나온다면 제품의 니즈에 대한 하나의 가설 검증이 될 수도 있다. 게다가 신경 쓰이는 대답이 있으면 그 자리에서 즉시 파고들 수 있다는 것도 인터뷰의 장점이다. 설문 조사로는 이렇게 하기 어렵다.

전략 컨설팅 사고에 관한 책들에서는 그다지 강조되지 않지만, 사실 매우 중요한 내용으로 꾸준한 인터뷰와 반복적인 현장 답사가 언급된다. 그렇게 해서 클라이언트조차 미처 알아차리지 못했던 관점을 깨달았다는 이야기는 전략 컨설팅 출신 인재에게서 자주 듣는다. 깔끔한 자료 작성이나 사고법으로 주목받는 사람들도, 실제로는 발로 뛰는 작업을 통해 비로소 통찰에 도달하고 있는 것이다.

거듭 강조하지만 아무리 귀찮아도 가능한 한 직접 만나서 인터뷰하라. 시간과 거리의 제약이 있다면 화상 회의로 인터뷰해도 좋다. 하지만 카카오톡 등의 메신저로 문답하는 것은 피하길 바란다. 그건 인터뷰가 아니라 서술형 설문 조사와 다를 바 없기 때문이다.

50명을 인터뷰해야 비로소 입구에 선다

스타트업 초기 팀을 살펴보면 새로운 제품 아이디어를 구체화하려면 최소 30~50명의 고객 인터뷰가 필요하다는 인상을 받는다. 완벽한 가설이 아니라 어디까지나 가능성이 있는 '최초'의 가설을 발견하기 위한 최소한의 규모다. 실제로 고객 인터뷰 수가 이후의 아이디어 개선과 상당히 밀접하게 관계되어 있다는 연구[18] 결과도 있다. 많은 사람과 인터뷰하는 일은 매우 중요하다.

그렇다면 50건의 인터뷰를 진행하려면 얼마의 시간이 필요할까?

한 번의 인터뷰를 약 30분으로 잡더라도, 인터뷰 일정 조율이나 기록에 걸리는 시간을 포함하면 인터뷰 1건당 약 1시간은 필요하다. 따라서 50명의 인터뷰를 수행하려면 약 50시간이 든다.

여기에 인터뷰 대상 50명을 찾는 시간도 더해야 한다. 처음 15명 정도는 주변 인맥으로 어떻게든 해결할 수 있지만, 그 이후에는 모르는 사람에게 직접 접근하거나 공개 모집을 해야 한다. 가령 인터뷰 상대 한 명을 섭외하는 데 평균 1시간이 걸린다고 보면 인터뷰 섭외를 위해 준비하고 실행하는 시간과는 별개로 섭외에만 추가로 50시간 정도가 필요하다. 즉, 50명의 인터뷰를 진행하는 데 대략 총 100시간이 든다는 계산이 나온다.

100시간은 상당히 많아 보일 수 있다. 그러나 풀타임 근무자라면 주당 40시간, 한 달 근무 시간은 약 160시간이다. 100시간은 그중 60%에 해당하는 시간이다. 신규 사업 담당자가 1명이라고 했을 때, 불과 한 달만에 신규 사업의 단서를 얻을 수 있다면 충분히 가치 있는 투자다. 실제로 대기업 직원들과 이야기해 보면 신사업팀이 출범한 뒤 가능성 있는 아이디어를 찾기까지 약 1년이 걸리는 경우가 많다고 한다. 1개월은 매우 빠른 편이라 할 수 있다.

또한 50건의 인터뷰는 끝이 아니라 이제 입구에 들어선 단계라고 생각하길 바란다. 고객 인터뷰만으로 '아무도 찾지 못할 법한 과제'를 발견하는 경우는 드물다. 어디까지나 '이 근처에 큰 문제가 있을 것 같다.'라는 감을 잡는 단계다. 깊이 3~5단계 정도에 이르기 위한 수단이라고 이해하자.

18 Michael Leatherbee, Riitta Katila "The lean startup method: Early-stage teams and hypothesis-based probing of business ideas", Strategic Entrepreneurship Journal, Volume 14, Issue 4, p.570-593, 5 October 2020
https://doi.org/10.1002/sej.1373

인터뷰는 해상도를 높이는 수단임과 동시에 고객 후보를 확보하는 기회이기도 하다. 인터뷰가 실제 비즈니스 미팅으로 이어지기도 한다. 제품이 없더라도 '제품이 완성되면 꼭 알려 달라.'는 말을 듣는 경우도 있다. 때로는 인터뷰를 받는 데서 더 나아가 '그 프로젝트에 직접 참여하고 싶다.'라는 사람을 만나기도 한다. 이렇게 생겨난 관계는 결코 헛되지 않으니 계속 인터뷰를 이어 가길 바란다.

처음에는 누구나 인터뷰 진행이 서툴다. 질문이 어색하고 답변에서 얻을 것이 없어 회의감을 느낄 수도 있다. 그러나 포기하지 않고 계속 반복하는 것이 중요하다. 인터뷰는 경험치가 쌓일수록 눈에 띄게 좋아진다. 틀을 정해 두고 반복하자. 때로는 숙련된 인터뷰어를 옆에서 관찰해 그 방식을 배우자.

인터뷰 시 주의점

인터뷰는 과제의 해상도를 높이는 가장 효율적인 방법이기에 여기까지 많은 지면을 할애해 자세히 다뤘다. 마지막으로 인터뷰 시 유의할 점을 몇 가지 정리한다.

고객 인터뷰를 하다 보면 자신의 가설이 틀렸음을 깨닫는 순간이 온다. 예를 들어 가정한 타깃 고객 10명을 인터뷰했는데 아무도 그 과제를 겪지 않았다면 그 가설은 잘못된 것이다. 대략 5~10명 정도 진행하면 인터뷰 결과의 경향이 보이기 시작한다. 경향이 보이면 가설을 수정하거나 기각하고 새로운 가설로 다시 인터뷰하자.

50명을 인터뷰하면 어느 정도 가능성 있는 가설이 보인다고 했다. 다만 이는 처음 가설을 고수한 채 50명을 만난다는 뜻은 아니다. 진행 중에 가설을 다듬으며 더 그럴듯한 가설을 찾아간다는 의미다. 필요하면 도중에 가설을 크게 바꾸기도 한다. 하나의 가설에 집착하지 말자.

새로운 정보가 더 나오지 않으면 인터뷰를 잠시 멈추고, 인터뷰 이외의 다른 수단으로 파고드는 것을 권한다. 그저 얕은 이해에 머물렀거나 질문법이 서툴러서 그럴 수도 있으니 멈추기 전에 다시 한번 자세히 조사해 보길 바란다. 또한 인터뷰를 멈추고 다른 방법으로 옮겼다 하더라도, 정기적으로 인터뷰로 돌아와 고객 행동의 변화나 정세 변화를 점검하자.

현장에 몰입하기(내부화)

인터뷰는 가성비가 좋은 방법이기는 하지만 한계도 있다. 여러분이 30분 동안 인터뷰에 응하면서 자신의 일을 설명했다고 해 보자. 그것으로 충분했느냐고 묻는다면 아마 대부분은 아니라고 대답할 것이다.

인터뷰는 어디까지나 인터뷰 상대가 본 것과 느낀 것을 말로 표현해 달라고 요청하고, 그 말을 통해 이해하는 방식이다. 스타트업이나 신사업의 경우, 이제까지 많은 사람이 놓친 과제를 찾아야 한다. 고객조차 인식하지 못했거나 아직 언어화하지 못한 것도 포착해야 한다. 사내 과제도 직원 본인이 언어화하지 못하는 영역이 있을 것이다.

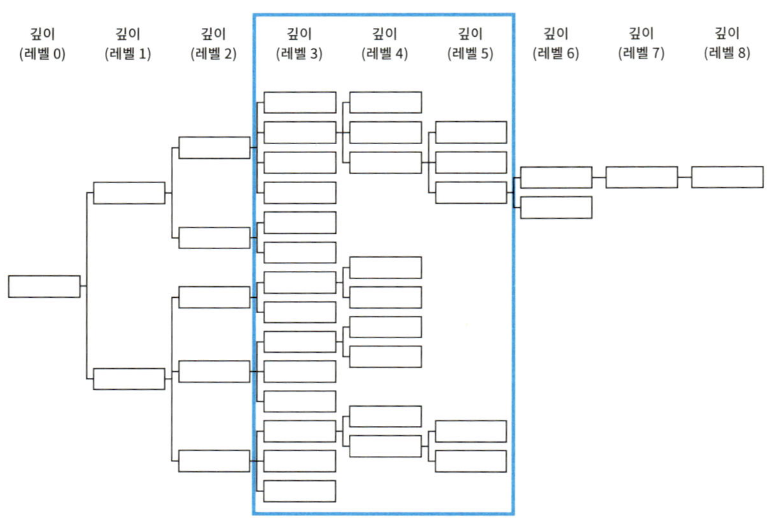

　그래서 더 깊이 파고드는 데 도움이 되는 방법이 현장 관찰이다. 즉, 거기서 일어나는 현상을 직접 눈으로 보고 몸으로 겪는 것이다.

관찰로 세부의 힌트를 포착하기

예상했던 과제가 일어나는 장면이나 자사 제품이나 서비스가 사용되는 장면을 관찰하면 우리는 고객의 문제를 세밀하게 이해할 수 있다.

　단순히 현장에 가서 그 자리에서 일어나는 일을 그냥 보는 것만으로는 관찰이라고 할 수 없다. 이를 알기 쉽게 표현하는 것이 명탐정 셜록 홈스와 조수 왓슨의 대화다.

　"자네는 보기만 하지 관찰하지는 않잖아. 이 두 가지는 분명히 달라. 예를 들어 자네는 현관에서 이 방으로 이어지는 계단을 수없이 보았을 거야."

　"그렇지."

　"몇 번이나 봤을까?"

　"글쎄, 수백 번."

　"그럼 계단이 몇 개야?"

　"계단이 몇 개냐고? 모르겠는데."

　"이것 봐. 자네는 관찰하지 않은 거야. 그냥 보기만 한 거라고. 그게 요점이야. 나는 계단이 17개라는 걸 알지. 눈으로 보면서 동시에 관찰했기 때문이야." (후략)[19]

　우리는 무언가를 보고 있다고 생각하지만 사실은 제대로 보고 있지 않다. 사고의 인지 자원을 절약하기 위해 많은 것을 무시하고 있다. 따라서 '무엇에 주목할 것인가?', '어떻게 주목할 것인가?'를 의식적으로 생각하고 주의 깊게 살피면 새로운 통찰이 생긴다. 이를 위해서는 방법을

---

19 《셜록 홈즈의 모험》(열린책들, 2022)

배우고 훈련을 반복해 제대로 준비하는 것이 필요하다. 몇 가지 힌트를 알려 주고자 한다.

먼저 인터뷰와 마찬가지로 관찰에도 구조화, 반구조화, 비구조화라는 분류가 있다. 구조화 관찰은 사전에 정한 워크시트 항목에 따라 관찰 내용을 기록하는 방식이다. 반구조화 관찰은 관찰 포인트를 대략 정해 두고 현장에서 유연하게 대응하는 방식이다. 비구조화 관찰은 사전 항목 없이 현장에서 즉흥적으로 관찰하는 방식이다. 뛰어난 관찰자가 되려면 초기에는 비구조화보다는, 제대로 준비한 반구조화 관찰로 접근하는 편이 좋다.

인터뷰와 관찰을 조합한 '맥락 질문법(contextual inquiry)'이라 불리는 방법도 있다. 현장에서 관찰하다가 의문이 생길 때 즉석에서 인터뷰하는 방식이다. 제자가 스승의 동작을 옆에서 보며 모르는 부분을 그때그때 묻는 이미지라고 하면 이해하기 쉽다. 제자가 되었다는 생각으로 관찰하고 물어보자. 다만 상대방이 작업 중이면 방해가 될 수도 있으므로 세심히 주의해야 한다.

관찰할 때는 상대방의 어깨너머로 보길 바란다. 그렇게 해야 상대가 실제로 보고 있는 것과 똑같은 것을 볼 수 있다. IT 서비스라면 어깨너머로 같은 화면을 보면서 상대방이 어떻게 조작하고 어디에서 막히는지를 확인할 수 있다. 마주 보고 앉으면 아무래도 서로를 의식하면서 이야기하게 되어 관찰이 아닌 인터뷰가 되고 만다.

고객이 이미 경쟁 제품을 사용 중이라면 그 사용 장면을 뒤에서 관찰하라. 어디에서 막히고 어떤 과정에서 사용하는지 알 수 있다. 다른 도구를 병행해서 사용한다면 그 두 가지 도구를 통합할 수 있는 기능을 제공할 수 있을지도 모른다.

예를 들어 고객이 화면 캡처를 다른 사람과 공유하는 작업을 관찰한다고 생각해 보자. 일단 OS의 기본 기능으로 스크린샷을 찍는다. 파일

이름을 붙여 저장한다. 저장 폴더를 열어 브라우저에서 파일 공유 서비스에 업로드해 누군가와 공유한다. 고객은 이를 당연하다고 여길지도 모른다. 언뜻 평범한 절차인 것 같지만 여러 창을 오가는 것은 번거롭게 느껴진다. 가끔 하는 정도라면 문제없지만, 조작 매뉴얼 제작처럼 반복 작업이 많을 때는 시간이 상당히 걸린다. 만약 스크린샷을 찍으면 자동으로 지정된 웹 공간에 저장되고 공유 링크가 즉시 생성되는 시스템이 있다면 50초 걸리던 작업이 5초 만에 끝날 수 있다.[20] 이처럼 고객의 행동을 세밀히 관찰하면 고객 자신도 알아차리지 못했던 과제를 발견할 가능성이 있다.

현장 관찰에서는 세부에 주의하는 것이 핵심이다. 세부에 힌트가 숨어 있기 때문이다. 예를 들어 사용이 끝난 망치를 내려 두는 방식 하나만 해도 그렇다. 다치지 않기 위해서일 수도 있다. 다음에 곧바로 잡기 쉽게 하기 위해서일 수도 있다. 많은 시행착오 끝에 나온 결과일지도 모른다. 별생각 없이 하던 동작에 의미가 있을 때도 있다. 고객의 동작 뒤에 있는 의미나 생각을 읽어 내며 깊은 층위로 한 걸음씩 파고드는 것이 바로 관찰이다.

　현장을 관찰할 때는 가능한 한 사진이나 영상을 찍는 것을 추천한다. 나중에 되돌아보기 위한 기록이라는 점에서도 중요하고, 팀원과 공유할

20　Helpfeel사에서 제공하는 Gyazo라는 실제 서비스를 참고하여 기술했다. 다만 Gyazo가 이러한 프로세스를 통해 개발로 이어졌는지는 알 수 없다. 어디까지나 예로서 참고한 내용이다.

수도 있다. 또한 '사진을 찍는다.', '영상을 찍는다.'라고 의식하는 것만으로도 목적 없는 관찰을 피할 수 있다. 매일의 관찰 성과를 사진이나 영상의 수로 확인할 수 있게 된다. 그 사람이나 현장의 다큐멘터리 영화를 찍는다는 마음으로 촬영하자. 현장을 제대로 보면 사진은 한 장소에서만 100장을 넘는다. 여러 현장을 돌면 금세 수천 장이 되는 것이 일반적이다. 500장을 넘지 못했다면 충분히 관찰한 것이 아니다.

고객의 눈에 띄는 동작을 가능한 범위에서 사진으로 남겨 달라고 하자. 드문 동작뿐만 아니라 반복적으로 하는 행동이나 그 전후 과정도 기록하자. 어떤 이유에서든 촬영이 어렵다면 스케치나 상세한 메모로라도 대체하길 바란다. 고객이 어떤 경위로 어떤 행동을 취했는지 등 동작의 맥락을 메모로 남기는 것도 중요하다.

관찰이 잘 되었는지는 관찰 결과를 뉴스 기사처럼 다시 써 보면, 즉 언어화하면 어느 정도 알 수 있다. 제삼자 시점에서 디테일을 적자. 예를 들어 '날붙이' 같은 추상적인 단어가 아니라 나이프인지 식칼인지 구체적으로 적는다. 현장에서 나사를 사용한다면 M5인지 M8인지 규격을 구분해서 기록한다. 다른 사람에게 읽어 보게 해서 그때의 모습이 충분히 전달되는지 확인해 보길 바란다. 그렇게 해서 디테일까지 전달된다면 제대로 관찰한 것이다.

현장에서의 관찰은 몇 개월의 몰입이나 사전 조율이 필요한 경우도 있어 상당히 큰 시간 투자가 된다. 따라서 처음부터 현장으로 달려가기보다, 조사나 고객 인터뷰를 통해 대략적인 과제의 방향성을 파악한 후에 진행해야 헛수고로 끝나더라도 피해가 크지 않다.

관찰은 가성비만 보면 그리 효율적인 방법이라고 할 수 없다. 그러나 드물게 데스크톱 리서치(desktop research)[21]나 인터뷰만으로는 도달할 수 없

---

21 (옮긴이) 대인 조사 전 단계의 조사로 기존 통계 데이터나 조사 자료로부터 정보를 수집하는 방법이다.

는 '홈런급 발견'으로 이어지는 경우가 있다. 세부에 해상도를 높이는 깊은 통찰의 힌트가 숨어 있기 때문이다.

또한 데스크톱 리서치로는 얻을 수 없는 최신 정보나 기묘한 정보를 입수할 수도 있다. 실감을 바탕으로 정보나 데이터를 바라볼 수 있게 되고, 무엇이 핵심이고 무엇이 부차적인지 판단 기준도 생긴다. 기존 정보에 대한 새로운 견해나 시점도 얻을 수 있다. 현장에 가면 사람과의 관계가 형성되고 그 관계를 통해 가치 있는 정보를 얻을 때도 있다. 큰 투자이지만 항상 선택지 중 하나로 갖고 있기를 추천한다.

고객과 같은 현장에서 일해 보기

그저 바라보는 것만으로는 알 수 없는 것들이 많다. 그래서 고객이나 고객이 매일 마주하는 과제를 이해하기 위해 고객과 동일한 현장에서 직접 일해 보는 것이 과제를 파고들어 해상도를 높이는 수단이 된다. 실제로 일하면서 자신의 손을 움직여 보면 고객 인터뷰나 관찰로 얻은 '점'의 정보가 이어진다. 이 점은 선이 되고, 면이 되고, 입체적인 정보로 들어온다.

제삼자가 아니라 플레이어로서 현장에 참여하는 방식을 참여 관찰(participant observation)이라 부른다. 일시적으로 아르바이트를 해 보거나 부업으로 현장을 돕는 형태다.

특히 B2B SaaS 분야의 스타트업이나 신규 사업에서는 놀라울 만큼 많은 창업자가 자신들이 서비스를 제공하려는 업계의 현장에서 직접 일하는 길을 굳이 선택한다. 언뜻 보면 비효율적으로 보인다. 창업자가 해당 업계 경험이 없다면 이런 선택은 더욱 흔하다. 예를 들어 마을 공장 대상 서비스를 만들기 위해 실제로 마을 공장에서 일해 보거나, 건설사 대상 서비스를 만들기 위해 건축 현장에서 근무해 보거나, 호텔 가격 제안 서비스를 개발하기 위해 호텔 사무원으로 일해 보는 식이다. 실제로 현장에서 일하며 고객이 겪는 불편함(pain)을 몸으로 느낀 뒤 사업의 씨

앗을 발견하는 방식이다.

엘라카트(E la Carte)라는 레스토랑 대상 소프트웨어를 만든 스타트업 창업자는 레스토랑 시스템을 배우기 위해 서빙 직원으로 근무했다.[22] 또한 농산물 유통 SaaS를 개발한 키키토리(kikitori)라는 스타트업은 서비스를 개발할 때 먼저 자신들이 청과물점을 직접 운영해 스스로 고객이 됨으로써 과제를 파악했다고 한다.[23] IT 등 새로운 범용 기술을 활용한 비즈니스에서는 기술을 보유한 사람이 현장에서 일하고 과제를 찾는 과정에서, 새로운 기술로 해결 가능한 고객의 과제를 깨닫는 경우도 많다.

서비스를 만들기 전에 하루에 두 곳 이상의 현장을 오가며 다양한 현장을 동시에 경험하는 창업가도 꽤 있다. 현장에서 여러 과제를 발견한 뒤, 그중 자사의 기술로 해결할 수 있거나 충분히 성장 가능성이 있는 과제를 중심으로 비즈니스를 조립해 나가는 것은 급성장 스타트업에서 흔히 쓰이는 방식이다.

스타트업이라고 하면 근사한 사무실에서 커피를 마시며 컴퓨터 앞에 앉아 프로그래밍으로 문제를 멋지게 해결해 나가는 모습을 떠올리기 쉽다. 그러나 실제 과제 발굴 단계에서는 대부분 꾸준히 발로 뛰는 활동을 한다. 그 정도까지 깊이 들어가지 않으면 스타트업이나 신규 사업에 필요한 해상도에 도달하기 어렵다는 뜻이다.

이미 자신이 일한 경험이 있고 과제를 잘 아는 영역에서 창업한다면 다시 현장에서 일할 필요는 없을지도 모른다. 반면 업계 관행에 너무 익숙해져 오히려 과제를 보기 어려울 가능성도 있다. 한 번 다른 시점에서 자신의 경험을 바라보는 시도를 추천한다.

---

22 "How to Get Startup Ideas", paulgraham.com, 2012년 11월
  http://paulgraham.com/startupideas.html
23 청과물 경영에서 보인 과제, kikitori가 서비스하는 농업 유통 SaaS란? (Coral Capital, 2021년
  1월 6일)
  https://coralcap.co/2021/01/kikitori

또한 현장에서 작업한다고 해서 자연스럽게 배움이 생기는 것은 아니다. 반드시 사전에 가설을 세우고 현장에 가야 한다. 그렇지 않으면 단순히 현장에서 일하고 돌아오는 데서 끝나 버린다.

개별에 접근하기(내부화)

인터뷰에서 과제의 해상도를 더 높이려면 한 명의 고객에 집중해 깊이 파고드는 방식을 추천한다. 이렇게 '개별에 접근'하면 새로운 깨달음을 얻을 수 있기 때문이다.

한 사람을 대상으로 인터뷰를 반복하면 그 사람의 과제와 행동을 더 깊이 이해하게 된다. 무엇을 고민하는지, 동기는 무엇인지, 경력을 어떻게 바라보는지 등 과제 주변에 있는 개인 정보를 함께 이해하면 높은 해상도에 이를 수 있는 힌트를 얻을 수 있다.

스타트업 아이디어를 고민할 때 '자신이 원하는 것을 만들어라.'라는 조언이 종종 등장한다. 자기 자신이라는 개별에 접근했을 때 좋은 아이디어가 나오는 경우가 있기 때문이다. 페이스북과 트위터도 창업자들이 스스로 원한 것을 만든 사례다.

'많은 사람의 얕은 호감보다 소수 고객의 깊은 애정이 사업 성장에는 더 유리하다.'라는 말이 있다.[24] 예를 들어 반려동물 SNS라는 아이디어를 들었을 때 반려동물을 기르는 사람이라면 왠지 좋아 보인다고 느낄 수 있다. 하지만 이 경우 반려동물을 기르는 사람의 어떤 과제가 해결되는지는 해상도가 낮아서 알 수 없다. 이처럼 '조금 좋아할 만한 사람이 많은 아이디어'는 대체로 실패한다. 금세 사용자가 이탈하기 때문이다. 적당한

---

24 "How to Get Startup Ideas", paulgraham.com, 2012년 11월
  http://paulgraham.com/startupideas.html
  "스타트업을 시작하는 방법과 스타트업을 시작하는 이유", FoundX, 2018년 9월 21일
  https://review.foundx.jp/entry/how_and_why_to_start_a_startup

호감의 서비스를 억지로 확장하려고 사용자 확보에 힘쓰면 니즈가 낮은 사람들이 유입되고, 이들은 초기 사용자보다 더 빨리 떠나게 된다. 그렇기에 초기에는 소수라도 열광적인 사용자를 확보해야 한다. 이들의 깊은 애정을 얻기 위해서는 그 소수 고객을 깊이 이해해야 한다. 따라서 개별에 접근해야 한다.

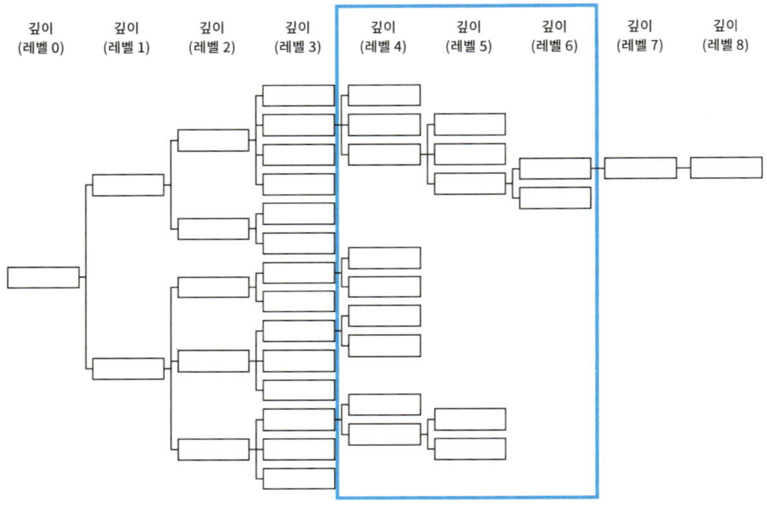

과제나 해결책을 발견했을 때도 특정 개인에게 적용해 보면 아이디어의 좋고 나쁨을 바로 검증할 수 있다. 예를 들어 청구서 관리 서비스의 새로운 기능을 떠올렸다면 '이 기능을 그 사람은 원할까?'를 떠올리며 구체적인 고객을 기준으로 생각해 보는 것이다.

기업 사례 분석도 '개별에 접근하는' 방법이다. MBA에서 자주 다루는 사례 기반 수업도 이러한 개별 분석을 통해 배움을 얻는 방식이라고 할 수 있다. 스타트업이나 신규 사업에서도 사례 분석은 매우 효과적이다. 스타트업이 초기 성장 과정에서 무엇을 했는지 100~200개 정도 사례를 알고 있으면 자신들의 상황에 맞는 전술을 선택할 수 있다. 가능하다면 사례를 읽는 데서 그치지 말고 해당 기업 구성원이나 관계자에게 직접 이야기를 듣는 것을 추천한다. 직접 듣는 방식은 좀처럼 공개되지 않는 실패담이나 그 당시의 분위기처럼 중요한 정보도 제공받을 수 있기 때문이다. 실패 원인을 일반론에 머물지 않고 개별적으로 설명할 수 있는지를 점검하면 그 사례에 대한 자신의 해상도를 확인할 수 있다.

개별에 주목할 때는 극단적 사례나 비정상적인 값, 예외에 관심을 가져 보는 것도 한 가지 방법이다.

예를 들어 타자기는 시각 장애인이라는 일종의 극단적 사용자(extreme user)에게 주목했기 때문에 탄생한 제품이라고 알려져 있다. 시각 장애인이 편지를 쓰고 예쁜 글씨를 남기고 싶다는 욕구에서 타자기가 발명되었다. 많은 사람들에게 공통된 욕구가 있었기 때문에 타자기는 널리 보급되었다고 한다. 최근 소수자로 분류되는 사용자를 대상으로 디자인하는 모두를 위한 디자인(inclusive design)이 주목받는 것도 같은 맥락이다. 포용적 디자인 과정을 채택하는 것이 주류의 혁신으로 이어지고, 새로운 비즈니스 기회로 확장될 수 있다는 기대도 있기 때문일 것이다.

극단적으로 선진적인 것에 몰두하는 사람에게 관심을 갖는 것도 그중 하나다. 예를 들어 친환경 활동을 철저히 실천하는 사람이 있다면 그 사람이 어떤 행동을 하고 무엇에 돈을 쓰는지 조사해 보자. 스타트업 업계에서는 '지금 주말에 애호가들이 하는 일이 10년 뒤엔 일상으로 자리 잡는다.'라는 말이 있다.[25] 수십 년 전 컴퓨터를 들고 다니는 사람은 극소수의 애호가뿐이었지만, 지금은 대부분의 사람이 스마트폰이라는 컴퓨터를 들고 다닌다.

---

25 What the smartest people do on the weekend is what everyone else will do during the week in ten years(cdixon, 2013년 3월 2일)
https://cdixon.org/2013/03/02/what-the-smartest-people-do-on-the-weekend-is-what-everyone-else-will-do-during-the-week-in-ten-years

기존 패턴에 맞지 않거나 기존 사고방식으로 설명할 수 없는 현상은 새로운 변화의 조짐일 수 있다. 제품을 비정상적일 정도로 사용하는 헤비 유저나 예상 밖의 방식으로 사용하는 사용자도 개별적으로 접근할 가치가 있다. 예상 밖의 사용 방식이라도 그 안에는 반드시 해결하고 싶은 버닝 니즈가 숨어 있을 수 있기 때문이다. 기이한 행동을 발견했다면 새로운 기회로 포착하자.

여기까지 인터뷰와 관찰, 개별에 접근하는 것에 대해 설명해 왔다. 공통점은 '두 발로 생각하는 것'이다. 현장에 자주 찾아가 (즉, 행동하여) 고객과 과제를 직접 마주하면 다양한 정보와 사고의 단서를 얻을 수 있다. 인터넷이나 책에서 얻을 수 있는 정보에는 한계가 있다. 발로 정보를 얻고 발로 생각하는 방법은 특히 심화 단계에서 효과적이다. 이런 노력을 귀찮아하지 않고 꾸준히 하느냐가 충분한 깊이에 도달할 수 있는지의 갈림길이 되기도 한다. 주변과 차별화하고 싶다면 반드시 적극적으로 시도해 보길 바란다.

Why so?를 반복하여 사실로부터 통찰을 끌어내기(외부화)

여기까지 어떻게 사실을 파고드는지 설명했다. 그러나 독창적인 사실이나 정보를 확보했다고 해서 그것이 곧바로 독창적인 통찰이나 가설로 이어지는 경우는 거의 없다. 그 사실과 정보를 바탕으로 사고하고, 거기서 얻은 통찰을 언어화하는 것, 즉 내부화로 받아들인 사실을 외부화하는 과정이 필요하다.

4장의 머리말에서 언급한 언어화라는 외부화를 더 깊게 하는 데 활용할 수 있는 질문이 'Why so?(왜 그런가?)'다. Why so?를 반복해 스스로 묻고 답하다 보면 과제의 진정한 원인을 찾아 나갈 수 있다. 고객에게 Why so?라고 물어 답을 얻을 수도 있다. 그러나 어느 타이밍부터는 고

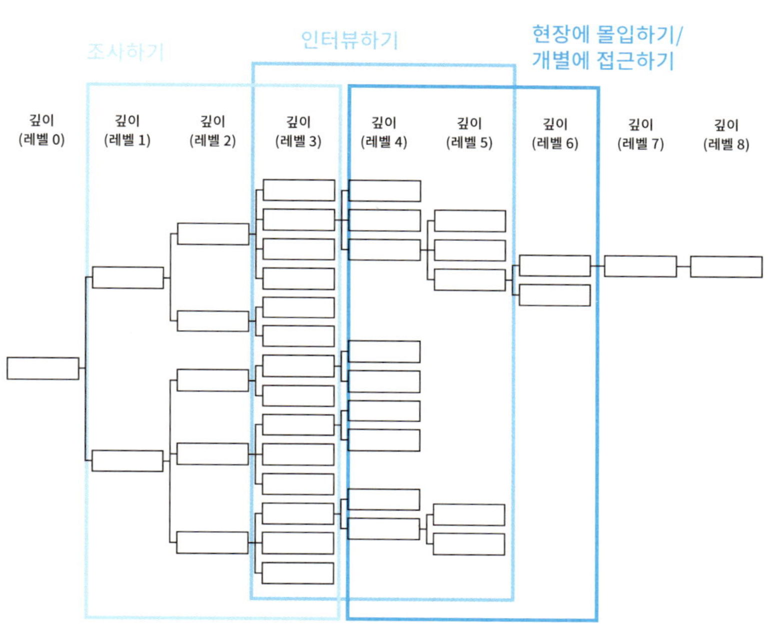

객 스스로 이유를 설명하지 못하는 경우가 많다. 결국 스스로 Why so? 에 답해 나가야 한다. 다른 사람이 도달하지 못한 Why so?의 대답을 얻을 수 있다면 그것은 여러분만의 통찰이 된다. 얻은 통찰에 Why so?를 이어가면 더 깊은 통찰로 나아갈 수 있다. 다만 통찰은 어디까지나 가설이다. 가설은 검증 없이는 얼마나 옳은지 알 수 없다는 점을 주의하길 바란다(가설 검증은 7장에서 다룬다).

이 Why so? 질문은 전략 컨설팅 등에서 널리 사용되며 많은 서적에서도 소개되는 기법이라 이미 알고 있는 사람도 많다. 일본에서도 오노 다이이치가 《도요타 생산 방식》[26]에서 원인을 파악하기 위해 '왜를 다섯

26 《도요타 생산 방식—탈규모의 경영을 지향하여(トヨタ生産方式—脱規模の経営をめざして)》(1978)

번 반복하는' 것의 중요성을 강조했다.

그러나 막상 자신의 업무에 활용하려 하면 얕은 수준에서 멈추는 경우가 많다. 예를 들어 음식점 고객의 과제를 '수·발주 서류 관리'에서 찾았을 때 '왜 서류 관리에 이렇게 힘들어하는가?'라고 묻고 '디지털화되어 있지 않아서.'라는 답을 얻었다고 하자. 여기서 '그렇다면 디지털화하면 된다.'라며 무심코 해결책으로 바로 뛰어드는 사람이 의외로 많다. 더 깊은 원인이 있기 때문에 그 과제가 여전히 남아 있다(위의 예에서는 디지털화되어 있지 않은 채로 남아 있다). 왜 그렇게 되었는지를 더 파고들지 않으면 해결할 수 없을 것이다. 제삼자는 이런 문제를 쉽게 알아차리지만 정작 그 일을 하고 있는 본인은 깨닫기 어렵다.

그래서 깊이 단계를 의식하면서 Why so?를 묻는 것이 좋다. 지금까지 예로 든 조사나 인터뷰에서 발견한 사실이나 과제의 가설에 Why so?를 다섯 번 반복하면 깊이 6단계 정도까지는 도달할 것이다. 거기서 더 깊은 7~10단계를 목표로 계속 Why so?를 반복해 보자. Why so?를 묻다 보면 여러 원인이 나올 때도 있다. 그럴 때는 구조를 의식해 더 깊이 파고들자(자세한 내용은 5장 '구조' 파트에서 다룬다).

'Why so?'는 스스로 묻고 답하는 과정이라 쉽게 막히고 깊이 파 내려가지 못해 얕은 단계에서 멈추기 쉽다. 그래서 누군가에게 벽치기 상대[27]가 되어 달라고 요청해 강제로 Why so?를 질문해 달라고 하는 것도 좋다. 앞의 음식점 예라면 '왜 수·발주 관리가 디지털화되지 못한 것인가?'라고 질문해 달라고 하고, 답이 '팩스로만 접수하는 사람이 있어서.'라면 '왜 팩스를 쓸 수밖에 없는가?'라고 계속 물어봐 달라고 하는 식이다. 이렇게 강제로 사고를 심화시키는 방식이다.

'Why not so?(왜 그게 아닌가?)'라는 질문도 효과적이다. '왜 이 과제는 지

---

27 (옮긴이) 여기서는 자신의 생각을 정리하기 위해 이야기를 들어 주는 상대를 뜻하며 조언이나 의견에 대한 답을 구하는 것이 아닌 생각의 정리를 목적으로 한다.

금까지 해결되지 못했는가?'라고 물어도 좋다. 과제가 해결되지 않은 데는 이유가 있다. 이 질문에 명확히 답하지 못하면 과제가 충분한 깊이에 도달하지 않았을 가능성이 크다.

여기서 'Why so?'를 물을 때 주의해야 할 점 다섯 가지를 소개한다.

먼저 내부화로 수집한 사실을 기반으로 과제의 가설을 충분히 구체화한 뒤 Why so?를 시작해야 한다. 예를 들어 '고객은 뭔가를 습관화하고 싶지만 하지 못한다.'라는 추상적 과제에서 Why so?를 시작하면 '의욕이 부족해서.', '목적의식이 약해서.' 같은 일반적인 이유만 나온다. 반면 '도시에서 일하는 직장인 3년 차 고객이 운동을 습관화하고 싶지만 하지 못한다.'라는 구체적 과제에서 Why so?를 시작하면 '시간이 부족해서.', '이른 아침이나 늦은 밤에 갈 수 있는 헬스장이 적어서.', '사람과의 만남이 있으며 모두가 함께하는 운동 이벤트가 정기적으로 열리지 않아서.' 등 구체적인 이유가 나오기 쉽다.

두 번째로 Why so?는 매우 스트레스가 큰 질문이다. 답에 도달하기까지 시간이 걸릴 수 있다는 점을 각오해야 한다는 것이다. 두세 번 정도 Why so?라

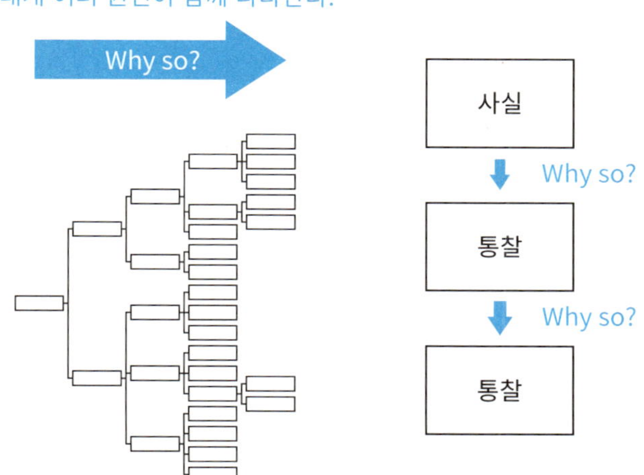

면 비교적 빨리 가설이 나온다. 네 번째를 넘기면 근본 원인의 가설이 보이기까지 시간이 걸릴 때가 많다. 시간 제한이 있는 프로젝트라면 어느 정도의 선에서 파고들기를 멈출 수도 있지만, 해상도를 충분히 높이고 싶다면 답이 나오지 않아 막다른 벽을 느끼더라도 여러 번 자문자답하면서 다시 일어나 계속 물어보는 지적 체력이 필요하다.

세 번째로 원인을 너무 사람에게 귀속하지 않아야 한다. 사람 탓을 하면 시스템 자체를 개선할 수 없게 되기 때문이다. 앞의 예처럼 '팩스밖에 못 쓰는 사람이 있어서.'를 원인이라고 본다면 '그 사람들을 교육한다.'가 답이 된다. 물론 교육도 하나의 답이지만, '새로운 것을 배우려는 인센티브가 부족해서.'처럼 조직이나 시스템 쪽에 시선을 돌리면 더 많은 해결책을 떠올릴 수 있다. 또한 '○○ 씨가 너무 바빠 수면 부족이 이어져 주의가 흐트러졌기 때문에 실수가 나와 제품 출하가 지연되었다. 그래서 바쁘지 않도록 휴식을 늘린다.'라는 것도 얼핏 그럴듯한 대책처럼 보인다. 그러나 개인의 실수가 곧바로 제품에 영향을 미치고 출하로까지 이어지는 구조 자체에도 문제가 있다[28]고 생각해야 더 좋은 개선책을 찾기 쉽다. 게다가 아무리 정상적인 상태라도 사람은 실수하기 마련이다. 실수가 나와도 치명적 문제가 되지 않는 체계와 시스템을 설계하는 것이 원래 지향해야 할 목표다.

악의를 갖고 시스템을 악용하려는 사람은 분명히 존재한다. 지나치게 경솔한 사람이 문제의 원인이 되는 경우도 분명히 있다. 그러나 대부분의 경우는 그렇지 않다.

사람에게는 '근본적 귀인 오류(fundamental attribution error)'라 불리는 편향이 있다. 타인의 행동 원인을 볼 때 외부 환경보다 개인의 성격이나 기질에서 찾으려는 경향을 뜻한다. 이런 편향에 주의하면서 'Why so?'라고 물어보자.

---

28 왜 분석은 위험한가(타임 컨설턴트의 일지에서, 2014년 4월 26일)
　　https://brevis.exblog.jp/21931694

단순히 아래로만 파고드는 Why so?로는 문제의 진짜 원인에 도달하지 못하는 경우도 있다.

그래서 네 번째 주의점으로 때로는 업계·회사·개인 등 문제 계층의 추상도를 높이고 내리면서 파고들 필요가 있다는 것이다. 예를 들어 팩스를 계속 사용하는 이유가 업계 전체가 팩스 중심으로 최적화되어 있기 때문인 경우도 있다. 이런 상황에서는 개인 차원의 문제만 파고들면 진짜 원인을 잘못 짚게 된다. 경우에 따라서는 서로 다른 추상도의 여러 계층이 상호작용해 과제를 만들어 내기도 한다(추상도에 대한 자세한 내용은 5장의 '구조' 파트에서 다룬다).

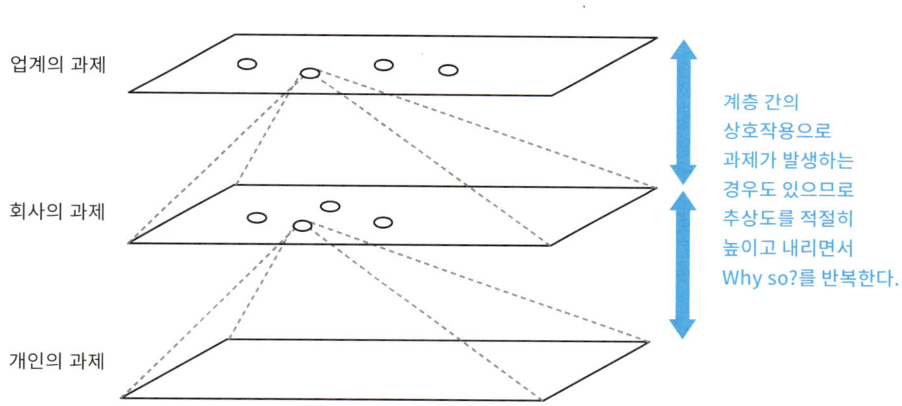

앞서 말했듯 우리는 사람에게서 원인을 찾으려는 경향이 있다. 그 유혹을 이겨 내고 추상도를 높여 시스템에 초점을 맞추면 새로운 발견을 얻을 수 있다. 《혁신기업의 딜레마》[29]에서 크리스텐슨 교수는 대기업이 파괴적 기술을 간과하는 이유를 밝히려 했다. 이 분석이 뛰어났던 이유는 '대기업이 무능해서.', '경영진이 무능해서.', '대기업에는 그런 역량이 없어서.'처럼 특정 개인이나 회사의 능력 탓으로 돌리지 않고 대기업이 파괴적 혁신의 존재를 알고 있었다 해도 거기에 착수할 조직적·개인적 인센티

---

29 《혁신기업의 딜레마》(세종서적, 2020)

브가 없었기 때문에 합리적인 판단의 결과로 딜레마에 빠진다고 설명했다. 이렇게 문제의 원인을 시스템에서 찾았기에 《혁신기업의 딜레마》는 업계 전체에 큰 충격을 준 논의가 될 수 있었다.

경영 실패의 원인을 경영자 개인의 역량 부족으로만 돌리면 '더 유능한 경영자를 데려온다.'라는 해결책밖에 나오지 않는다. 하지만 시스템이 문제라면 전혀 다른 해결책을 마련할 수 있다. 이 딜레마의 해결책을 제안한 《성장과 혁신》[30]이라는 책에서 크리스텐슨 교수는 이러한 딜레마를 완화하는 시스템 설계 방법을 논한다.

마지막 다섯 번째 주의점은 Why so?라는 질문을 누구를 공격하기 위한 도구로 쓰지 말아야 한다는 것이다. Why는 상대의 사고를 유도하는 질문이지만, 이에 답하지 못하면 책망받는 듯한 기분을 줄 수 있다. '왜 이것도 못 해?', '왜 그런 일을 하고 있어?' 같은 질문은 정말로 이유를 알고 싶어서가 아니라 상대를 공격하거나 비꼬고 싶어서 쓰이는 경우가 있다. 상대에게 '제대로 답하지 못하는 무력감이나 답답함'을 느끼게 하려는 의도로 Why를 사용할 때도 있을 것이다. 또한 대답을 듣고서도 '그 이유는 도저히 납득이 안 된다.'며 몰아세우기 위한 질문일 때도 있다. 논파와 부정을 위한 편리한 도구로 쓰이는 경우도 있다. Why so?는 매우 강력한 질문이다. 그렇기에 더욱 공격이나 논파가 아니라 자기 사고를 더 깊이 파고들 때나 해상도가 낮은 사람의 생각을 돕고자 할 때 사용해야 한다. 즉, 대화를 위해 'Why so?'를 사용해야 한다.

Why so?를 어디까지 반복해야 하느냐고 묻는 사람도 있다. 원인을 트리 형태로 분해해 가며 그 깊이가 7~10단계에 이르도록 파고드는 것이 한 가지 기준이다. '독창적인 통찰을 발견했는지' 여부도 또 다른 판단 기준이 된다. 예를 들어 음식점 대상 서비스를 만든다고 할 때, 음식점과 전혀 관계없는 사람이 들어도 놀랄 만한 통찰이 있었는가를 자문해 보자.

---

30 《성장과 혁신》(세종서적, 2021)

'실은 ○○이 이유군요.'라고 주변에 이야기했을 때 모두가 놀란다면 그 통찰은 상당히 독창적일 가능성이 높다고 볼 수 있다. 반대로 '음식점이 잘 안 되는 이유는 매출이 낮아서.'처럼 누구나 아는 일반론 수준의 과제라면 충분하다고 보기 어렵다. '실은'이라는 통찰에 도달할 수 있을 때까지 파 내려가자.

습관적으로 언어화하기(외부화)

해상도를 높이는 첫걸음으로 언어화를 소개했다. 깊이 있게 파 내려가려면 언어화를 꾸준히 이어갈 필요가 있다. 따라서 여기서는 '쓰기'와 '말하기'의 발전형으로 언어화를 습관으로 만들기 위한 세 가지 요령을 소개한다.

메모하기

외부화를 하면서 스스로의 생각을 심화하는 데 가장 든든한 무기는 바로 메모다. 뭔가 떠오르면 곧바로 메모하는 습관은 사소해 보이지만, 해상도를 높이는 데 효과적이면서도 즉시 실천할 수 있는 방법이다. 과제를 떠올리거나 아이디어가 번뜩인 순간 적어 두는 습관만 들여도 해상도는 비약적으로 높아진다.

우리의 기억력은 생각보다 약하다. '뭔가 떠올랐는데 잊어버렸다.'라고 고민한 경험이 있을 것이다. 그 정도면 오히려 양반이다. 대부분의 경우 우리는 '뭔가를 잊어버린 것' 자체를 잊어버린다.

방대한 SF 작품을 쓴 호시 신이치는 이렇게 말했다.

"무에서 유를 창조하는 영감 따위는 그렇게 때마침 쉽게 솟아나지 않는다. 메모의 산을 뒤적이고, 팔짱을 끼고 돌아다니다가, 한숨을 쉬고, 하는 일 없이 흐르는 시간을 신경 쓰고, 재탕의 유혹과 싸우고, 떠올린 것을 몇 개 메모하고, 그 모든 것에 불만을 느끼고, 커피를 마시고, 자신의 재능이 다한 것 같아 절망하고, 안약을 넣고, 비누로 손을 씻고, 메모를 다시 읽는다. 절대 기력을 늦추어서는 안 된다.”[31]

해상도를 높이는 과정도 이와 같다. 거듭 고민하고 다시 생각하며 점진적으로 나아가는 것이다. 호시 신이치 같은 대가조차 이러했는데, 우리 같은 평범한 사람이라면 더 많이 메모하고 더 많이 고민할 각오가 필요하다.

중요한 것은 내용이 불완전하게 느껴져도 일단 메모를 남기는 일이다. 메모가 있다는 것은 기억과 사고의 일부를 외부에 맡겼다는 것이므로 새로운 생각을 위한 여유가 생긴다. 며칠 뒤 다시 읽으면 완전히 잊고 있었던 내용이거나 ‘그때의 나는 꽤 괜찮은 걸 적었네.’ 하고 놀라게 되는 경우도 많다.

지금 우리는 어느 시대보다 메모하기 좋은 환경 속에 살고 있다. 항상 들고 다니는 스마트폰으로 언제든 메모할 수 있고, 컴퓨터와 동기화되는 메모 앱도 다양하다. 내가 평소 사용하는 것은 윈도에 내장된 기본 스티커 메모 앱이다. 모바일 앱인 원노트를 설치해 두면 아이폰이든 안드로이드폰이든 어디서나 동기화할 수 있다. 작업 관리 앱을 써도 좋다. 핵심은 떠올랐을 때 즉시 메모할 수 있는 환경을 마련해 두는 것이다.

지적 생산 방식을 다룬 《제텔카스텐》[32]에는 사회학자 니클라스 루만의 생산성 비밀이 설명되어 있다. 루만이 평생 남긴 저작은 약 60권이었다. 1963년에 첫 저작을 낸 뒤 1998년 사망할 때까지 약 35년 동안 60권에 이르는 보기 드문 집필량을 보였다.

그 비밀은 메모 카드였다. 그는 한 장의 카드에 하나의 아이디어를 적는 방식으로 지속적으로 메모했는데 그 수가 평생 9만 장에 이르렀다. 그리고 이 9만 장의 아이디어 메모를 재구성해 여러 저작을 집필했다.

---

31 《변덕쟁이 별의 메모(きまぐれ星のメモ)》(2012)
32 《제텔카스텐》(인간희극, 2021)

구체적으로는 중요한 메모와 덜 중요한 메모를 구분하기, 서적 등의 인용은 그대로 옮겨 적지 않고 자신의 말로 다시 쓰기, 키워드를 달아 메모를 연결하기 등의 방식으로 메모를 만들고 재구성했으며, 거기에 자신의 사고를 더해 책을 집필했다고 한다.

루만처럼 물리적인 카드로 이 작업을 하면 자리를 차지해서 쉽지 않지만 지금은 디지털 도구로 훨씬 쉽게 재현할 수 있다. 예를 들어 스크랩박스(Scrapbox)[33]나 롬 리서치(Roam Research), 옵시디언(Obsidian) 같은 도구는 메모 간 연결 구조를 손쉽게 만들 수 있다.

'구조' 파트에서도 설명하겠지만 해상도를 높이는 작업에는 '관계 짓기'가 있다. 메모를 남기고 메모 사이의 연관성을 꾸준히 구축해 나가는 작업은 해상도를 높이는 강력한 무기가 된다. 언어화 중에서도 쓰기는 특히 중요하다. 단편적인 메모라도 좋으니 일단 기록하는 습관을 들이자. 백지 앞에서 끙끙대며 처음부터 긴 글을 쓰려 하면 막막하지만 메모 형태의 단편적인 사고가 쌓여 있다면 훨씬 쉽게 글을 구성할 수 있다. 소재를 토대로 글을 구성하다 보면 생각은 점차 정교해지고 치밀해진다. 그렇게 긴 글을 쓸 수 있게 되면 때로는 말하기라는 언어화 방식도 함께 시도해 보는 것을 추천한다.

대화하기

혼자 말하는 것만으로도 효과가 있지만 누군가와 말하면, 즉 대화하면 효과는 훨씬 커진다. 상대에게 전달하기 위해 언어화가 강제로 촉진되고, 상대의 질문을 통해 스스로 깊이가 부족한 부분을 자각할 수도 있다. 소크라테스가 자신의 대화법을 산파술에 비유했듯, 대화는 언어화와 깨달음이 결합해 새로운 아이디어가 태어나는 계기가 된다.

과제를 파 내려가는 데 추천하는 방식이 이른바 벽치기다. 벽치기는

---

33 (옮긴이) 현재는 Helpfeel Cosense로 이름이 변경되었다.

두 사람이 같은 비율로 이야기하는 것이 아니다. 한 사람이 아이디어를 중심으로 말하고 다른 한 사람은 그에 대한 의견을 던져 주는 형태의 대화다. 벽에 던진 공이 항상 똑바로 돌아오지 않듯, 벽치기를 통해 예상치 못한 방향에서 정보나 시점을 얻을 수 있어 사고가 심화된다.

다만 누구와 해도 좋은 것은 아니다. '벽' 역할을 맡는 사람은 해당 주제에 대해 어느 정도 동일한 수준의 지식을 갖고 있어야 한다. 그렇지 않으면 잘 아는 사람이 일방적으로 가르치는 구조가 되어 버려 대화가 아닌 '가르치기/배우기'로 흘러가게 된다. 충분한 정보가 없는 사람에게서는 깊이를 더 파고들기 위한 좋은 질문이 나오지 않고 일반적인 질문 수준에서 머물기 쉽다.

공동 창업자와 함께하는 창업가들은 이 점에서 유리하다. 사업 상황을 똑같이 알고, 똑같이 진심으로 고민하는 상대가 곁에 있으므로 언제든 벽치기를 하기 쉬운 환경이 만들어지기 때문이다. 창업 전부터 공동 창업자 후보와 매주 주말 벽치기를 했다는 이야기도 자주 들린다. 벽치기를 통해 서로의 궁합과 의욕을 파악할 수 있고 아이디어도 개선된다. 공동 창업자를 얻는 효과까지 있으니 일석이조다. 먼저 벽치기를 할 수 있는 상대를 찾는 것부터 시작하는 것도 과제의 해상도를 높이는 한 가지 방법이 될 수 있다.

주의해야 할 점은 대화 내용이나 거기서 나온 결론이 쉽게 잊힌다는 것이다. 따라서 대화 직후 반드시 내용을 정리해 기록하는 습관을 들이길 추천한다.

가르쳐 주기

대화나 질문보다 한 단계 더 진전된 언어화 방식이 가르쳐 주기다. 지금 생각하고 있는 과제에 대해 잘 모르는 사람에게 가르쳐 준다는 생각으로 이야기해 보자.

최고의 배움은 가르치는 과정에서 얻어진다고 흔히 말한다. 가르치는 입장에서는 '모르겠다.'라고 말하기 어려우므로 설명하려면 깊이 있게 공부할 수밖에 없다. 제대로 설명하지 못하는 부분이 있다면 그것이 곧 자신의 해상도가 낮은 지점임을 깨닫게 된다. 책을 윤독하면서 요점을 정리해 발표하는 대학 수업에서 자신의 발표 순서가 돌아왔을 때 훨씬 더 열심히 준비하게 된다. 그 과정에서 평소보다 많은 것을 배우게 되는 경험도 같은 원리다.

또한 가르치는 사람은 자연스럽게 '질문을 받는' 사람이 된다. 질문에 적절히 답하려면 실제로 가르쳐 주는 내용 이상의 준비가 필요하다. 왜냐하면 질문은 종종 가르치려는 내용의 주변부에서 튀어나오는 경우가 있기 때문이다. 이런 질문에도 대답할 수 있도록 준비하는 과정 자체가 해상도를 높이는 좋은 계기가 된다.

지금은 '가르쳐 주는' 것이 매우 쉬운 시대다. 배운 내용을 블로그에 정리하거나, 읽은 논문을 요약해서 SNS에 올리거나, 영상으로 설명하는 등 남에게 가르쳐 줄 기회를 스스로 얼마든지 만들 수 있기 때문이다. 혹시 괜찮다면 이 책을 다 읽은 뒤 누군가에게 책의 내용을 설명해 보길 바란다. 설명이 다소 불완전해도 괜찮다. 그렇게 누군가에게 가르쳐 주려는 행동 과정을 거치면 분명 책의 내용에 대한 해상도도 확 높아질 것이다.

가르쳐 주기의 부가적 효과로 자신을 인지하는 사람이 늘어난다는 이점도 있다. 스타트업 세계에서도 자사 매체를 통해 업계 정보를 꾸준히 발신해 초기 고객이나 지지자를 얻는 경우가 많다. 이는 개인도 충분히 할 수 있는 일이다. 자신이 중요하다고 생각하는 영역에서라면 적극적으로 '가르쳐 주기'를 실천해 보자.

단어와 개념, 지식을 늘리기(내부화와 외부화의 정밀도를 높이기)

이렇게 깊이 파 내려가는 노력을 하고도 독창적인 통찰에 도달하지 못하는 사람이 있다. 이들에게 공통적으로 나타나는 특징은 관찰한 현상을 제대로 이해하지 못한다는 점이다. 그 원인은 좋은 단어와 개념을 갖고 있지 않다는 데 있다. 이런 상태에서는 좋은 내부화도 외부화도 할 수 없다.

우리는 어휘가 늘어날수록 세상을 더 세밀하게 구분할 수 있게 된다.

예를 들어 초록색을 표현할 때 '초록'이라는 어휘만 가진 사람보다 '연두색', '황록색', '짙은 초록', '밝은 연두'처럼 다양한 어휘를 가진 사람은 색을 보는 방식과 표현 방식이 당연히 훨씬 정교해진다. 해상도가 높아지면 세상이 선명하고 구체적으로 보인다고 설명했는데, 색에 관한 어휘를 많이 알고 있으면 그야말로 세상을 선명하고 정확하게 묘사할 수 있다.

색뿐만이 아니다. 예를 들어 '시멘트'와 '콘크리트'를 같은 것으로 이해하는 사람도 있지만 두 단어는 의미가 다르다. 시멘트는 콘크리트의 원재료이며 시멘트에 물이나 자갈, 돌을 섞어 만든 것이 콘크리트다. 시멘트는 분말 형태라 운반성이 좋기 때문에 먼저 시멘트를 운반한 뒤 현장에서 물 등을 섞어 강도가 높은 콘크리트로 만든다. 공장에서 출하된 상태의 생콘크리트는 아직 굳지 않아 시간이 지나면 무거운 모래가 아래로 가라앉고 물이 위로 떠올라 분리되므로 믹서로 계속 섞어 주어야 한다. 이러한 단어의 차이를 알게 되면 왜 믹서트럭이 건설 현장 가까이에 세워져 있는지 알 수 있는 등 일상에서 마주치는 풍경의 해상도 또한 한층 높아진다.

어휘를 많이 아는 것만으로는 충분하지 않다. 그 어휘를 상황에 맞게 제대로 사용할 수 있어야 한다. 이를 위해 하나의 어휘를 중심으로 어떤 어휘와 함께 쓰이는지, 반대말이나 유의어는 무엇인지, 어떤 맥락과 빈도로 등장하는지 같은 주변 정보를 함께 파악해 어휘가 만들어 내는 의미의 네트워크를 구축할 필요가 있다. 관련된 단어를 정확하게 구분해 쓰기 시작하면 세상을 담아내는 단어의 힘은 점점 더 예리해진다.

외국어를 참고하는 것도 도움이 된다. 예를 들어 '책임'이라는 단어는 영어에서 responsibility와 accountability로 구분해 표현된다. responsibility는 우리말로 '응답 책임', accountability는 '설명 책임'에 가깝다. '자유' 역시 freedom과 liberty라는 서로 다른 번역어를 떠올리면 freedom이 '무언가로부터의 자유'를 뜻하고, liberty가 '사회적·정치적 제약 없이 어떤 행동을 할 자유'를 뜻한다는 차이가 보인다. 이런 식으로 다른 언어를 경유해 비슷한 개념의 미세한 차이를 파악할 수 있게 되면 세상을 더 정확하게 인식할 수 있다.

영어뿐만이 아니다. 다양한 언어의 번역어를 함께 알면 세상의 새로운 측면이 보이게 된다. 예를 들어 '이노베이션'은 우리말에서 보통 '혁신'으로 번역되지만, 중국어에서는 '창신(創新)'이라는 표현을 사용한다. '혁신'이다소 급진적인 변화에 가까운 혁명과 같은 느낌을 준다면 '창신'은 창조적인 새로움에 초점을 둔 표현이다. 이러한 두 표현을 함께 알고 있으면 이노베이션이라는 단어가 가진 의미의 폭이 더 넓어진다. '컴퓨터'를 우리말로는 '계산기'라고 하지만, 중국어로는 '전뇌(電腦)'라는 것을 알게 되면 그 단어가 주는 이미지가 다르게 보이기도 한다.

전문 용어를 알고 있으면 더 정교하고 치밀하게 인식할 수 있고, 동일한 전문 지식을 공유하는 사람끼리는 훨씬 정확하고 오해 없는 커뮤니케이션이 가능해진다. 또한 전문 용어는 쓰임이 조금만 어긋나도 그 분야의 전문가들에게 바로 눈에 띄기 때문에 용어를 정확히 다루는 능력 자체가 그 사람의 해상도를 보여 주는 지표가 되기도 한다.

어휘는 작은 형태의 지식이다. 어휘가 늘어날수록 우리는 세상을 더

촘촘하게 볼 수 있다. 더 큰 지식의 단위로는 개념, 가설, 이론 등이 있으며, 개념이나 이론을 많이 갖추게 되면 세상을 바라보고 설명하는 방식도 훨씬 정밀해진다. 이론을 사용해 사안을 바라보는 방법에 대해서는 5장의 '넓이'에서 더욱 자세히 다룬다.

단어나 개념, 지식을 능숙하게 활용하면 사안이나 현상을 계속해서 세분화해 나갈 수 있다. 커다란 바위에 작은 쐐기 몇 개를 박고 망치로 여러 번 내리쳐 결국 바위가 갈라지는 장면을 본 적이 있을 것이다. 단어와 개념, 지식은 바로 그 쐐기와 같은 역할을 한다. Why so?라는 질문만으로는 좀처럼 현상을 분해하지 못하게 되었을 때는 새로운 개념이나 지식을 배워 그것을 쐐기처럼 활용해 보길 권한다. 그리고 망치를 반복해서 내리치듯 Why so?를 계속 묻다 보면 큰 과제나 사안도 더 세밀하게 분해할 수 있다.

해상도를 높여 나가는 과정에서는 일반적인 단어에 주의를 기울여야 한다. 예를 들어 과제를 '음식점은 서류 처리의 비효율로 고생하고 있다.'라고 표현한다고 하자. '고생하다.'라는 일반적인 단어 안에는 다양한 상황이 들어가 있다. 단순히 번거롭다고 느끼는 정도일 수도 있고, 다른 업무에 지장을 줄 정도로 많은 시간을 들여 고생하는 경우도 있다. 서류상 기입이 제대로 되어 있는지 검토하는 과정 자체가 어렵다는 의미일 수도 있고, 특정 요소 때문에 힘들다고 말하는 것일 수도 있다. 따라서 '음식점은 서류 처리의 비효율로 고생하고 있기 때문에 이 앱으로 효율화한다.'라고 하기보다는 '음식점은 서류 처리에 하루 1시간을 쓰고 있기 때문에 이 앱으로 효율화한다.'라고 말하는 편이 훨씬 해상도가 높아진다.

일상 대화에서 쓰는 일반적인 단어는 다양한 사안을 가리키고 나타낼 수 있어 편리하지만, 범위가 너무 넓어서 현상의 중요한 부분을 놓치기 쉽다. 해상도를 높이고 싶다면 더욱 정교하고 구체적인 단어, 전문 용어

그리고 수치를 사용해야 한다는 점에 유의하자.

행동해서 현장에도 나가 보고 Why so?를 반복하고 있음에도 과제의 해상도가 높아지지 않는다면 관련 문헌을 충분히 읽지 않아 개념과 지식이 부족한 것은 아닌지 의심해 보아야 한다. 사실을 빠르게 전달하는 뉴스만으로는 새로운 쐐기가 될 개념을 얻기 어렵고, 제대로 된 분석 기사나 논문을 꾸준히 읽어야 비로소 견고한 개념을 확보할 수 있다.

직관으로 그림을 그리는 것처럼 보이는 예술가나 일러스트레이터도 인체를 더 잘 묘사하기 위해 인체의 해부도를 공부한다. 인체 근육의 움직임과 구조를 이해해야 비로소 뛰어난 그림을 그릴 수 있기 때문이다. 뛰어난 표현이나 깊은 이해의 이면에는 언제나 지식이 있다.

사고하는 것은 중요하지만 뛰어난 사고를 위해서는 반드시 정보가 필요하다.

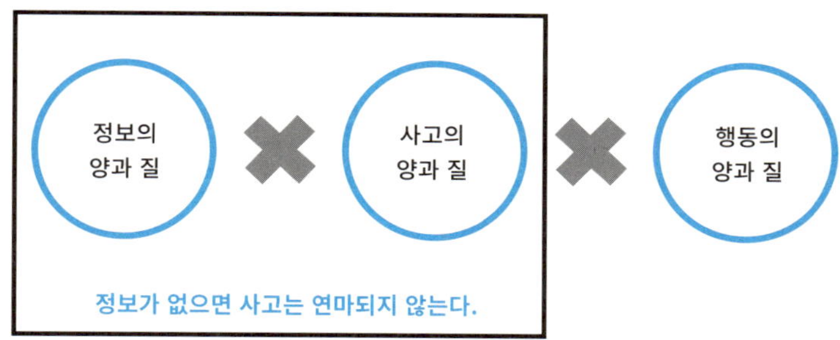

커뮤니티에서 깊이 파고들기를 가속하기(내부화와 외부화의 정밀도를 높이기)

커뮤니티를 적극적으로 활용하는 것은 '깊이'의 시점에서 해상도를 높이는 효과적인 방법이다. 커뮤니티에 참여하면 깊이 있게 사고하기 위한 힌트와 정보를 얻을 수 있다. 게다가 누군가가 곁에 있다는 사실만으로도 언어화나 벽치기 기회가 생겨난다. 오히려 사람과의 대화나 커뮤니티 없이 일정 수준 이상의 깊이에 도달하는 것이 더 어렵다고 해도 과언이 아닐 것이다.

예를 들어 대학의 연구실은 아카데미아에서 가장 기본적인 커뮤니티 중 하나다. 연구실에는 특정 분야에 관심을 가진 사람들이 매일 같은 장소에 모인다. 그곳에서는 지식이 교환될 뿐만 아니라 논문 작성 방법도 선배에게서 배울 수 있다. 특히 실천적 지식은 책을 읽는 것보다는 남에게 전달받는 것이 습득하기 쉬운 경향이 있다. 다른 사람에게 관련 연구를 찾아 달라고 하거나[34] '흥미로운 연구를 소개하는 모임'[35]을 여는 등 색다른 방식을 취하는 연구실도 있다.

또한 논문을 쓰면 같은 분야의 흥미와 관심을 공유하는 학회라는 더 넓은 커뮤니티로 연결되고, 이러한 커뮤니티 안에서 절차탁마하면서 학생은 점차 연구자로 성장한다. 학회에서 이루어지는 대화와 논문이라는 형태의 외부화, 그리고 논문 평가 과정에서 이루어지는 비판적 토론은 지식 생산을 촉진한다. 나아가 논문의 인용 횟수, 커뮤니티의 평가, 테뉴어(대학에서 일정 조건을 만족한 교직원에게 주어지는 종신 재직권)와 같은 제도적 보상은 커뮤니티와 그 구성원 전체의 지식 성장을 더욱 이끈다.

학자는 물론 개인이 우수한 것도 있지만, 아카데미아라는 환경이 없다면 새로운 지식 창출은 어려울 것이다. '연구실'이나 '연구소'라는 시스템은 특정 분야를 깊게 파고들어 해상도를 높이기 위한 하나의 위대한 발명이라고 해도 과언이 아니다. 비즈니스도 마찬가지다. 우수한 개인이라도 할 수 있는 일은 제한된다. 최첨단의 실전이나 실패 경험 등의 정보는 커뮤니티 안에서 얻어진다. 큰 비전을 가진 사람에게 자극을 받아 통찰이 생기는 경우도 있다. 커뮤니티를 활용하지 않을 이유는 어디에도 없다.

---

34 "연구실 세미나" 타인의 관련 연구 찾기 세미나(Satoshi Nakamura, 2020년 7월 1일) *https://note.com/nkmr/n/n4a5a520732fb*

35 《망상하는 머리 사고하는 손 — 상상을 뛰어넘는 아이디어 만드는 법(妄想する頭 思考する手 — 想像を超えるアイデアのつくり方)》(2021)

'자기 머리로 생각하는 것'과 '자기 머리만으로 생각하는 것'은 다르다. 누구나 누군가와 대화하면서 사고가 촉진된 경험이 있을 것이다. 스스로 생각하면서 동시에 다른 사람과 함께 생각할 때 우리는 해상도를 높은 수준까지 끌어올릴 수 있다. 뉴턴이 말한 "거인의 어깨 위에 서다."라는 표현은 과거 선배 연구자들의 축적 위에서 생각한다는 의미이지만 동시에 과거와 현재를 사는 수많은 사람들과 함께 생각한다는 뜻이기도 하다. '빨리 가려면 혼자 가고, 멀리 가려면 함께 가라.'라는 아프리카 속담[36]도 사고 과정에 그대로 적용된다. 모두 함께 생각하는 것은 길게 생각하기 위한 강력한 무기다(물론 누구와 함께 갈 것인지는 사고에 크게 영향을 미치는 만큼 신중히 선택해야 한다).

많은 사람과 함께하는 모임이 부담스럽다면 작은 커뮤니티로 시작해도 충분하다. 두 사람이 윤독 모임을 여는 것도 작은 커뮤니티다. 자신의 관심사에 맞는 커뮤니티가 없다면 직접 만드는 것도 방법이다. 잘 자리 잡히면 다양한 사람들이 참여하며 해상도를 높이는 데 도움을 줄 것이다.

심화를 목표로 하는 커뮤니티는 처음에는 소수 인원으로 시작하는 것을 추천한다. 많아도 7명 정도가 적절하다. 아마존에는 '피자 두 판의 법칙'이라는 것이 있다고 한다. 회의나 팀은 피자 두 판으로 배불리 먹을 수 있는 규모로 유지한다는 원칙은 깊이 있는 논의를 할 때 유효한 기준이 된다.

협력적인 고객을 모으는 것 또한 하나의 커뮤니티 만들기이며 스타트업에서 특히 자주 볼 수 있는 방식이다. 초기 고객을 단순한 고객이 아니라 '함께 개발하는' 동료로서 참여시키면 지속적인 피드백을 얻을 수 있고, 가설 검증 주기도 빨리 돌아간다(가설 검증의 요령에 대해서는 7장에서 소개한다).

---

36 자주 인용되는 이 아프리카 속담은 아프리카에서 생겨났을 가능성과 그렇지 않을 가능성이 제기되고 있다.
Charles Clay Doyle, Wolfgang Mieder "The Dictionary of Modern Proverbs: A Supplement" Proverbium, Vol.33 No.1, p.85-120, 2016 및 *https://andrewwhitby.com/2020/12/25/if-you-want-to-go-fast*

제품이 일부 고객에게 특화될 위험은 있으나, 이를 인지하고 다수 사용자가 쓸 수 있는 방향으로 균형을 맞추면 어느 정도는 피할 수 있다.

해상도는 단번에 높아지는 것이 아니므로 동기부여를 유지하는 일 역시 중요한 요소다. 커뮤니티에 속하는 것은 동기부여라는 관점에서도 큰 이점이 있다. 무엇보다도 우리의 사고에 가장 큰 영향을 미치는 것은 언제나 주변 사람들이다. 우리는 생각보다 훨씬 더 주변의 영향을 받고, 또 주변에 영향을 미친다. 사고는 누군가와 함께 만들어 가는 공동 작업이며 지성은 집단에 깃든다고도 알려져 있다.[37] 동료, 공동 창업자, 고객에 대해 자신의 생각을 계속 말로 공유하는 일, 그리고 이러한 교류가 자연스럽게 이루어지는 커뮤니티에 소속되는 일은 해상도를 높이기 위한 필수적인 행동이다.

정보 × 행동 × 사고의 양을 소화하기

과제를 깊이 파고든다는 것은 어떻게 보면 해당 영역의 연구자나 마니아가 된다는 뜻이기도 하다. '나는 이 영역의 연구자라고 말할 수 있는가? 이 고객의 고객 마니아라고 할 수 있는가?', '이 영역의 전문가와 제대로 토론할 수 있는가?', '나는 이 고객에 관한 최전선의 연구자라고 할 수 있는가?'라는 스스로의 질문에 당당하게 '그렇다.'라고 답할 수 있을 때까지 끈기 있게 심화해 가기를 추천한다.

심화를 위해서는 정보를 수집하기(조사), 행동하기(인터뷰하기, 현장에 몰입하기, 개별에 접근하기), 사고하기(언어화하기, Why so?), 그리고 그 정밀도를 높이기 위한 꾸준한 일상적 노력(단어·개념·지식을 늘리기, 커뮤니티에 참여하기)에 충분한 시간을 확보해야 한다. 애초에 여기에 시간을 제대로 투자하지 않는 사람이 많다.

다만 '심화해도 의미가 별로 없는' 영역도 있으니 주의해야 한다. 예를 들어 스타트업은 설립 후 약 10년 내 매출 100억 엔을 달성하는 것을 하

---

37 《지식의 착각》(세종서적, 2018), 《계몽주의 2.0》(이마, 2017) 등을 참고했다.

나의 목표로 삼기도 한다. 애초에 시장 규모가 10억 엔 정도인 영역에서
는 아무리 노력해도 100억 엔을 달성하기는 거의 불가능하다. 설령 그
시장에 있는 고객의 과제를 깊이 이해하더라도 목적은 이루기 어렵다.
이런 경우에는 '넓이'의 시점에서 과제의 해상도를 높여 두는 것이 필요
하다.

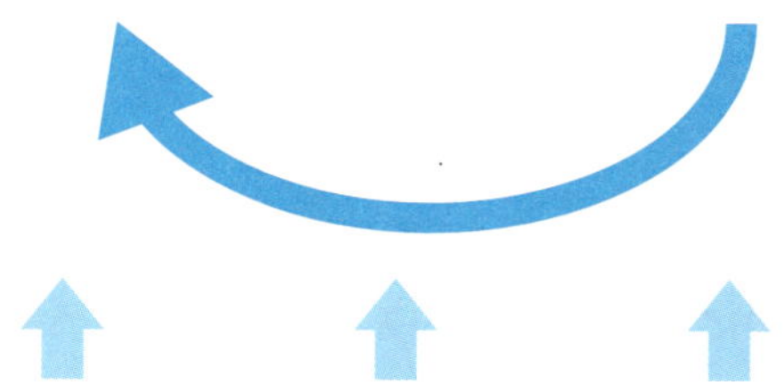

☐ 언어화하는 데서부터 시작하자. 적어 보고 말해 보자.

☐ 조사하자. 서점에 가서 관련 서적을 전부 사고, 웹 검색과 영상도 적극적으로 활용하자.

☐ 인터뷰를 통해 과제를 더 깊게 알 수 있다. 먼저 가설을 적고 반구조화 인터뷰를 하자. 의견이 아닌 사실을 모으고 설문 조사가 아닌 직접 대화를 하자.

☐ 관찰과 참여 관찰로 현장에 몰입하자. 이런 정보와 경험은 독자적인 정보원이 된다.

☐ 개별에 접근하면 훨씬 깊은 배움과 깨달음을 얻을 수 있다.

☐ Why so?를 반복해 사실을 통찰로 전환하자.

☐ 메모, 대화, 가르쳐 주기를 습관화하자. 언어화는 일상적으로 이어갈수록 정밀도가 높아진다.

☐ 단어와 개념, 지식을 늘려 세상을 더 정확하게 담아내자.

☐ 커뮤니티에 참여해 누군가와 함께 생각하자. 그럴 때 더욱 깊은 곳까지 도달할 수 있다.

Column 숫자만을 좇는 위험성

인터넷이 보급되면서 우리는 많은 숫자를 얻을 수 있게 되었다. 조금만 검색해도 관련된 데이터와 차트가 쏟아지고, 숫자를 중시하는 문화가 자리 잡으면서 숫자를 분석할 수 있는 능력이 좋은 평가를 받는 분위기도 널리 퍼졌다.

과거 매출 수치를 바탕으로 미래 매출을 예측한다. 시장 규모 조사를 참고해 신규 진출 영역을 결정한다. 자재 조달 계획을 세우기 위해 제조 수요를 정밀하게 예측한다. 기존 사업은 특히 계획이 우선되는 경우가 많고, 신규성이 중시되는 비즈니스 플랜 콘테스트에서도 수치를 기반으로 한 계획을 높이 평가하는 심사위원들이 적지 않다.

물론 숫자는 중요하며 객관적인 시점을 보완해 주는 훌륭한 도구다. 그러나 숫자만으로 비즈니스를 판단하는 것은 마치 축구에서 최종 득점만을 보고 선수의 플레이를 보지 않은 채 시합 전체를 평론하는 것처럼 느껴질 때가 있다.

예를 들어 다음 그래프만을 제시받고 내년도 매출을 예측해 달라는 부탁을 받는다면 여러분은 어떻게 생각하겠는가. 아마 '정보가 더 필요하다.'라고 느낄 것이다. 성장이 정체된 것인지, 감소 조짐인지, 혹은 마지막 해만 특수한 요인이 있어 다음 해에는 다시 성장할 것인지 판단하려면 이 정보만으로는 부족하기 때문이다. 그러나 실제 비즈니스 현장에서는 이러한 숫자의 흐름만을 보고 '대략' 자사의 내년도 매출을 추측하는 일이 흔히 벌어진다. **원래라면 현장의 정보를 높은 해상도로 파악해야 할 때조차 숫자만 좇고 마는** 것이다. 숫자를 활용하는 것은 중요하지만 숫자'만'으로 사고하는 데는 큰 함정이 있다.

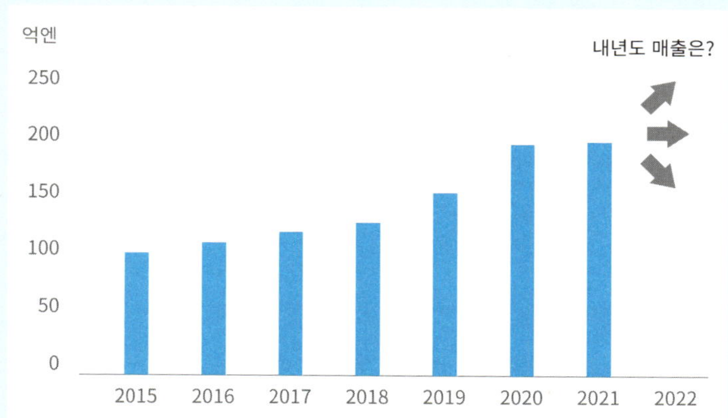

우리는 평소에도 수천 명이 감염병에 걸렸다는 뉴스나 전쟁·저해로 수만 명의 사망자가 발생했다는 보도를 자주 접하면서 현상을 숫자로만 바라보는 데 익숙해져 있다. 그 숫자는 분명 사실이고 큰 흐름을 파악하는 데 효과적이다. 그러나 숫자만 보다 보면 '가까운 사람 한 명이 사망했다.'라는 이야기가 수만, 수십만 쌓여 있다는 사실과, 그 주변에는 수백만의 슬픔이 존재한다는 점을 잊기 쉽다. 숫자만 다루다 보면 숫자 뒤에 숨은 의미가 점점 희미해지는 것이다.

비즈니스도 마찬가지다. 하나의 매출에는 하나의 이야기가 있고 거기에는 고객의 괴로움과 슬픔, 기쁨이 담겨 있다. 그리고 다음 비즈니스로 이어질 통찰 역시 그 안에 숨어 있다.

평소에 추상도가 높은 숫자만 다루다 보면 사람들은 그 숫자가 가진 진정한 의미나 제품이 사용되는 진짜 이유에 큰 관심을 기울이지 않게 되는 듯하다. 고객 사이에서 새롭게 일어나고 있는 변화를 놓치면 파괴적 혁신의 대두를 놓치게 될지도 모른다. 카메라 달린 휴대전화나 스마트폰의 위협을 감지하지 못한 카메라 제조사, 스트리밍으로 이동하는 영상 시청 흐름의 전환에 제때 대응하지 못한 비디오 대여점처럼 사업 전체의 채산성이 무너지는 사례도 발생할 수 있다.

드러커는 《경영인의 비전》[38]에서 다음과 같이 말했다.

"내가 정량화를 하지 않는 최대의 이유는 사회적 현상 중 의미 있는 것일수록 정량화에 적합하지 않기 때문이다. 본래 통계적 세계, 즉 정규분포의 세계에 변혁을 가져오는 것은 특이한 현상들이다."

정량화는 업무 효율화나 과거 실적을 기반으로 방향을 미세 조정하는 데 매우 효과적이다. 데이터가 없다면 과거에 세운 대책이 잘 작동하는지 알 수 없을 것이다.

그러나 드러커가 지적하듯 정량적인 숫자 기반의 미래 예측은 과거 경향을 연장한 것에 지나지 않기 때문에 특이한 기회나 위험 요소를 놓칠 가능성이 크다. 숫자에만 의존한 판단은 겉보기에 선진적이고 위험이 낮아 보이지만, 새로운 발견에는 취약하며 그 자체로 위험성을 안고 있다.

특히 새로운 과학적 발견이나 급성장할 비즈니스를 만들고자 할 때는 특이한 존재를 찾아내는 감각이 필요하다고 여겨진다. 이때 필요한 것은 아직 숫자로도 **드러나지 않은 현실을 세밀하게 이해하는 것, 즉 그 영역에서의 높은 해상도다.** 최전선에서 일어나는 움직임을 파악하고 새로운 소비자나 비즈니스의 움직임을

---

38 《경영인의 비전》(시사영어사, 1996)

민감하게 감지함으로써 새로운 비즈니스 기회를 읽어 내는 것이다.

불확실성과 모호성이 높은 상황에서의 신규 비즈니스에는 높은 해상도가 요구된다. 불확실성이 높은 상황에서 비즈니스를 하고자 하는 것은 마치 지도 없이 안개가 자욱한 산을 오르는 것과 비슷하다. 그런 상황에서는 주변을 탐색하며 스스로 지도를 그릴 수밖에 없다. 과거의 숫자는 그다지 도움이 되지 않는다. 현장으로 끊임없이 나아가 지금 이 순간 일어나는 일을 높은 해상도로 이해하는 것이 핵심이다.

반대로 그렇게 할 수 있다면 새로운 기회의 발견으로 이어질지도 모른다.

인터넷의 보급, 데이터의 폭발적 증가, 숫자로 논의하는 것이 높이 평가되는 분위기 속에서 '발로 뛰며 얻는 정보'를 잘 못하는 사람이 늘고 있다. 그렇기에 오히려 지금은 **발로 뛰어 얻는 정보의 가치가 상대적으로 커졌다**고 창업자들을 보며 느끼곤 한다. 그들은 행동을 중시하고 업계 최전선에서 활동하며 해상도를 끊임없이 높여 새로운 기회를 포착하고 있다.

숫자만으로 생각하는 것이 아니라 발로도 생각하자. 다만 그렇게 높인 해상도가 올바른지 여부는 숫자 등을 통해 제대로 검증하는 것 역시 잊지 말길 바란다.

05

과제의 해상도를 높인다
- '넓이', '구조', '시간'

이 책에서는 먼저 '깊이'의 시점에서 시작하기를 권했다. 깊이가 부족한 경우가 압도적으로 많기 때문이다. 그러나 심화하려는 과정에서 '이 이상 파 내려가도 의미가 없을 것 같다.', '심화해야 할 지점조차 모르겠다.'라는 상태에 이르면 일단 '넓이'의 시점을 확보할 필요가 있다. 또한 파고들고 있을 때는 시야가 좁아지기 쉬우므로 정기적으로 '충분한 넓이가 확보되어 있는지'를 돌아보면 좋다.

적절히 파 내려가거나 더 넓게 사안을 보기 위해서는 '구조'를 파악하는 것도 빼놓을 수 없다. 사안을 적절히 분해해 구조화하면 더 깊이 볼 수 있다. 넓은 시야로 과제의 포지셔닝을 파악하려면 업계 구조를 정리해야 할 때도 있다.

또한 사안이 시간에 따라 어떻게 변화하는지까지 고려해 해상도를 높여 가지 않으면 과제는 금세 낡아지고 만다. '시간'의 시점은 '깊이', '넓이', '구조'라는 모든 시점에서 해상도를 높이는 일과 병행하여 항상 의식해 둘 필요가 있다.

5장에서는 '넓이', '구조', '시간'의 시점에서 과제의 해상도를 높이는 방법을 차례로 설명한다.

'넓이'의 시점에서 과제의 해상도를 높이기

'넓이'의 시점에서 과제의 해상도를 높인다는 것은 탐색 범위를 확장하고 더 넓은 시야에서 과제를 파악하는 것을 의미한다. 탐색은 어둠 속을 걷는 것과 비슷하지만, 완전히 보이지 않는 어둠만 있는 경우는 거의 없다. 주변에는 힌트가 될 만한 희미한 빛이 보이는 경우도 많다. 그 희미한 빛을 토대로 시야를 넓혀 가는 방법을 설명한다.

넓히기 위한 기본적 사고 틀은 '전제를 의심하기'와 '시좌를 바꾸기' 두 가지다. 다만 사고를 바꾸는 것만으로는 시야가 충분히 넓어지지 않으므로 일상적으로 점차 범위를 넓히려는 행동 또한 필요하다. 이에 '체험하기', '사람과 이야기하기'와 같이 얻을 수 있는 정보의 범위를 넓히기 위한 행동 요령도 다룬다.

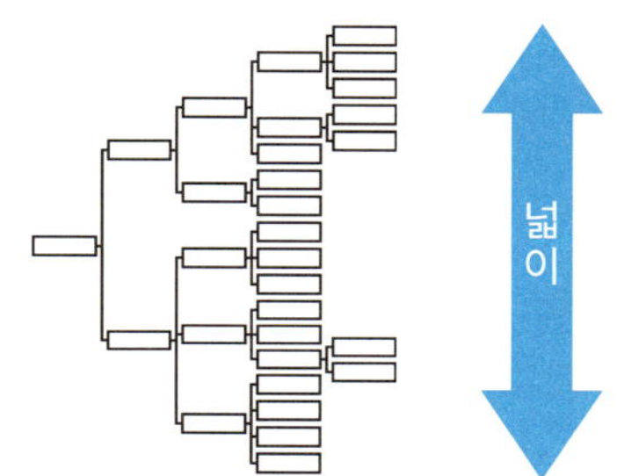

전제를 의심하기

시야를 넓히는 데 혼자서도 시도할 수 있는 방법이 있다. 바로 사안에 깔린 전제를 의심하고 더 많은 선택지를 생각해 보는 것이다. 같은 업계에 오래 있으면 그 업계의 관습을 당연하게 받아들여 의문조차 갖지 않게 되는 경우가 종종 있다. 그러나 당연하다고 여겨지는 것에 의문을 품고 전제를 의심하면 새로운 것이 보이기도 한다.

그때 효과적인 것이 전제를 의심하기 위한 질문 패턴을 갖추는 것이다. Why so?가 심화를 위한 질문 패턴이었던 것처럼 확장을 위한 질문 패턴도 익혀야 한다.

먼저 시도해 볼 만한 것은 '애초에'를 묻는 방식이다. 기존 전제를 의심하고 백지상태에서 다시 생각함으로써 새로운 통찰을 얻을 수 있다. 컨설팅 영역에서는 이를 '제로베이스 사고'라고 부른다.

예를 들어 엘리베이터를 기다리는 시간을 과제로 삼았을 때 '엘리베이터를 더 빠르게 만든다.'라는 해결책으로 곧장 달려드는 대신, '애초에 기다린다는 것은 무엇인가?'를 생각해 보면서 한 걸음 물러나 더 넓은 시야로 과제를 보는 것이다. 기다림을 '아무것도 하지 않은 채 시간을 보내는 것'이라고 생각했다면 '그렇다면 엘리베이터 앞에서 할 일이 있으면 되지 않을까?'라는 생각으로 이어진다. 결국 엘리베이터 앞에 거울을 설치해 옷차림을 점검하도록 함으로써 '기다리는 시간'으로 인식되는 체감 시간을 줄이는 해결책에 이를 수도 있다.

'애초에 무엇을 위해 존재하는가?', '애초에 필요한가?', '애초에 어떻게 만들면 되는가?'와 같은 질문은 전제를 재검토하는 데 매우 유효하다. 일론 머스크도 스페이스X 사업을 구상하며 '애초에 우주왕복선은 무엇으로 만들어져 있는가?'라고 생각했고, 원재료 비용을 계산해 보니 당시 왕복선 가격의 2% 정도밖에 되지 않는다는 사실을 깨달았다고 한다. 이는 원리적으로는 극단적인 비용 절감이 가능하다는 뜻이고, 원가 수준까지는 아니더라도 발상을 조금만 바꾸면 경쟁 제품을 압도하는 가격대의 제품을 만들 수 있음을 시사한다. 머스크는 '애초에'를 묻는 사고를 통해 막대한 이익이 숨어 있는 지점을 발견했고, 결국 기존보다 훨씬 저렴한 로켓을 만들어 우주 비즈니스를 확장했다.

다만 사회적 흐름에 역행하는 가설을 세운다면 머스크가 했듯 반드시 철저한 검증을 거쳐야 한다(검증은 7장에서 자세히 다룬다). 그렇지 않으면 일반 상식에 반하는 것 자체가 목적이 되어 버린 초보자의 엉뚱한 착상이 되고 만다.

10× 질문이라는 패턴도 있다. '지금보다 10배의 성능을 내는 방법은 무엇인가?', '지금보다 1/10 가격으로 만드는 방법은 없을까?'처럼 자릿수가 다른 개선안을 상상해 보는 질문은 관점을 억지로라도 바꾸어 주기 때문에 기존과 전혀 다른 과제나 착안점을 바라보는 데 도움이 된다.

리프레이밍(reframing)도 효과적인 질문 패턴이다. 리프레이밍은 사안을 다른 프레임(틀)으로 바라보는 것을 뜻한다. 발명가이자 GM(제너럴

모터스) 연구소를 27년간 이끈 찰스 케터링은 "문제를 잘 정의하는 것만으로 그 문제의 절반은 이미 해결된 셈."이라고 말했다고 한다. 현재 마주한 과제를 다른 프레임으로도 설명할 수 있는지를 생각해 본다면 더 나은 과제에 접근할 수 있다. 예를 들어 '자동차 제조·판매사로서 무엇을 해야 하는가?'가 아니라 '이동을 더 좋게 만드는 회사라면 무엇을 해야 하는가?'라고 자사의 사업을 리프레이밍하면 새로운 과제가 보일지도 모른다.

리프레이밍을 하거나 좋은 질문을 만들어 내려면 단어와 지식이 필요하다. 4장에서도 단어와 개념의 중요성을 강조했지만, 이 부분에서는 더욱 필수적이라 할 수 있다.

누군가와 대화하는 중에 자신이 상대에게 던진 질문을 기억해 두었다가 스스로에게도 똑같이 그 질문을 던져 보는 것도 좋다. 상대의 모호한 표현을 이해하기 위해 던진 질문이나 행동을 유도하기 위해 했던 질문 등 우리는 타인에게는 매우 엄격하고 날카로운 질문을 던질 수 있지만 정작 자신에 대해서는 관대해지는 경향이 있다. 타인에게 했던 엄격하고 좋은 질문을 스스로에게도 적극적으로 던져 보자.

시좌를 바꾸기

전제를 의심하는 것에 이어 '넓이'의 시점에서 해상도를 높이는 데 추천할 만한 방법이 바로 시좌를 바꾸는 것이다.

시좌에 대한 논의로 들어가기 전에 시좌·시야·시점을 간단히 정리해 보자.

먼저 '시좌(standpoint)'란 사안을 바라보는 위치를 뜻한다. 높은 산과 낮은 산에서는 각각 시좌의 높이가 다르다. 다음으로 '시야(field of vision)'는 눈앞에 펼쳐져 있는 범위를 뜻한다. 시계(visibility)라고도 할 수 있다. 시좌의 높고 낮음에 따라 확보되는 시야는 달라진다. 그리고 시야 중에서도 어떤 부분에 특히 주의를 두고 있는지, 즉 무엇에 초점을 맞추고 있는지가 '시점(viewpoint)'이다.

예를 들어 현장 담당자는 눈앞의 과제에 몰두해야 하므로 시좌가 낮고 시야도 좁아지기 쉽다. 시간적인 시야 역시 짧아지며 당장의 과제 처리에 집중하는 경우가 많다. 그러나 그만큼 세세한 부분까지 살펴볼 수 있다. 반면 경영자는 전략을 수립해야 하므로 더 멀고 넓은 범위를 내다보기 위해 높은 시좌를 취하고, 넓은 시야 속에서 다양한 사안을 바라본다. 공간적으로 넓을 뿐만 아니라 시간적으로도 먼 미래를 고려할 필요가 있다. 다만 이렇게 공간적·시간적으로 멀리 있는 것들을 바라보며 의사 결정을 내리는 만큼 현장의 세세한 부분을 확인하기는 어려워진다.

'경영층은 현장 사정을 모른다.'라는 비판을 들어 본 적이 있을지도 모른다. 그러나 애초에 직무상 요구되는 공간적·시간적 시야가 경영자와 현장 담당자에게 다르기 때문에 불가피한 면이 있다. 물론 현장을 제대로 이해하고 있지 않다면 경영자의 높은 시좌는 사상누각이 되므로 '현장을 모른다.'라는 비판이 타당한 경우도 많다. 하지만 그 비판의 상당수는 서로의 역할에 따라 요구되는 시좌·시야·시점의 차이를 이해하지 못해 생기는 오해에서 비롯되는 것처럼 보일 때가 있다. 산 정상에서 주변의 지형을 읽어 내는 것이 중요할 때가 있다. 반면 등산로에서는 발을

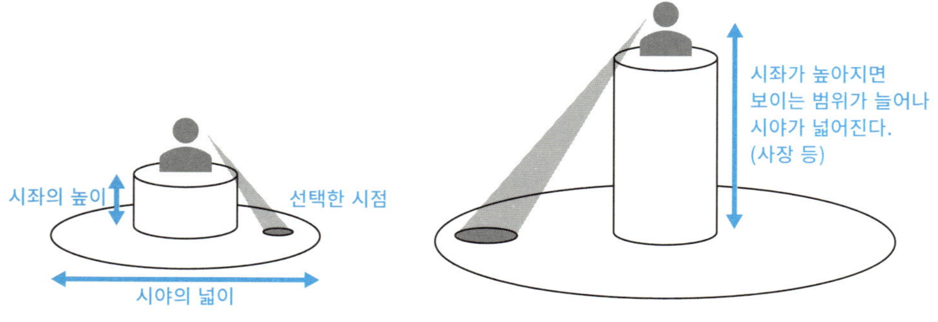

헛디디기 쉬운 돌멩이를 치우는 세심함이 필요할 때도 있다. 시좌의 높고 낮음은 역할과 상황에 따라 달라진다.

시좌를 의식적으로 바꿀 수 있게 되면 어떤 때는 넓은 시야에서 상황을 바라보고, 어떤 때는 세세한 부분에 집중함으로써 많은 것들을 포착할 수 있게 된다. '넓이'의 시점에서 해상도를 높여 갈 때는 이러한 시좌를 능숙하게 바꾸는 것이 중요하다.

이에 지금부터는 시좌를 바꾸는 방법에 관해 이야기하고자 한다.

시좌를 높게 만들기

해상도를 높이기 위해서는 먼저 시좌를 높여 넓은 시야를 확보하는 것이 좋다.

시좌가 높다고 해서 꼭 좋은 것은 아니다. 하지만 우리는 무의식적으로 눈앞의 업무에 집중하면서 시야가 쉽게 좁아지는 경향이 있다. 이에 따라 균형을 유지하려면 의식적으로 시좌를 높여 두는 것이 필요하다. 시좌를 높이는 구체적인 방법은 지금 자신의 위치보다 한 단계 위의 입장에서 생각해 보는 것이다. 사내에서 어떤 업무를 맡게 되었을 때 그 업무가 왜 중요한지, 왜 자신에게 맡겨졌는지를 생각하고, 필요하다면 업무의 의미 자체를 다시 살펴보는 식이다. 창업가라면 현재보다 한 자릿수 더 큰 규모의 조직을 운영하는 선배 창업가의 입장에서 사안을 바라보거나, 고객의 과제뿐만 아니라 그 앞에 놓여 있는 업계 혹은 사회적 과제까지 함께 내다보며 생각해 보는 것이다. 사제 관계에서도 스승의 동작을 단순히 따라 하는 데서 그치지 않는다. 스승이 어떤 상황에서 어떤 판단을 하고 있는지, 그 동작의 이면에 있는 사고를 상상하며 흉내 내는 과정에서 기술은 향상된다.

특히 '두 단계 위 사람의 시좌'에서 바라보는 것을 추천한다. 두 단계 위의 시좌에 서면 자신의 상사가 어떤 기대를 받고 있는지, 상사가 성공하려면 자신이 어떤 방식으로 움직여야 하는지 보이기 시작한다. 자연스레 상사와의 협업도 수월해진다. 창업가라면 자사 중심의 관점에서 한 단계 시좌를 높여 업계 전체를 바라보는 데서 나아가 또 한 단계 더 높여 사회 전체를 바라보자. 사회의 과제나 바람직한 미래상을 생각해 본다면 자사가 어떤 방향을 지향해야 할지가 보다 분명해진다.

시좌를 높인다는 것은 관찰 대상이 되는 시스템의 경계를 넓혀 바라보는 것이라고도 할 수 있다. 자신이 수행하는 업무를 하나의 시스템 요소라고 보자. 자신이 맡은 일과 연결된 다른 업무의 점뿐만 아니라 그 주변에 어떤 점이 있고 어떤 연결 구조를 이루고 있는지도 함께 살피는 것이다. 현장 담당자라면 자기 팀 내의 작업뿐만 아니라 자기 팀이 다른 팀들과 어떤 방식으로 연결되어 있는지, 전체 구조에서 어떤 포지션을 차지하고 있는지를 이해하는 것이다. 상사의 입장에서 현장을 바라본다는 것은 곧 이러한 시스템의 관찰 범위를 넓히는 것이라고도 할 수 있다.

시좌를 높이는 또 다른 방법은 시좌가 높은 사람과 대화하는 것이다. 필자가 아는 스타트업 경영자는 자신보다 시좌가 높은 경영자나 투자자에게 직접 멘토링을 부탁해 정기적으로 만난다. 창업가 커뮤니티에서 이야기를 나누며 자극과 용기를 얻는다. 이러한 방식으로 스스로의 시좌가 낮아지지 않도록 늘 의식적으로 관리하고 있다. 아무리 뛰어난 경영자라 해도 이런 외부적 자극이 없다면 시좌는 어느새 낮아지고 말 것이다.

한편 시좌를 높였다고 해도 바라보는 방향을 잘못 잡으면 전혀 엉뚱한 과제에 몰두하게 될 위험도 커진다. 어느 방향을 보는가에 대해서도 충분히 주의를 기울이길 바란다. 바라봐야 하는 방향을 정하기 위해 시좌가 높은 사람들이 어느 방향을 향하고 있는지를 참고해도 좋다. 더 장기적으로 생각하는 것도 도움이 된다(장기적으로 생각하는 것은 6장 '시간의 시점에서 해결책의 해상도를 높이기'에서 설명한다). 동시에 발밑에서 일어나고 있는 일을 확인해야 한다. 그때마다 지금 자신이 바라 보고 있는 방향이 맞는지 계속 스스로 점검하고 조정해 나갈 필요가 있다.

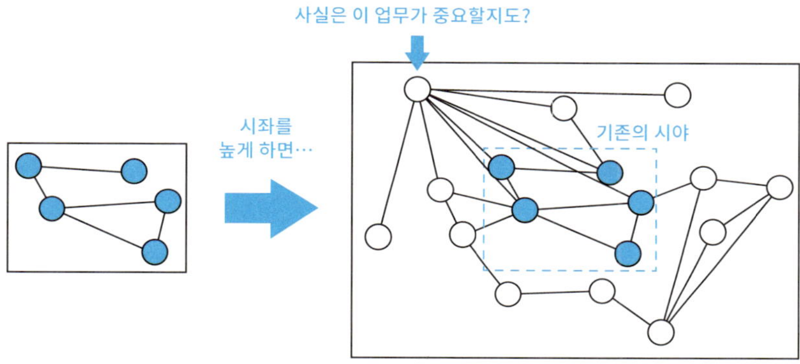

상대방의 시좌에 서기

상사에 한정하지 않고 상대방의 입장에서 생각해 보는 것은 시좌를 바 꾸는 데 도움이 된다.

고객의 입장을 상정해 보는 것도 시좌를 전환하는 한 방식이다. 디자 인 사고의 여러 방법은 바로 이 '고객의 입장에 서 보기'를 촉진하는 데 초점이 맞추어져 있다. 이때 필요한 것이 '공감'이다. 공감에는 감정적 공감과 인지적 공감이 있다고 알려져 있다. 감정적 공감은 일상 대화에 서 사람들이 흔히 말하는 형태의 공감으로, 상대의 감정을 이해하고 함 께 느끼는 것이다. 반면 인지적 공감은 서로 다른 가치관이나 상황에 놓 인 사람의 입장에서 사고함으로써 그 사람의 상황을 이해하는 것을 의 미한다. 상대방의 시좌에 설 때는 이 두 가지를 함께 사용하면 도움이 된다.

예를 들어 고객 후보가 '이 작업은 귀찮네.'라고 느끼는 감정에는 감정적 공감을 하면서, 동시에 왜 그런 감정이 생겼는지를 인지적 공감을 통해 사고해 보는 것이다. 상대방의 시좌에 서게 되면 고객에게 어떤 과제가 있는지, 어떤 메시지가 고객의 마음을 움직일지, 또 어떤 정보가 있어야 상사를 쉽게 설득할 수 있을지 등 이전에는 보이지 않던 여러 요소가 눈에 들어오기 시작한다.

제품이나 서비스를 구상하고 있다면 '내가 사용자라면 이걸 쓸까?'라고 스스로에게 물어보는 것도 효과적이다. 의외로 많은 사람이 정작 자기 자신의 과제에도 맞지 않고, 막상 본인이 사용자라면 쓰지 않을 제품이나 서비스를 설계하는 경우가 적지 않다.

또한 '깊이'의 장에서 설명한 것처럼 현장에 가 보는 것만으로도 상대방의 시좌에 설 수 있다. 상상하지 못했던 정보 등 시야를 넓혀 주는 정보를 우연히 발견할 수도 있다.

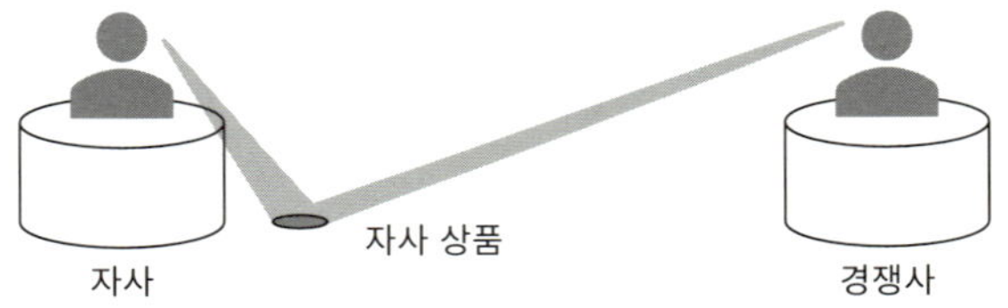

평가자의 입장이 되어 보는 것도 하나의 방법이다. 창업을 고려하는 사람이라면 투자자의 입장에 서서 자신이나 타인의 스타트업 아이디어를 평가하고 진지하게 코멘트를 해 보자. 그러다 보면 점차 좋은 과제를 이루는 구성 요소가 무엇인지 이해하게 된다.

경쟁사의 입장에서 사고해 보는 것도 효과적이다. 경쟁사가 우리 제품을 이기기 위해 어떤 부분을 어필할지를 상상해 보면 우리 제품의 약점을 발견할 수 있다. 또한 대처해야 할 과제의 가능성이 보이게 된다.

의도적으로 반대 의견을 제시하는 레드팀[1]이나 악마의 대변인이라는 방식도 있다. 완전히 반대 입장에서 비판적인 의견을 내면 시좌가 강제로 전환되고, 그 과정에서 새로운 깨달음을 얻게 된다.

상대방의 입장을 영어로는 흔히 '남의 신발을 신어 본다.'라고 표현한다. 적극적으로 다른 사람의 신발을 신어 보면서 지금까지 보이지 않았던 시점이나 체험을 깨달아 가자. 그렇게 철저히 고객에게 가까이 다가가 바닥을 기어다니듯 사안을 보게 되면 높은 시좌에서는 보이지 않던 과제의 세부를 알 수 있게 될 것이다.

미래의 시좌에 서기

현재가 아닌 미래의 시좌에서 현재를 바라보면 새로운 시야나 시점을 얻을 수 있다. 예를 들면 미래의 바람직한 모습을 그린 뒤 그 지점에서 역산하여 지금 무엇을 해야 할지를 생각하는 백캐스팅(backcasting)이라는 방법이 있다.

프리모템(pre-mortem, 사전 부검, 사망 전 사인 분석)[2]이라 불리는 방법에서는 '반년 뒤 이 프로젝트가 대실패했다고 가정해 볼 때 그 원인은 무엇일까?'를 사고해 본다. 이렇게 하면 발생 가능성이 있는 위험 요소를 미리 발견해 대비할 수 있다.

커뮤니티 구축의 한 방식으로 미래에 대성공했을 때를 가정하는 프리퍼레이드(pre-parade)도 미래의 시좌에서 시점을 바꾸는 하나의 방법이다. 예를 들어 이벤트를 준비할 때 집객이 대성공했다는 상황을 먼저 가정해 두면 실제 운영 시에는 한계 이상의 인원이 몰리지 않도록 사전에 제한할 수 있어 대성공으로 인한 실패를 막을 수 있다.

또한 시간의 선점은 어떤 타이밍에서 상황을 바라보느냐에 따라 시사

---

1 《레드 팀을 만들어라》(토네이도, 2018)
2 《생각에 관한 생각》(김영사, 2018), 《자신 있게 결정하라》(웅진지식하우스, 2013)

점이 달라진다. 따라서 여러 패턴을 시도해 보는 것도 좋다. 이러한 시간의 시좌를 얻기 위한 몇 가지 질문으로 '10-10-10 질문'[3]이 있다. 어떤 의사 결정을 내렸을 때 10분 후, 10개월 후, 10년 후 각각 어떤 일이 발생할지를 생각해 보면서 각기 다른 시간 축의 시좌에서 본 시점을 얻는 방식이다.

이처럼 공간적 시좌뿐만 아니라 시간적 시좌를 바꾸면 전혀 다른 과제가 보이는 경우도 있다. 예를 들어 창업가라면 미션에서 백캐스팅하여 사안을 바라보면 현재 집중하고 있는 사업과 미션 사이에 달성해야 하는 많은 사안이 보이고, 그 과정에서 지금 바로 시작해야 할 과제가 무엇인지 깨닫게 될 수도 있다. 새로운 사업을 시작할 때 프리모템이나 프리퍼레이드를 사용해 보면 현재 중점적으로 바라보고 있는 것 외에도 해결해야 할 과제가 드러날 때가 있다. 또한 '이 과제에 몰두해야 한다.'라고 의사 결정을 하기 전에 10-10-10 질문을 사용해 보면 잠시 멈춰 서서 정말로 그 과제에 몰두해야 하는지를 다시 점검할 수 있다. 이처럼 시간의 시좌를 바꾸어 보는 것은 과제를 더 넓은 시점에서 재검토하는 데 유효하다.

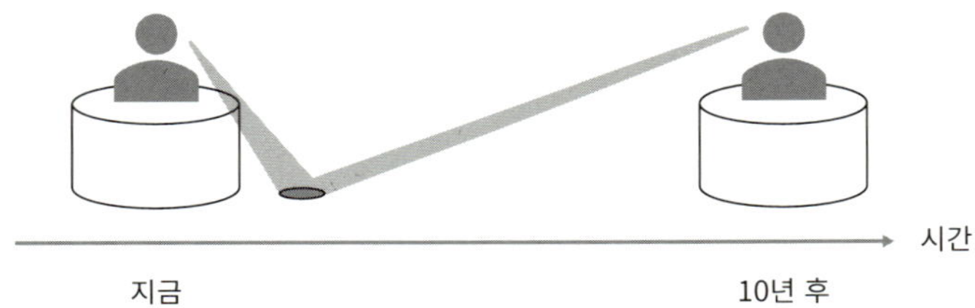

렌즈를 구분해서 사용하기

단어와 개념을 늘리면 세상을 더욱 정교하고 치밀하게 볼 수 있다는 점을 앞서 이야기했다. 개념을 많이 알면 '넓이'의 시점에서 해상도를 높이는 데도 도움이 된다. 개념의 집합이나 수많은 가설 검증을 거쳐 상당

3 《10 10 10 인생이 달라지는 선택의 법칙》(북하우스, 2009)

한 타당성을 갖춘 가설들의 묶음을 '이론'이라고 부른다. 사실 우리는 일상에서도 이론을 사용해 현상을 파악하고 있다.

예를 들어 '눈앞에 공기가 있다.'라는 '사실'은 이과 시간에 배운 물리 '이론'을 통해서 시야가 넓어지고 인식할 수 있게 된 것이다. 이론을 배우기 전이라면 아마 공기라는 것을 신경도 쓰지 않았을 것이다. 그러나 이론을 배워 '공기'라는 개념을 알게 되면서 비록 눈앞에 아무것도 없어 보이더라도 공기가 실재한다는 것을 믿고, 공기를 의식하며 생활할 수 있게 된 것이다.

정치학 분야에서는 사안을 바라보는 사고방식을 렌즈라고 부르기도 한다. 이론 역시 하나의 렌즈이며, 우리는 여러 종류의 렌즈를 통해 이 세상을 보고 있다. 렌즈를 많이 갖고 있으면 상황에 따라 다른 렌즈로 교체해 시야에 들어오는 광경을 달리 볼 수 있다.

예를 들어 길 위를 달리는 자동차를 바라볼 때 비즈니스라는 렌즈를 쓰면 자동차가 어떻게 만들어지고 어떻게 판매되는지가 보인다. 비즈니스 렌즈 중에서도 '자동차 주변에서 돈을 벌 기회에 주목하는' 렌즈가 있는가 하면 '비용에 초점을 두는' 렌즈도 있다. 어떤 렌즈를 사용하느냐에 따라 같은 자동차를 보더라도 얻는 정보는 달라진다. '물리학'의 렌즈로 보면 자동차가 어떻게 움직이는지를 이해하게 되고, '사회학'의 렌즈로 보면 자동차가 가져온 사회적 변화가 보이며, '환경학'의 렌즈로 보면 자동차가 환경에 어떤 영향을 미치는지를 볼 수 있다. 이렇게 여러 렌즈를 상황에 따라 교체해 가며 보면 하나의 현상도 여러 각도에서 이해할 수 있다. 반대로 한 가지 렌즈로만 사안을 바라보는 사람은 시야가 좁다는 평가를 받기 쉽다.

앞서 설명했듯 이론도 렌즈다. 비즈니스 분야의 이론 중에는 경영학처럼 여러 차례 검증을 거친 강력한 이론이 있는가 하면, 어떤 회사나 개인이 경험해서 형성한 경험칙처럼 약한 '사적 이론'이나 '업무 철학'도 있다. 글로벌 컨설팅 기업이 강한 이유 중 하나는 다양한 업종에서 축적한 모범 사례라는 일종의 약한 이론들이 사내에 축적되어 있기 때문이기도 하다. 이론을 알고 있으면 과제를 파 내려갈 때 조사해야 할 숫자와 현상이 정해지고, 적용 가능한 모범 사례를 통해 클라이언트에 대한 가설을 도출할 수도 있다. 컨설팅 기업에 소속되어 있지 않더라도 경영 이론이나 타사의 성공 사례를 알고 있다면 비슷한 방식으로 사고할 수 있다.

이론이라는 렌즈를 많이 갖고 있고 상황에 따라 의식적으로 구분해 사용할 수 있게 되면 하나의 사실에서도 여러 가지 과제의 가능성을 발견할 수 있게 된다.

시좌를 빈번히 오가기

여기까지 여러 방식의 시좌 전환 방법을 살펴보았다. 뛰어난 창업가의 특징은 이러한 방법을 최대한 활용해 다양한 시좌를 빈번히 오간다는 점이다.

예를 들면 먼저 시좌를 아주 낮춰 직접 현장을 발로 뛰며 사용자의 시좌에서 공감하고 과제를 발견한다. 그다음 곧바로 그 과제가 많은 고객에게도 공통적인 문제인지, 큰 시장으로 확장될 여지가 있는지와 같은 거시적 시좌에서 점검한다. 또한 경쟁사의 시좌에서 자사 제품의 강점과 약점을 검토했다면 여러 비즈니스 모델이나 경영 이론 같은 렌즈를 교체해 가며 전략을 세운다. 좋은 전략의 윤곽이 보이면 미래의 시좌에서 구체적인 행동 계획을 검토하고, 실행하기 힘들어 보이면 다시 미시적인 고객의 과제를 찾으러 돌아간다. 과제가 있다면 그 과제가 충분히 큰 시장을 형성할 수 있는지를 거시적으로 판단한다. 이처럼 뛰어난 창업가는 거시적 시장의 시좌와 미시적 과제의 시좌, 사용자와 경쟁사의 시좌, 미래와 현재의 시좌, 비즈니스와 물리와 사회의 렌즈 등 시좌를 빠르게 전환하면서 자신의 가설을 검증한다. 맞지 않는다면 곧바로 새로운 가설을 만들어 낸다.

특히 거시와 미시를 오갈 수 있는 능력은 매우 중요하다. 시장 등 거시적인 시좌로 분석하는 것은 뛰어나지만, 직접 현장에 가서 미시적인 시좌에 선 경험이 부족한 까닭에 고객의 구체적인 니즈를 파악하지 못하고 실제로 잘 팔리는 제품이나 사업을 만들지 못하는 사람을 자주 보게 된다. 반대로 상품을 팔고 사업을 만들어 미시적으로 눈앞에 있는 고객 한 사람을 행복하게 만드는 데는 뛰어나지만, 거시적 시좌에서의 통찰이 부족해 작고 경쟁이 극심한 시장에서 경쟁을 벌이거나 전략 없이 추진하다가 나중에 확장성이 막혀 버리는 경우도 흔하다.

이러한 상황을 '벌레의 눈과 새의 눈'이라고 비유하기도 한다. 벌레처럼 지면 가까이에서 세밀하게 들여다보는 동시에 하늘을 나는 새처럼 높은 곳에서 넓게 내려다보는 것. 단순히 여러 시좌를 갖는 데서 그치지 않고 그 시좌들을 빈번히 오가는 것이 핵심이다.

다만 시좌 전환을 모두 한 사람이 해야 하는 것은 아니다. 성공적인 스타트업을 보면 팀 내에서 자연스럽게 시좌를 분담하는 경우가 많다. 거시적인 큰 그림은 잘 그리지만 미시적인 고객의 세세한 과제에는 둔감한 사람이 있는가 하면, 반대로 눈앞에 있는 고객 한 사람의 마음을 정확히 읽고 니즈를 찾아내는 데는 뛰어나지만 거시적인 시좌에서 전략을 세우는 데 서툰 사람도 있다. 각자의 특성을 살려 팀이 전체적으로 균형을 이루면 팀 단위로 시야를 넓혀 해상도를 높여 나갈 수도 있다.

체험하기

5장의 서두에서도 말했듯이 '넓이'의 시점에서 해상도는 서서히 높아지므로 평소에 시야를 넓혀 주는 행동을 하는 것이 중요하다. 그중에서도 추천하는 방법이 바로 체험이다. 체험은 새로운 깨달음과 시점을 제공하고, 정보에 새로운 의미를 부여해 준다. 요즘은 정보가 넘쳐나 최신 정보만 따라가기도 벅차기 때문에 많은 사람에게 체험의 우선순위가 과거보다 낮아진 것처럼 보인다.

이런 이야기를 들은 적이 있다. 일본 기업의 구성원들이 실리콘밸리나 중국으로 시찰을 가 최신 소매 서비스나 이동 서비스를 둘러보지만, 정작 많은 사람이 그 서비스를 직접 체험하지 않고 상대 기업의 사무실에서 담당자와 이야기만 나누다 돌아온다고 한다. 기껏 현지까지 갔는데도 체험해 보지 않고 말 그대로 '시찰'만 하고 끝내는 것이다. 물론 시찰도 중요하다. 하지만 체험할 수 있는 기회가 있다면 체험을 해야 더 많은 것을 알 수 있다. 새로운 제품이 출시되었을 때도 뉴스를 보는 데서 그치고 실제로 체험하는 사람은 그리 많지 않다. 최근 서비스의 경우 무료 체험이나 할인 체험 기간이 있어도 활용하지 않는 사람이 대부분이다. 반대로 말하면 조금만 행동하고 체험해 보기만 해도 해상도를 높이는 데 큰 이점이 된다는 뜻이기도 하다.

유사 체험 역시 시야를 넓히는 한 가지 방법이다. 예를 들어 아이가 없더라도 유모차를 밀면서 거리를 걸어 보면 배리어 프리한 거리와 그렇지 않은 거리의 차이를 몸으로 느낄 수 있다. 그러면 생각만 해서는 알 수 없었던 과제를 깨닫게 된다.

파나소닉의 창업자 마쓰시타 고노스케는 '백문이 불여일견'을 넘어 "백문백견이 불여일험(백 번 듣고 백 번 보는 것보다 한 번 체험하는 것이 낫다.)"이라고 말했다.[4] 물론 자기 자신의 체험은 어디까지나 한 사람의 경험일 뿐이고 체험에 너무 끌려다니는 것도 바람직하지는 않다. 하지만 인터뷰나 관찰로 파 내려가서는 얻을 수 없는 시점을 체험을 통해 시야가 넓어지면서 얻게 되는 경우가 있다. 뛰어난 체험은 비즈니스의 힌트가 된다. 반대로 '별것 아니네.', '그렇게 엄청 좋지는 않네.'라고 느끼는 것조차 개선의 기회가 될 수 있다는 깨달음을 얻게 해 준다.

4 《마쓰시타 고노스케 어떻게 살 것인가》(21세기북스, 2025)

여기에서는 두 가지 체험 방법에 대해 이야기하고자 한다.

경쟁 제품을 최대한 사용하기

창업을 준비하는 사람 가운데 의외로 많은 이들이 '경쟁사의 이름은 알고 있지만 정작 그 제품이나 서비스를 사용해 본 적은 없다.'라고 말한다. 경쟁 제품이 있다면 될 수 있는 한 직접 사용해 보길 권한다. 가능한 한 오래 꾸준히 사용하며 장점과 단점을 몸으로 익히는 것은 새로운 과제의 가능성을 발견하는 시점으로 이어진다. 마케터라면 타사가 진행하는 마케팅 캠페인에도 응모해 보고 이벤트에도 참여해 다양한 깨달음을 얻을 수 있다.

체험 비용이 낮은 소프트웨어 제품이라면 가능한 한 많은 제품을 경험해 보기를 추천한다. 앱을 만든다면 최소 100개의 앱을 만져 보고 각각의 소감을 메모해 두자. 특히 벤치마킹 대상이 되는 경쟁 제품이나 관련 제품은 누구보다도 오래 사용해 보는 편이 좋다. 그렇게 해야 제품의 강점과 약점, 차별화 포인트가 선명하게 보인다. 메루카리[5]의 창업자들은 서비스를 만들기 전에 자신들이 경쟁 제품을 다수 사용해 본 것은 물론, 실제 사용자를 초대해 자사 제품을 테스트하게 한 뒤 이미 시중에 나와 있는 경쟁 제품들도 함께 사용하게 해 무엇이 불편한지, 어떤 부분에서 막히는지를 조사했다고 한다. 그 배움을 그대로 자사 제품 개선에 반영한 것이다.[6]

만약 뛰어난 경쟁 제품이 있음에도 시장에서 전혀 주목받지 못한다면 애초에 그 영역에는 과제가 없다는 뜻일 수도 있다. '모든 경쟁 제품을 사용해 봤지만 충분히 납득되지 않았다.'라는 느낌이 든다면 아직 해결되지 않은 과제가 남아 있고, 거기에 기회가 있을지도 모른다.

---

5 (옮긴이) 일본의 온라인 중고 거래 플랫폼
6 《스타트업 ─ 뛰어난 창업가는 무엇을 생각하고 어떻게 행동했는가((STARTUP ─ 優れた起業家は何を考え、どう行動したか)》(2020)

이렇듯 체험을 빠뜨리지 않고 꾸준히 하는 것이 해상도를 높이고 경쟁사와 차이를 만드는 첫걸음이 된다.

여행으로 새로운 키워드를 만나기

여행에 나서는 것 역시 매우 효과적인 체험이다.

지금 우리는 항상 인터넷에 연결되어 있고 뭐든 금세 검색할 수 있다. 공부하지 않아도 검색하면 바로 답을 얻을 수 있기 때문에 공부는 필요 없다는 말까지 나오고 있을 정도다.

검색은 강력한 도구임이 틀림없다. 그러나 《약한 연결》[7]에서 지적했듯이 검색어가 없으면 애초에 검색 자체가 불가능하다. 전혀 모르는 세상을 이해하려면 지금 자신이 모르는 키워드가 필요하다. 한 번 키워드를 손에 넣으면 검색할 수 있는 범위는 훨씬 넓어지고, 줄줄이 사탕식으로 키워드를 발견할 수 있다.

새로운 키워드를 얻는 데 가장 효과적인 수단이 바로 여행이다. 여행을 하면 다른 환경에 몸을 두고 낯선 사람과 이야기하고 낯선 사물과 만나게 된다. 여행 중에 눈에 띄는 것이 있다면 그 자리에서 바로 검색해도 좋고, 체험에 집중하기 위해 그 순간에는 검색을 미루고 메모해 두었다가 나중에 찾아보는 것도 좋다. 멀리 갈수록 새로운 키워드를 만날 가능성은 더욱 커진다. 물리적 거리와 문화적 거리는 긴밀하게 연관되어 있기 때문이다.

조금만 의식해서 평소에 가지 않던 곳을 가 보거나 집에 돌아오는 길을 바꿔 보는 것도 여행이다. 매일 조금씩 여행을 하고 다른 체험을 쌓아 나가면 해상도를 높일 힌트를 얻게 될지도 모른다.

7　《약한 연결 ─ 검색 키워드를 찾는 여행(弱いつながり ─検索ワードを探す旅)》(2014)

사람과 이야기하기

'넓이'의 시점에서 해상도를 높이는 또 하나의 효과적인 행동은 사람과 이야기하는 것이다. 타인의 시야나 자신에게 없는 지식을 얻을 수 있을 뿐만 아니라 시좌를 바꾸는 계기가 되기도 한다. 스스로 전혀 생각하지 못했던 발상을 얻게 될지도 모른다.

정보×사고×행동이 해상도를 높이는 데 중요하다고 앞서 전했다. 그중에서도 독자적인 정보를 갖고 있기만 해도 해상도는 훨씬 높아진다. 독자적인 정보는 자신의 현장 경험에서 나오거나 사람을 통해 얻는 경우가 많다. 현장 경험에서 얻어지는 독자적인 정보는 '깊이' 파트에서 충분히 설명했으므로 여기서는 사람을 통해 얻는 정보에 집중해 살펴보겠다.

뉴스처럼 누구에게나 열려 있는 정보와 달리 사람을 통해 들어오는 정보는 여러분의 독자적인 인적 네트워크를 통해서만 얻을 수 있다. 여러분과 완전히 같은 네트워크를 갖고 있는 사람은 거의 없으므로 필연적으로 남들과는 다른 정보가 들어올 수밖에 없다. 좋은 인적 네트워크가 구축되면 좋은 정보가 들어오게 된다.

그렇다면 어떻게 해야 독자적인 정보를 얻을 수 있는 인적 네트워크를 구축할 수 있을까?

여기서도 커뮤니티가 핵심 역할을 한다. 앞서 다룬 커뮤니티가 특정 관심사를 공유하며 '심화'하기 위한 커뮤니티였다면 여기서 말하는 커뮤니티는 정보원을 '넓히기' 위한 커뮤니티다.

정보원의 폭을 넓히려면 자기 주변 사람들이 아직 소속되어 있지 않은 커뮤니티에 들어가는 것이 효과적이다. 그렇게 하면 다른 정보를 가진 사람들과 이야기할 수 있고, 들어오는 정보의 폭이 넓어지므로 그것만으로도 독자적인 정보원이 된다. 일본에서는 영어권 커뮤니티에 속하는 것만으로도 상당히 다른 정보가 들어올 것이다.

여러 커뮤니티에 속하는 것도 추천한다. 예를 들어 스타트업과

NPO(비영리 단체)는 '새로운 것을 시작한다.'라는 공통점이 있는 것처럼 보이지만 실제로는 교류가 그다지 많지 않다. 이 두 커뮤니티에 조금씩 발을 들이면 양쪽의 지식과 노하우를 얻게 된다. 기존에 교류가 없었던 두 정보원을 접함으로써 이제까지 결합되어 있지 않았던 정보를 새롭게 결합할 기회가 생긴다. 그렇게 하면 새로운 시점이 생기고 발상이 넓어지게 된다. 한쪽 커뮤니티에서 얻은 유용한 정보를 다른 쪽 커뮤니티와 공유하면 양쪽 커뮤니티에 새로운 정보가 들어오게 되고, 자신은 그 사이에서 중요한 허브(결절점)로서 매우 소중히 여겨질 것이다.

또한 입장이나 환경에 따라 독자적인 정보를 가진 사람들과 이야기할 기회가 늘어나기도 한다. 예를 들어 성공한 스타트업 창업자들은 사장이 되고 나서 들어오는 정보가 달라졌다고 말하는 경우가 많다. 당연한 이야기지만 직원 20명 규모의 회사라도 사장은 사장이다. 회사 간 파트너십을 검토하는 상황이라면 상대 기업에서도 사장이나 고위급 인사가 나온다. 또한 새로운 분야에서 사업을 시작하면 정부계 위원회 등에서 목소리를 듣고자 초청하는 일도 늘어난다. 회사가 성공했다면 마찬가지로 성공한 다른 회사의 사장들이 말을 걸어오기도 한다. 그런 사람들과 사이좋게 지내고 대화하는 일이 늘어나면 높은 시좌의 정보가 들어온다. '입장이 사람을 만든다.'라는 말도 있지만, 그것은 입장이 달라지면 그에 따라 들어오는 정보의 종류가 달라지는 점도 크게 영향을 미칠 것이다.

사장이 아니더라도 개인 블로그에 글을 올리거나 커뮤니티 행사에 연사로 참여해 이름을 알리면 입장이 만들어지고, 만나는 사람이 달라지며, 들어오는 정보도 달라진다. 스스로 입장을 만들어 가는 것도 하나의 방법이다. 좋은 기회가 왔을 때 두려워하지 않고 손을 들어 새로운 역할을 맡는 것도 좋은 선택이다.

사람과 이야기하는 것의 효용은 단순히 정보를 얻는 데 그치지 않는다. 사람에게서 이야기를 들으면 자신이 주의를 기울이는 대상이 전보다 조금 달라지고, 평소에 보는 정보에서도 얻을 수 있는 것이 달라진다는 점이 중요하다. 지인이 어느 분야에 관심을 가지기 시작했다는 이야기를 듣거나 재미있을 법한 키워드를 들으면 일상적으로 접하는 뉴스를 보다가도 그 키워드가 눈에 들어오는 경험이 있을 것이다. 기사 타이틀에 최근 친구에게 들은 키워드가 있어 평소였다면 신경 쓰지 않았을 기사를 읽어 본 경험은 여러분에게도 있을 것이다. 예전부터 존재하던 키워드임에도 사람에게서 이야기를 듣는 순간 비로소 주의를 기울이게 된다는 뜻이다. 그렇게 되면 날마다 같은 정보원을 보더라도 실제로 머릿속에 들어오는 정보는 달라진다.

또한 사람과 이야기하는 것은 다각도로 사안을 보는 시점을 얻는 일이기도 하다. 앞서 시좌를 바꾸는 방법으로 상대방의 시좌에 서는 방법 등을 설명했다. 사실 가장 쉬운 방법은 타인의 눈을 빌려 실제로 여러 시좌에서 사안을 보는 것이다. 타인의 시좌에서 바라본 의견을 받으면 새로운 시야와 시점을 얻게 된다. 대부분의 사람이 커뮤니티 없이는 어느 정도 이상의 깊이에 도달하기 어려운 것처럼, 대화가 없다면 다각적 사고를 얻기는 거의 불가능하다.

효율만을 좇다 보면 체험하거나 사람과 이야기하기의 우선순위는 뒤로 밀리기 쉽다. 그러나 그렇게 하면 예상치 못한 정보나 새로운 시점이 들어오는 일이 줄어들고 확장은 일어나지 않는다. 물론 사람과 이야기하고 검색하는 것만으로는 깊이 파고들 수 없다. '체험하기', '사람과 이야기하기'라는 넓이의 탐색에 제대로 시간과 자원을 배정해 두면 중장기적 생산성이 극대화될 것이다. 자기 시간의 20% 정도는 항상 탐색에 사용하고, 평소와 다른 사람과 이야기하거나 다른 것을 체험해 보길 권한다.

'깊이'와 달리 '넓이' 시점에서의 해상도는 의식적으로 매일 꾸준히 활동을 쌓아가지 않으면 높아지지 않는다. 깊이는 단번에 시야가 트이는 경우도 있지만 넓이는 조금씩밖에 확장되지 않는다. 체험이든 사람과의 연결이든 시간이 걸릴 수밖에 없다. 하지만 그 말은 곧 꾸준한 축적만으로 누구도 따라올 수 없는 지점까지 도달할 수도 있다는 의미이기도 하다. 그리고 자신만의 노력만으로 시야를 넓히는 데에는 분명 한계가 있다. 그렇기에 사람과 환경을 활용해 시야를 넓혀 나가자.

다시 파고들 곳을 정하기

넓이의 시점에서 해상도가 높아지고 어느 정도 선택지가 망라되었다고 느껴지면 넓어진 선택지들 가운데 다시 어디를 파고들지 정해야 한다. 해상도를 높이려면 결국 이 네 가지 시점을 끈기 있게 오가야만 한다.

넓히면 넓힐수록 선택지는 늘어나고 선택의 난도는 높아진다. 고른다는 행위 자체는 한순간이지만 사실은 매우 어려운 작업이다. 어느 선택지가 좋은지는 처음부터 알 수 없고, 이미 좋은 선택지가 손 안에 든 패 중에 있을지도 모른다. 모든 선택지가 적절치 않을 수도 있고, 더 넓힐 필요가 있을지도 모른다. 이렇게 어려운 일이다 보니 '선택 방법'은 종종 센스라는 말로 뭉뚱그려지곤 한다.

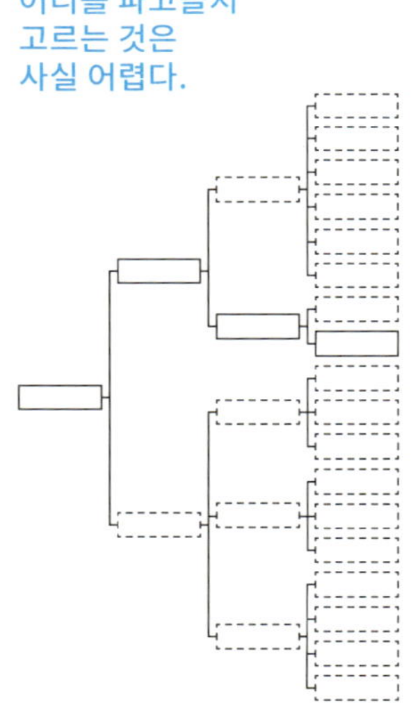

전략이란 '하지 않을 것을 정하는 것'이라는 말이 있듯이, 해상도를 높이기 위해 파고들 때도 수많은 선택지를 버려야 한다. 그렇다면 다수의 선택지 중 무엇을 버려야 할까?

먼저 이미 갖고 있는 지식을 동원하자. 어떤 선택지든 그 선택지를 택한 뒤 이어질 사안에 대해 완전히 무지한 경우는 드물다. '이 선택지는 더 파고들 수 있을 것 같다.', '이 선택지는 과거에 시도한 적이 있어서 어느 정도까지 깊이 들어갈 수 있는지 안다.'와 같은 지식이나 정보가 이미 있을 것이다. 이런 지식을 활용해 파고들면 좋을 만한 곳의 주변을 살펴보는 것이다.

이때 다른 분야나 다른 기업의 사례를 많이 알고 있으면 도움이 된다. 많은 사례를 어느 정도 깊이 알고 있으면 어느 선택지가 파고들 가치가 있을지를 어느 정도 예측할 수 있기 때문이다. 또한 유사 영역에서 유추(analogy)를 하면 '다른 업계에서는 이 부분을 깊이 파고들 수 있었으니 이번에도 이 지점을 파 볼 수 있다.'와 같은 접근도 가능해진다. 예컨대 1장에서 설명한 간장병 개량 사례를 알고 있다면 '제품 본체가 아니라 패키지를 개선할 수도 있겠다.'라는 발상이 떠오르고 '티슈를 상자가 아니라 소프트 팩으로 제공한다.'와 같은 식의 새로운 선택지도 연상될 것이다.

이런 유추 능력이 때로는 '센스가 좋다.'는 말로 평가되지만, '센스는 지식에서 비롯된다.'[8]라는 말처럼 지식의 양이 많을수록 유추는 훨씬 쉬워진다. 다만 표층적인 지식으로는 응용이 어렵기 때문에 어느 정도 깊이 있는 이해가 전제되어야 한다.

사람에게 조언을 구하는 것도 자신이 초보자인 분야라면 어느 정도 효과적이다. 전문가는 정보의 구조화가 잘 되어 있어서 어떤 지점에 가능성이 있는지 정확하게 아는 경우가 많다. 전문가의 책을 읽는 것도 좋고, 앞서 말했듯 요점을 파악하기 쉬운 영상이나 음성과 같은 매체에서 정보를 얻어 '어디를 파고들어야 할지' 감을 잡는 방법도 유효하다. 또한 파 내려가는 방법인 인터뷰를 조금 시도하면서 고객의 목소리를 들어 보는 것도 좋다. 인터뷰는 가성비가 좋은 수단이므로 넓이를 확보한 뒤 조금 파고들다 보면 '더 파 내려갈 가치가 있는지'를 판단하는 데 충분한 재료가 된다. 아주 적은 인터뷰라도 같은 이야기가 반복되어 들린다면 그 지점

8 《센스의 재발견》(하루, 2015)

은 심화할 가치가 높을 가능성이 크다. 특히 같은 업계 사람들이 동일한 과제를 여러 번 말한다면 그 가능성은 더욱 높아진다.

　다음으로는 실현성을 생각해야 한다. 어떤 과제를 깊이 파고들더라도 해결되지 않는다면 아무 의미가 없다. 간단한 계산만으로도 실현성의 윤곽을 파악할 수 있다. 예를 들어 스타트업 아이디어를 찾고 있다고 가정해 보자. 그렇다면 장차 연간 매출 100억 엔 규모가 가능한지가 하나의 조건이 된다. 100억 엔 매출을 달성하려면 1억 엔짜리 상품을 100개 사에 판매하거나 1만 엔짜리 상품을 100만 명에게 판매하는 방식 등의 선택지가 보이게 된다. 상품 단가가 1만 엔이라면 비용 구조상 영업 직원을 둘 수 없으므로 주로 마케팅 중심으로 매출을 확보해야 한다는 점을 예측할 수 있다. 마케팅만으로 충분히 팔릴 만한 아이디어인지 생각해 보면 대강의 실현성도 알 수 있다. 이처럼 간단한 계산과 실현성 점검만으로도 특정 선택지를 더 깊이 파고들지, 아니면 다른 선택지를 찾아야 할지를 판단할 수 있다. 이러한 실현성 판단을 위해서는 '스타트업은 연간 100억 엔 매출을 목표로 한다.'라는 기본적인 업계 지식, 비즈니스 비용 구조와 같은 시장의 관점을 이해하는 등 실현성을 점검할 수 있을 만큼의 비즈니스 지식이 필요하다.

　마지막으로 각각의 선택지가 가진 좋은 면도 생각하자. 실현성만을 기준으로 하면 안전한 선택지를 고르고 큰 과제를 선택하는 일을 회피하게 되는 경우가 많다. 나쁜 면이나 위험성만을 보고 포기하는 것은 쉽다. 반대로 선택지가 지닌 뛰어난 면을 발견하고 그것을 제대로 평가해 키워 내는 일은 사실 훨씬 어렵다.

　100점짜리 선택지와 1만 점짜리 선택지가 있다고 하자. 전자의 실현성이 80%이며 후자의 실현성이 5%라고 한다면 기댓값은 각각 80점과 500점이 된다. 그렇다면 실현성이 낮더라도 1만 점짜리 선택지를 고려할 여지는 분명히 있을 것이다. 나쁜 면이 많다면 포기해야겠지만 좋은

면 역시 충분히 고려하면서 '어디를 심화할지'를 정해 나가길 바란다.

파고들 지점을 잘 고르지 못하는 창업가들은 대부분 그 영역이나 비즈니스에 관한 지식이 부족한 경우가 많다. 사전 지식이 너무 많으면 기존 조건을 전제로 하는 상식적인 판단밖에 내리지 못하고 기존의 전제를 뒤집는 선택지에 대해 '그런 것은 불가능하다.'라고 잘못 판단할 위험도 있다. 하지만 실제로 그런 사례는 드물다. 따라서 우선은 지식을 충분히 익히는 것을 추천한다.

'어느 선택지를 더 파 내려가야 하는지'를 생각할 때는 사안의 구조도 고려해야 한다. 구조를 올바르게 파악해야 어떤 선택지가 중요한지 보이기 때문이다. 다음 절에서는 이 구조를 분별하는 방법을 설명하고자 한다.

> ☑ **과제의 '넓이' 정리**
>
> ☐ 전제를 의심하자. 제로베이스 사고를 하거나 몇 가지 질문 패턴을 갖춰 두는 것을 추천한다.
> ☐ 시좌를 바꿔 보자. 시좌를 약간 높여 보거나 상대방 혹은 미래의 시좌에 서서 바라보고, 거시와 미시를 빈번히 오가며 다양한 시점에서 살펴보자.
> ☐ 체험하자. 경쟁 제품을 직접 사용해 보고 여행을 하며 새로운 키워드를 발견해 보길 바란다.
> ☐ 사람과 이야기하자. 안타율은 낮지만 때로는 홈런급 정보를 얻게 되며 해상도가 높아지는 경우가 있다.
> ☐ 어느 정도 '넓이'의 관점에서 해상도가 높아졌다고 느껴지면 다시 파고들 대상을 정하자. 이를 위해 지식과 사례를 수집해 두자.

'구조'의 시점에서 과제의 해상도를 높이기

'넓이'의 시점에서 해상도가 높아
지고 다양한 과제의 가능성이 보
이기 시작하더라도 '구조'의 시점
이 없다면 어떤 과제를 해결해야
가장 큰 가치가 창출되는지를 알
수 없어 좋은 과제를 고르기 어렵
다. 또한 각 과제를 개별적으로만
바라봐서는 과제의 전체상을 파악
할 수 없다. 과제들이 서로 어떻게
연결되어 있고 어떤 구조를 이루
는지에 따라 가장 먼저 해결해야
할 과제 역시 달라진다. 파고들 때
도 일정 수준 이상의 깊이에 이르

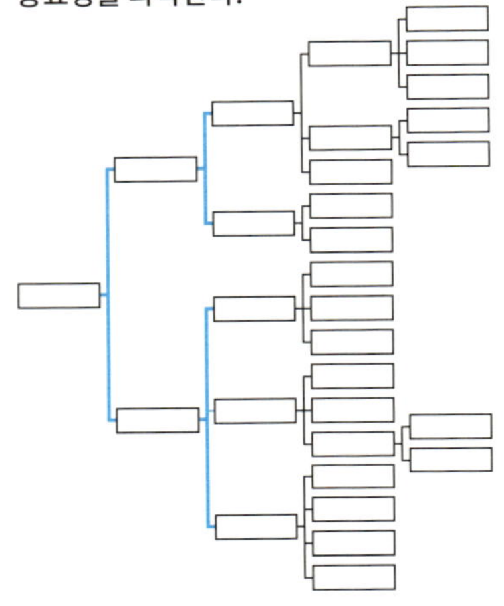

기 위해서는 어느 정도 구조화가 불가피하다.

많은 현장을 직접 찾아다니며 '깊이'와 '넓이'의 시점에서 해상도를 높
이기 위해 노력하고 있음에도 좋은 통찰을 얻지 못하는 창업가 팀들은
얻은 정보가 제대로 구조화되어 있지 않은 경우가 많다. 구조화가 제대로 이
루어지지 않으면 현장에서 얻은 독창적인 정보도 표면적인 이해에 머물
고, 결국 좋은 통찰로 이어지지 못한다.

구조를 제대로 파악하려면 먼저 뒤섞여 있는 전체를 요소로 나누고, 각 요
소를 비교하고, 요소들을 적절히 관계 짓고, 중요하지 않은 요소는 생략하는 과정
이 요구된다. 이러한 과정을 통해 전체로서의 의미가 비로소 선명해진다. 이번
절에서는 이러한 구조화 과정인 '나누기', '비교하기', '관계 짓기', '생략하기'
라는 네 가지 사고 단계와 이를 촉진하기 위한 행동과 정보 수집의 요령
을 설명할 것이다.

구조를 파악하기 위한 기본은 하나로 뒤섞여 있는 대상을 '나누기', 즉 현상을 적절히 요소로 분해하여 각각의 요소를 개별적으로 인식하는 것이다. 우리는 나누기를 통해 어떤 것을 알게(이해하게) 된다. 예를 들어 고객을 지역별로 나누어 보면 어느 지역의 고객이 자사 제품을 더 많이 구매하는지를 알 수 있다. 그 결과 따뜻한 지역에서는 잘 팔리지만 추운 지역에서는 판매가 저조하다는 사실을 알 수도 있다. 이 예에서는 매출이라는 현상을 지역이라는 기준으로 '나누어' 이해를 심화하고 있다.

대부분의 사람은 일상적으로 뭔가를 나눈다. 그러나 단순히 나누기만 한다고 해서 반드시 뭔가가 밝혀지는 것은 아니다. 고객을 '이름의 이니셜'로 나누면 각 글자의 고객 수는 파악할 수 있겠지만 거기서 고객에 대한 통찰이 나오지는 않을 것이다. 좋은 기준으로 나누지 못하면 의미나 정보는 얻기 어렵다. 이에 여기서는 '나누기'를 위한 기법을 설명하고자 한다.

기준을 궁리하기

과제를 나눌 때의 기본은 이 책에서도 여러 차례 등장한 트리 구조[9]로 정리하는 것이다. 하나의 요소를 여러 하위 요소로 분해해 나가면서 수형도처럼 확장해 가면 요소 간의 관계성을 드러내면서 더 깊이 파고들 수 있다.

이러한 트리를 만들기 위해 가장 중요한 것은 '어떤 기준으로 나눌 것인가'다. 기준이 잘못되면 나누고 난 뒤 더 깊이 심화할 수 없거나 요소 간 비교가 어려워지고, 의미 있는 통찰도 얻기 힘들어진다.

---

9 논리적으로 그린 수형도는 로직 트리라 불린다. 과제를 분석해 나갈 때는 이슈 트리, 의사 결정 시 어떤 선택을 했을 경우에 일어날 수 있는 현상을 정리할 때는 의사 결정 트리, KPI를 분해하여 집중해야 할 KPI를 선택할 때는 KPI 트리라는 것도 사용된다. 다양한 응용이 있는 데서 알 수 있듯이 트리 구조는 사안을 분해·정리해 나갈 때 도움이 되는 기본적인 방법이다. 이 책에서도 해상도의 진단에 트리를 만드는 것을 설명했다.

예를 들어 전기 사용 현황을 분석한다고 하자. 전기가 '무엇에' 사용되는지를 기준으로 삼으면 '냉난방', '수송' 등의 요소로 나뉠 것이다. 반대로 전기가 '어디에서' 사용되는지를 기준으로 삼으면 요소는 '도심', '주택가' 등이 되고, '산'에서는 거의 사용되지 않는다는 사실도 알 수 있다. 이처럼 기준에 따라 얻게 되는 통찰은 달라진다.

기준의 적용 순서 역시 중요하다. 앞의 예에서 먼저 '무엇에' 사용되는지를 기준으로 삼고 이어서 '어디서' 사용되는지를 본다면 '냉난방이 어느 장소에서 많이 사용되는지'를 파악할 수 있다. 반면 먼저 '어디서'를 기준으로 삼으면 '주택가에서는 물을 데우는 데 전기가 가장 많이 쓰이고, 도심에서는 냉난방에 가장 많이 쓰인다.'라는 통찰에 도달할 수도 있다.

매출의 예로도 생각해 보자. 미용실 매출을 '연령대'를 기준으로 나누고 각 연령대의 매출을 살펴보면 어느 연령대에 집중해 마케팅을 펼쳐야 할지에 대한 힌트를 얻을 수 있다. 다른 기준으로 '커트', '염색' 등의 서비스 유형을 기준으로 매출을 나누면 어느 서비스의 매출을 강화해야 할지에 대한 통찰을 얻을 수 있다.

기준을 생각할 때 의식해 두었으면 하는 것은 MECE다. Mutually Exclusive and Collectively Exhaustive의 약자로 우리말로는 '누락도 중복도 없이'로 번역된다.

사안을 나누면 여러 요소가 생기는데 나누는 방식이 미숙하면 중요한 요소를 빠뜨리거나(누락이 있음), 겹치는 요소를 포함하거나(중복이 있음), 혹은 두 가지 문제가 동시에(누락도 중복도 있음) 발생한다. 당연해 보이지만 사람은 이를 자주 잊기 때문에 MECE는 전략 컨설팅 기업 출신 저자들의 사고법 관련 서적에서 자주 등장하는 키워드다.

현실 문제를 완전한 MECE로 나눌 수 없는 경우도 있다. 예를 들어 여러분이 이 책을 읽고 있는 이유는 '상사가 읽으라고 해서', '승진하고 싶

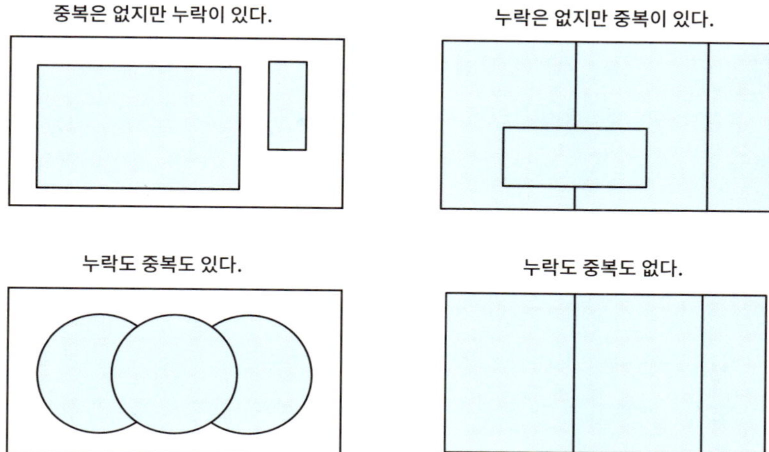

어서', '해상도에 관심이 있어서', '머리가 좋아지고 싶어서' 등 다양할 것이다. 각각이 조금씩 겹쳐 보이기도 한다. 그렇다고 해서 하나의 이유로 뭉뚱그리면 누락이 생긴다. 인간의 감정은 깔끔하게 분리하기 어렵기 때문이다. 이처럼 MECE를 모든 사안에 적용할 수는 없지만, 큰 누락이 없는지 확인할 때의 처방전으로서는 충분히 유용하다.

전략론의 3C(Customer(고객)·Competitor(경쟁사)·Company(자사)), 마케팅의 4P(Product(제품)·Place(유통)·Price(가격)·Promotion(판촉)), 사업 환경 분석의 PEST(Politics(정치)·Economy(경제)·Society(사회)·Technology(기술)), 아이디어 정리를 위한 비즈니스 모델 캔버스나 린 캔버스 같은 프레임워크를 '기준'으로 사용하는 것도 하나의 방법이다. 프레임워크는 우리의 시점을 전환하는 도구이며 일정 부분 누락을 방지해 준다. 팀 전체가 동일한 기준을 사용하면 현상에 대한 공통 이해도 이루어진다.

그러나 프레임워크에 지나치게 끼워 맞추면 중요한 점을 놓치거나 실제로는 해상도가 높지 않음에도 안도하는 경우가 적지 않다. 프레임워크는 양날의 검이다. 편리하지만 어디까지나 최소한의 수준에 도달하기 위한 기준을 제공할 뿐이며, 새로운 통찰을 얻는 도구로 쓰기에는 한계가 있다는 점을 기억해 두길 바란다.

생각지 못한 통찰을 얻으려면 프레임워크에 의존하지 않고 독자성이 높은 기준을 찾으려는 노력이 필요하다. 말은 쉽지만 상당히 어려운 작업이다. 요령은 기존 사례에서 사용된 기준을 조사하고, 그것을 자신들이 다루는 문제에 응용해 보는 것이다. 이를 위해서는 평소에 '이것은 어떤 기준으로 나누었는가'를 의식하며 다양한 기준 사례를 알아 두어야 한다.

예를 들어 사업가 대상 SNS인 링크드인이 한때 가장 중요하게 설정했던 KPI는 한때 '사용자 프로필 PV(페이지 조회) 수'였다고 한다. 링크드인의 핵심 기능이 사람을 찾는 것이었기 때문이다. 일반적인 KPI 설정이라면 사이트 전체의 PV까지 분해하는 데서 그쳤을 테지만 링크드인은 기준을 궁리해 PV 수를 자사 서비스에서 가장 중요한 것과 그다지 중요하지 않은 것으로 구분했다. 그리고 가장 중요한 프로필 PV 수를 확대하는 데 집중했기 때문에 비로소 초기 성장을 달성할 수 있었다.

이처럼 비즈니스 현장에서 선배나 지식 있는 사람들이 어떻게 사안을 구분하고 인식하는지를 배워 보길 바란다. 때로는 데이터 사이언스처럼 전문 도구가 없으면 그 기준을 실현하지 못할 때도 있다. 요리사에게 회칼이 필요한 것처럼 말이다. 기준의 각도와 함께 구분하기 위한 도구에도 주목하고, 그 도구의 사용법을 익혀 두는 것도 큰 도움이 될 것이다.

구체적인 행동이나 해결책이 보일 때까지 나누기

나누는 작업은 마음만 먹으면 한없이 계속할 수 있다. 하지만 지나치게 나누면 문제가 된다. 예를 들어 고객이 살고 있는 장소는 시도 단위에 그치지 않고, 군·구·읍·면·동, 나아가 번지까지 나눌 수 있다. 그러나 '어느 지역에 TV 광고를 내보낼지'를 판단하는 것이 목적이라면 번지 단위의 정보는 불필요하다.

반면 우편이나 택배라면 번지 정보가 반드시 필요하다. 거기까지 나눠야 물건이 정확히 도착하기 때문이다. 그런데 드론 택배 배송을 생각해 보면 번지만으로는 집 앞까지 정확히 도착하지 못할 것이다. 집까지 물건을 정확하게 보내려면 제곱미터 단위의 좌표 정보가 필요해진다. 이에 왓쓰리워즈(what3words)라는 스타트업은 전 세계를 가로세로 3미터의 격자로 나누고, 각 칸에 세 단어의 조합을 부여해 정확한 위치를 특정하는 서비스를 제공한다. 이는 드론의 발착 지점을 더욱 정밀하게 지정하는 데 유용할 뿐만 아니라 주소가 동일한 대형 공원 등에서도 긴급 상황 시 정확한 위치를 표현할 수 있는 기반이 된다. 목적에 맞는 적절한 행동을 가능하게 하는 단위까지 나누는 것이 중요하며 비즈니스의 종류나 목적, 최종적으로 취해야 할 행동에 따라 나누어야 할 단위는 달라진다는 의미다.

예를 들어 '매출이 낮다.'라는 과제만으로는 구체적인 행동이 잘 보이지 않는다. 패스트푸드점에서 일하고 있는데 점장이 '일단 매출을 올려라.'라고 말한다면 우선 고객을 더 불러와야 한다고 생각해 가게 앞에서 소리를 지르며 호객하는 식의 엉뚱한 대응을 할 수도 있다. 그러나 매출을 '고객 수'와 '고객 단가'라는 기준으로 나누고, 다시 '고객 단가'를 금액대별로 나눈 뒤 고객 단가가 높은 고객을 '구입한 제품'에 따라 분류해 본다면 어떨까? '고객 단가가 높은 고객은 감자튀김과 음료를 함께 구매한다. 아마 목이 말라 감자튀김과 음료를 함께 산 것일지도 모른다.'라는 통찰에 도달할 수도 있다. 그렇다면 감자튀김을 저렴하게 판매함으로써 이익률이 높은 음료 구매를 유도하는 해결책도 고려할 수 있게 된다.

행동으로 옮길 수 있을 만큼 세세한 단위로 나누기 위해서는 해결책이나 기술에 관한 지식도 필요해진다. 예를 들어 '금전적으로 도움이 되는 행동을 제안하는 앱을 만든다.'라는 아이디어가 떠올라도 앱 개발 경험이 전혀 없다면 '앱을 만들고 싶은데 방법을 모르겠다.'라는 수준에서 멈추게 되고, 앱 개발을 위해 어떤 과제가 있는지조차 나누어 볼 수 없게 된다. '10년 안에 부자가 된다.'라는 개인적 목표도 마찬가지다. 돈을 버는 방법을 충분히 알고 있지 않다면 목표 금액에 도달하기 위한 단계 자체를 떠올릴 수 없어 행동으로 옮길 수 없다.

만약 사안을 잘 나누지 못한다고 느껴진다면 먼저 지식을 익혀야 한다. 주변에 과제를 충분히 나누지 못하는 사람이 있다면 과제를 나누려면 해결책에 대한 지식이 일정 수준 필요하다는 점을 알려 주면 좋을 것이다. 나누는 행위는 겉보기에 쉬워 보이지만 지식과 경험이 필요한 고도의 작업이다. 그렇다고 해도 지식과 훈련을 통해 향상될 수 있는 능력이므로, 기준을 잘 설정하는 사람이 있다면 그 사람의 사고방식을 흉내 내며 스킬을 키워 나가면 된다.

비교하기

과제를 여러 요소로 '나누기'가 가능해지면 다음은 각각의 요소를 '비교하기' 함으로써 '구조'를 드러내는 것이다. 흔히 '분석은 나누는 것이다.'라고들 하지만, 원래 분석이란 '나누고 나서 비교해 의미를 도출하는 것'이다. 비교가 없으면 분석이라고 할 수 없다.

'나누기'의 서두에서 시도별 매출을 나누어 따뜻한 지역에서는 잘 팔리고 추운 지역에서는 덜 팔린다는 예를 들었다. 이 예에서는 따뜻한 지역과 추운 지역을 비교하고 있다. 비교라는 과정이 없었다면 단순히 '시도별 매출 데이터를 추출했다.'에서 끝났을 것이다. 그것은 분석이 아니다. 비교를 해야 비로소 우리는 그 안에서 의미를 발견할 수 있다.

과제를 나누어 나간 트리 구조에서 오른쪽 끝의 무엇을 골라 깊이 파고들지는 비교를 해야 비로소 가능해진다.

비교한다는 것은 두 가지 이상의 사안에서 공통점과 차이점을 찾아내는 일이다. 예를 들어 사과 두 개를 비교한다고 생각해 보자. 그러면 사

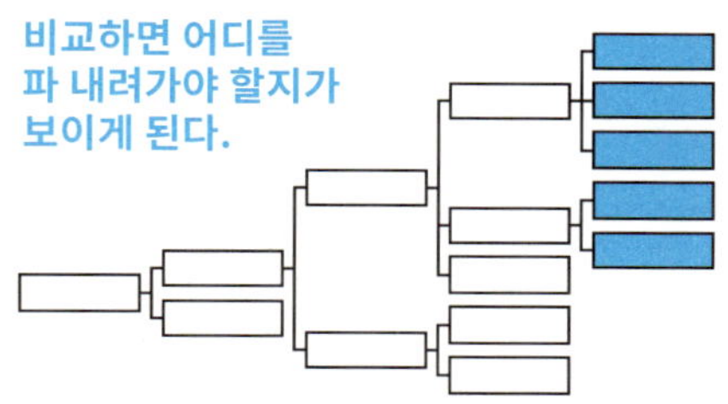

과 두 개의 같은 부분과 다른 부분에 주목하게 된다. 색의 차이가 있는가 하면 모양의 차이도 있다. 숙련된 사람이라면 보기만 해도 더 맛있는 사과를 고를 수 있을 것이고, 사과에 생긴 병을 알아차릴 수도 있을 것이다.

사업에서 무엇에 중점을 둘지, 어디에 집중적으로 투자할지 판단할 때도 우리는 자연스럽게 '비교'를 한다. 하지만 효과적으로 비교하려면 요령이 필요하다.

비교하기 전에 먼저 해야 할 일은 바로 '비교 가능하게 만들기'라는 준비다. 이제 그 준비부터 살펴보자.

추상도를 맞추기

사안은 추상도의 수준을 맞출 때 비교가 가능해진다.

여기서 필요한 것이 바로 추상화다. 추상화란 어떤 사안에서 주목해야 할 특징이나 요소, 규칙 등을 선택하고, 그 밖의 것은 일단 제외하며 사고하는 것을 뜻한다.

예를 들어 비즈니스 모델은 비즈니스의 특정 부분을 추상화한 것이다. 제품이나 내용 등 구체적 요소를 걷어 낸 뒤 돈의 흐름과 이해관계자의 관계성에만 주목해 해당 비즈니스의 구조를 파악한 것이 비즈니스 모델이다. 이렇게 구체적인 제품 정보를 잠시 치워 두면 어느 비즈니스 모델이 더 뛰어난지 비교할 수 있다. 또한 다른 업계의 우수한 비즈니스 모델을 자신의 분야에 가져오는 것도 가능해진다.

비즈니스 모델을 한 단계 더 추상화해 그 공통점을 기준으로 묶어 '카
테고리'를 만드는 경우도 있다. 예를 들어 공유경제는 '사용자끼리 공유
하는 비즈니스'라는 공통점에 주목한 카테고리다. 광고 비즈니스는 TV
광고인지, 포스터인지, 인터넷상의 배너 광고인지 같은 구체적 방식은
모두 덮어 두고 '광고로 수익을 창출한다.'라는 공통점에 주목한 카테고
리다. 이런 카테고리 단위로 보면 개별 구체적인 비즈니스만 봐서는 보
이지 않던 해당 카테고리의 특징이 드러나게 된다.

추상화를 하면 다양한 방식으로 비교할 수 있다. 다만 그만큼 구체성
과 현장 감각은 사라진다. 또한 적절한 특징을 골라 추상화하지 않으면
추상화 자체가 의미를 잃을 수도 있다.

반대로 추상도가 낮다는 것은 구체도나 구체성이 높다는 뜻이다. 공
유경제 같은 카테고리가 아니라 개별 비즈니스의 내용, 핵심 인물, 그
사람의 성격과 경력에 주목해 기업의 경쟁 우위를 살펴보는 것은 구체
성이 높은 접근 방식이다. 제품에서도 앱의 버튼 색깔이나 크기와 같은
부분에 주목하는 것은 매우 구체성이 높은 행위다. 구체성이 높아지면
검토할 항목은 명확해지지만, 대신 범용적인 논의는 어려워진다.

비교할 때는 추상도가 비슷해야 한다. 예를 들면 '공유경제'와 '광고
비즈니스'는 비슷한 추상도의 비즈니스 모델이므로 각각의 특징을 비교
할 수 있을 것이다. 하지만 '공유경제'와 '구글'을 비교하려 한다면 하나
는 비즈니스 모델이고 하나는 개별 회사이므로 비교하기 어렵다. 비교
가 의미 있기도 어렵다. 더 구체적인 예로, 앱 개발에서 '사용성'과 '송금
기능' 중 어느 쪽을 우선할지 비교하는 것도 쉽지 않다. '사용성'은 사용
자 경험 전반이라는 높은 추상도이므로 버튼 조작의 용이성이나 가이드
의 편의성 등 다양한 요소가 포함될 가능성이 있다. 반면 '송금 기능'은
기능 단위의 추상도이므로 사용자 경험에 비해 구체성이 높다. 비교가
어렵다고 느껴진다면 추상도를 동일하게 끌어올리거나, 반대로 구체적

사례로 낮춰 보면 된다.

추상도가 같은지 판단할 때는 같은 카테고리인지 확인해 보는 것이 도움이 된다. 예를 들어 '카레와 에스프레소, 아포가토, 프라푸치노 중 어느 쪽을 고를래?'라는 질문은 음식과 음료라는 다른 카테고리의 사안을 비교하고 있기 때문에 다소 이상하게 느껴진다. 반면 '카레와 하이라이스 중 어느 쪽을 고를래?'라면 카테고리가 대강 비슷하므로 대답하기 쉽다.

다만 목적에 따라 카테고리의 기준도 달라진다. 위의 '카레와 에스프레소, 아포가토, 프라푸치노 중 어느 쪽을 고를래?'도 목적이 단순한 '점심을 먹는다.'가 아니라 '점심 섭취 칼로리를 700kcal 이내로 한다.'라는 것이라면 이 비교도 의미를 갖게 된다. 카레와 그란데 사이즈의 에스프레소, 아포가토, 프라푸치노는 대체로 비슷한 약 700kcal의 섭취물이라는 동일 카테고리로 묶이기 때문이다.

숫자로 표현하는 것도 사안의 특정 측면에 주목한 일종의 추상화다. 예를 들어 몸무게나 키는 사람의 특정 측면에 주목해 비교를 가능하게 하는 숫자다. 개별 사과의 맛을 생각할 때도 맛의 한 가지 요소인 단맛을 '당도'라는 숫자로 표현해 비교하는 경우도 있다. 사과에 포함된 자당의 양을 당도로 수치화하면 바나나나 귤 등 다른 과일과 사과의 단맛을 비교할 수 있고, 수치화하면 계산 역시 훨씬 쉬워진다. 수치화는 구조화를 돕는 강력한 도구다. 구조화를 잘하는 사람 가운데 숫자 감각이 뛰어난 사람이 많은 이유이기도 하다.

그러나 수치를 비교할 때는 주의점도 있다. 어떤 관점에서 무엇을 수치화했는지에 따라 그 의미가 달라지기 때문이다. 예컨대 당도는 어디까지나 단맛을 구성하는 요소 가운데 하나인 '자당'만을 채택해 수치화한 값으로, 단맛 전체를 설명하는 지표도 아니고 '맛' 자체를 설명하는 값은 더더욱 아니다. 당도를 맛있음과 동일시하는 것은 위험하다.

또한 수치화 방식에 따라 활용 방법도 달라진다. 데이터에는 질적 데이터와 양적 데이터가 있다. 질적 데이터는 명목척도(nominal scale)와 서열척도(ordinal scale), 양적 데이터는 등간척도(interval scale)와 비율척도(ratio scale)로 나뉘며, 각 척도에 따라 비교할 때의 시점도 달라진다. 만족도 조사에서 '1 나쁨, 2 보통, 3 좋음'처럼 숫자를 취하는 경우가 있는데, 이것은 서열척도에 해당한다. 겉보기에는 숫자 형태를 띠고 있지만 3을 선택한 사람이 1을 선택한 사람보다 3배 더 만족한다고 볼 수는 없다. 어떤 데이터를 다루고 있는지를 항상 의식하면서 숫자를 사용해 비교해야 한다.

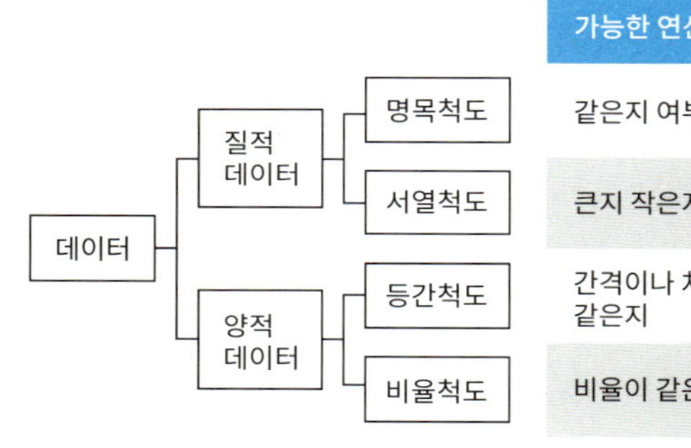

가능한 연산	설명	예
같은지 여부	순서에 의미가 없다. 순수한 분류	혈액형, 날씨, 성별, 학력
큰지 작은지	순서에 의미가 있지만 간격에는 의미가 없는 분류	만족도, 순위
간격이나 차이가 같은지	간격에 의미가 있다.	기온
비율이 같은지	0을 원점으로 해서 간격과 비율에 의미가 있다.	키, 몸무게, 가격

크기를 비교하기

추상도를 맞추면 비교할 준비가 갖춰진다. 비교의 가장 기본은 크고 작음을 확인하는 것이다. 예를 들어 어떤 시장이 더 큰지를 파악하는 일은 진입할 시장을 결정할 때 매우 중요한 판단 기준이 된다. 이미 고객이 존재한다면 고객을 여러 세그먼트로 구분하여 어느 세그먼트가 더 큰지 살펴볼 수도 있고, 제품별 매출 규모를 비교할 수도 있다.

몰두할 과제를 정할 때도 큰 것부터 순서대로 보는 것이 좋다. 현재 매출이 100억 엔인 제품은 매출을 1%만 올려도 1억 엔이 늘어난다. 반면 매출 10억 엔인 제품은 1억 엔을 더 늘리려면 매출을 10%나 올려야 한다. 어느 쪽이 더 쉬운가를 생각해 보면 대부분은 매출 100억 엔 제품의 1% 매출 개선일 것이다.

비용 절감도 마찬가지로 큰 항목부터 착수하는 것이 정석이다. 예를 들어 일본 정부가 2050년까지 온실가스 배출을 실질 제로로 만들겠다고 선언한 '탄소중립' 정책을 사례로 보자. '중립 = 실질 제로'란 온실가스의 '배출량'에서 산림 조성·관리 등을 통한 '흡수량'을 뺀 값이 0이 되도록 한다는 의미다. 다음 표는 전 세계가 1년 동안 배출하는 약 510억 톤의 온실가스(이산화탄소 환산)의 현재 구성 비율이다. 여기서도 배출량이 큰 항목부터 과제로 삼고 있다. 전체의 31%를 차지하는 '제품을 생산한다.'와 관련된 산업 부문이나, 27%를 차지하는 '전기를 사용한다.'와 관련된 발전 부문에 전환을 위한 보조금이 집중적으로 투입되고 있다.

절대량으로서의 크기뿐만 아니라 성장률과 같은 비율의 크기를 비교하는 경우도 있다. 특히 스타트업이나 신규 사업에서는 현재 시장의 규모뿐만 아니라 성장률이 높은 시장을 목표로 삼는 전략이 중요하다. 예를 들어 매년 2배씩 성장하는 시장은 10년 뒤에는 규모가 약 1024배가 된다. 이 정도 성장률이라면 지금 시장이 작더라도 충분히 목표로 삼을 가치가 있다. 마찬가지로 자사 제품에서도 성장률이 높은 항목에 주력하면 큰 효과를 기대할 수 있다.

이처럼 다양한 '크기'에 주목하는 것이 비교의 첫걸음이다.

인간의 활동에 의해 배출되는 온실가스의 양

제품을 생산한다(시멘트, 강철, 플라스틱).	31%
전기를 사용한다(전기).	27%
생물을 키운다(식물, 동물).	19%
이동한다(비행기, 트럭, 화물선).	16%
차갑게 하거나 따뜻하게 한다(난방, 냉방, 냉장).	7%

출처: 《빌 게이츠, 기후재앙을 피하는 법》(김영사, 2021)

비중을 비교하기

다음으로 비교할 것은 비중이다. 여기서 말하는 '비중'이란 전체에 대한 영향도를 뜻한다. 예를 들어 매출을 '고객 단가×고객 수×구매 빈도'라는 기준으로 나누고, 고객 수를 다시 '신규 고객 수와 기존 고객 수'라는 기준으로 나눈다고 하자. 매출을 늘리려면 어떤 수치를 올려야 할까? 이때 비교의 대상이 되는 것은 매출에 가장 크게 영향을 미치는 요소, 즉 '비중'이다.

'결과의 80%는 20%의 원인에서 나온다.'라는 그 유명한 80대 20 법칙이 말하듯 몰두할 가치가 있는 중요한 과제는 대개 열 개 중 두세 개 정도다. 이러한 비중이 큰 요소는 레버(lever), 비즈니스 드라이버(business driver), 센터 핀(center pin), 레버리지 포인트(leverage point) 등으로 불리기도 한다(레버와 비즈니스 드라이버는 어떤 요소를 움직이게 하면 매출 등 중요한 요소도 연동해서 움직이는 것, 센터 핀은 볼링의 한가운데 있는 핀처럼 이를 쓰러뜨리면 주변도 함께 쓰러지는 중요한 요소를 가리키며, 레버리지 포인트는 지렛대의 힘점처럼 작은 힘으로도 큰 움직임이 생기는 지점을 의미한다).

탄소중립의 사례를 다시 떠올려 보자. 전기는 온실가스 배출 규모 자체가 클 뿐만 아니라 비중도 매우 큰 과제로 볼 수 있다. 전기 문제를 해결하면 다양한 문제가 연쇄적으로 해결될 가능성이 있기 때문이다. 이산화탄소를 배출하지 않는 저렴한 전기와 전기차 보급이 결합한다면 이동 부문의 온실가스 배출을 크게 줄일 수 있다. 철강 생산에서도 석탄 대신 전기를 활용하는 방식이 늘어날 수 있다. 식물 공장도 광열비가 비용의 대부분을 차지하므로 깨끗하고 저렴한 전기를 대량으로 확보할 수 있다면 식량 문제도 어느 정도 해결할 수 있을 것이다.

고객은 늘 여러 가지 문제를 갖고 있으며 각각의 비중은 다르다. 고객이 정말로 곤란해하고 절박감을 느끼는 과제, 즉 앞서 설명한 버닝 니즈는 고객에게 비중이 매우 큰 과제다. 스타트업은 '버닝 니즈를 해결하면 그 상위에 있는 과제들까지 차례대로 해결되어 결국 큰 과제를 해결할 수 있게 된다.'라는 시간 축을 고려할 때의 중요한 과제, 즉 사업 전개를 내다봤을 때의 비중까지 함께 고려해야 한다.

고객의 과제를 분석하면 다양한 과제가 드러난다. 그 구조를 제대로 파악해 수많은 과제 중에서 비중 있는 과제를 선택하도록 하자.

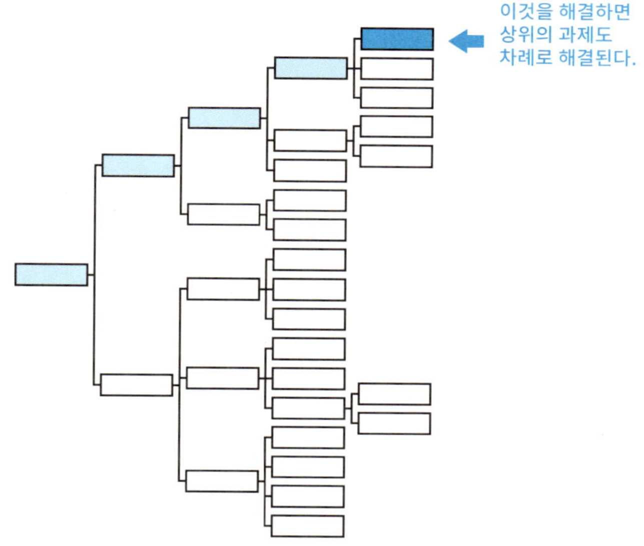

시각화해서 비교하기 쉽게 만들기

비교해야 할 요소가 많아지면 정보량이 방대해져 비교가 어려워진다. 이때 도움이 되는 것이 바로 시각화다.

예를 들어 그래프나 차트로 표현하면 데이터 간의 차이나 상관관계를 더 쉽게 파악할 수 있고 의미도 찾기 쉬워진다. 크기나 양을 비교할 때는 막대그래프가 유용하고, 구성비나 비율을 비교하려면 원그래프나 띠그래프가 적합하다. 시간의 흐름에 따른 증가나 감소를 보고 싶다면 꺾은선그래프가 편리하며, 분포를 분석하려면 히스토그램이 도움이 된다.

경쟁사와 비교하는 경우에는 상하와 좌우로 축이 나뉜 2축 맵을 이용해 요소를 배치하면 시각적으로 비교하기 쉽다. 다만 축으로 설정하는 요소는 서로 상관관계가 없어야 한다. 예를 들어 '쌀의 가격'과 '쌀의 맛(품질)'은 기본적으로 상관관계가 있으므로 이 축으로 쌀의 품종을 매핑해도 새롭게 보이는 것은 없다. 각각 상관관계가 없는 '단맛'과 '식감(딱딱함이나 부드러움)'을 축으로 설정하면 선호에 맞는 단맛과 식감을 가진 쌀을 찾는 데 유용한 힌트가 될 것이다.

경쟁 제품을 비교할 때 자주 사용되는 형식 중 하나가 제품 기능을 ○, ×로 정리한 표다. 이는 두 개의 축만 사용할 수 있는 2축 맵과 달리, 세 개 이상의 평가 기준을 동시에 비교할 수 있다는 장점이 있다. 일반적으로 열에는 제품을, 행에는 기능을 배치한다. 행이 많을수록 평가의 시점이 늘어나 해상도도 높아진다. 평가의 시점을 생각할 때는 단순히 기능 목록을 나열하는 데 그치기보다, 고객에게 어떤 가치로 연결되는지를 의식하면 더 좋은 표를 만들 수 있을 것이다. 예를 들어 쌀이라면 단순한 맛 평가 외에 '식어도 맛이 유지되는지(도시락에 사용할 수 있는지)', '장기 보관이 가능한지', '카레와 어울리는지', 혹은 '칼로리가 낮은지'와 같은 평가 축을 설정할 수도 있다. 평가의 시점은 다양할 수 있지만 고객 시점에서 설정하는 것이 중요하다.

또한 표의 행 순서 역시 중요하다. 가장 위쪽에는 이번에 타깃으로 삼고 있는 고객 세그먼트에서 우선순위가 높은 평가 축을 두고, 아래쪽에는 낮은 것을 배치하자. 이렇게 구성하면 특정 고객에 대한 이해도를 확인할 수 있다. 만약 우선순위가 높은 항목에서 경쟁사보다 열세하다면 제품 자체를 다시 검토하거나 고객 타깃을 재설정해야 한다는 점도 파악할 수 있다.

그리고 같은 고객이라도 상황에 따라 평가 기준의 우선순위가 달라질

막대그래프로
양을 비교하기

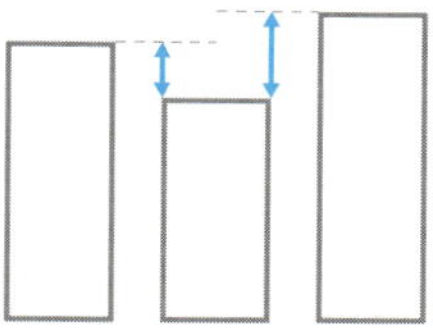

원그래프로
구성비나 비율을 비교하기

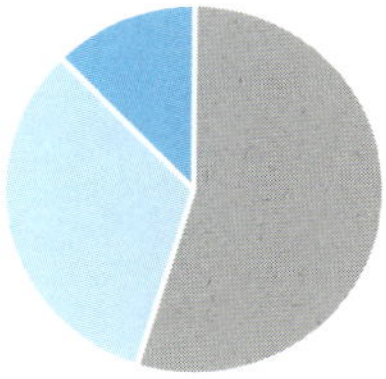

꺾은선그래프를
활용해 시계열로 비교하기

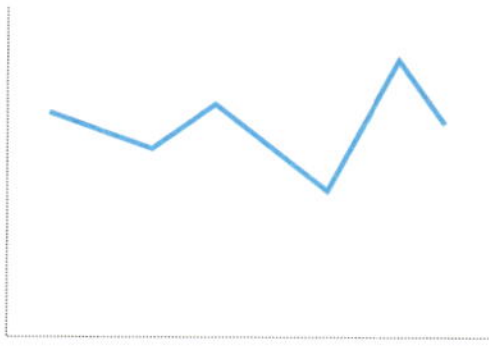

좋지 않은 예로서의 2축 맵
(축 간에 상관관계가 있음)

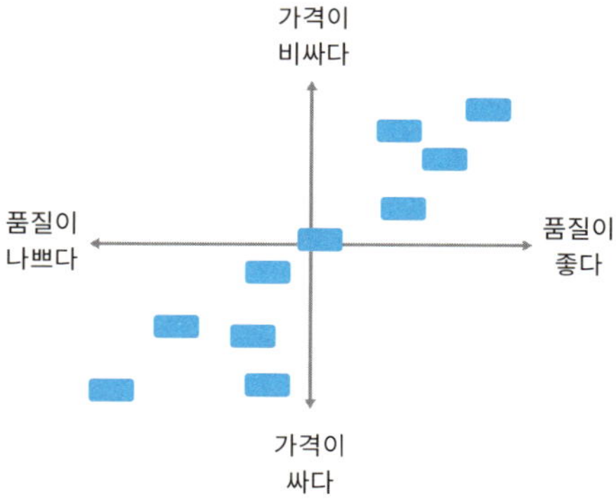

가격이
비싸다

품질이
나쁘다

품질이
좋다

가격이
싸다

좋은 예로서의 2축 맵

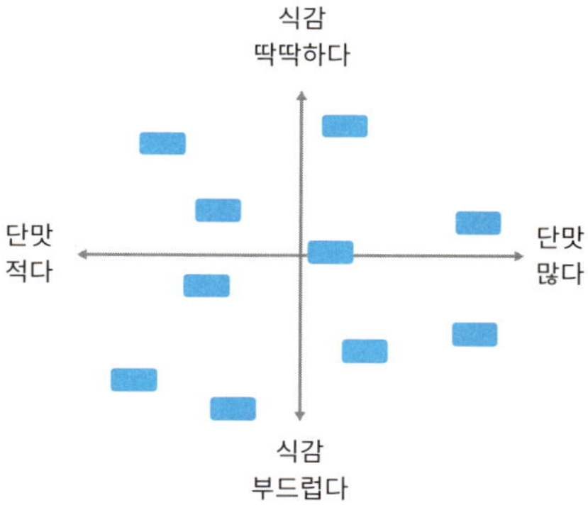

식감
딱딱하다

단맛
적다

단맛
많다

식감
부드럽다

표를 만들어 비교하기

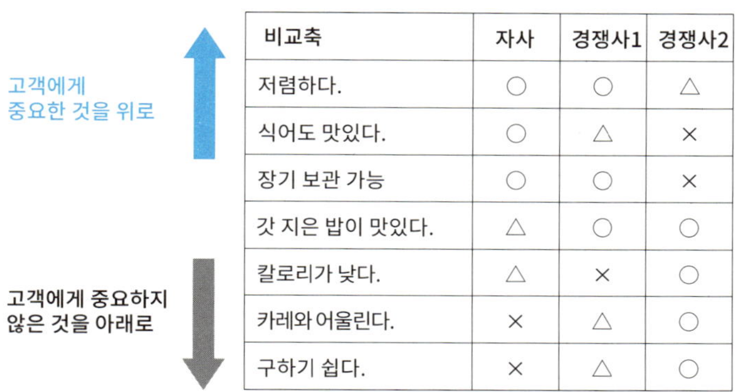

비교축	자사	경쟁사1	경쟁사2
저렴하다.	○	○	△
식어도 맛있다.	○	△	×
장기 보관 가능	○	○	×
갓 지은 밥이 맛있다.	△	○	○
칼로리가 낮다.	△	×	○
카레와 어울린다.	×	△	○
구하기 쉽다.	×	△	○

수 있다는 점을 기억해야 한다. 예를 들어 아침에 급히 준비해야 할 때는 '빨리 조리할 수 있는지'나 '저렴한지'가 높게 평가되어 행의 위쪽에 위치할 수 있다. 반면 소중한 사람과 식사할 때는 '맛있음'이 위쪽에 오고 '빨리 조리할 수 있는지'는 그다지 중시하지 않을 수도 있다. 표를 만들 때는 고객이 처한 상황까지 함께 고려해야 한다.

구분 방법을 재검토하기

비교하기 어렵거나 충분한 통찰이 도출되지 않는다면 '나누기' 단계로 돌아가서 생각해 보는 것이 좋다. 사안을 어떤 기준으로 나누었느냐에 따라 비교의 용이성과 통찰을 끌어내기 쉬운 정도가 크게 달라지기 때문이다.

분석이란 '나누고 난 뒤에 비교하는 것'이라고 했듯이 나누기와 비교하기는 서로 밀접하게 연관되어 있다. 만약 분석이 잘되지 않는다면 나누기와 비교하기를 오가며 조금씩 더 나은 구조를 찾아 나가자.

고도의 방법을 사용해서 비교하기

분석 방법을 익히는 것의 중요성도 언급하고자 한다. 정량 분석과 정성 분석에는 다양한 기법이 존재한다. 보다 정확하게 '비교하기'를 수행하고 싶으면 고도의 분석 방법을 이용해 볼 수 있다. 통계학에서 사용되는 각종 방법이나 연구에서 사용되는 무작위 대조 시험(Randomized Controlled Trial, RCT) 등 학술 영역에서 이용되는 분석 방법을 배우는 것은 비교하기에 대해 새로운 시점과 방법을 제공해 준다.

어느 수준까지 학습해야 하는지는 사람마다 다르지만 분석을 자신의 무기로 삼고 싶은 사람이라면 매년 한 가지씩 새로운 분석 방법을 익히는 것을 목표로 삼아도 좋을 것이다.

관계 짓기

'나누기', '비교하기'와 반드시 함께 수행해야 하는 중요한 작업은 '관계 짓기'다.

앞서 우리는 사안을 나누고 비교하는 과정을 통해 과제의 구조를 파악하는 법을 살펴보았다. 그러나 사안을 지나치게 세밀하게 나누면 요소가 너무 많아져 오히려 통찰을 얻기 어려워진다. 이때 세분화된 요소들을 다시 특정한 공통 성질에 따라 '관계 지어' 묶으면 비교가 한층 쉬워지고, 새로운 구조가 보이면서 통찰이 생겨나기도 한다. 나누어진 요소들을 관계 짓고 재구성함으로써 비교가 쉬워지는 것이다. '나누기', '비교하기', '관계 짓기'는 서로 긴밀하게 연결된 작업으로, 여러 차례 오가며 반복할 때 비로소 더 좋은 과제의 구조가 드러난다.

이제부터는 요소를 어떻게 '관계 지어' 구조화할 수 있는지를 살펴보고자 한다.

기준이 다르므로 요소끼리 비교하기 어렵다.

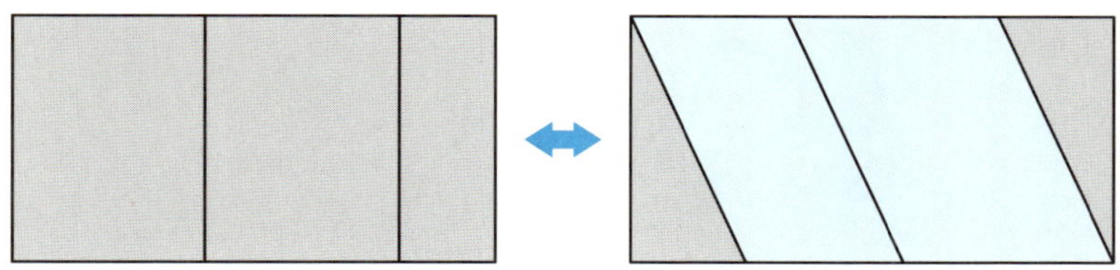

기준이 비슷하므로 요소끼리 비교하기 쉽다.

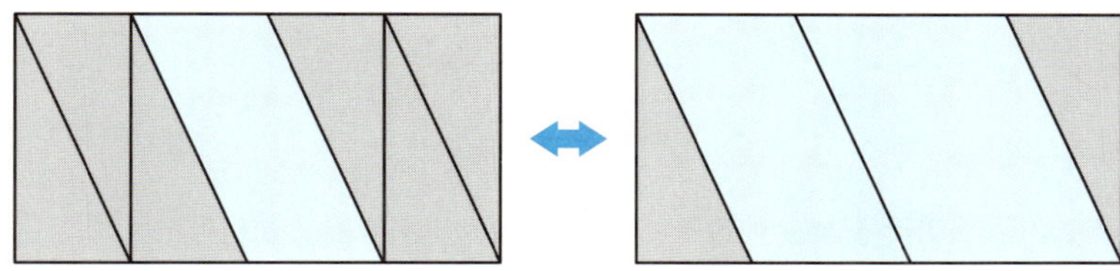

그룹화하기(묶기)

관계를 짓는 한 가지 방법은 공통항이라는 관계성을 찾아내어 공통항을 가진 요소들을 묶는 것, 즉 그룹화(그룹핑)하는 것이다.

예를 들면 우체통, 버찌, 사과는 모두 '빨간색'이라는 공통항으로 묶을 수 있다. '먹을 것'이라는 공통항으로 묶으면 버찌와 사과만 선택될 것이다. 이러한 묶음을 바탕으로 '빨간 먹을 것은 맛있다.'와 같은 새로운 의미를 도출해 낼 수도 있다.

공통항을 찾기 위해 요소들의 차이에 주목하는 방법도 있다. 예를 들어 필자는 생토마토를 잘 먹지 못해서 '빨간 먹을 것은 맛있다.'라는 주장에는 동의하기 어렵다. 그러나 버찌와 사과는 맛있다고 생각한다. 이 때 토마토, 버찌, 사과를 함께 비교해 차이에 주목하면 '껍질이 빨간 먹을 것 중에서 식감이 단단한 것은 맛있다.'라는 새로운 의미를 발견할 수도 있다. 무엇이 같고 무엇이 다른지를 의식하며 살펴보는 과정에서 이전에는 보이지 않던 새로운 공통항이 드러나기도 한다.

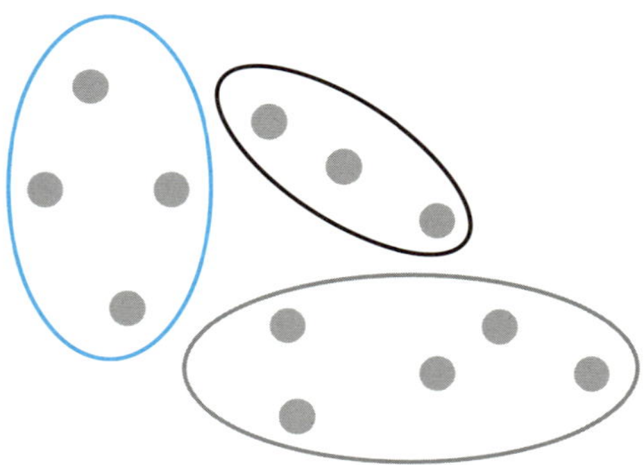

나열하기

어떤 기준에 따라 순서를 매기거나, 사안이 발생한 순서대로 정리하거나, 특정한 의미가 담긴 흐름에 따라 요소를 배열하는 것, 즉 나열하는 일 역시 관계를 짓는 하나의 방법이다.

예를 들어 지금 여러분이 읽고 있는 한 문장 한 문장도 특정한 글자의 나열에 의해 의미를 갖는다. 이 책의 독자는 한국어가 모국어인 사람이 많다고 생각하지만 모국어 문장은 너무 익숙해 나열의 의미를 체감하기 어려울 테니 영어 문장을 예로 들어 보자.

'Dogs like cats.'는 '개는 고양이를 좋아한다.'라는 뜻이다. 단어의 순서를 'Cats like dogs.'로 바꾸기만 해도 '고양이는 개를 좋아한다.'로 전혀 다른 뜻이 된다. 문장의 의미는 단어가 배치되는 '나열' 방식에 의해 결정된다. 'Dogs like cats.'는 주어(S) - 동사(V) - 목적어(O)의 3형식을 취하고 있다. 이러한 문법적 '나열' 기준을 알고 있어야 단순한 글자 나열이 아닌 문장의 의미를 이해할 수 있다.

의미를 찾아낼 때는 이처럼 '나열'을 의식하는 것이 도움이 된다. 예를 들어 크기에 따라 순서를 매기는 방식이 있다. 앞서 언급한 온실가스 배출 사례에서처럼 온실가스 배출량을 수치화해 각 영역의 배출 규모를 '비교하는' 것만으로도 특정 영역이 다른 영역보다 온실가스를 많이 배출하고 있다는 사실을 파악할 수 있다. 여기에 더해 비율이 큰 순서대로 나열하면 여러 영역 중 어디서부터 착수해야 할지 판단할 수 있다. 제품 매출도 마찬가지다. 수치화해 매출순이나 성장률순으로 나열하면 어떤 제품에 주목해야 할지가 보이게 된다. 고객을 매출순으로 나열하고 중앙값에 놓이는 고객에 주목하면 그 사람을 전형적인 고객으로 볼 수 있을지도 모른다. 자사 제품과 경쟁 제품을 다양한 축으로 평가하고 각각의 승패를 나열해 살펴봄으로써 새롭게 보이는 점도 있다. 조직이라면 직위순으로 구성원들을 배열할 때 조직의 구조가 드러나는 경우도 있다.

크기뿐만 아니라 시간이라는 관점에서도 나열할 수 있다. 예를 들어 사안이 어떤 프로세스나 단계를 거쳐 진행되는지 시간순으로 나열하는 것 역시 구조를 파악하는 데 도움이 된다.

그룹화든 나열이든 크기나 비중 같은 특정한 평가 축을 기준으로 '비

교하기'를 연속해서 수행하는 작업이라고도 볼 수 있다. 좋은 기준으로
나눌 수 있다면 비교가 쉬워지고, 이를 바탕으로 나열도 잘 이루어지기
때문에 새로운 통찰을 도출하기도 한층 수월해진다.

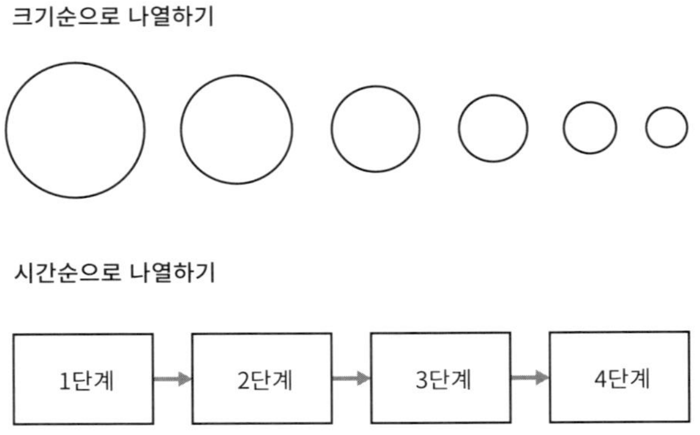

연결성을 살펴보기

요소 사이의 연결성을 살펴보는 일은 구조를 찾아내기 위한 중요한 시점이
다. 이는 사안들 사이의 관계성을 발견하는 작업이기도 하다.

예를 들어 먹이사슬을 보면 한 가지 생물의 개체 수가 줄어들면 다른
생물도 함께 감소한다. 반대로 그 생물에게 잡아먹히던 해충이 급격히
늘어나는 등 요소 간 상호작용의 연결성이 나타난다. 이러한 연결성을 살
펴보면 생태계 전체의 구조를 이해할 수 있다.

제품에서도 연결성을 이해하는 일은 중요하다. 하드웨어의 경우 부품
이 어떤 방식으로 연결되어 있는지를 이해하면 그 제품이 어떤 기능을
어떻게 실현하는지를 파악할 수 있다. 소프트웨어의 경우에도 컴포넌
트 간의 연결성을 주의 깊게 살피면 코드 전체의 구조가 드러나고, 어디
를 수정하고 개선해야 할지도 알 수 있다.

사람 사이의 연결성 역시 구조 이해에 도움을 준다. 예를 들어 기업에
어떤 제품을 도입하려고 할 때 사람의 연결성을 나타내는 조직도나 비

공식적인 사람들의 연결성을 알고 있으면 누구를 설득해야 일이 원활하게 진행되는지를 파악할 수 있다. 업계 단위에서는 어느 기업이 어느 기업과 거래하는지 공급망의 연결성을 시각화하면 업계나 기업의 경쟁 우위을 쉽게 이해할 수 있다. 기업 간 역학 관계나 어느 기업이 어느 기업에 의존하는지와 같은 의존 관계라는 연결성도 자연스럽게 드러난다.

법칙도 일종의 연결성으로 파악할 수 있다. 예컨대 '불법 주차를 하면 벌금을 내야 한다.'는 금지된 행동과 처벌이 연결되어 있다는 관계를 찾아낸 것이다. 이른바 '비를 부르는 남자, 여자'라는 개념도 '누군가가 행사에 참여하면 그날은 비가 온다.'라는 식의 연결성을 진위와는 별개로 하나의 법칙처럼 발견한 사례라고 할 수 있다.

가장 대표적인 연결성은 인과관계다. 예를 들어 '설탕을 넣으면 커피가 달아진다.'라는 것은 일종의 인과관계다. 사안에 인과관계가 있다고 보려면 세 가지 조건을 만족해야 한다. (1) 원인과 결과라 여길 수 있는 요소 사이에 공변 관계[10]가 있어야 하고, (2) 시간적 선후가 성립해야 하며, (3) 숨은 제3의 요인이 없어야 한다. 인과관계를 알면 원인으로부터 결과를 예측할 수 있게 되므로 상당히 강력한 형태의 연결성이라고 할 수 있다.

함께 쓰이는 경우가 많거나 함께 발생하는 요소 사이에서도 연결성이 발견된다. 이른바 공기(共起)다. 예를 들어 샐러드와 드레싱에는 본래 공통점이 거의 없지만 둘이 자주 함께 사용되기 때문에 '궁합이 좋아서 함께 사용된다.'라는 식의 새로운 연결성을 발견할 때도 있다. 데이터 분석에서는 이러한 연결성을 찾아내는 방법으로 연관 분석이 활용된다.

이처럼 다양한 연결성을 파악하고 있다는 것은 해상도가 높다는 증거다. 'A가 일어나면 B도 일어난다.'와 같은 규칙이나 법칙, 인과관계를 발견할

10 (옮긴이) 두 변수가 함께 변하는 관계

수 있다면 현상의 예측 가능성이 높아지고, 과제의 구조 또한 이해하고 있다는 뜻이 된다.

연결성에는 논리적으로 정리할 수 있는 것도 있고 그렇지 않은 것도 있다. 논리적 연결성은 MECE로 깔끔하게 분리되거나 상하 혹은 계층 관계가 명확하기 때문에 논리 트리 등으로 표현할 수 있다. 이렇게 논리적으로 정리된 연결성은 나누어 비교하거나 숫자를 사용해 구조를 파악할 때 매우 효과적이다. 그러나 사회와 생태계의 연결성은 거리가 먼 요소끼리도 서로 연결되어 있다. 연결성이 존재하더라도 시간적 지연과 여러 요소 간의 상호작용, 복잡한 피드백이 얽혀 있기 때문에 트리 구조만으로는 정리하기 어렵다.

따라서 이제부터는 더 복잡한 연결성을 파악하기 위한 '시스템'이라는 개념을 살펴보고자 한다. 시스템을 파악하는 일은 구조를 파악할 때도 매우 중요하다.

시스템을 파악하기

서로 연결되어 상호작용하는 요소들의 집합을 시스템이라고 부른다. 앞서 예로 든 생태계도 시스템이다. 사람들의 연결성에 의해 성립되는 조직이나, 조직들의 집합인 업계 역시 시스템이다. 사회도 사람과 기업, 규칙이 함께 구성하는 하나의 시스템이다.

연결성을 본다는 것은 요소 간의 연결성을 '선'으로 이해하는 것이다. 더 나아가 시스템을 이해한다는 것은 여러 요소의 관계성을 '면'으로 이해하는 것이라고도 할 수 있다.

시스템을 이해하려면 요소나 부분뿐만 아니라 요소들 사이의 연결성과 상호작용에 주목해야 한다. 또한 시스템 전체로서의 기능이나 행위에도 주목해야 한다. 시스템 전체를 이해해야 비로소 진짜 과제를 찾아낼 수 있고 효과적인 해결책도 찾을 수 있다. 시스템 안에 있는 요소의 상

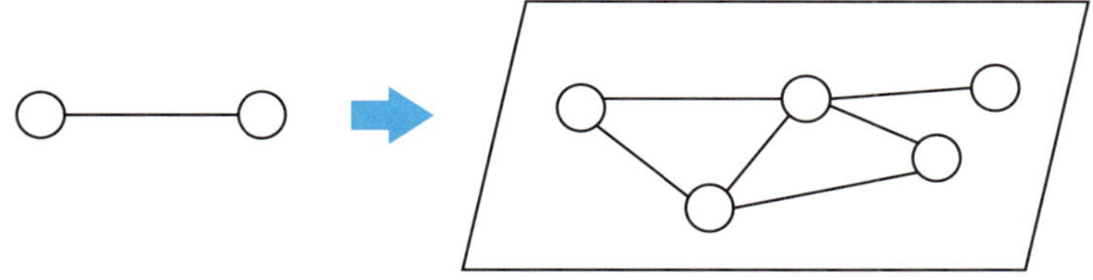

호작용을 이해하지 못하면 임기응변식 해결책에 그치기 쉽고, 좋다고 생각했던 것이 오히려 나쁜 결과를 낳는 경우도 생긴다.

예를 들어 '협력하며 일하는 것을 촉진하고 싶어 사내의 대면 커뮤니케이션을 늘리고 싶다. 그래서 사람이 쉽게 만날 수 있도록 벽과 개인실을 없앤 개방형 사무실을 택했다.'라는 기업의 사례를 자주 본다. 그러나 실제로는 개방형 사무실에서 대면 커뮤니케이션이 약 70% 감소하고, 반대로 메일 등 비대면 소통은 20%~50%가량 증가했다는 연구[11]가 있다. 지나치게 열린 공간에서는 오히려 말을 걸기 어려워진다. 주위 환경이 시끄럽다 보니 헤드폰 등을 착용해 커뮤니케이션을 차단하게 되는 것도 한 이유일 것이다.

이것은 '사람과 사람의 커뮤니케이션이 어떻게 생겨나고 있는지'라는 시스템 전체에 주목하지 않고 '커뮤니케이션이 부족한 이유는 물리적인 벽이 있기 때문'이라는 과제에 대한 낮은 해상도, 특히 불충분한 구조 이해에 기반한 안이한 과제 해결로 인해 나쁜 결과가 발생한 사례다.[12]

사안을 시스템으로 파악하면 겉으로 드러난 문제의 상류에 있는 근본 원인을 발견할 수 있다. 이를 해결함으로써 가장 큰 효과를 내는 과제, 즉 레버리지 포인

---

11 Ethan S. Bernstein, Stephen Turban "The impact of the 'open' workspace on human collaboration", 2 July 2018, Philosophical Transactions of the Royal Society B, Volume 373, Issue 1753
https://doi.org/10.1098/rstb.2017.0239
12 다만 개방형 사무실은 사무실의 면적을 줄일 수 있는 등 경영상의 다른 이점이 있다. 과제에 따라서는 개방형 사무실을 선택하는 것이 더 유리할 수도 있으므로 주의하길 바란다.

트도 찾아낼 수 있다. 이처럼 시스템에 주목해 사고하는 방식을 시스템 사고라고 부른다.

쉬운 예로 수도꼭지와 물 양의 관계를 생각해 보자. 수도꼭지를 틀면 열림 정도에 따라 흐르는 물의 양이 즉시 변한다. 시간 지연도 거의 없어서 '수도꼭지를 틀면 물의 양이 변한다.'와 같은 법칙성이나 연결성을 파악하기는 쉽다. 다음으로 수도꼭지 아래에 욕조가 있다고 하자. 수도꼭지를 틀면 욕조에 물이 차기 시작한다. 그러면 '수도꼭지를 틀면 물이 흘러 욕조에 물이 찬다.'라는 법칙도 확인할 수 있다. 하지만 큰 욕조에 물이 차는 것은 수도꼭지와 물의 양의 관계만큼 명확하지 않다. 변화가 천천히 일어나므로 차분히 관찰하지 않으면 물이 차고 있는지조차 알아차리기 어렵다.

이때 욕조에 마개가 없고 작은 구멍이 뚫려 있다고 하자. 수도꼭지를 잠그면 욕조의 물이 금세 줄어들어 '어라? 이상하네.'라고 깨닫게 된다. 이런 상황에서 물을 채우고 싶다면 레버리지 포인트가 되는 과제는 구멍일 것이다. 그러나 수도꼭지가 열려 물이 흐르고 있는 상황에서는 욕조의 물이 사실은 조금씩 빠지고 있다는 사실을 알아차리기 어렵다. 그 결과 과제에 대응하는 시기가 늦어지고 만다. 수도꼭지, 물의 양, 욕조뿐만 아니라 구멍으로 새어 나가는 물의 영향까지 함께 이해하고 있지 못하면 시스템 전체를 이해했다고 볼 수 없다. 사안을 제대로 보지 않으면 시스템은 파악할 수 없다는 뜻이다.

욕조의 구멍이라면 단순하다. 그러나 실제 시스템은 요소도 많고 상호작용도 복잡해 파악하기가 훨씬 어렵다. 무엇이 어디에 영향을 주는지 알기 힘들고 놓치는 연결성도 있어 전체 시스템의 행위를 예상하지 못하는 경우도 있다. '브라질에 있는 나비 한 마리의 날갯짓이 텍사스에 토네이도를 일으킬 수 있다.'로 알려진 나비효과는 사소한 변화가 시스템 전체에 큰 변화를 일으킬 수 있음을 보여 준다.

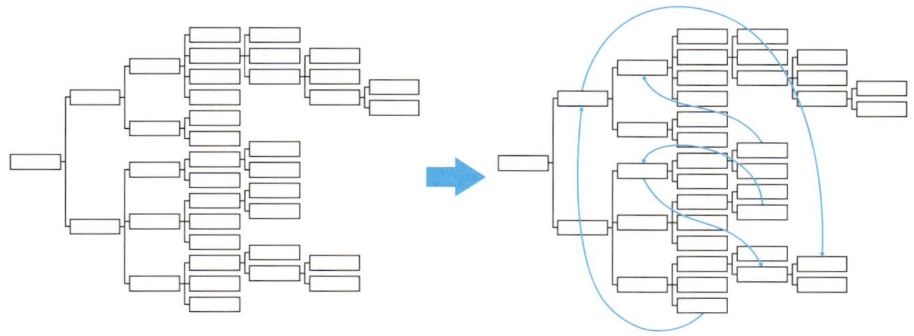

또한 복잡한 시스템에서는 하나의 변화에 대해 시간 지연이 크게 발생하는 경우도 많다. 예를 들어 지구 환경이라는 시스템은 여러 요소가 복합적으로 서로 영향을 주고받는다. 그래서 하나의 변화가 곧바로 눈에 띄는 형태로 드러나지 않는다. 인간의 이산화탄소 배출로 기온이 점진적으로 상승하는 현상 역시 마찬가지다. IPCC(기후 변화에 관한 정부 간 협의체)가 1990년에 이미 '인위적인 온실가스 배출이 지속되면 생태계와 인류에 중대한 영향을 줄 기후 변화가 일어날 수 있다.'라고 경고했다. 그러나 오랜 시간이 흐른 2021년에 이르러서야 '인간의 활동이 대기, 해양, 육지에 온난화를 초래해 왔음은 의심할 여지가 없다. 대기, 해양, 설빙권 및 생물권에서 광범위하고도 급속한 변화가 나타나고 있다.'라고 공식적으로 판정했다.

시스템을 이해하는 일은 복잡하고 인지 부담이 크기 때문에 사람은 무심결에 사안을 단순화해 이해하고 싶어 한다. 하지만 복잡한 시스템으로서의 사회를 이해하기를 포기하고 사회를 단순화해 이해하려 하면 잘못된 사고에 빠지기 쉽다. 그 대표적인 사례가 음모론이다. 음모론의 전제는 '사회는 소수의 악의적 인물이 의도하는 대로 움직인다.'라는 인식이다. 즉, 특정 개인의 의도가 그대로 사회 전반에 반영된다는 단순한 인과 구조로 사회라는 시스템을 이해한다. 그러나 실제 사회는 복잡한 시스템이며, 더구나 의외로 불완전하게[13] 움직이므로 아무리 힘이나 돈이 있는 사람이라 해도 그 사람이 의도한 대로 사회가 움직이는 일은 거의 없다. 우리가 누군가를 뜻대로 움직이기 어려운 것과 마찬가지다. 그럼에도 음모론이 인기를 얻는 이유는 단순한 구조가 직관적으로 이해하기 쉽기 때문이다.

음모론뿐만 아니라 우리는 시스템의 복잡함을 외면하고 인과관계나 법칙을 단순하게 보려는 경향이 있다. 물론 단순화된 해석이나 전달이 더 좋을 때도 있다. 그러나 해상도를 높이려면 과도한 단순화를 피하고, 복잡한 것은 복잡한 대로 받아들이며 시스템을 이루는 요소와 그 사이의 연결성을 제대로 살펴봐야 한다.

또한 시스템이 항상 불안정한 상태로 머무르는 경우는 거의 없다. 결국은 어떤 형태로든 안정과 균형을 이루려는 경향이 있다. 예를 들어 외래종이 들어온 연못의 생태계는 일시적으로 혼돈에 빠져 외래종이 오기 전과는 다른 모습이 되지만, 결국은 어느 지점에서는 다시 안정된다. 외래종인 가재가 급증해 연못의 생태계를 파괴하면 먹이가 되는 생물이 급감하고, 그 결과 가재의 개체 수도 줄어들어 새로운 상태에서 다시 안정된다. 혹은 먹이가 고갈되어 외래종까지 함께 사라지면서 생태계가 완전히 파괴된 상태로 안정될 수도 있다. 어떤 형태든 시스템의 어딘가에서 순환이 일어나고 피드백이 작동하기 때문에 시스템은 균형을 향해 움직인다.

시스템의 어디에 개입해야 하는지를 판가름하기

시스템은 최종적으로 균형에 도달하지만 균형에 이르기까지 오랜 시간이 걸릴 때가 있다. 선순환과 악순환이 일어나는 경우다. 네트워크 효과가 있는 비즈니스는 선순환의 한 예다. 예를 들어 전화는 사용자가 두 명뿐이면 이점이 거의 없다. 그러나 사용자가 늘어날수록 통화할 수 있는 상

13 《사회를 알기 위해서는(社会を知るためには)》(2020)

대가 늘고, 그에 따라 전화라는 제품의 가치도 함께 커진다. 마찬가지로 개인 매매 서비스는 판매자가 늘면 상품이 늘고 구매자가 증가한다. 구매자가 늘어날수록 다시 판매자가 늘고 상품 수도 증가하며, 다시 구매자가 늘어난다. 이 선순환에 들어오면 해당 매매 서비스는 다른 동종 서비스에 비해 압도적으로 유리해진다. 인터넷의 발달로 이런 선순환 기반의 비즈니스가 증가해 왔다. 반면 악순환은 경기에서 흔히 볼 수 있다. 경기가 나빠지면 사람들의 소비가 줄어 수요가 감소하고, 수요가 줄면 경기가 더 나빠지는 순환이다. 이 악순환을 끊어 내기 위해 정부는 확장 재정을 통해 공적 수요를 늘리는 등 시장이라는 시스템에 개입한다. 선순환과 악순환 모두 강력한 개입이 이루어지더라도 안정적인 상태에 도달하기까지는 오랜 시간이 걸리는 것이 일반적이다.

누군가의 의도를 바탕으로 설계된 시스템이라 해도 자연 발생적, 우발적, 창발적 요소가 작용해 대부분 의도한 것 이상의 행위를 한다. 예를 들어 위에서 언급한 시장 시스템이 그 한 사례다. 시장 자체는 정부가 의도적으로 설계한 구조이지만 계획대로 작동하지 않는 경우가 대부분이다.

그렇다고 우리가 시스템 앞에서 무력한 것은 아니다. 정부가 시장에 개입해 영향을 주는 것처럼, 적절하게 개입하면 시스템에 영향을 미칠 수 있다. 과제의 구조를 시스템의 상호작용으로 이해하면 시스템의 어느 요소에 개입해야 할지도 보이게 된다. 기존 비즈니스나 업계 구조, 업무 흐름 역시 하나의 시스템이며, 다양한 요소가 얽히고설키는 과정에서 형성된다. 새로운 제품을 만든다면 어떻게 해야 그 제품이 기존 시스템 안에서 잘 자리를 잡을지, 어디에 개입해야 시스템 전체를 원하는 방향으로 변화시킬 수 있을지를 고민해야 한다. 이런 식으로 사고할 때 구조의 시점에서 해상도는 한층 높아진다.

더 큰 시스템의 영향을 의식하기

독립적으로 운영되는 여러 시스템이 서로 연결되어 전체로서 창발적으로 행동하는 현상을 IT 분야에서는 '시스템 오브 시스템즈(System of Systems, SoS)'라고 부르기도 한다. 시스템 오브 시스템즈에는 대개 전체를 총괄해 관리하는 존재가 없다. 각각의 시스템은 개별적으로 관리되지만 서로 연결되면서 전체 차원의 새로운 행위가 창발적으로 나타난다. 말하자면 전체는 아무도 직접 통제하지 않는 가운데 자율적으로 행동하는 것이다.

시스템 오브 시스템즈의 의미를 더 넓게 보면 사회 역시 하나의 시스템 오브 시스템즈로 이해할 수 있다. 정부, 기업, 시장, 제도 등 독립적인 다양한 시스템이 사회를 구성하고, 그 안에서 새로운 움직임이 창발적으로 나타나기 때문이다. 사회 안에 있는 기업이라는 개별 시스템을 안정적으로 움직이려면, 즉 기업을 경영하려면 기업 내부 시스템인 조직과 인간관계를 파악해야 할 뿐만 아니라 기업의 상위에 있는 사회라는 시스템 오브 시스템즈를 이해하는 일도 필요하다.

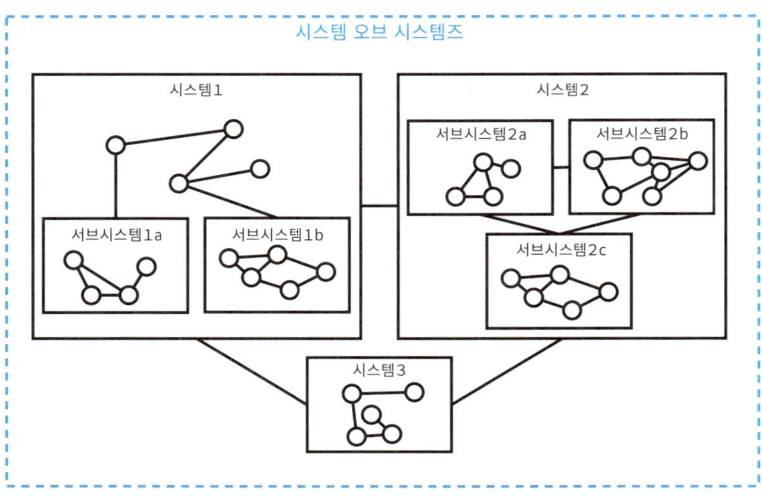

이처럼 복잡한 시스템 오브 시스템즈를 한 번에 모두 파악하기는 쉽지 않다. 앞서 예로 든 '사회', '기업', '팀'처럼 같은 추상도의 요소별로 시스템을 살펴보면 도움이 된다. 각각의 추상도에 따라 시스템에 계층(layer)이 있다고 생각하면 정리가 쉬워진다.

계층 간에는 긴밀한 연관이 있다. 예를 들어 개인의 인간관계 시스템이 무너지면 그보다 상위 계층인 팀이라는 시스템의 성과에 영향을 미치고 더 위의 계층에도 파급될 수 있다. 이는 하위 계층이 상위 계층에 영향을 미치는 사례다. 반대로 상위 계층이 하위 계층에 영향을 주는 경우도 있다. 예컨대 '팩스를 사용하는 커뮤니케이션이 비효율적이다.'라는 개인 계층의 과제는 업계라는 상위 계층의 시스템에 관심을 갖지 않으면 해결되지 어렵다. 상위 계층인 업계 계층에서 업계 전체적으로 향후 팩스 사용이 금지된다면 그 변화는 각 회사에 영향을 주고 팀과 개인의 업무 방식도 함께 달라지게 된다. 즉, 하나의 계층만 바라봐서는 과제의 구조를 놓칠 가능성이 크다.

이러한 관점으로 사안을 바라보면 단순한 선이나 평면적 관계를 넘어선, 3차원의 계층 구조가 보이기 시작한다.

또한 여러 시점을 활용해 계층 구조를 더욱 입체적으로 살펴볼 수도 있다. 예를 들어 대학은 기능적으로 '교육', '연구', '산업'에 대한 기여 등 다양한 측면을 지닌다. 따라서 어떤 시점에서 바라보느냐에 따라 대학의 서로 다른 모습이 드러난다. '교육'이라는 시점에서 보면 상위에 교육 업계라는 계층이 있고 그 안에 대학이 위치한다. 대학 계층은 여러 학부나 본부 같은 요소로 구성되며, 그 아래에는 학부 내부의 상호 관계성을 이루는 여러 계층이 있다. 더 아래에는 연구실의 관계나 학생 간 관계와 같은 계층들이 존재한다. 대학의 '산업'에 대한 기여라는 측면을 살펴보면 상위 계층에는 산업 전체가 놓이고 그 안에 대학이 위치한다. 그 아래에는 산학 연계에 관여하는 부서나 교직원 간의 상호 관계성을

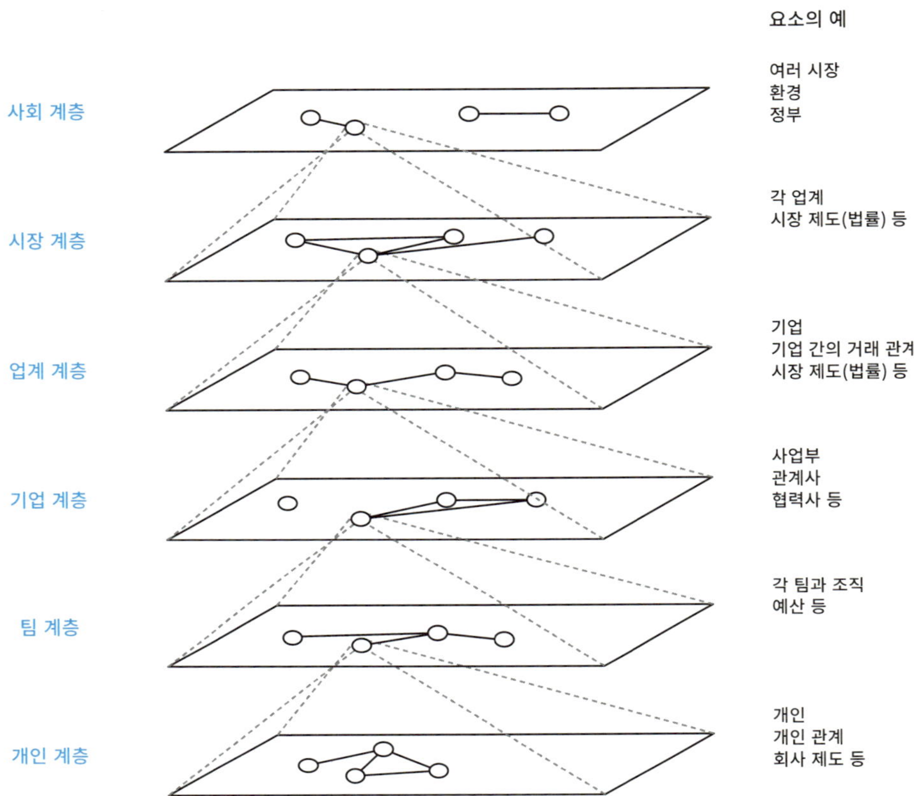

※ 계층 구조에 관한 상세한 설명은 아래에도 되어 있다.
기술과 사업을 '시스템'과 '계층 구조'로 이해하기
https://speakerdeck.com/tumada/ji-shu-toshi-ye-wo-sisutemu-to-reiyagou-zao-deli-jie-suru

나타내는 계층을 살펴볼 수 있다.

이처럼 대학의 '교육' 측면을 보는 시점과 '산업' 측면을 보는 시점에서
는 대학의 계층 구조가 다르게 보인다. 거듭 강조하지만 교육, 연구, 산
업과 같은 서로 다른 측면들이 상호작용하면서 대학이라는 하나의 조직
을 형성한다. 따라서 각각의 측면을 입체적으로 조합해 보고, 각 측면
안에 있는 계층 구조를 전체적으로 파악해야 한다. 각 계층에서 요소들
의 관계성을 이해하지 않고서는 대학이라는 시스템을 이해했다고 보기
어렵다.

제품에서도 마찬가지다. '비용'이라는 시점이 있는가 하면 '사용성'이라는 시점도 있다. 이들 시점은 일부 요소를 공유하고 있기 때문에 하나의 요소를 바꾸면 다른 계층 구조에도 영향을 미치게 된다. 이처럼 여러 시점에서 시스템의 계층 구조를 파악하고, 각각을 입체적으로 조합해 관계성을 파악할 때 비로소 복잡한 구조를 이해하고 해상도를 높일 수 있다.

그림으로 만들면 관계성이 보인다

그림을 그리는 방식의 시각화는 관계성을 발견하는 데 효과적인 방법이다.

형사 드라마에서 벽에 커다란 지도를 붙여 놓고 피해자 얼굴 사진이나 증거 사진을 그 위에 붙여 가며 각각의 요소에 선으로 이어 추리하는 장면이 나오곤 한다. 이것이 바로 사건의 연결성에 대한 시각화다.

머릿속에서 생각하고 있는 것이나 연상한 내용을 선으로 이어 그려 내는 마인드맵, 관계자 간의 관계성을 그림으로 표현한 이해관계자 맵, 고객이 상품과 서비스와의 관계 속에서 따라가는 일련의 과정을 그린 고객 여정 맵, 개념 간의 연결성을 정리하는 콘셉트 매핑 등은 모두 그림을 활용해 요소들을 '관계 짓는' 방식이다. 특정 포맷에 따라 정리하면 시점의 누락을 막을 수 있고, 그림을 그리며 생각하는 과정에서 새로운 발상이 떠오르는 경우도 많다.

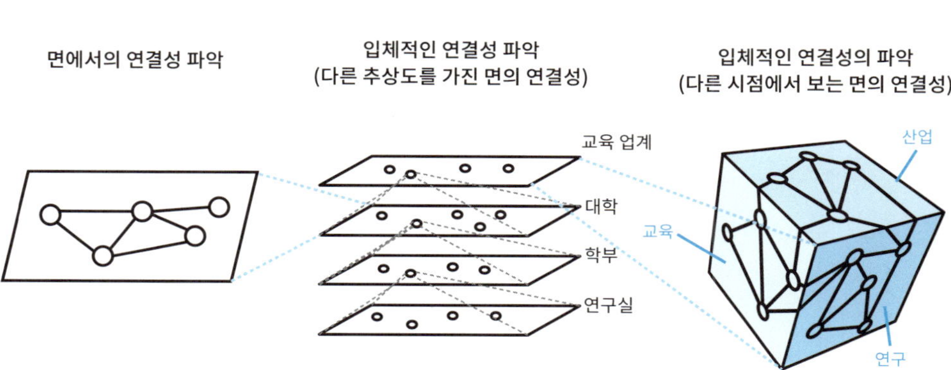

그림으로 그릴 때는 큰 캔버스를 사용하는 것이 좋다. 종이라면 A3 크기, 화이트보드라면 가능한 한 큰 것을 사용하면 많은 요소를 그려 낼 수 있고 관계성도 더 선명하게 드러난다. 또한 글자뿐만 아니라 그림을 그리는 것도 도움이 된다. 예를 들어 요소 중에 코끼리가 있다면 '코끼리'라는 글자를 적는 대신 코끼리 그림을 그려 보는 식이다. 예술대 학생이나 디자이너와 함께 워크숍을 해 보면 포스트잇에 글자뿐만 아니라 자연스럽게 그림을 그리는 참여자가 많은데, 그 그림에서 출발해 전개되는 발상은 글자만 적혀 있을 때와는 약간 다른 인상을 준다.

이러한 도식화는 다양한 상황에서 활용할 수 있다. 예를 들어 사안의 인과관계를 분석해 하나의 현상이 어떤 원인으로 발생하는지를 도식화하면 우리는 인과관계를 이해하고 원인에 더 쉽게 접근할 수 있다. 시스템 사고에서는 인과 루프 다이어그램처럼 인과 시스템을 표현하는 방법도 있다. 인과관계를 그림으로 그리면서 요소들이 어떻게 상호작용하고 있는지를 정리하는 것이다.

예를 들어 '실수가 많은 직장일수록 성과와 심리적 안전감(psycho-logical safety)[14]이 높고, 실수가 적은 직장일수록 성과와 심리적 안전감이 낮다.'라는 직관과는 다른 지적이 있다. 이것을 그림으로 그려 보면 시스템 전체의 관계성이 한층 쉽게 이해된다.

심리적 안전감이 낮은 직장에서는 실수를 숨기게 된다. 그렇게 되면 실수가 더욱 드물어지고, 드물게 발생하는 실수는 더 강하게 질책받는다. 그 결과 실수를 더욱 숨기게 되고 실수의 보고 횟수는 더 줄어든다. 결국 실수로부터의 학습이 일어나지 않아 조직의 성과가 떨어지고, 중대한 사고로 이어질 가능성도 커진다. 실수의 보고 횟수가 줄어들수록 실수를 숨기는 행동이 더 많아지는 지점에 루프가 생겨나 악순환을 만

---

14 (옮긴이) 구성원들이 처벌이나 망신에 대한 두려움 없이 자유롭게 의견을 말하고, 질문하고, 실수할 수 있다고 믿는 심리적 상태

든다는 사실을, 그림으로 그려 보면 명백히 알 수 있다.

반면 심리적 안전감이 높으면 실수를 보고하는 데 망설임이 없어져 실수가 많이 보고된다. 보고된 실수를 통해 팀은 학습하고, 조직 전체적으로 중대한 사고 발생 가능성도 낮아진다. 그림 속에서 루프를 발견하면 악순환을 끊어 내고 선순환으로 시스템을 바꾸기 위한 힌트도 얻을 수 있다.

이처럼 그림으로 정보를 잘 정리할 수 있는 사람은 구조화 능력이 뛰어난 사람이라고 할 수 있다. 또한 그림 그리기는 진단 도구로도 쓰인다. 어디까지 구조적으로 그림을 그릴 수 있는지를 보면 자신의 사고가 얼마나 구조화되어 있는지 확인할 수 있기 때문이다. 물론 그림을 잘 그리지 못한다고 주눅 들 필요는 없다. 그리는 과정에서 관계성이 보이는 경우가 다반사다. 일단 생각나는 대로 요소들을 적고, 관계성을 그려 보거나 지우

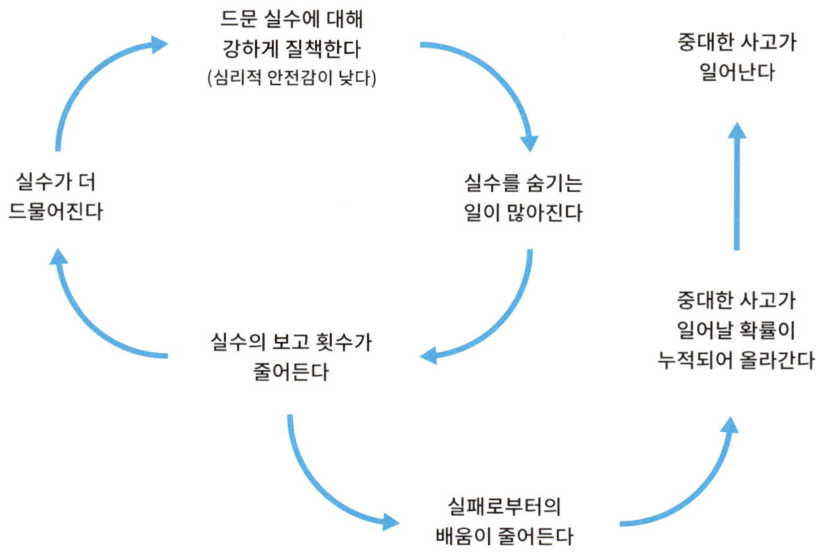

이 그림은 설명을 위해 인과 루프 다이어그램과는 조금 다른 방식으로 그린 것이다.
인과 루프 다이어그램을 그리는 경우 요소에는 변수만 적는다.

는 데부터 시작하는 것을 추천한다.

또한 관계 자체뿐만 아니라 그 관계를 둘러싼 환경에 주목하면 구조에 대한 이해가 한층 더 깊어진다. 예를 들어 규제나 제도는 특정 요소 사이를 강제로 이어주거나, 강제로 이어지지 않도록 한 것이다. 기업 문화역시 중요한 환경 요인이다. 사내 경쟁이 극심한 기업에서는 서로가 라이벌이 되어 회사 내 사람 간 연결성이 억제될 수 있다. 반대로 부서 간협업에 예산이 잘 편성되거나 높은 인사 평가가 이루어지는 기업에서는사람 간 연결성이 촉진된다. 이처럼 제도나 문화에 의해 특정한 관계 짓기가이루어지는 경우는 흔하다. 개별 요소나 개인뿐만 아니라 그 주변의 시스템에도관심을 기울이고 관계성을 살펴보자.

유추로 새로운 관계성을 발견하기

마지막으로 소개할 것은 새로운 관계성을 찾는 데 효과적인 '유추(analogy)'라는 사고의 틀이다. 유추는 이미 알고 있는 사물(베이스)의 구조나 관계를 아직 잘 모르는 사물(타깃)에 대응시키며 추론하는 방식이다.[15]

기존에 이해하고 있는 베이스의 구조와 미지의 타깃 구조를 비교해유사점과 차이점을 살펴본다. 예컨대 베이스에는 있는데 타깃에는 보이지 않는 요소가 있다면 '혹시 여기에 아직 발견되지 않은 요소가 있는건 아닐까?' 하고 생각하는 것이다. 신규 사업에서도 유사한 비즈니스와비교하다 보면 새로운 과제의 구조가 드러나는 순간이 있다.

이 책에서 설명한 '깊이'와 '넓이'라는 개념도 일종의 유추라 할 수 있다. 본래 깊이와 넓이는 공간을 설명할 때 쓰는 단어이지만 이를 사고에

---

15 모리타 준야 '디자인 창조 과정론(3) -유추-'(*http://www.jaist.ac.jp/~j-morita/wiki/index.php?plugin=attach&refer=%BB%F1%CE%C1&openfile=dCr3.pdf*)와 스즈키 히로아키 《유사와 사고 개정판 (類似と思考 改訂版)》(2020) 등을 참고했다.

적용함으로써 공간 구조를 이해하고 있는 사람이 해상도라는 사고의 구조를 더 쉽게 이해하도록 한 것이다.

유추에 필요한 전제 조건은 베이스가 되는 대상을 적절히 구조화하는 일이다. 베이스 구조에 대한 이해가 허술하면 유사점이나 차이를 발견할 수 없다. 또한 구조는 어떤 추상도로 바라보느냐에 따라 전혀 다른 모습을 보여 준다. 세세하게 보면 전혀 달라도 큰 시점으로 바라보면 사실은 비슷한 구조일 수 있다.

예를 들어 인간과 원숭이를 비교해 보자. 구체적인 특성만 보면 두 존재는 꽤 비슷해 보인다. 하지만 추상도를 높여 둘 다 포유류 또는 둘 다 동물이라는 범주로 바라보면 공통된 구조나 특징을 가졌으리라는 유추가 가능해진다.

추상도	베이스(인간)	타깃(원숭이)	결론
높음	동물	동물	유사하다. (같은 행동을 취할 것이다.)
중간	포유류	포유류	유사하다. (같은 행동을 취할 것이다.)
낮음	인간	원숭이	유사하지 않다. (다른 행동을 취할 것이다.)

다만 유추를 통해 떠올린 생각이 늘 정답이라고 단정해서는 안 된다. 예를 들어 국가 재정 적자를 설명할 때 가계의 적자를 유추로 사용하는 경우가 있다. 분명 일부 개념은 참고가 되더라도 세부 구조는 전혀 다르다. 유추로 얻은 결론은 어디까지나 가설이며, 검증 전까지는 잠정적인 결론으로 취급하는 편이 안전하다.

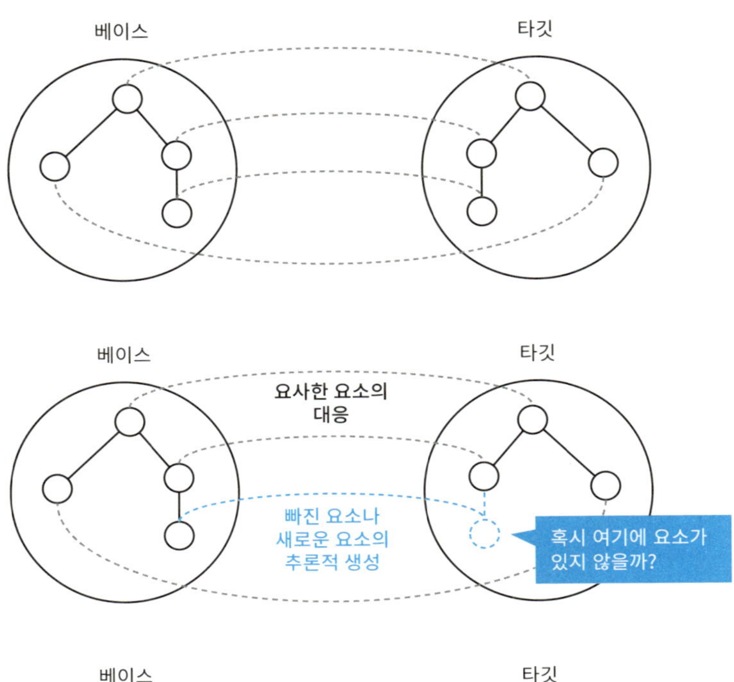

베이스
타깃
베이스
타깃
요사한 요소의
대응
빠진 요소나
새로운 요소의
추론적 생성
혹시 여기에 요소가
있지 않을까?
베이스
타깃

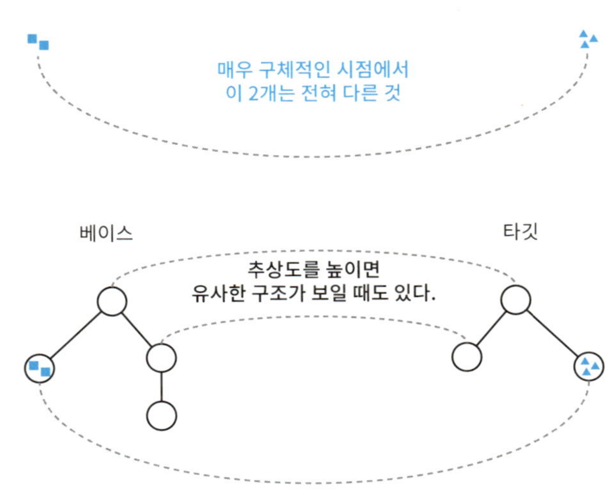

매우 구체적인 시점에서
이 2개는 전혀 다른 것
베이스
타깃
추상도를 높이면
유사한 구조가 보일 때도 있다.

생략하기

지금까지 '나누기', '비교하기', '관계 짓기'라는 세 가지 구조화 방법을 설명했다. 마지막으로 '생략하기'를 소개한다. 생략하기란 깎아 내거나 제거하는 것이다. '생략하기'는 '나누기', '비교하기', '관계 짓기'의 모든 단계에서 해야 한다. 어느 단계에서나 의식적으로 해야 하므로 마지막에 따로 다루기로 했다.

예를 들어 '나누기'를 할 때 비중이 작은 요소는 모두 '기타'라는 항목 안에 넣어 분석을 생략할 수 있다. 또한 비정상적으로 튀는 값 등 데이터를 생략하면 현상이 더 쉽게 이해되는 경우가 있다. 매출 전체의 약 20%가 특정 대기업 한 곳에서 나오고 나머지 80%가 수많은 거래처로 분산되어 있다면 비정상적인 값에 해당하는 대기업 고객은 생략하고 매출 경향을 분석하는 편이 더 의미 있는 통찰로 이어질 수 있다.

또한 '비교하기'를 할 때 수행하는 추상화의 예로 들었던 '숫자로 만들기'는 특정한 특징 이외의 요소를 생략하는 것이다. 추상화에서 일부 특징을 생략하는 것을 '사상(捨象)'이라 부르는데, 이를 통해 정말 중요한 부분에 주목할 수 있다. '관계 짓기'에서도 그룹화를 수행하면 필연적으로 그룹 밖의 요소는 생략된다. 연결성이 부족한 요소끼리는 굳이 연결하지 않는, 즉 연결을 생략함으로써 연결성을 더 잘 파악할 수 있는 경우도 있다. 이 구조 파트 초반에서 설명했듯이 추상화가 어려운 이유는 생략하거나 버리는 일이 쉽지 않기 때문이다. 잘 버릴 수 있어야 좋은 추상화가 가능하고, 버리는 데 서툴면 잘못된 추상화를 하게 된다. 추상화에 서툰 사람은 구체적인 디테일에 과도하게 집착해 생략하고 버리는 것을 제대로 하지 못하는 경우가 많다.

생략은 우리가 일상에서 흔히 보거나 자연스럽게 하는 행동이기도 하다. 영상 등 디지털 변환은 아날로그 데이터를 일정 시간 간격과 일정한 크기 단위로 잘라 내는 과정이다. 이 과정에서 일부 정보가 생략되지만 그만큼 정보를 쉽게 처리할 수 있게 된다. 일상에서도 자주 하는 반올림 역시 대략적인 비교나 계산을 쉽게 하기 위한 하나의 생략 행위다.

즉, 목적에 따라 일부를 '생략하는 것', 다시 말해 의도적으로 해상도를 '조악하게' 만드는 것이 비교나 계산을 한층 쉽게 해 줄 수도 있다는 뜻이다.

예를 들어 친구 관계는 종류도 다양하고 친밀도도 천차만별이다. 인터뷰를 통해 각각의 관계성을 높은 해상도로 살펴볼 수도 있지만 그렇게 하면 비용도 많이 들고 전체적인 맥락을 파악하기도 어렵다. 인터뷰로 세부 정보를 확보한 뒤, 더 큰 전체상을 보기 위해 설문 조사에서는 의도적으로 '특정한 누군가와 친구인지 여부'만 단순하게 묻는 방식으로 바꾸면 관계성을 0 아니면 1로 파악할 수 있다. 그렇게 하면 사람들의 연결성 구조 역시 파악할 수 있게 된다. 이렇게 큰 흐름에서의 인간관계를 분석할 수 있는 데이터를 입수하면 새로운 통찰이 생겨날 수 있다.

복잡한 내용을 전달할 때도 핵심 메시지를 명확히 하기 위해 일부 정보를 의도적으로 생략해서 전달하는 경우가 있다. 예를 들어 이 책에서는 정보, 사고, 행동 세 가지가 해상도를 높이는 데 중요하다고 설명했는데, 행동이 특히 중요하다는 점을 강조하기 위해 정보와 사고를 단련하는 방법에 대한 설명을 상당 부분 의도적으로 생략했다. 정보나 사고의 훈련법도 자세히 설명할 수 있지만 의도적으로 줄임으로써 해상도에서 행동의 중요성이 더욱 두드러지도록 한 것이다.

다만 생략할 때는 왜 생략하는지에 대한 명확한 이유를 갖는 것이 매우 중요하다. 자신의 가설에 맞지 않는 데이터에 이유를 붙여 의도적으로 생략해 버리면 자기에게 유리한 결론만 끌어내기 쉽다. 예를 들어 고객 인터뷰 결과가 자신의 가설과 어긋난다는 이유로 이를 생략해 버리면 가설을 더 좋게 만들 기회를 잃게 되고 진실에 도달할 수 없게 된다. '생략하기'는 유용하지만 충분히 주의하면서 진행해야 한다.

　여기까지 '나누기', '비교하기', '관계 짓기', '생략하기'라는 구조를 판별하기 위한 네 가지 사고의 틀을 설명해 왔다. 이제부터는 이러한 사고의 정밀도를 더욱 높이기 위한 행동과 정보 수집의 요령을 살펴보겠다.

질문하기

질문하는 것은 구조화의 현재 위치를 파악하는 데 매우 효과적인 행동이다. 자신이 생각하는 과제에 대해 더 깊이 이해하기 위한 질문을 생각해 보자. 질문의 장점은 상대에게서 정보를 끌어낼 수 있다는 데에만 있지 않다. 앞서 해상도가 낮을 때의 증상으로 질문을 하지 못한다는 점을 들었다. 거꾸로 말하면 질문할 수 있다는 것은 해상도가 어느 정도 높아졌다는 의미이기도 하다. 여러분 역시 자신의 전문 영역에 대해 질문을 받았을 때, 질문의 내용만으로도 '이 사람은 꽤 알고 있구나.' 혹은 '아직 잘 모르는구나.'라고 느껴 본 경험이 있을 것이다. 좋은 질문을 할 수 있는지는 현재의 해상도를 비추는 거울과 같다.

　좋은 질문을 하려면 자신이 보유한 정보를 구조화하고, 모르는 부분이나 모호한 부분을 정확히 짚어 내야 한다. 애초에 갖고 있는 정보의 깊이가 충분하지 않다면 아무리 구조화를 시도해도 당연한 것만 묻는 질문에 그쳐 새로운 배움을 얻기 어렵다.

　'이 질문을 던지면 어떤 대답이 돌아올까?', '그 대답을 들은 뒤에는 무엇을 물어보면 좋을까?'처럼 대답과 재질문에 대한 가설을 세운 뒤 질문하면 훨씬 좋은 질문을 할 수 있다. 주장을 전개할 때 미리 반론과 재반론을 생각해 두는 것과 같은 이치다. 이러한 가설을 세우려면 마찬가지로 일정 수준 이상의 해상도가 필요하다. 좋은 질문을 던지는 일은 매우 어렵지만, 바로 그 어려움 때문에 질문을 하려는 과정 자체가 해상도를 끌어올린다. 질문에 대한 답으로 얻는 정보 또한 해상도를 더욱 높이는 데 큰 도움이 된다.

질문은 효과적인 수단인 동시에 용기가 필요한 행동이기도 하다. 질문은 곧 자신의 무지를 드러내는 일이기 때문이다. 질문을 하면 남들 눈에 띄는 상황이 생기기도 한다. 이러한 두려움을 넘어서려면 의식적으로 용기를 내야 한다. 혹은 강제로 질문을 해야 하는 자리에 몸담아 보는 것도 한 방법이다. 질문을 통해 자신의 생각을 언어화하도록 스스로 이끄는 것이다. 예를 들어 전문가의 강연을 들을 때는 반드시 질문을 하겠다고 마음먹어 보자. '바보 같은 질문으로 웃음을 사면 어쩌나.', '어이없어 보이지는 않을까?'라는 걱정이 드는 것도 이해한다. 그러나 적극적으로 질문할 생각으로 사람의 이야기를 듣다 보면 내용을 더 깊이 이해하게 되고, 자기 해상도의 현재 위치를 확인하는 기회가 된다.

그리고 질문은 처음에는 두렵지만 점차 익숙해지는 법이다. 일찌감치 익숙해져 있으면 질문할 기회가 늘어나 더 익숙해질 수 있고, 질문을 통해 더 많은 정보를 얻을 수 있게 된다.

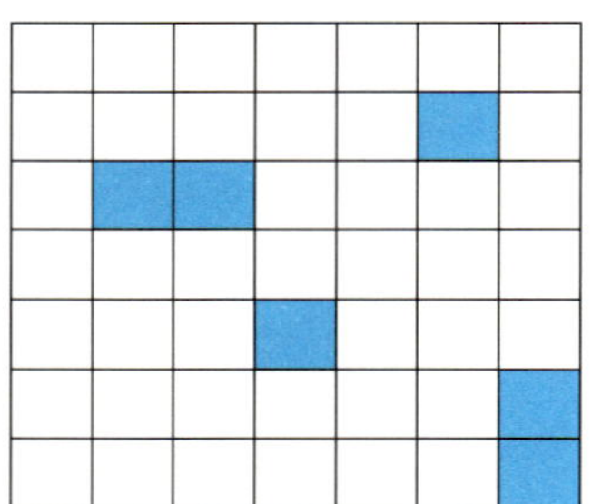

깊이 파고든 정보가 구조화되면
'모르는' 부분을 알게 되고
좋은 질문을 할 수 있게 된다.

패턴을 알기

'나누기', '비교하기', '관계 짓기', '생략하기' 중 어떤 작업이든 성패를 가르는 핵심은 얼마나 많은 구조의 패턴을 알고 있느냐다. 나누기 위한 기준에도 패턴이 있고, 비교나 관계 짓기에도 패턴이 존재한다. 과거에 효과가 있었던 기준의 패턴을 기록해 두거나, 상사가 사안을 능숙하게 분해하는 사고 과정을 관찰해 참고하거나, 서적에서 기준의 패턴을 배우는 등 날마다 패턴을 축적해 나가자.

또한 유추를 제대로 활용하려면 베이스와 타깃 양쪽의 구조와 특징을 정확히 파악하는 것이 전제가 된다. 베이스가 되는 지식을 폭넓게 축적할수록 적용 가능한 유추의 폭도 넓어진다.

과제의 '깊이' 장에서 이론과 개념을 익히면 현실의 인식이 달라진다고 이야기했다. 구조 역시 마찬가지다. 예를 들어 이 책에서 언급한 몇 가지 구조 이해 방법은 하버드 대학의 철학과 교수였던 넬슨 굿맨이 저서 《세계 만들기》[16]에서 제시한 '합성과 분해', '가중치 부여', '순서 부여', '삭제와 보충', '변형'이라는 개념을 비롯해 여러 비즈니스 서적의 이론과 개념을 참고해 구조화한 것이다.

사안에서 어떤 구조를 발견할 수 있는지는 얼마나 많은 구조 패턴을 알고 있는지에 크게 좌우된다. 고객의 과제를 깊이 파고들고 싶다면 인간의 행동 패턴과 사고 패턴을 이해하자. 사회의 구조를 이해하고 싶다면 사회 구조를 분석하는 여러 접근법을 알아 두자. 그러면 분석이 한층 수월해진다. 비즈니스라면 업계 구조를 알아 둘 경우 과제 파악에서 한발 앞서 나갈 수 있을 것이다.

☑ **과제의 '구조' 정리**

☐ 먼저 나누는 것부터 시작하자. 기준을 의식하며 MECE로 나누어 나간다. 트리 구조로 나누어 가면 정리하기도 쉬워진다.

☐ 나눈 다음에는 비교하자. 카테고리와 추상도를 맞춘 뒤, 크기나 비중을 비교해 보자. 기준을 궁리하거나 시각화를 활용하면 비교는 더욱 수월해진다.

☐ 관계 지을 때는 그룹화하기, 나열하기, 연결성을 살펴보기, 시스템을 파악하기, 유추를 활용하기 등의 방법이 있다. 효율을 높이려면 시각화하거나 환경에 관심을 갖는 것도 도움이 된다.

☐ 생략은 모든 구조화 단계에서 중요하다. 의식적으로, 그리고 주의 깊게 생략할

---

16 《세계 만들기(世界制作の方法)》(2008)

수록 구조에 대한 이해는 한층 깊어진다.

☐ 구조 패턴의 서랍을 늘리자. 지식과 정보가 많아질수록 유추의 대상도 확장된다.

'시간'의 시점에서 과제의 해상도를 높이기

'깊이', '넓이', '구조'의 시점에서 해상도를 높이는 작업은 사안을 특정한 어떤 타이밍에서 스냅샷처럼 포착해, 그 하나의 타이밍을 또렷하게 바라보는 것이라 할 수 있다.

하지만 실제 비즈니스에서는 시간이 흐르면서 상황이 변하고, 그에 따라 과제도 변한다. 날아가는 새를 맞히려면 그 움직임을 예측해 쏘아야 하듯, 과제의 해상도를 높이려면 과제가 시간에 따라 어떻게 변해 가는지를 의식해야 한다. 현시점에는 정확하게 인식되고 우선순위가 높은 과제라 하더라도 내일이 되면 사회 정세의 변화로 우선순위가 낮아질 수도 있다. '비즈니스상의 이슈는 움직이는 과녁(moving target)'이라는 표현이 있듯, 과제는 늘 계속해서 움직인다. 그 움직임을 어디까지 포착할 수 있는지가 해상도의 높고 낮음을 크게 좌우한다.

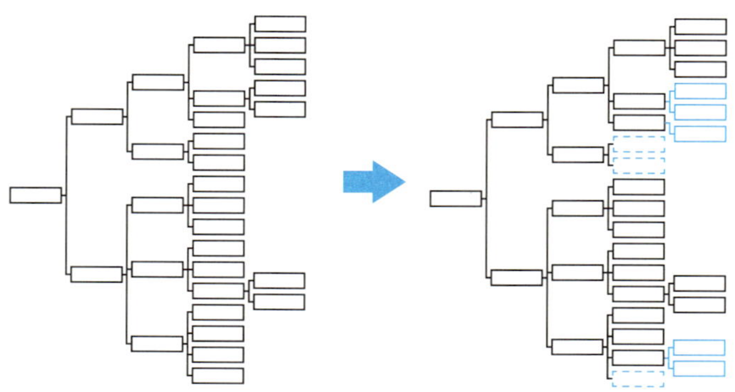

17 (옮긴이) 시간의 흐름에 따른 변화

이제부터는 '변화', '프로세스와 단계', '흐름', '역사'라는 네 가지 '시간'의 시점에서 해상도를 높이는 방법을 살펴보겠다.

변화를 보기

사안은 시간의 흐름에 따라 변한다. 따라서 변화에 주목하면 시간의 시점에서 해상도를 높일 수 있다.

비즈니스 현장에서는 월별 매출 변화를 기초 정보로 자주 활용한다. 시계열로 변화를 살펴보면 향후 매출이 어떤 변화를 거치게 될지 어느 정도 예측할 수 있기 때문이다. 대부분의 경우 변화에는 패턴이 존재하며, 그 패턴을 파악하면 구조나 인과관계도 보이게 된다. '영업팀의 방문 횟수가 늘어난 달에는 매출이 증가한다.'라는 변화의 패턴을 발견했다면 거기에는 '방문 횟수를 늘리면 매출이 늘어난다.'라는 인과관계가 숨어 있을 가능성이 있다.

변화를 살펴볼 때는 시간 단위에 주의해야 한다. 어느 단위가 적절한지는 목적에 따라 달라지며, 세밀하게 본다고 해서 꼭 좋은 것은 아니다. 예를 들어 벌새의 날갯짓을 정밀하게 관찰하려면 마이크로초 단위의 높은 해상도가 필요하다. 반면 벌새가 철새로서 어떤 습성을 갖는지 살펴보고 싶다면 더 긴 단위로 보아야 할 것이다. 제조 프로세스를 개선하려는 경우에도 의미 있는 공정 단위로 묶어 살펴보는 편이 낫다. 제조 프로세스를 마이크로초 단위까지 쪼개어 본다고 해도 큰 의미가 없을뿐더러 데이터가 지나치게 많아져 전체상을 파악하기가 오히려 어려워진다. 매출 역시 팀 단위라면 주별로 살펴볼 필요가 있을 수 있지만 부서 단위라면 월 단위로도 충분할 수 있다. 사외 투자자 입장에서는 초당 매출 정보보다 분기나 연 단위의 매출 추이가 판단에 훨씬 도움이 될 것이다.

시간 단위를 세밀하게 살펴보는 것이 더 좋을 때도 있다. 이는 지수함수적 변화가 일어날 때다. 지수함수적 변화는 처음에는 완만해 보이지만 시간이 지날수록 급격히 커지는 특성을 지닌다. 예를 들어 감염병 신규 확진자 수는 지수함수적 변화다. 처음 감염자가 100명이었다 하더라도 매주 1.5배씩 증가한다면 다음 주에는 150명, 2주 뒤에는 225명, 3주 뒤에는 338명, 4주 뒤에는 506명, 5주 뒤에는 759명으로 늘어난다. 그리고 10주가 지나면 5,767명에 이른다. 불과 10주 만에 50배가 넘는 변화가 일어나는 셈이다.

대부분의 사람은 이러한 지수함수적 변화를 인식하기 어렵고 사안이 직선적으로 변한다고 파악하는 경향이 있다. 그러나 시장이나 사용자의 지수함수적 변화를 초기에 감지할 수 있다면 최종적으로 크게 성장할 시장에 접근할 수 있다. 이런 변화가 일어날 때 지나치게 긴 시간 단위로 변화를 살펴보다 보면 발밑에서 일어나는 중요한 변화를 놓치기 쉽다. 긴 시간 단위로 변화를 살펴보는 직종이라 하더라도 때로는 미시적인 발밑에서 어떤 급격한 변화가 일어나고 있는지를 살펴보면 과제의 해상도를 높이는 데 도움이 된다.

또한 복잡한 시스템에서는 시간 지연이 많이 발생한다. 한 요소의 상황이 달라졌을 때 상당한 시간이 지난 뒤에야 연결된 다른 요소에 변화가 반영되는 것이다. 이산화탄소 배출량 증가와 지구 기온 상승의 연결성을 파악하는 데 오랜 시간이 걸렸던 것은 변화의 반영 속도가 매우 느렸기 때문이라는 점은 앞서 살펴본 바와 같다. 일반적인 비즈니스에서도 사업 협상 개시부터 계약 체결까지 시간이 걸리는 상품의 경우, 영업 횟수가 매출에 큰 영향을 미친다 하더라도 영업 활동을 늘린다고 해서 매출이 바로 증가하지는 않는다. 이러한 시간 지연을 동반한 변화를 염두에 두는 것 역시 시간의 시점에서 해상도를 높이기 위한 요령이다.

프로세스와 단계를 보기

시간의 흐름에 따라 무엇이 어떻게 일어나는지를 파악하면 보이기 시작하는 것이 있다. 사안을 단계별로 나누어 프로세스를 바라보면 해상도를 높일 수 있다.

물류나 제조 공정은 알기 쉬운 프로세스다. 물류는 지역 간 물품이 이동하는 프로세스로 이해할 수 있다. 제조 공정은 자재가 공장에 들어온 뒤 특정 순서를 거쳐 가공되어 최종 제품으로 완성되는 프로세스다. 농작물의 생산 역시 씨를 심는 단계에서 시작해 일정한 작업을 거쳐 수확에 이르기까지 반년 또는 1년 단위로 이어지는 장기 프로세스로 파악할 수 있다. 이러한 프로세스를 알면 프로세스의 어느 부분에 과제가 있는지 알 수 있다.

광고나 IT 비즈니스 분야에서는 퍼널 모델(funnel model)이 자주 활용된다. 깔때기(funnel)로 여과되듯이 프로세스나 단계가 진행될수록 사람이나 대상의 수가 줄어드는 모습을 시각화하는 방식이다. 예를 들어 구매 행동을 '인지 → 흥미와 관심 → 비교 검토 → 구매' 순으로 놓고 대상 인원이 얼마나 줄어드는지를 살펴보면 어느 부분에 집중해야 할 과제가 있는지를 파악할 수 있다. 앱 사용자 획득이나 인재 채용 활동 역시 퍼널 모델로 정리할 수 있는 경우가 많아 범용적으로 활용할 수 있는 프로세스 분석 모델이라 할 수 있다.

더 추상적인 프로세스로는 전략 컨설턴트들이 자주 사용하는 가치 사슬(value chain)이 있다. 기업이 가치를 창출하는 일련의 활동을 프로세스로 시각화한 개념이다. 시각화하면 어느 부분을 개선해야 할지 보이게 되고, 독자적인 가치 사슬을 구축하면 독자적인 가치를 만들어 낼 수 있다. 업계 전체의 가치 생성 프로세스를 시각화한 것은 가치 시스템(value system)이라고 부른다. 가치 시스템을 통해 자사의 가치 사슬을 어디에서 어디까지 확장할 수 있을지 고민할 수 있다.

예를 들어 농업 분야의 가치 시스템을 보면 일반적으로 마트는 농작물의 '매장 판매'를, 음식점은 '조리'를 담당한다. 일부 음식점은 산지 직송을 고집해 채소를 직접 사들이기도 한다. 이 경우 해당 음식점은 '유통'까지 자사의 가치 사슬로 확장한 셈이 된다. 그만큼 부가가치가 더 높은 상품을 제공할 수 있기 때문이다.

기존의 가치 사슬과는 전혀 다른 방식으로 가치를 전달하는 스타트업을 떠올려 볼 수도 있다. 예컨대 컨테이너 내부에 수경 재배 농장을 조성해 작물을 기르면서 컨테이너를 이동시키는 스타트업이라면 가치 사슬 중 '생산 → 유통' 과정을 대체하게 된다. 도시에서 수직 수경 재배[18]가 가능해진다면 유통이나 매장 판매를 최소화하고 소비자나 레스토랑에 신선한 채소를 직접 판매하는 비즈니스 모델도 현실성을 갖게 된다. 가치 사슬을 통해 가치의 흐름을 파악하면 구조가 보일 뿐 아니라 새로운 구조를 만들어 내는 힌트도 얻을 수 있다.

가치 사슬 같은 커다란 프로세스뿐만 아니라 일상 업무에도 수많은 크고

가치 시스템과 가치 사슬
※ 색이 있는 부분이 자사의 가치 사슬

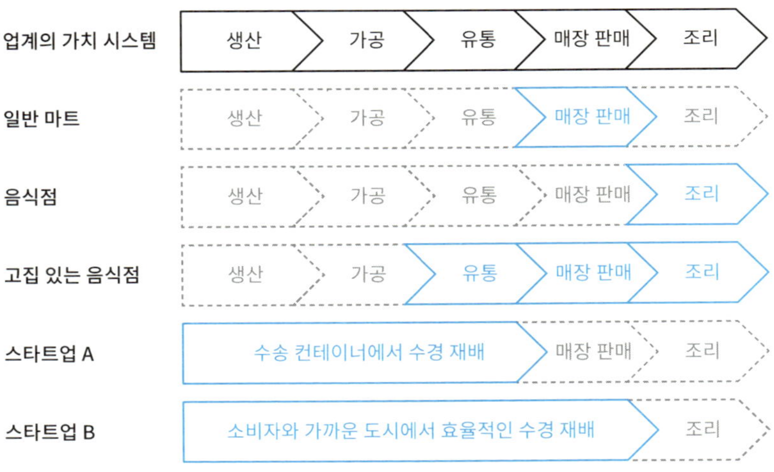

18 (옮긴이) 일반 재배와 달리 재배기를 수직으로 배열하여 공간 활용도를 극대화하는 재배 방식

작은 프로세스가 존재한다. 경비 정산도 하나의 프로세스이고, 근태 보고 도 근태 관리 전체를 구성하는 하나의 프로세스다. 이러한 업무 프로세 스를 단계별로 명확히 하면 업무 개선이 가능하다. 또한 사용자의 행동을 프로세스로 포착해 단계별로 살펴보면 사용자가 어느 단계에서 가장 큰 마찰을 느끼는지, 일련의 단계에서 어느 지점이 가장 큰 과제인지와 같은 힌트도 얻을 수 있다.

프로세스나 단계로 정리하는 것만으로도 해상도가 훨씬 높아지는 경 우가 많다. 시간적으로 연속성을 지닌 대상을 발견하면 단계별로 나누 어 정리해 보자.

흐름을 보기

지금까지 살펴본 프로세스는 일종의 '흐름'이다. 시간에 주목함으로써 사물이나 정보의 흐름을 파악할 수 있다. 이러한 흐름을 이해하는 일은 구 조를 이해하기 위한 기본 단계다. 《더 골(The Goal)》[19]에서 제시된 제약 이론은 제조 현장의 생산 효율을 높이기 위해 고안된 개념으로 이 역시 '흐름'에 주목한 접근이라 할 수 있다.

제약 이론에서는 업무 전체의 성과가 '흐름'을 멈추게 하는 제약 조건, 즉 병목에 의해 좌우된다고 본다. 이 제약 조건을 지속적으로 개선해 병 목을 완화하면 전체 흐름이 원활해지고 성과 또한 향상된다는 것이 제 약 이론의 기본 사고방식이다.

병목이라는 말은 원래 병의 주둥이처럼 좁아진 부분을 뜻한다. 병은 이 좁은 입구 덕분에 액체가 한꺼번에 쏟아지지 않고 필요한 만큼만 따 를 수 있다. 이 개념을 사물이나 정보의 흐름에 적용하면 흐름의 구조를 보다 구체적으로 파악할 수 있다.

---

19 《The Goal 더 골》(동양북스, 2019)

흐름을 지속적으로 개선하기 위해서는 다음과 같은 대책이 효과적이라고 알려져 있다.

1 병목을 발견하기
2 병목을 철저하게 활용하기
3 병목이 아닌 모든 것을 병목에 맞추기
4 병목을 강화하기
5 타성에 주의하면서 반복하기(새로운 병목을 발견해 강화하기)

제조업 생산 현장에서는 (1) '병목을 발견하기'를 위해 먼저 진행 중인 작업이나 재고에 주목한다. 병목 직전에는 재고가 쌓여 있기 때문이다. 흐름 안에서 병목이 되는 작업을 지정했다면 다음 단계인 (2) '병목을 철저하게 활용하기'로 넘어간다. 그 병목에 불필요한 것이 있으면 제거하고 병목이 되어 있는 공정에서 최대의 성과를 발휘할 수 있도록 하는 것이다. 그리고 (3) '병목이 아닌 모든 것을 병목에 맞추기'에서는 업무 전체의 처리 능력을 병목의 성과 수준에 맞춘다. 흐름은 병목의 제약을 받기 때문에 병목 이전 공정에서 그 이상의 물량이 유입되더라도 병목의 처리 능력을 넘는 성과를 기대하기는 어렵다. 결국 이는 불필요한 투입이 된다. 물리적 사례로 보아도 마찬가지다. 병목이 처리할 수 있는 양을 초과해 물을 흘려보낸다고 해서 병목을 지난 뒤의 유량이 더 늘어나지 않는다.

병목은 종종 사슬로 비유되기도 한다. 사슬은 고리가 여러 개 연결되어 만들어진

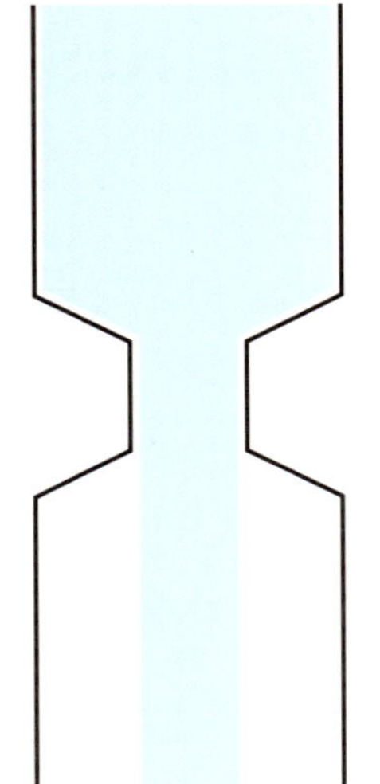

병목이 처리할 수 있는 양 이상의 물이 유입되더라도 결국 병목의 최대량만 흐를 수 있다.

다. 그리고 사슬의 강도(사슬을 잡아당겼을 때 사슬이 끊어지는지 여부)는 가장 약한 고리에서 결정된다. 다른 고리가 아무리 튼튼해도 사슬이 끊어지는지는 가장 취약한 부분에 달려 있다. 이는 병목의 개념과 유사하다.

그래서 (4) '병목을 강화하기'가 중요하다. 사슬에서 가장 약한 부분에 있는 과제에 주목해 강화하는 것, 즉 병목이 처리할 수 있는 양을 늘리면 전체 유량도 함께 커진다. 그리고 강화에 성공해 현재의 병목이 넓어지면 반드시 흐름의 다른 지점이 상대적으로 약해지면서 새로운 병목이 나타난다. 즉, 병목은 고정된 것이 아니라 이동한다. 이에 (5) '새로운 병목을 발견해 강화하기'가 필요해진다.

이 (1)부터 (5)까지의 주기를 여러 차례 반복해 나가는 것이 흐름을 지속적으로 개선하는 과정이다. 개선이 성공하면 전체 흐름은 점차 커진다. 사물의 흐름에 주목하면 이러한 개선이 가능해진다.

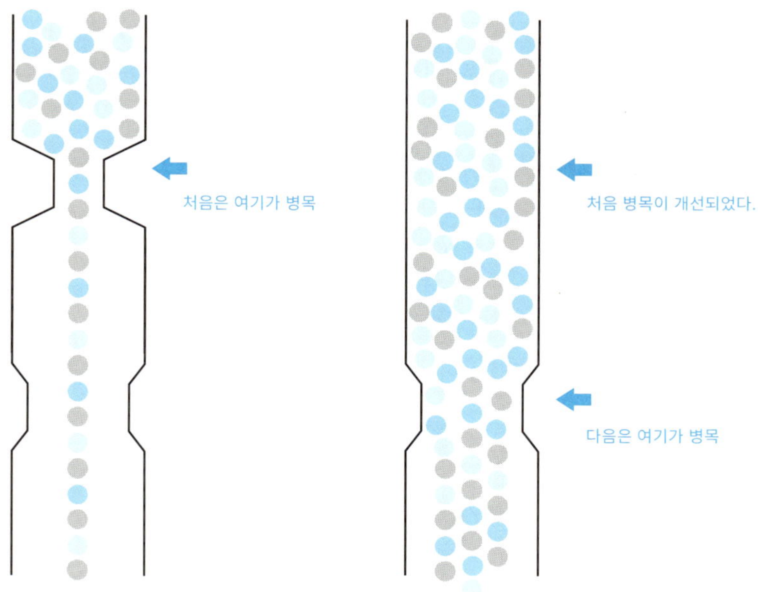

2022년 현재 소프트웨어 엔지니어는 높은 급여를 받는다. 이는 업무에서 소프트웨어의 중요성이 높아지고 소프트웨어 개발이 각 업계의 병목이 되고 있기 때문이다. 이 부분을 해소하면 업무 전체의 흐름이 원활해지고 비즈니스 성과도 더 좋아질 것이라고 본다. 그래서 소프트웨어 개발에 대한 수요가 높아지고, 높은 비용을 감수해서라도 소프트웨어 엔지니어를 채용하려는 흐름이 생긴다. 동시에 큰 비즈니스 기회도 생겨 IT 엔지니어의 인재 채용 지원 업무나 IT 엔지니어 교육 사업, IT 엔지니어가 없어도 개발할 수 있는 도구 등이 등장하고 있다.

이처럼 병목이라는 개념은 사물의 흐름뿐만 아니라 사람의 흐름, 업무의 흐름, 정보의 흐름에도 적용할 수 있다. 그리고 각각의 흐름 안에 있는 병목을 찾아 해결할 수 있다면 큰 가치를 만들어 낼 수 있다.

시간을 축으로 한 사물과 정보, 업무의 흐름에 관심을 두고 해상도를 높여 보길 바란다.

역사를 돌아보기

과거나 역사라는 시간에 관해 이해하는 것 역시 해상도를 높이는 데 도움이 된다.

과제에는 과제가 생겨난 역사가 있다. 예를 들어 사내의 번거로운 승인 프로세스는 과거에 발생했던 부정행위 때문에 만들어졌을 수 있다. 계약서나 서약서가 긴 것도 지금까지 회사나 사회가 고민해 온 각종 문제를 되풀이하지 않기 위한 지혜가 담겨 있기 때문이다.

특정 업계의 과제를 발견하고자 한다면 시간을 거슬러 올라가 업계의 변천사를 살펴보자.

예를 들어 '보호자와 교직원 간의 커뮤니케이션 과제를 해결하고 싶다.'라고 생각한다면 PTA[20]가 성립한 역사를 조사해 보면 좋을 것이다.

---

20 PTA(Parent-Teacher Association)는 학부모-교사 모임. 한국의 '학부모회'에 해당한다.

PTA가 어떤 과제를 위해 조직되고 시대와 함께 어떤 변화를 거쳐 왔는지를 조사하면 과제가 어떻게 형성됐는지 이해하는 데 도움이 된다. 이 밖에도 왜 이 업계에 이런 규제가 존재하는지, 왜 지금과 같은 업계 구조가 되었는지도 역사를 돌아보면 이해할 수 있다. 업계의 역사를 살펴보면 거의 예외 없이 어떤 사건이 있었고 그에 대한 대책으로 뭔가가 만들어져 왔다는 사실을 알 수 있다. 이러한 역사를 염두에 두면 과제의 해상도는 높아질 것이다.

또한 앱이나 서비스의 경우 과거에 실패한 유사 서비스를 조사해 보면 고객을 이해하는 데 도움이 된다. 과거의 역사를 조사하는 일을 가볍게 여기는 경향이 있지만 많은 힌트를 얻을 수 있는 효과적인 활동이다.

역사에는 많은 배움이 있다. 미래를 내다보기 위해서라도 한 번쯤 과거로 시선을 돌려 보길 바란다.

> **☑ 과제의 '시간' 정리**
>
> ☐ 시간의 흐름에 따른 변화를 살펴보면 움직이는 과녁인 과제를 포착할 수 있다.
> ☐ 프로세스나 단계로 나눠 사물과 정보의 흐름을 살펴보자. 흐름이 차단되어 있는 부분, 즉 병목은 큰 가치로 이어지는 과제일 가능성이 있다.
> ☐ 역사를 돌아보고 과거에서 배우면 과제가 생겨난 경위가 보인다.

과제의 해상도를 높인다는 것은 해당 과제의 연구자나 마니아가 된다는 뜻이다. 비즈니스의 경우 해당 업계의 고객에 대해 무엇이든 알고 있는 고객 마니아라고 자신 있게 말할 수 있다면 해상도가 높은 상태다. 반대로 그렇게 말할 수 없다면 아직 해상도가 충분히 높지 않은 것인지도 모른다.

그리고 과제는 항상 계속해서 이동하는, 움직이는 타깃이다. 과제의 해상도가 한 번 높아졌다고 해서 만족하지 말고 지속적으로 점검하며 자신의 해상도가 충분한지 늘 확인하자.

한편 과제를 아는 것만으로는 충분하지 않다. 가치는 과제와 해결책
이 맞물릴 때 생겨난다. 해결책 없이는 가치도 생겨나지 않는다. 이제부
터는 해결책의 해상도를 높이기 위한 방법을 살펴보자.

해결책의 해상도를 높인다
- '깊이', '넓이', '구조', '시간'

비즈니스에서의 해결책(solution)은 시책이나 대응책으로 불리기도 하고, 제품이라는 구체적인 형태를 띠기도 한다. 아무리 과제를 정확히 인식하고 있더라도 해결책이 없다면 가치가 생겨나지 않는다. 과제와 해결책의 적합성이 조금 스치듯 맞물리는 정도라면 그 해결책에서 생겨나는 가치는 작다. 반면 과제와 해결책의 적합성이 클수록 가치는 커진다. 가치는 과제의 크기에 크게 좌우되지만 해결책에도 궁리가 필요하다.

기존 과제에 대한 해결책을 개선함으로써 더 큰 가치를 만들어 낼 수도 있다. 혹은 아직 풀리지 않은 과제에 대해 아무도 알아차리지 못한 해결책을 찾아 과제를 효과적으로 해결할 수도 있을 것이다. 어느 쪽이든 해결책의 해상도를 충분히 높여야 한다.

6장에서는 해결책의 해상도를 높이기 위한 틀을 설명한다. 이에 앞서 좋은 해결책이란 무엇인지부터 정리해 보자.

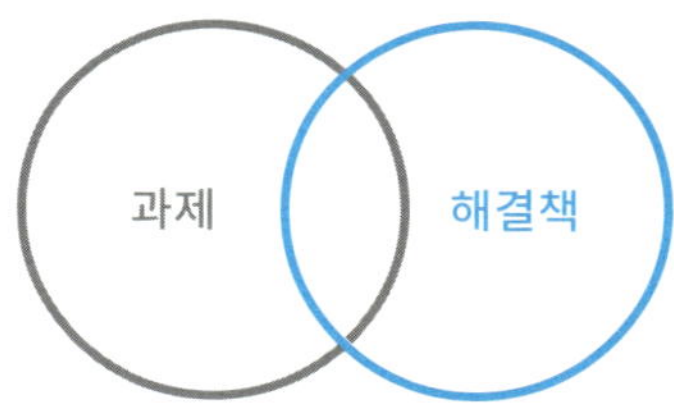

좋은 해결책의 조건 세 가지

앞서 좋은 과제의 조건으로 '큰 과제일 것', '합리적인 비용으로 현재 해결 가능한 과제일 것', '실적을 만들 수 있는 작은 과제로 나눌 수 있을 것'이라는 세 가지를 제시했다. 마찬가지로 좋은 해결책의 조건도 세 가지로 정리할 수 있다.

① 과제를 충분히 해결할 수 있을 것

② 합리적인 비용으로 현재 실현 가능한 해결책일 것

③ 다른 해결책에 비해 뛰어날 것

① 과제를 충분히 해결할 수 있을 것

먼저 과제를 충분히 해결할 수 있어야 한다. 당연하지만 과제를 해결하지 못하는 해결책은 해결책이라 할 수 없다.

여기서 핵심은 충분히 해결할 수 있으면 된다는 점이다. '과제 이상의 가치는 생겨나지 않는다.'라는 점을 설명할 때, 해결책이 과제에 비해 오버스펙이더라도 그 이상의 가치는 만들어지지 않는다고 이야기했다. 이는 해결책을 생각할 때도 중요한 관점이다. 가까운 거리를 이동하는 데 음속 제트기를 만들 필요가 없고 버스로도 충분하듯, 과제를 충분히 해결할 수만 있으면 된다. 일본 속담 중에 '허리띠로 쓰기에는 짧고 어깨 끈으로 쓰기에는 길다.'라는 말이 있다. 과제에 비해 오버스펙인 것을

**'오버스펙인 해결책'을 만들어도 가치는
'충분한 해결책'에서 창출되는 것과 같다.**

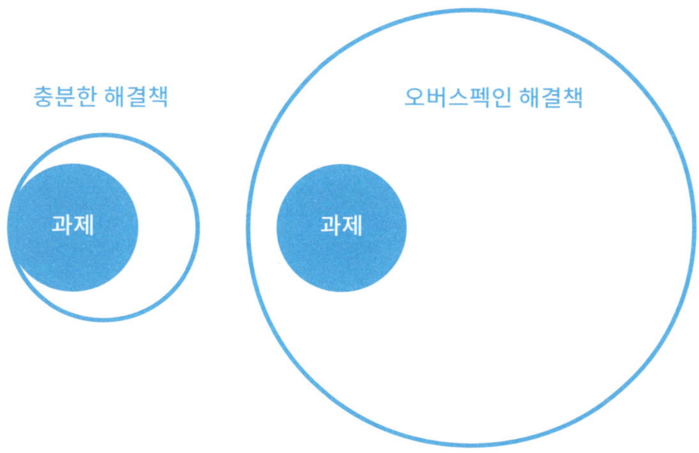

만들면 그만큼 비용만 늘어나 '어깨끈으로 쓰기에는 길어져' 버릴 위험
도 커진다. 과제는 크기가 중요하다. 해결책은 과제에 딱 맞는 크기를
지향하는 것이 바람직하다.

이 조건은 당연하다면 당연하지만 연구나 제품 개발 현장처럼 해결책을
주로 만드는 쪽의 사람들, 또는 해결책이 될 대응책을 생각하는 단계에 들어간
팀은 의외로 이를 잊기 쉽다.

예를 들어 USB 메모리를 개발하면서 32GB, 64GB, 128GB, 256GB,
512GB까지 대용량 제품을 저렴하게 만드는 연구 개발 계획을 세웠다고
하자. 그러나 사용자 대부분이 64GB 정도면 충분하다고 느낀다면
512GB USB 메모리를 만들어도 그다지 잘 팔리지 않는다. 용량이라는
특정 과제에 대해 오버스펙인 제품을 제공해 원하는 사람이 줄어들면
이번에는 저렴한 가격으로 승부하게 된다. 그렇게 되면 경쟁사도 가격
을 낮추므로 이익은 줄어든다. 오버스펙인 제품을 공들여 만들었는데
도 그 노력을 보상받지 못하게 되는 것이다.

그럼에도 연구 개발이나 신제품 기획의 현장에서는 '더 고성능이고
더 저렴한 것을 개발한다.'를 추구하면서 과제에 비해 오버스펙인 해결
책을 자주 만든다. 이렇게 된 배경에는 고객이 원하는 최소한의 스펙을
파악하지 못한 상태, 즉 과제의 해상도가 낮아 과제를 제대로 짚지 못하는 상
태, 나아가 고객에 대한 인식이 얕은 점이 있다고 생각한다.

앞의 예의 경우 일정 용량을 넘어서 용량이라는 과제가 어느 정도 해
결된 다음에는 컴팩트나 무게 등의 휴대성, 디자인 등 의장성으로 고객
과제의 무게 중심이 옮겨갈 수 있다. 그렇다면 용량의 크기나 저렴함이
아닌 휴대성이나 의장성과 같은 다른 과제에 대한 해결책을 제공한다면 더
큰 가치를 만들어 낼 수 있을 것이다.

이처럼 충분한 해결책을 만들기 위해서는 먼저 과제가 무엇인지를 높
은 해상도로 파악해야 한다. '어느 정도 성능을 높여야 과제를 충분히

해결할 수 있을지'를 모른 채 연구 개발을 진행하는 것은 결승선이 어디에 있는지도 모른 채 전력 질주를 시작하는 것과 같다. 따라서 연구 개발 단계라도 일찌감치 고객이 있는 곳으로 가서 고객이 요구하는 스펙의 하한선을 확인하고 '어느 정도 연구 개발을 하면 되는지'를 결정할 필요가 있다.

최신 기술을 사용하는 스타트업은 본격적으로 제품을 만들기 전에 먼저 개발 예정인 제품의 스펙시트(spec sheet)를 작성하는 경우가 많다. 그리고 '이 정도 성능의 제품을 만들 예정인데, 만들어지면 구매해 주시겠습니까?'와 같은 형태로 영업하면서 최소한의 해결책 수준을 가늠한다. 이렇게 개발해야 할 성능의 하한선을 정한 뒤 그 기준을 충분히 만족하는 해결책의 개발에 착수하는 것이다. 즉, 과제의 해상도를 높여 해결책의 충분한 만족(satisfice) 조건을 확인하는 활동을 한다(충분한 만족에 대해서는 3장의 칼럼에서 설명했다). 영업 활동을 통해 연구 개발의 요구사항을 정의하는 셈이다.

또한 고객이 구매 의사를 밝혔다면 제품을 만들기 전에 기본 합의서나 의향 표명서를 받아 두어 '만들 수 있으면 팔린다.'라는 상황을 만들어 놓고 그 실적을 근거로 기술 개발을 위한 추가 자금을 조달하는 경우도 흔하다. 자금을 투자하는 쪽에서 보더라도 '만들 수 있으면 팔린다.'라는 점이 확인되어 있다면 '만들 수 있을지조차 불확실하고 설령 만들어도 팔릴지 알 수 없는' 상황보다 위험성이 낮아 보이므로 투자 판단을 내리기 쉬워진다.

② 합리적인 비용으로 현재 실현 가능한 해결책일 것

그렇다고 해서 스펙시트를 제안하고 고객으로부터 기본 합의서를 받았다고 해도 기술적으로 구현이 불가능하다면 결국 판매로 이어질 수는 없다. 따라서 좋은 해결책의 두 번째 조건으로 합리적인 비용으로 현재 시점에서 실현 가능할 것을 들 수 있다.

좋은 과제의 조건에서 '합리적인 비용으로 현재 해결할 수 있을 것'을 제시했다. 반면 해결책에서는 이를 합리적인 비용 범위 안에서 실현할 수 있는지가 핵심이 된다. 특히 해결책에 사용되는 기술이 최신일수록 목표 성능의 실현 가능성은 낮아지고 비용은 높아지는 경향이 있어 조건을 충족하기 어려워지기 쉽다.

서비스업에서도 마찬가지다. 뛰어난 숙박 서비스를 실현하려면 직원 100명이 필요하지만, 100명에게 급여를 지급하려고 하면 숙박 비즈니스가 성립되지 않는 경우가 있다.

③ 다른 해결책에 비해 뛰어날 것

합리적인 비용 범위에서 실현되면서도 과제를 충분히 해결할 수 있는 해결책이 여러 개 존재한다면 그중 비용이 가장 낮은 해결책이 선택된다. 예를 들어 영수증 분류처럼 번거로운 업무를 외주로 맡길 때 사람을 고용해 수작업으로 처리하든 로봇을 도입하든 분류하는 정확도가 비슷하다면 결국 더 저렴한 해결책이 선택된다. 버즈워드[1]가 될 법한 새로운 기술이 등장할 때마다 'ㅇㅇ라는 과제를 해결할 수 있습니다.'라는 이야기가 화제가 되곤 하지만 그 과제를 해결할 수 있는 다른 기술도 많이 존재한다면 다른 것에 비해 뛰어나지 않은 이상 채택되기 어렵다.

이처럼 과제를 충분히 해결할 수 있고 합리적인 비용으로 실현 가능하다고 해도 다른 해결책에 비해 뛰어나지 않으면 선택받지 못한다.

고객은 해결책을 선택할 때 비용뿐만 아니라 사용성, 기존 업무 프로세스와의 궁합, 무게나 크기, 조달의 용이성 등 다양한 평가 축을 동시에 검토한다. 특정 강점을 지닌 기술이나 해결책이 하나의 평가 축에서

---

1 (옮긴이) buzzword, 새롭게 떠올라 주목받는 기술이나 현상을 뜻하는 용어

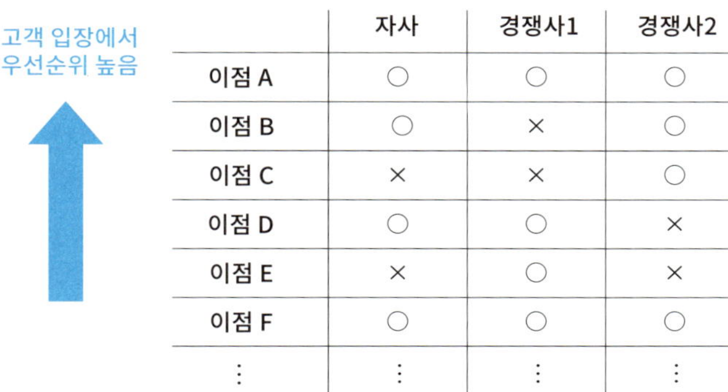

**고객이 중요시하는 평가 축으로
다른 것에 비해 뛰어나다.**

	자사	경쟁사1	경쟁사2
이점 A	○	○	○
이점 B	○	×	○
이점 C	×	×	○
이점 D	○	○	×
이점 E	×	○	×
이점 F	○	○	○
⋮	⋮	⋮	⋮

는 경쟁사보다 뛰어날 수 있지만, 필요하다고 여겨지는 다른 평가 축에서 아직 과제를 충분히 해결하지 못한다면 열위에 놓이게 된다. 예를 들어 성능 요건이나 비용 관점에서는 가장 뛰어나더라도 납기까지 이틀밖에 남지 않아 시간에 도저히 맞출 수 없는 해결책은 아마 선택받지 못할 것이다. 고객이 중시하는 여러 평가 축에서 과제를 충분히 해결할 수 있으면서도 종합적으로 뛰어나야 한다는 뜻이다.

해결책의 요소가 되는 신기술을 개발하고 나서 과제와 해결책을 함께 고려할 때 비교의 시점은 더욱 중요해진다. 대부분 신기술은 성숙도가 낮아 성능은 기존 대체 기술에 비해 떨어지고 비용은 높은 경향이 있기 때문이다. 확실히 과제를 어느 정도 해결할 수 있을지는 몰라도 종합적으로는 기존 제품이 더 뛰어난 경우가 대부분이다.

이런 상황에서는 '성능을 더 높이기 위한 연구 개발을 하자.', '비용을 더 낮추는 연구 개발을 하자.'라는 쪽으로 노력하기 쉽다. 물론 필요한 평가 축에서 아직 과제를 충분히 해결하지 못했다면 그런 노력도 필요하다. 그러나 병행해야 할 일은 기존 대체품에서 약간 비켜난 지점에 있는 과제나 평가 축을 적극적으로 찾아 기존 제품과 다른 가치를 만들어 낼 수 있는 영역을 찾는 것이다. 예를 들어 컴퓨터 안에 들어 있는 저장 장치인 SSD는 용량 면에서는 하드디스크를 이기기 어렵지만 속도나 내충격성, 소비 전력이라는 다른 평가 축에서는 하드디스크보다 우위에 있어 현재 대부분의 노트북에 채택되고 있다.

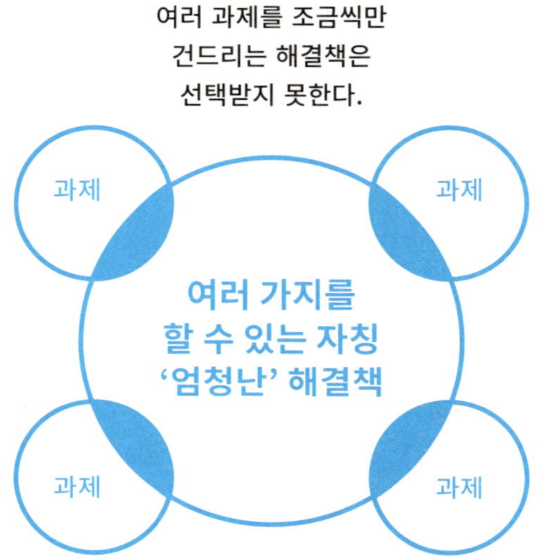

신기술을 개발한 기업의 판촉 행사에서 '이 기술은 다양한 과제를 해결할 수 있는 엄청난 기술(해결책)입니다.'라는 말을 들을 때가 있다. 그러나 이야기를 잘 들어 보면 다음과 같은 경우가 대부분이다.

- 언급된 과제를 아주 일부만 건드릴 뿐 과제와 해결책의 적합성이 낮아 다른 해결책보다 뒤처진다.
- 고객이 중시하지 않는 평가 축에서는 다른 해결책에 비해 뛰어나지만, 고객이 중시하는 평가 축에서는 뒤떨어진다.

좋은 해결책으로 평가받으려면 고객이 중시하는 어떤 평가 축에서 뛰어난 데다가 다른 평가 축에서도 충분히 평가받을 필요가 있다.

좋은 해결책의 세 가지 조건은 언뜻 보면 너무 당연한 이야기처럼 느껴질지도 모른다. 그러나 이렇게 다시 정리해 보면 해결책의 좋고 나쁨은 과제에 크게 의존한다는 사실을 알 수 있다. 해결책의 해상도를 높이기 전에 과제의 해상도를 제대로 높여 두는 것이 중요하다는 점을 재차 강조해 두고자 한다.

이제부터는 해결책의 해상도를 높이기 위한 방법을 '깊이', '넓이', '구조', '시간'이라는 네 가지 시점에서 살펴본다. 과제의 해상도를 높일 때 사용했던 사고방식도 해결책의 해상도를 높이는 데 그대로 적용할 수 있는 부분이 많으므로 수시로 참고해 보길 바란다. 여기서는 지금까지 다루지 않았던, 특히 해결책과 관련된 틀을 중심으로 설명해 나가겠다.

'깊이'의 시점에서 해결책의 해상도를 높이기

'깊이'의 시점에서 과제의 해상도를 높일 때 활용했던 언어화 방법과 조사 방법은 해결책에도 활용할 수 있다. 6장에서는 과제의 깊이를 다룰 때 충분히 설명하지 못했던 방법을 보완한다. 해결책의 해상도를 높이는 데 도움이 되는 방법으로 '보도자료'라는 외부화의 틀, 'How'라는 사고를 촉진하는 질문, '전문성을 연마하기', '손으로 생각하기', '몸으로 생각하기'라는 정보 수집과 행동의 요령을 설명한다.

보도자료를 작성해 보기

과제의 해상도와 마찬가지로 해결책을 깊이 파고들기 위해서라도 '언어화'는 중요하다. 현재 위치를 확인하는 것은 해결책의 아이디어를 정교하게 다듬기 위한 첫걸음이다.

인터넷 쇼핑몰을 운영하는 아마존에서는 제품이나 서비스를 실제로 개발하기 전에 발표용 보도자료를 작성하는 것으로 알려져 있다. 이 방법은 그야말로 해결책의 언어화라고 할 수 있다. 새로운 제품이나 서비스 아이디어가 떠올랐다면 아마존이 사용한다고 알려진 다음 양식[2]에 따라 보도자료를 한번 작성해 보길 바란다. 그러면 자신의 해결책이 현재 상황에서 어떤 것이고 어떤 의미를 가지는지, 무엇이 부족한지를 정리해 이해할 수 있다.

- 제목
- 부제목
- 요약
- 과제
- 해결책
- 개발자 의견
- 시작 방법
- 고객 의견
- 마무리와 콜투액션(CTA, Call to Action)

신제품이나 서비스가 존재한다고 가정하고 각 항목을 상세히 살펴보자. 먼저 '제목'에는 보도자료의 제목을 적는다. 독자가 이해하기 쉽게 적는 것이 좋다. 다음으로 '부제목'에는 누가 고객이고 어떤 편익을 얻을 수 있는지를 한 줄로 적는다. '요약'에는 사전 지식이 없는 독자라도 제품의 개요와 편익을 이해할 수 있도록 글을 적는다. '과제'에는 제품이 해결하는 과제를, '해결책'에는 제품이 어떻게 그 과제를 해결하는지를 전달한다. 다음으로 '개발자 의견'에는 개발자가 어떤 생각으로 이것을 만들었는지 등 코멘트를 넣고, '시작 방법'에는 어떻게 해야 사용할 수 있는지를 적는다. 그리고 고객이 이 제품을 체험하면 어떤 소감을 표

---

2 What is Amazon's approach to product development and product management? (Quora)
   https://www.quora.com/What-is-Amazons-approach-to-product-development-and-product-manage
   ment

현할지 상상해 '고객 의견'을 작성한 뒤, 마지막 '마무리와 콜투액션'에서 내용을 정리하고 독자에게 다음 행동을 제안한다.

아마존을 떠나 IoT 대상 통신 플랫폼을 제공하는 스타트업 소라콤(Soracom)을 창업한 다마가와 겐 사장도 먼저 보도자료를 작성하는 데서부터 회사가 시작되었다고 회고했다.[3] 소라콤은 2014년 창업 이후 3년 만인 2017년에 일본의 대형 이동통신사 KDDI에 약 200억 엔에 인수되었는데, 이 인수가는 당시에도, 지금도 일본에서 손꼽히는 규모다. 그 시작이 언어화 작업이었던 것이다.

어디까지나 보도자료이지 슬라이드가 아니라는 점에도 주의하자. 슬라이드는 많은 장수를 한 번에 만들어 낼 수 있는 만큼 실제보다 결과물이 많은 것처럼 착각하기 쉽다. 슬라이드는 콘셉트를 간단히 전달하거나 구두 발표를 보조하는 용도로는 유용하지만 생각을 깊이 파고들기에는 적합하지 않다. 해결책의 해상도에 대한 현재 위치를 확인할 때나 내용을 상세히 검토할 때의 언어화는 보도자료처럼 상세함과 논리가 요구되는 글 형식을 추천한다.

글을 작성할 때 유의해야 할 점은 과제의 해상도 때와 기본적으로 동일하다. 특히 '뛰어나다'나 '최고의' 같은 과장된 표현이나 불필요한 형용사 등 군더더기 수식어는 덜어 내고, 우리끼리만 쓰는 전문 용어는 무심코 사용하지 않도록 주의해야 한다. 그렇게 하면 간결하면서도 누구에게나 전달되는 문장이 되고, 무엇을 만들어야 하는지도 명확해진다. '뛰어난 UX 앱을 제공한다.'라는 표현만으로는 무엇을 만들어야 하는지 알 수 없다.

언어화한 것을 읽어 보았을 때 '너무 당연한 해결책인데?'라는 느낌이 든다면 충분한 깊이에 도달하지 못했을 가능성이 크다. 예컨대 '연구실 정보가 부족하니 연구실 선택을 돕는 정보를 제공한다.'와 같은 해결책은 너무 당연

---

3 소라콤 다마가와가 도전하는 일본발 스타트업의 글로벌 전개, M&A를 거쳐 회사 매각으로 고민하는 창업가에 대한 조언(Coral Capital, 2019년 4월 24일)
https://coralcap.co/2019/04/videointerview-soracom-tamagawa

하다. 왜 하필 그 해결책이어야 하는지 고유의 강점을 적을 수 있도록 하자. 또한 해결책이 너무 당연하게 느껴질 때는 애초에 과제의 깊이가 부족한 경우가 많으므로 과제도 함께 다시 살펴보기를 권한다.

행동 가능한 단위까지 How를 묻기

과제에서는 'Why so?(왜 그런가?)'를 다섯 번 묻는 것을 권했는데, 해결책은 'How(어떻게)'를 반복해서 묻는 방식으로 사고를 심화할 수 있다. 디자인 사고에서도 'How might we ○○?(어떻게 하면 우리는 ○○를 할 수 있을까?)'라는 질문을 거듭 던지며 아이디어를 창출한다. How를 반복해서 물어보는 것은 해결책의 세부 내용을 파고드는 역할을 한다.

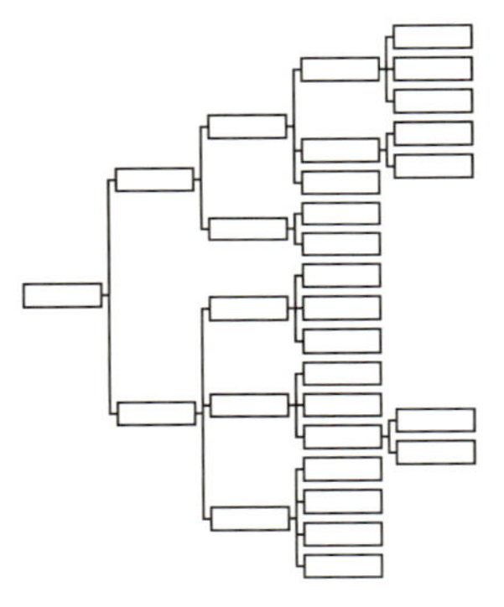

예를 들어 '웹 앱을 보급시킨다.'라는 해결책을 떠올렸다면 '앱은 어떻게 하면 확산될까?'를 생각해 본다. 여기서 더 파고들어 '어떻게 하면 타깃 사용자에게 알릴 수 있을까?'라고 더 구체적으로 묻는다. 그 답에 대한 후보 중 하나로 SNS 캠페인이 떠올랐다면 다시 '어떻게 하면 효과적인 SNS 캠페인을 할 수 있을까?', '어떻게 하면 좋은 캠페인용 영상을 만들 수 있을까?'라는 식으로 연속해서 생각을 이어 나간다. 그러다 보면 각각의 How 항목이 점차 깊어진다. 그렇게 만들어진 선택지 중에서 효과적이면서 실행 가능한 수단을 골라 해결책을 실현하는 것이다. 행동 가능한 단위로 분해할 수 있는 수준까지 How를 깊게 질문해 나가자.

전문성을 연마해 새로운 해결책을 깨닫기

언어화하고 How를 반복해 질문하며 파고들다 보면 거의 예외 없이 어느 지점에서는 전문 지식이 필요해진다. 예를 들어 해결책을 실현하기 위해 특정한 강성[4]의 금속이 필요하다고 하자. 이때 금속에 대한 기술 지식이 없으면 적절한 금속을 선택하기 어렵다.

해결책을 파 내려가는 데 있어 가장 정직하면서도 효과적인 방법은 전문 지식을 익히는 것이다. 특히 오늘날에는 거의 모든 영역에서 과제가 복잡해지고 있어 과거처럼 제너럴리스트가 짧은 시간 안에 논점을 파악하고 빠르게 학습해 해결책을 도출하는 일은 거의 불가능해졌다. 뛰어난 발상법만으로 해결되는 경우도 예전만큼 많지 않다. 오히려 그런 발상법에 과도하게 기대고 의지하는 것은 전문성을 연마하는 데 필요한 시간을 빼앗고, 결과적으로 과제 해결을 지연시키는 악영향도 있다. 과제를 풀려면 전문성이라는 깊이가 필요하다.

최첨단 지식을 익히면 이제까지 풀리지 않았던 과제를 풀 수 있게 될지도 모른다. 최신 컴퓨터 과학 논문을 읽다 보면 이제까지는 방대한 계산량이 필요했던 과제를 합리적인 계산량으로 해결할 수 있다는 사실을 알게 된다. 그 과정에서 이를 비즈니스로 전환할 기회를 발견하기도 한다. 경제학의 시장 설계(market design)에 대한 지식을 갖추면 뛰어난 시장을 만들 가능성도 높아질 것이다.

최첨단 지식의 진보는 대개 아주 조금씩 진행된다. 그러나 그 작은 진보만으로도 해결할 수 있는 과제가 늘어나는 것 또한 사실이다. 이러한 꾸준한 진보의 조짐을 알아차리고 해결책의 진보를 최대한 활용할 수 있는 과제를 찾아낼 수 있다면 새로운 가치를 만들어 낼 기회를 만날 수 있다. 이러한 기회를 알아차리기 위해서라도 전문성을 계속 연마하는 일은 중요하다.

---

4 (옮긴이) stiffness, 물체가 외부 힘에 대해 저항하는 정도

또한 직전의 진보뿐만 아니라 장기적인 진보에 관심을 갖는 것도 한 가지 방법이다. CPU 성능이 매년 10%씩 향상된다면 10년 후에는 두 배가 된다. 성능이 두 배로 늘어났을 때 무엇이 가능해질지와 같은 조금 먼 미래를 예상하고 지금부터 어떤 방법을 써야 할지를 생각해 보면 장차 가치가 커질 영역이 보일 수 있다. 전문성을 연마하는 데는 시간이 걸리지만 효과적인 방법 중 하나다. 귀찮아하지 말고 자신의 영역에서 최신 기술과 지식을 지속적으로 따라가도록 하자.

손으로 생각하기

과제의 해상도에서 '외부화'를 설명했는데, 해결책을 심화해 나갈 때도 외부화는 효과적이다. 해결책의 경우 외부화는 언어화에만 머물지 않는다. 실제로 자신의 손을 움직여 해결책을 만들어 보자. 손으로 생각하는 것이다.

엑셀 함수를 외울 때 대부분의 사람은 함수의 설명을 계속 읽기보다 간단한 함수부터 직접 사용해 보며 익힌다. 마찬가지로 해결책의 아이디어가 떠올랐다면 어떤 것이든 좋으니 프로토타입을 만들어 보자. 앱이든 하드웨어든 서비스든 제품이든 최종 형태와 거리가 멀더라도 만들어 보는 것이다. 만드는 과정에서 얻는 깨달음은 생각보다 훨씬 많다. 머릿속에서만 생각하는 데는 한계가 있다. 실제로 만들기 어렵다면 스케치를 하거나 모형을 만드는 것도 한 가지 방법이다. 조금이라도 좋으니 머릿속에 있던 것을 바깥으로 꺼내 손으로 구현해 보길 바란다.

필자가 상담했던 하드웨어 스타트업 창업자는 처음에 스케치부터 시작해 이를 바탕으로 모형을 만들며 자기 안의 이미지를 외부화해 나갔다. 스케치와 제품 사이의 차이가 너무 커서 스케치를 해도 의미가 없다고 느껴질지도 모른다. 그러나 조금이라도 손을 움직여 보면 알게 되는 것이 있다. 형태를 만들면 주변 사람들을 끌어들일 수도 있다. 실제로 그 스타트업은 스케치에서 출발해 모형을 만들어 나가는 과정에서 동료가 모였다. 동료와 함께 부품을 만들고 전체를 완성해 결국 프로토타입에 이르렀고, 투자자를 끌어들여 자금을 조달하는 데 성공했다.

《디자인과 인간 심리》로 잘 알려진 인지과학자 도널드 노먼은 "디자인 사고(thinking)가 아니라 디자인 행동(doing)을 하라."[5]라고 말했다. 디자인 사고는 디자이너의 행동 양식과 규율을 체계화한 개념으로, 그중에는 반드시 '만드는' 프로세스가 포함되어 있다. 그럼에도 '생각하는' 방법만 주목받고 정작 중요한 '만드는' 부분이 빠지는 경우가 많다. 포스트잇을 붙이며 논의하는 워크숍에 머물지 말고 실제로 만들어 보는 행동까지 동반하는 것이 디자인 사고의 요체다. 해상도를 높일 때도 사고뿐만 아니라 행동(doing)을 의식하자.

손을 움직여 만드는 것은 단순히 체험하거나 소비하는 것과는 크게 다르다. 유튜브가 유행하기 시작한 이후 청년 세대가 영상 편집에 능숙해지고 감각이 좋아진 것처럼 보이는 이유도 영상 발표의 기회가 늘어나면서 촬영과 편집을 실제로 해 볼 기회가 많아졌기 때문일 것이다. 만약 단순히 보는 것만으로 영상 편집 감각이 향상된다면 TV를 시청해 온 세대는 청년과 동등하거나 그 이상으로 영상을 잘 편집할 수 있을 것이다. 그러나 그렇지 않다는 사실은 단순 소비만으로는 만드는 감각이나 기술이 길러지지 않는다는 점을 보여 준다.

만드는 것이 어렵다면 참고가 될 만한 제품을 분해해 보는 것도 좋은 방법이다. 이는 백지상태에서 손으로 생각하는 것보다 쉽다. 시계 같은 정밀 기계나 전자기기를 분해해 보거나 웹 페이지의 소스 코드를 들여다보는 것도 좋다. 다른 사람이 만든 것을 이해하려는 과정에서 배울 수 있는 것은 많다.

핵심은 분해하면서 '왜'를 생각하는 것이다. 왜 이런 설계를 했는지, 왜

5　Changing Design Education for the 21st Century (jnd.org, 2020년 4월 5일)
　https://jnd.org/changing-design-education-for-the-21st-century

이 부품이나 나사를 사용했는지 등 제작자의 사고를 따라가다 보면 해결책에 대한 해상도가 높아진다. 자신들이 만든 제품이나 제작 과정을 슬라이드로 공개하는 IT 기업도 많다. 어떤 경위로 만들었는지 해설을 읽는 것만으로도 해결책의 해상도는 높아질 것이다.

회화 작품의 감상법에는 다음과 같은 방식이 있다. 본 그림을 30초 정도의 짧은 시간 동안 자기 손으로 직접 스케치해 보는 것이다.[6] 이렇게 해 보면 그림에 무엇이 그려져 있는지 의식할 수 있고, 그리는 과정에서 어디가 어려운지, 자신이 그린 것과 실제 그림의 차이는 무엇인지, 그 차이가 왜 생겼는지 등을 단순히 보기만 하는 것보다 그림을 자세히 이해하게 된다. 단순히 보기만 할 뿐 아니라 자기 손으로 구성하고 수정해 보면 사안을 깊이 이해하는 데 도움이 된다. 영화 등에서도 실제로 인상 깊었던 장면을 모방해 촬영해 보면 구도나 카메라 워킹의 난이도, 제작자의 의도를 체감할 수 있다.

해상도를 높이기 위해서라도 항상 '나는 최근에 제대로 손으로 생각하고 있는가?'라고 자문해 보자.

몸으로 생각하기

손으로 생각하는 것뿐만 아니라 몸으로 생각하면서 알게 되는 것들도 많다.

해결책이 떠올랐다면 간단히 자신이 그 제품이 있는 것처럼 행동하는 역할극을 해 보길 권한다. 실제로 몸을 움직여 해 보면 상황이나 해결책에서 어색한 지점을 발견할 수 있고, 개선해야 할 점을 쉽게 찾을 수 있다.

역할극을 할 때는 미리 기승전결이 있는 네 컷 만화처럼 간단한 콘티를 그린 다음 연기해 보면 수월하다. ① 제품이나 서비스가 필요해지는 맥락 ② 과제 ③ 해결책 ④ 고객이 얻게 되는 결과물과 같은 형태의 콘티를 그려

---

6 《쉽게 읽는 서양미술사》(재승출판, 2016)

보는 것이다. 역할극은 부끄러워서 쉽게 시도하지 못하는 사람도 많지만 혼자서도 가볍게 해볼 수 있고 깨달음도 많아 추천하는 방법이다.

역할극에서 한 걸음 더 나아가 프로모션 영상을 촬영해 보는 것도 좋은 방법이다. 긴 CF를 촬영한다는 생각으로 30초에서 1분 정도 분량으로 제품이나 서비스를 소개하는 영상을 만들어 보자. 1분을 넘기면 다소 장황해져서 메시지를 정리하기 어려워진다. 반대로 TV 광고처럼 15초 정도로 짧으면 그저 제품의 이미지만 전달하고 끝나기 쉽다.

영상을 제작하려면 영상으로 무엇을 전달하고 싶은지를 분명히 해야 하므로 제삼자의 시점에서 보도록 유도한다. 또한 언어화란 다른 형태의 외부화이며 해결책의 또 다른 측면을 분명히 드러내 주기도 한다. 한 번 촬영해 둔 영상은 다양한 상황에서 판촉 도구로 활용할 수 있다는 장점도 있다. 요즘은 스마트폰이나 액션캠 등의 보급으로 영상 촬영의 진입 장벽이 크게 낮아져 촬영이 쉬워졌다. 다빈치 리졸브(DaVinci Resolve) 같은 고성능 영상 편집 도구도 무료로 사용할 수 있으며, 포토샵 앱을 활용한 간단한 편집도 가능하다. 꼭 한번 해 보길 바란다.

경쟁 제품을 최대한 많이 사용해 보는 것도 일종의 '몸으로 생각하기'다. '넓이'의 시점에서 과제의 해상도를 높이는 방법으로도 추천했는데, 해결책을 파고들 때도 경쟁 제품을 사용해 보면 도움이 된다.

과제를 파 내려갈 때는 '다리로 생각하는 것'이 중요하다고 지적했다. 해결책을 파 내려가기 위해서는 머리뿐만 아니라 손으로 생각하고, 나아가 몸으로 생각하는 것이 효과적이다. 사고와 몸은 긴밀하게 연결되어 있다. 머리만 쓰지 말고 손과 발, 몸을 사용해서 생각하자.

> **☑ 해결책의 '깊이' 정리**
>
> ☐ 먼저 언어화를 통해 자기 해상도의 현재 위치를 확인하자. 해결책은 보도자료
>   형태로 언어화하는 것이 효과적이다.
> ☐ How를 반복해서 질문하면 해결책은 점점 더 심화된다.
> ☐ 전문성을 연마하면 해결책을 통해 깨달음을 얻을 수 있다. 새롭게 해결 가능한
>   과제를 발견할 수도 있다.
> ☐ 프로토타입 제작, 역할극, 경쟁 제품의 철저한 사용 등 손과 발을 활용해 생각
>   하면 이해가 한층 더 깊어진다.

'넓이'의 시점에서 해결책의 해상도를 높이기

'넓이'의 시점에서 해결책의 해상도를 높일 때도 과제의 '넓이' 파트에서 설명했던 방법들을 활용할 수 있다. 렌즈를 교체해 보거나 경쟁 제품을 사용해 보는 것, 또 넓이의 시점에서 해상도를 높인 다음 어느 부분을 다시 깊게 파고들지 선택하는 일도 해결책에서 중요하다.

여기서는 특히 해결책의 선택지를 넓히는 방법으로 '사용할 수 있는 도구를 늘리기', '외부 자원을 획득한다는 전제로 확장하기', '탐색에 자원을 할당하기', '해결책의 진정한 의미를 생각하기'라는 네 가지 틀을 살펴보고자 한다.

사용할 수 있는 도구를 늘리기

'망치를 든 사람에게는 모든 것이 못으로 보인다.'라는 속담이 있다. 망치라는 하나의 수단에 너무 집착한 나머지, 그 망치를 모든 과제에 마구잡이로 적용하려는 경향을 지적한 말이다. 이는 기술자에게서 자주 나타나는 패턴이다. 최신 기술을 접했을 때 그 기술을 응용해 다양한 과제를 해결해 보고 싶어지는 경우는 흔하다. 기술자가 아니더라도 이제 막

익힌 어휘나 개념을 무심결에 과도하게 사용해 본 경험이 있는 사람은 적지 않을 것이다.

이 이야기는 부정적인 맥락에서 언급된다. 그러나 반대로 생각하면 망치에 국한하지 않고 다양한 종류의 도구를 갖추고 있다면 '이 도구로 해결할 수 있는 과제'의 패턴을 더 많이 발견할 수 있다는 뜻이기도 하다. 서랍 속에 도구를 많이 갖고 있다는 것은 '도구를 가졌을 때의 시점', 다시 말해 도구와 관련된 '렌즈'를 여러 개 갖게 된다는 의미다.

예를 들어 엑셀의 매크로를 알고 있다면 반복 작업을 자동화할 수 있다는 사실을 떠올릴 수 있다. 매크로가 적합하지 않은 과제에 매크로를 무리하게 적용하는 것은 피해야겠지만 매크로라는 해결책을 알고 있으므로 반복 작업을 '자동화 가능한 과제'로 인식할 수 있게 된다. 정책에 정통한 사람이라면 '규칙을 설계함으로써 비즈니스를 확장한다.'라는 해결책을 자연스럽게 떠올리겠지만 정책과 거리가 먼 사람은 규칙을 활용해 비즈니스를 키운다는 발상 자체를 하지 못할 수도 있다. 설령 떠올린다 해도 그 난이도를 가늠하지 못해 해결책에 적용하지 못한다. 해결책을 폭넓게 알지 못하면 과제를 해결할 수 있다는 사실 자체를 깨닫지 못하는 것이다.

수많은 특허를 보유하고 있으며 포스트잇으로 잘 알려진 화학 제조사 3M에서 진행된 발명 관련 연구에 따르면 개발자를 '전문가', '제너럴리스트', '폴리매스(polymath, 박식가, 하나 이상의 분야에서 깊은 전문성과 폭넓은 지식을 지닌 사람)'로 분류했더니 사내 혁신에 기여한 사람에게 수여되는 명예로운 상을 받을 가능성이 가장 높은 집단은 폴리매스였다고 한다.[7] 또한 특허 연구[8]를 살펴보면 불확실성이 높은 분야에서

7 《늦깎이 천재들의 비밀》(열린책들, 2020)
   Wai Fong Boh, Roberto Evaristo, Andrew Ouderkirk "Balancing breadth and depth of expertise for innovation: A 3M story", Research Policy, Volume 43, Issue 2, p.349-366, ELSEVIER, March 2014
   https://doi.org/10.1016/j.respol.2013.10.009

8 Eduardo Melero, Neus Palomeras "The Renaissance Man is not dead! The role of generalists in teams of inventors", Research Policy, Volume 44, Issue 1, p.154-167, ELSEVIER, February 2015
   https://doi.org/10.1016/j.respol.2014.07.005

는 실패한 특허와 대성공한 특허가 혼재하는데, 대성공한 특허는 폭넓은 경험을 가진 인물이 포함된 팀에서 탄생했다는 결과가 나와 있다. 히트 만화가를 대상으로 한 연구[9]에서도 여러 장르에 관여한 경험이 있는 만화가일수록 상업적 가치가 높거나 혁신적인 작품을 더 많이 만들어 냈다고 한다. 일반적으로 함께 인용되지 않을 법한 다른 분야의 잡지를 동시에 인용한 논문일수록 인용 횟수가 많다는 연구[10]도 있다. 즉, 더 폭넓은 지식을 가진 팀이 좋은 논문을 발표했다는 뜻이다. 또한 노벨상 수상 과학자들은 과학과 직접적인 관련이 없는 예술적 취미를 갖고 있는 경향이 강하다고 알려져 있다.[11] 인접 분야뿐만 아니라 먼 영역의 시점이나 손에 쥔 패를 늘려 두는 것은 홈런급 해결책에 도달하기 위한 하나의 방법일지도 모른다.

이러한 해결책의 폭을 넓힐 때도 4장 과제의 '깊이'에서 소개한 조사나 커뮤니티는 유효하다. 특히 최신 기술을 조사하다 보면 응용 가능한 새로운 기술을 발견할 수도 있다. 비즈니스에서는 성공 사례와 실패 사례를 아는 것도 도움이 된다. 그리고 좋은 커뮤니티에 속해 있다면 남들과는 다른 정보가 들어올 가능성도 높아진다.

9   Alva Taylor, Henrich R. Greve "Superman or the Fantastic Four? knowledge combination And experience in Innovative Teams", Academy of Management Journal Vol. 49, No. 4, 1 Aug 2006
https://doi.org/10.5465/AMJ.2006.22083029

10 Brian Uzzi, Satyam Mukherjee, Michael Stringer, Ben Jones "Atypical Combinations and Scientific Impact", Science, Vol 342, Issue 6157, p. 468-472, American Association for the Advancement of Science, 25 Oct 2013
http://dx.doi.org/10.1126/science.1240474
Jian Wang, Reinhilde Veugelers, Paula Stephan "Bias against novelty in science: A cautionary tale for users of bibliometric indicators", Research Policy, Volume 46, Issue 8, p.1416-1436, ELSEVIER, October 2017
https://doi.org/10.1016/j.respol.2017.06.006

11 Robert Root-Bernstein, Lindsay Allen, Leighanna Beach, Ragini Bhadula, Justin Fast, Chelsea Hosey, Benjamin G. Kremkow, Jacqueline Lapp, Kaitlin M Lonc, Kendell M. Pawelec, Abigail Podufaly, Caitlin Russ, Laurie Tennant, Eric Vrtis and Stacey Weinlander. "Arts foster scientific success: Avocations of Nobel, National Academy, Royal Society, and Sigma Xi members.", Journal of Psychology of Science and Technology, Volume 1, p.51-63, 1 October 2008
https://psycnet.apa.org/record/2009-22160-003

과제의 '넓이' 파트에서 '사람과 이야기하기'의 효과를 강조했는데, 이는 해결책에서도 마찬가지다. 오히려 사람과 이야기하는 것은 과제보다도 해결책에서 더 효과적이라고 느껴지는 경우도 많다. 과제에 비하면 해결책은 조금만 알아도 자신들의 과제에 적용 가능한지 알 수 있을 때가 있기 때문이다. 지금 생각하고 있는 과제를 누군가에게 이야기하다 보면 그 사람에게서 해결의 힌트가 될 만한 다른 시점의 정보나 키워드를 얻을 수도 있다. 해결책이 막혔다고 느껴진다면 박식한 사람이나 인적 네트워크가 풍부한 사람과 벽치기를 해 보자. 타인을 잘 활용하는 것은 해결책의 해상도를 높일 때도 중요하다.

다만 넓힐 때는 단순히 아는 것에 만족하지 않도록 주의하자.

과제를 제대로 해결하려면 그 해결책을 자신의 손으로 사용할 수 있어야 한다. 망치라는 도구를 아는 것과 망치를 능숙하게 다룰 수 있는 것은 다른 이야기다. 그리고 기술적으로 어디까지 활용 가능한지는 실제로 사용해 보지 않으면 모르는 경우가 많다. 예를 들어 프로그래밍을 한 번이라도 해 보면 프로그래밍을 어디까지 활용할 수 있는지, 무엇을 잘하고 무엇을 못하는지에 대한 이해가 깊어진다.

아주 작은 시도만으로도 그저 글자로 알고 있는 것과는 하늘과 땅만큼의 차이가 생긴다. 아주 약간의 체험으로 모든 것을 이해할 수는 없지만 과제의 '넓이' 파트에서 언급했듯이 '백문백견이 불여일험'이다. 직접 사용성이나 특성을 체험해 보면 필요할 때 쉽게 떠올릴 수 있고, 서랍에서도 쉽게 꺼내 쓸 수 있게 된다. 해결책의 폭을 넓힐 때도 체험하는 것을 잊지 말길 바란다.

외부 자원을 획득한다는 전제로 확장하기

해결책을 넓혀 가는 과정에서 많은 사람이 빠지기 쉬운 함정은 '지금 자기가 할 수 없는 것은 해결책의 선택지에서 제외해 버린다.'라는 생각이다. 의식적으로 제외하는 것이 아니라 무의식중에 혼자서 할 수 없거나 너무 어렵다고 느끼는 것을 포기해 버린다. 그렇게 되면 해결책의 선택지는 충분히 확장되지 않는다. '안 된다.'라는 것은 '지금은 안 된다.'일 뿐이다. 그 일부를 외부에서 조달할 수도 있으므로 '지금은 안 된다.'라고 해서 그 선택지를 포기할 필요는 없다.

예를 들어 '나에게 기술이 없어서 실행할 수 없다.', '자금이 없어서 실행이 불가능하다.'라고 여겨지는 해결책이라도 기술이나 자금은 외부에서 조달할 수 있을지도 모른다. 가장 이해하기 쉬운 사례는 창업가의 자금 조달이다. 창업가는 투자자나 은행으로부터 자금을 조달함으로써 취할 수 있는 해결책의 폭을 단번에 넓히고 아이디어를 실현한다. '자금이 없어서' 아이디어를 포기하는 것이 아니라 '자금이 있다면 할 수 있다.'라고 인식하고 주변을 설득해 자금을 조달한다. 사업 회사의 신규 사업 담당자라면 자사 사업의 장래성을 상층부에 설명해 예산을 증액받을 수도 있다. 기술이 부족하다면 아이디어를 주변에 공유해 해당 기술을 가진 사람에게 협력을 요청할 수도 있다. 자금이 부족하다면 자금을 조달하자. 사람이 부족하다면 사람을 설득해 끌어들이면 된다. 좋은 아이디어가 있다면 반드시 협력해 주는 사람이나 자금을 내어 주는 사람은 나타난다.

하버드 대학에서 기업가 정신(entrepreneurship) 연구의 권위자로 알려진 하워드 스티븐슨 교수는 기업가 정신을 '제어 가능한 자원을 넘어 기회를 추구하는 것'이라고 정의했다. 해결책을 고민할 때 이 발상을 가진다면 취할 수 있는 선택지의 폭은 넓어진다. 해결책의 선택지가 늘어나면 몰두할 수 있는 과제도 늘어나고, 더 큰 과제에도 도전할 수 있게 된다.

반대로 외부 자원을 확보해서라도 해결하겠다는 발상이 없다면 자신이 할 수 있는 것만을 떠올리게 되어 발상이 작아지고 만다. 'ㅇㅇ가 없어서 할 수 없다.'라는 벽에 부딪혔을 때도 그 선택지를 버리지 말고, 일단 보류한 채 선택지에는 남겨 두자. 오히려 'ㅇㅇ만 있으면 다음 단계로 나아갈 수 있다.'라고 생각해 보자. 그런 다음 'ㅇㅇ를 외부에서 획득한다.'라는 발상을 가지는 순간, 보이게 되는 해결책의 선택지가 넓어지고 해상도도 높아질 가능성이 커진다.

탐색에 자원을 할당하기

해결책의 폭도 과제와 마찬가지로 단번에 넓어지지는 않는다. 그래서 일상적으로 꾸준히 탐색하며 자신의 흥미와 관심의 폭을 계속 넓히는 수밖에 없다.

사람은 해결책을 '찾는' 활동에 자원을 투입하기 쉽다. 전문성을 높이거나 하나의 기술을 연마하는 일은 보상도 눈에 보이고 방법도 명확해 보이기 때문이다. 반면에 '탐색'에는 상대적으로 소극적이 되기 쉽다. 탐색은 성공보다 실패가 더 많고 가성비도 나빠 보인다. 확실한 성공을 보장하는 방법론이 있는 것도 아니다. 그 결과 탐색에 대한 자원 투입이 줄어드는 경향이 있다.

이러한 함정에 빠지지 않도록 의식적으로 탐색에 자원을 할당하자. 추천하는 기준은 시간이나 자금의 약 20%를 넓히는 데 사용하는 것이다.

근무 시간의 20%를 평소 업무와는 다른 업무나 신규 사업에 사용해도 된다는 구글의 '20% 규칙'도 이러한 탐색을 장려하기 위한 노력으로 볼 수 있다. 가능하다면 이 20%는 본업과 동떨어진 것으로, 실패 확률은 높지만 성공한다면 매우 큰 보상을 가져다주는 것에 투자하는 것이 좋다. 그렇게 하면 전체 활동으로 보았을 때 위험과 보상이 균형을 이루는 경향이 있다.

전혀 다른 분야에서 사이드 프로젝트를 진행해 보는 것도 좋은 방법
이다. 다른 영역의 전문성을 키우기 위한 공부도 좋고, 취미와 같은 활
동이어도 무방하다. 대부분은 직접적인 해결책으로 이어지지 않을지도
모르지만 폭을 넓히기 위해 지속적으로 투자한 시간은 언젠가 반드시
어떤 식으로든 도움이 될 것이다.

해결책의 진정한 의미를 생각하기

해결책을 더 넓게 바라보는 수단으로, 그 해결책이 실제로 어떤 기능을
수행하는지 해결책의 진정한 의미를 생각해 보는 것도 추천한다.

예를 들어 '명함 정리가 번거롭다.'라는 과제를 인식하고 그에 대한 해
결책으로 '명함을 스캔해 데이터화한다.'라는 방안을 떠올렸다고 하자.
이는 분명 명함 관리의 번거로움이라는 과제를 해결하는 방법이지만 잘
생각해 보면 다른 장점도 보이게 된다.

먼저 명함이 데이터화되면 사내에서 고객 정보를 공유하기가 수월해
진다. 사내에서 누가 어떤 인맥을 갖고 있는지를 시각화할 수 있어 영업
담당자 간의 연계도 쉬워진다. 그렇게 되면 '신규 고객에게 접근하고 싶
을 때 사내에서 그 고객과 연결고리가 있을 법한 사람을 찾는다.'와 같이
본래의 영업 활동 외의 부수적인 업무를 줄일 수 있다. 결과적으로 영업
전체의 효율이 높아질 가능성도 있다. 또한 기업명에서 상세 기업 정보
를 자동으로 연동해 고객 후보가 어떤 경영 과제를 안고 있을 가능성이
있는지를 시스템이 제안해 주는 등 영업의 질을 개선하는 데 기여할 수
도 있다. 명함의 데이터화라는 언뜻 단순한 해결책이 실은 많은 고객에
게 더 중요할 수 있는 '영업의 효율화와 영업의 질 개선'이라는 과제 해
결로 이어질 가능성을 내포하고 있는 셈이다.

만약 이러한 발상을 하지 않고 단순히 해결책을 더 좋게 만드는 데만
집중한다면 '명함 관리가 번거롭다.'라는 과제에 대해 '스캔해서 데이터

화한다.'라는 단순한 해결책을 더 효율적으로 하기 위해 사용성을 개선하거나 스캔 속도를 높이는 방향으로만 개선하기 쉽다. 그러나 해결책의 진정한 의미를 깨닫는 순간 전혀 다른 개선 방법이나 해결책의 방향성도 보이기 시작한다. 그리고 그렇게 할 때 더 큰 비즈니스 기회를 포착할 수 있다.

일부 해결책은 제안한 본인조차 처음에는 인식하지 못했을 가능성을 감추고 있기도 하다. 이러한 가능성을 발견하는 순간 해결책의 폭은 생각지도 못한 방향으로 확장된다.

'사실 이 해결책은 어떤 의미를 갖고 있는가?', '이 해결책이 과제를 성공적으로 해결한다면 무슨 일이 일어날까?', '이 해결책이 정말로 해결하고 있는 과제는 무엇인가?', '이 해결책이 만들어 내는 진정한 가치는 무엇인가?'라는 질문을 정기적으로 스스로에게 던져 보자. 그렇게 하다 보면 그 앞에 놓여 있는 큰 과제나 해결책이 지닌 진정한 의미를 깨닫게 될지도 모른다.

> ☑ **해결책의 '넓이' 정리**
>
> ☐ 서랍에 도구를 늘리듯 해결책에 관한 지식을 늘리고 손에 익히자. 그러면 해결할 수 있는 과제를 인식하게 되고 홈런급의 해결책에 도달할 수도 있다.
> ☐ 사람과 이야기하는 것은 해결책의 힌트가 되는 키워드를 얻을 수 있는 기회다.
> ☐ 외부 자원을 활용하는 전제로 두고, 자기가 지금 할 수 있는 것 이상의 넓이를 갖도록 명심하자.
> ☐ 탐색을 위해 평소에 시간과 자금을 할당하자.
> ☐ 해결책의 진정한 의미를 생각함으로써 해결책의 다른 가능성을 모색해 보자.

'구조'의 시점에서 해결책의 해상도를 높이기

과제에서는 '구조를 판가름하기'로써 해상도를 높였다. 해결책에서는 '구조를 구축하기'를 의식하면 해상도가 높아진다.

해결책의 구조는 그 해결책 안에서 사람이나 사물이 어떻게 움직일지를 크게 규정한다.

예를 들어 여당과 야당으로 나뉘어 있는 일본 국회의 방향성 역시 국민의 대표인 국회의원이 국회에서 논의를 거쳐 더 나은 정책에 이르기 위해 만들어 낸 하나의 시스템이자 해결책이다. 일본의 야당은 극장형 정치만 반복한다는 불만을 자주 듣지만 그것은 일본의 국회가 질의응답형 심의 형식, 여당의 사전 심사제, 그리고 엄격한 당의 구속[12]과 같은 구조[13]를 채택하고 있기 때문이라는 측면도 있다.

이러한 구조로 인해 국회 심의의 장은 여당 내에서 승인된 법안을 야당과 국민에게 설명하는 자리로 굳어져 있다. 그 결과 국회 토론은 유명무실해지고, 토론을 거쳐 야당의 의견이 반영되는 일은 거의 불가능하다. 야당이 자신들의 활약을 국민에게 보여 주려면 법안을 비판해 폐기시키는 정도밖에 할 수 없다. 즉, 의회의 구조가 의원의 행동을 규정하고, 나아가 국회라는 해결책의 방향성을 결정하고 있다고도 볼 수 있다.

여기서 주의해야 할 점은 구조를 의식하지 않고 적당히 해결책을 만들더라도 반드시 어떤 형태로든 구조가 생겨난다는 사실이다. 다만 그 구조가 적절한지는 별개의 문제다. 저명한 건축가가 만든 건축물과 초심자가 만든 건축물은 모두 구조를 가지고 있지만 견고함이나 아름다움에는 분명한 차이가 있다. 토지의 넓이나 건축 기준법과 같은 제약을 얼

---

12 (옮긴이) 의회 의원이 소속 정당이 결정한 법안에 대해 의회에서 찬성해야 하는 의무
13 다음을 참고했다.
　《위기의 시대와 국회 ─ 전례주의의 주박을 묻다(危機の時代と国会 ─ 前例主義の呪縛を問う)》(2021)
　야마모토 다쓰히코 "'정치 오페라'의 구조, 잘라내라"(아사히신문디지털, 2021년 12월 21일)
　https://www.asahi.com/articles/DA3S15149487.html

마나 잘 활용하는지도 숙련자와 초심자의 건축물에서는 달라진다. 비즈니스에서도 마찬가지다. 베테랑이 만든 슬라이드와 신입이 만든 슬라이드는 모두 구조를 갖고 있지만 가독성은 다르다. 아무 생각 없이 만들어도 구조는 필연적으로 생긴다. 그러므로 효과적인 구조를 만들려면 의식적인 노력이 필요하다.

해결책의 구조는 시스템

해결책의 구조는 일종의 시스템이다. 5장에서 설명했듯이 시스템이란 여러 요소와 그 상호작용으로 이루어진 집합, 혹은 구조 전체를 의미한다. 예를 들어 스마트폰이라는 제품은 나사와 칩, OS 등을 조합한 시스템이다. 소프트웨어 역시 컴포넌트를 로직으로 연결한 시스템으로 볼 수 있다.

과제의 해상도를 높일 때도 시스템을 이해하는 것이 중요했다. 해결책에 대한 해상도의 구조를 생각할 때는 이 시스템을 자신의 손으로 잘 구축하는 역량이 요구된다.

시스템을 구축할 때 강하게 의식해야 할 것은 시스템을 만들어 내는 목적, 즉 어떤 과제를 해결하고 싶은지다. 사람은 무심코 시스템 설계 자체의 아름다움에 집착하기 쉽다. 방심하다 보면 건축물의 외관이나 구조적 미학에만 집착한 나머지 사람이 살 수 없는 건축물을 만들어 버릴 수도 있다. 항상 시스템의 목적으로 되돌아가, 애초에 해결하고자 했던 과제를 강하게 의식하며 진행해 나가자. 이제부터는 시스템을 구축하기 위한 요령을 살펴본다.

해결할 범위를 정하기

굳이 특정한 책무를 떠안지 않도록 설계하는 것, 즉 해결할 범위(scope)를 제대로 정하는 것은 구조(시스템)를 구축하는 데 매우 중요하다. '생략하기'라고도 볼 수 있다. 좋은 시스템은 할 수 있는 것과 할 수 없는 것의 범위가 명확하다.

한 가지 해결책으로 모든 문제를 해결하려 하면 그 시스템은 복잡해진다. 따라서 과제를 분할한 뒤 이번 해결책에서 어느 과제까지 해결할 것인지를 정하는 것이 중요하다.

좋은 시스템에는 반드시 약점이 존재한다. 예를 들어 전략은 일종의 시스템이지만 좋은 전략에는 반드시 강점이 있는 동시에 약점도 있다. 전략이란 무엇인가를 하지 않겠다고 결정하는 것, 즉 생략하는 것이기도 하다. 하지 않겠다고 결정하는 순간 반드시 약점이 생기기 때문이다. 예를 들어 전략적으로 자원 배분을 굳이 줄이면 그에 따른 위험도 함께 발생한다.

조직도 하나의 시스템이며 반드시 약한 면이 있다. 모든 목적에 완벽하게 대응할 수 있는 조직 설계는 존재하지 않는다. 일반적으로 조직의 생산성과 효율성을 중시하면 자유도는 줄어들고 창의성은 희생된다. 창의성을 중시해 자유를 확대하면 효율적인 업무 집행은 어려워지고 생산성은 높아지기 어렵다. 어느 쪽을 선택하든 조직 구성원들로부터는 '우리 회사는 창의성이 부족하다.', '우리 회사는 생산성이 낮다.'와 같은 불만이 나온다. 그러나 시스템에는 반드시 약점이 존재하므로 불만이 나오는 것은 필연이기도 하다. '이번 시스템은 여기는 강하지만 여기에는 약점이 있다. 이 약점은 의도적으로 묵인되고 있다.'라고 설명할 수 없다면 좋은 시스템이라고 하기는 어렵다.

우리가 설계하는 시스템은 대부분 더 큰 시스템의 일부다. 우리의 해결책이 어디부터 어디까지를 담당하는지 경계를 분명히 그어야 한다. 그리고 특정 영역에는 관여하지 않겠다는 판단도 내려야 한다. 이는 매우 어렵지만 그만큼 매우 중요하다.

버리는 것에는 또 다른 이점도 있다. 굳이 특정 가치나 기능을 버리고 자금이나 사람과 같은 자원을 쓰지 않으면 유휴 자원을 다른 가치를 키우는 데 소비할 수 있다. 예를 들어 헤어 커트 전문점인 QB하우스는 샴푸 서비스를 버림으로써 배관 설비가 필요 없게 되었다. 그 결과 매장 개설 시 공사 비용을 크게 줄일 수 있었고, 비교적 좁은 공간에서도 출점이 가능해져 역 앞과 같은 입지에도 매장을 열 수 있었다. 그 결과 회전율이 높아지고 낮은 단가로 서비스를 제공할 수 있었으며, 사람이 더욱 몰리는 선순환을 실현했다.

채소 껍질을 벗기는 필러나 채소를 얇게 써는 슬라이서도 그 일례다. 이러한 도구를 사용하면 식칼에 익숙하지 않은 사람도 훨씬 빠르고 안전하게 재료를 손질할 수 있다. 식칼의 만능성을 희생하는 대신 속도와 안전성을 중시하는 구조를 채택한 것이다. '최고의 서비스를 어디보다도 저렴하게 제공한다.'라는 목표를 실현하는 것은 거의 불가능하다. 훌륭한 호텔을 운영하고자 모든 서비스 수준을 높이려 하면 인력이 늘어나고 가격도 높아진다. 그러므로 무엇을 하고 무엇을 하지 않을 것인지라는 취사선택, 즉 트레이드오프(trade-off)를 의도적으로 만드는 것이 비즈니스에서는 요구된다.

기능을 과감히 줄여 가격을 낮추고 시장 점유율을 확보하는 전략도 '버리기'의 한 형태다. 고품질 모델에 집착하며 '품질이나 기술로는 절대 지지 않는다.'라고 큰소리쳐도 그 품질과 기술이 시장에서 요구되는 것이라고는 단정할 수 없다. 시장의 요구를 정확히 분석해 걸맞은 사양을 찾아내고, 그 외의 요소는 과감히 버리자.

의도적으로 서비스 수준을 극단적으로 설정해 기존의 트레이드오프를 무너뜨리면 다른 사람이 모방할 수 없는 구조로 만드는 것도 가능하다. 앞서 언급한 QB하우스의 서비스도 일반적인 미용실이 그대로 따라 하기는 상당히 어렵다. 가격을 낮추는 등 표면적으로 흉내 낼 수 있을지 몰라도, 그 결과 비즈니스가 성립하지 않거나 고객이 이탈하리라는 것은 쉽게 예상할 수 있다. 또 다른 예로 월마트는 교외의 저렴한 토지에 매장을 열어 비용을 낮춘 물류망을 구축하고, 직원의 점내 지원 업무를 최소화함으로써 낮은 판매 가격을 실현했다. 이를 백화점이 기존 서비스 수준을 유지한 채 모방하려 하면 브랜드 가치가 훼손될 것이다. 직원 인건비 등 비용 구조를 보더라도 모방은 거의 불가능하다. 사우스웨스트 항공 역시 허브 공항을 사용하지 않고 여객기 기종을 한정하는 전략을 사용해 저가 항공 모델을 구축했다. 국제선 수익을 기반으로 한 대형 항공사가 이 모델을 모방하기는 매우 어려울 것이다.

이처럼 극단적인 서비스 수준으로 뒤집는 방식은 고객이 무엇을 원하는지를 정확히 알고 있기 때문에, 즉 과제의 해상도가 높기 때문에 가능하다. 아무리 독특한 해결책이라 하더라도 그 특징 자체가 고객의 중요한 과제를 해결하지 못한다면 가치는 만들어지지 않는다.

패턴 적용하기

구조를 구축할 때 굳이 혼자서 모든 것을 생각할 필요는 없다. 선인의 지혜를 빌리자.

소프트웨어 시스템 구성에는 패턴이 있고, 비즈니스 모델에도 패턴이 있다. 여러 패턴을 활용할 수 있게 해 두면 시스템은 훨씬 만들기 쉬워진다.

예를 들어 글이나 슬라이드 등의 형태로 정보를 제시하는 것이 해결책이라면 피라미드 구조는 기본적인 패턴이 될 것이다. 이 구조를 적용하면 정보를 논리적으로 정리해 전달할 수 있다.

깔끔한 피라미드 구조를 만들려면 먼저 피라미드 구조의 꼭짓점에 하나의 주장이나 메시지를 두고, 그 메시지를 뒷받침하는 요소들을 아래쪽에 배치해 나가면 된다. 아래에 놓인 요소가 적절하다면 단단한 피라미드가 되지만, 아래쪽 요소가 부적절하면 위쪽 메시지를 지탱하지 못해 흔들리는 피라미드가 되고 만다.

피라미드 구조는 수형도를 그리는 트리 구조의 파생형이라고도 할 수 있다. 논리 트리 등이 좌우로 전개되는 반면, 피라미드 구조는 위아래로 전개되는 경우가 대부분이다. 아래쪽 요소가 위쪽 요소를 논리적으로 뒷받침하는 관계성이 피라미드의 물리적 구조와 유사해 이해하기 쉽기 때문일 것이다.

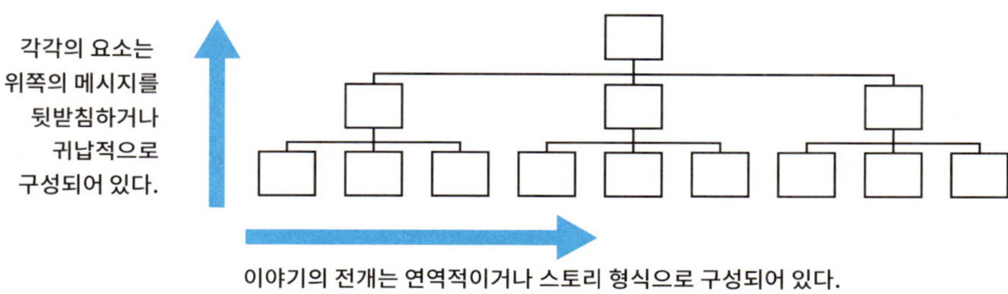

이 책도 피라미드 구조를 의식하며 집필했다. 아웃라인 에디터를 사용해 전하고 싶은 메시지를 바탕으로 대략적인 구성을 먼저 만들었다. 그 다음 각 메시지를 뒷받침하는 상세 메시지를 한마디로 정리해 제목으로 삼아 구성을 쌓아 올렸다. 본문은 제목의 메시지를 증거나 에피소드로 뒷받침하는 피라미드 구조로 되어 있다.

제품에 필요한 요소를 정리할 때도 마찬가지다. 최종 제품을 피라미드의 최상부에 두고, 이를 실현하기 위한 다양한 부품과 요소를 아래로 분해해 가며 행동 가능한 수준까지 구체성을 높여 나가면 결국 무엇을 해야 하는지 이해하기 쉬워질 것이다.

비즈니스 모델 역시 구조의 패턴이다. 성공 기업의 비즈니스 모델은 55종류 중 하나로 분류된다고 주장하는 서적도 있다.[14] 스타트업의 사

14 《비즈니스 모델 내비게이터》((주)아이큐브플랫폼연구소, 2016)

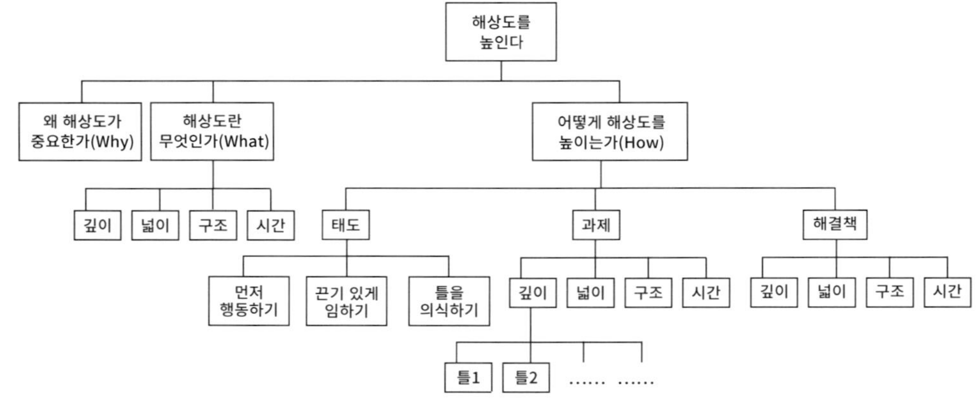

고방식과 방법론에도 패턴이 있다.[15] 이러한 비즈니스 패턴을 많이 알아 두면 초기에 비즈니스를 론칭하기 쉬워질 것이다.

연구자나 기술자가 비즈니스 영역에 도전할 때 비즈니스 패턴을 잘 몰라 기술이 비즈니스로 이어지지 못하는 모습을 자주 본다. 비즈니스 패턴은 겉으로는 단순해 보이지만 실제로는 매우 심오하다. 연구나 기술 조사와 마찬가지로 비즈니스 패턴도 제대로 조사해 보면 해상도를 높일 힌트를 반드시 얻을 수 있다. 잘되는 기업의 사업 구조를 깊이 분석하고, 그중에서도 특히 중요한 구조를 찾아낼 수 있다면 자신의 비즈니스에 응용할 수 있을지도 모른다.

예를 들어 누군가와 누군가를 연결하는 비즈니스를 구상하고 있다면 인재 파견이나 맞춤형 서비스 등 유사한 비즈니스 구조를 알아 두는 편이 좋다. 그러면 공급 측과 수요 측 중 어디부터 시작해야 하는지, 매칭률을 어떻게 높여 갈지 등 생각해야 할 포인트를 알 수 있다.

표면적인 정보는 조사만으로도 얻을 수 있다. 반면 중요한 부분은 철저하게 분석해 자세히 들여다보지 않으면 드러나지 않는 경우가 많다.

---

15 필자 등이 이 스타트업의 패턴을 조사해 정리한 것이 'FoundX Online Startup School'이다. FoundX Startup School Course, 코세라
https://www.coursera.org/learn/foundx-course

인터뷰 등도 병행하면서 다면적으로 비즈니스 구조를 해석하자.

많은 패턴을 알 수 있도록 다양한 분야에 안테나를 세워 두길 바란다.

새로운 조합을 만들어 내기

패턴을 적용해 나가는 작업은 효율적으로 해결책을 만들 때 중요하다. 그러나 한편으로 이러한 패턴으로는 해결할 수 없는 과제에는 창조적인 사고가 필요하다.

이럴 때는 새로운 조합을 만들어 내는 것을 의식해 보자. 새로운 아이디어의 대부분은 기존 요소의 새로운 조합에서 탄생한다. 같은 요소로 이루어진 시스템이라 하더라도 연결 방식이 새롭다면 새로운 시스템이나 새로운 아이디어가 될 수 있다.

시스템이란 서로 연결되어 상호 작용하는 요소의 집합체라고 설명해 왔다. 시스템으로서 새로운 조합을 만들어 내기 위해서는 두 가지 조건이 있다.

첫 번째 조건은 과제와 해결책을 많이 알아 두는 것이다. 그렇게 하면 과제×해결책은 물론 해결책×해결책의 조합 패턴도 늘어난다. 그중에 새로운 조합이 있을지도 모른다. '넓이' 파트에서도 다양한 도구를 갖추는 것이 중요하다고 이야기했다. 이는 조합의 후보를 늘린다는 관점에서도 유효하다. 조합할 수 있는 요소를 거의 갖고 있지 않은 상태에서 세상에 없던 새로운 조합을 만들어 내는 것은 거의 불가능하다. 먼저 요소를 많이 확보하자.

두 번째 조건은 새로운 관계성을 만들어 내는 것이다. 새로운 관계성을 만들어 내는 방법 중 하나가 발상법을 활용하는 것이다. 예를 들어 오스본의 체크리스트를 참고해 만들어졌다고 알려진 스캠퍼(SCAMPER) 기법은 대체하기(substitute), 결합하기(combine), 응용하기(adapt), 수정하기(modify), 다른 용도로 사용하기(put to other purpose), 제거하기

(eliminate), 역전·재배열하기(reverse, rearrange)의 앞 글자를 딴 것으로, 아이디어를 강제로 확장하기 위한 힌트를 제공한다. 또한 유사한 발상법인 트리즈(TRIZ)는 무려 40가지에 달하는 아이디어 발상을 위한 사고방식을 제안한다.

이 밖에도 만다라트나 '9개의 창문'과 같이 빈칸을 채워 나가는 도구들은 발상을 강제로 확장하는 데 도움을 준다. 일부러 제약을 거는 것도 새로운 관계성을 억지로 끌어내는 계기가 된다. 예를 들어 '키보드가 없는 스마트폰을 만든다.'라는 제약은 아이폰 같은 터치 중심의 탄생으로 이어지기도 한다.

다만 이러한 발상법만으로는 대부분 잘 작동하지 않는다. 단순히 새로운 조합이라는 것만으로는 과제를 해결할 수 없기 때문이다. 고수를 올린 카레, 생크림, 말차, 낫토, 토마토, 아몬드, 프라푸치노는 분명 새로운 조합일 수는 있다. 하지만 '맛있는 것을 먹고 싶다.'는 과제를 충족하는 해결책은 아니다. 과제를 의식하면서 요소를 조합해 나가야 한다.

또한 요소들을 효과적으로 연결하려면 각각의 요소 자체를 어느 정도 깊이 이해하고 있을 필요가 있다. 대부분의 요소에는 궁합이 있어서 반드시 연결할 수 있다고는 단정할 수 없다.

그러므로 어떤 영역에서 어느 정도 깊이 있는 이해를 갖추는 것이 효과적인 새로운 연결을 발견하기 위한 기반이 된다. 예를 들어 건설업계에 대해 상당히 정통한 사람은 프로그래밍이라는 해결책을 조금만 알아도 쉽게 해결할 수 있는 건설업계의 과제를 깨달을 수 있다. 반면 건설업계도 프로그래밍도 조금밖에 모르는 사람은 각각을 새로운 형태로 조합하는 방법을 좀처럼 깨달을 수 없을 것이다.

새로운 조합을 생각할 때 지나치게 새로운 조합은 받아들여지기 어렵다는 점에도 주의할 필요가 있다. 주제 조합의 신규성이 지나치게 높은 논문은 검색 결과에 잘 노출되지 않는 경향이 있다는 연구도 있다.[16] 너무 새로운 아이디어는 기이하거나 위험하게 느껴져, 익숙하지 않다는 이유만으로 받아들여지지 않는 경우도 있는 것 같다.[17] 따라서 신규성과 익숙함 사이에 존재하는 '스위트 스팟(sweet spot)'을 찾아내는 것이 사회에 받아들여질 수 있는 새로운 조합을 만들어 내는 데 중요한 발상이 된다.

요소 간의 궁합을 생각하기

요소를 연결할 때는 새로운 연결을 찾는 것뿐만 아니라 이미 존재하는 요소 사이의 궁합을 의식하는 것도 중요하다. 해결책의 아이디어는 독립적으로 존재하지 않기 때문이다. 중심이 되는 아이디어 주변에 그 아이디어와 궁합이 좋은 요소를 갖춰 나가면서 해결책인 시스템의 총체를 완성할 필요가 있다. 애초에 해결책은 백지상태에서 만들어지는 경우가 드물다. 대부분은 새로운 기능이나 활동을 추가하는 형태로 구상된다. 이미 존재하는 제품이나 기존 자산 등을 활용한다면 기존 제품과의 궁합도 고려해야 한다.

예를 들어 스마트폰을 만들 때 카메라의 성능을 극단적으로 높이면 분명히 잘 팔릴 것이라고 판단했다고 하자. 그러면 먼저 카메라 부품을 정하고, 그 부품에 맞춰 주변 부품을 조립해 나가게 된다. 카메라에 많은 비용을 투입한 만큼 가격 제약으로 인해 NFC 탑재나 고성능 CPU는 포기할 수밖에 없고, 카메라가 너무 커서 다른 부품을 탑재하지 못하는 문제도 발생할 수 있다. 선택한 카메라 때문에 일부 촬영 앱이 작동하지 않는 문제도 생길 수 있다. 그럼에도 그 카메라를 그대로 채택할지, 성능을 다소 낮추더라도 앱 호환성을 확보할지 등 다양한 요소 간의 궁합을 고려해야 한다.

16 Brian Uzzi, Satyam Mukherjee, Michael Stringer, Ben Jones "Atypical Combinations and Scientific Impact", Science, Vol 342, Issue 6157, p. 468-472, American Association for the Advancement of Science, 25 Oct 2013
http://dx.doi.org/10.1126/science.1240474
17 《생각이 돈이 되는 순간》(알에이치코리아, 2018)

이처럼 고객이 원하는 가격이나 기대하는 성과를 토대로 트레이드오프를 선택하고, 그 주변에 적절한 요소를 배치해 가며 시스템을 설계하게 된다. 이 과정에서는 거의 예외 없이 해결책을 구성하는 요소 간의 궁합을 고려하게 된다. 전략론의 대가로 알려진 마이클 포터도 부가 가치를 창출하는 활동 사이의 친화성을 구축하는 것이 전략의 요체 중 하나라고 강조했다. 그리고 이 친화성을 명확히 하기 위해 '활동 시스템 맵(activity system map)'이라는 도구를 제안했다.[18]

그림은 이케아의 활동 시스템 맵이다. 회색 영역은 고객에 대한 가치 제안, 그 주변에 배치된 흰색 원들은 실제 활동이다. 각각의 활동은 고객에 대한 가치 제안에 기여하며, 서로 영향을 미치는 활동끼리는 선으로 연결되어 있다. 이케아의 '저가'에 '이케아 스타일의 디자인'이 있고, '바로 손에 넣는 기쁨'이라는 가치 제안이나 해결책은 언뜻 복잡해 보이

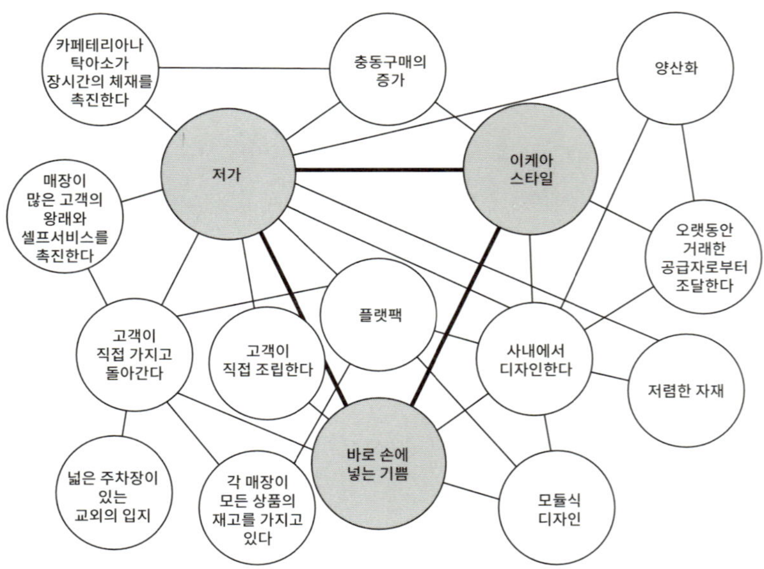

출처: 《당신의 경쟁전략은 무엇인가?》(진성북스, 2016)

18 《당신의 경쟁전략은 무엇인가?》(진성북스, 2016)

는 이러한 활동들이 서로 긴밀하게 조합되고 연결됨으로써 성립하고 있음을 보여 준다. 요소와 요소 사이를 여러 겹으로 연결함으로써 전체로서 견고한 해결책의 구조를 구축할 수 있다는 뜻이다.

관련된 요소들의 연결성을 잘 파악하면 비즈니스 생태계에서 유리한 위치를 차지할 수도 있다. 윈도는 컴퓨터를 작동하게 하는 하드웨어나 소프트웨어 전체로 보면 하나의 요소에 불과하지만 이들 전체를 이어 주는 역할을 맡고 있다. 이러한 결절점에 해당하는 요소는 중요도가 높아지므로 컴퓨터 업계 전반에서 다른 참여자들을 제어할 정도로 큰 영향력을 갖게 된다. 시스템 전체에서 이처럼 중요한 위치를 차지하게 되면 업계 전체에 커다란 영향력을 행사할 수 있다.[19]

버림으로써 독자성을 만들기

이러한 연결성을 만들어 나갈 때 중요한 것이 '버리기'다. 굳이 무언가를 더하지 않는 것, 연결하지 않는 것, 이미 연결된 것에서 의도적으로 연결을 제거하는 것이라고도 할 수 있다.

무엇을 더하고 연결할지뿐만 아니라 '무엇을 버릴지'도 독창적인 해결책의 구조를 만드는 데 중요한 요소다.[20] 많은 사람에게는 더하는 것보다 버리는 것이 더 어렵다. 그래서 오히려 '무엇을 버리느냐'에서 해결책의 독자성이 나온다고 해도 과언이 아니다.

예를 들어 이번 분기에 주력할 KPI를 설정하는 상황을 생각해 보자. 매출을 고객 수와 고객 단가로 나누고, 다시 고객 수를 신규 고객과 기존 고객으로 구분했다고 하자. 이때 '신규 고객과 기존 고객을 모두 늘리자.'가 아닌 '이번 분기에는 신규 고객을 늘리고 기존 고객의 증가는 고려하지 않는다.'로 정하고 집중하는 편이 아마 더 두렵게 느껴질 것이

19 《키스톤 전략 — 이노베이션을 지속시키는 비즈니스 생태계(キーストーン戦略 — イノベーションを持続させるビジネス・エコシステム)》(2007) 등을 참고했다.
20 《로버트 맥키의 스토리》(민음인, 2024)

다. 그러나 그 판단이 옳다면 선택과 집중을 한 쪽이 더 큰 성과로 이어진다. 논문이나 서적의 요약도 마찬가지다. 본문에 담긴 대부분의 내용을 버리고 중요한 핵심만을 추려 짧은 시간 안에 이해할 수 있도록 만드는 것이 요약이며, 일종의 창조적인 작업이라고 할 수 있다.

학술지 《네이처(Nature)》에 실린 한 논문[21]의 실험에서는 사람들이 '버리는 해결책'을 잘 선택하지 못한다는 사실을 시사한다. 그림과 같은 블록의 천장 부분을 안정적으로 만들려면 어떻게 해야 할까? 안정적으로 만드는 수단으로는 새로운 블록을 기둥으로 추가하거나 지금 있는 블록을 빼는 두 가지 선택지가 있다. 이 실험에서는 각 선택지에 드는 비용을 제시한 뒤 어느 쪽을 택할지 물어보았다. 그 결과 기둥을 추가하는 쪽이 더 많은 비용이 든다고 알려 주었음에도 대부분은 기둥을 추가하는 선택을 했다.

우리는 덧셈을 선호하는 경향이 있는 듯하다. 그러므로 의식적으로 어떻게 뺄셈을 할지를 고민하는 태도가 필요하다. 스타트업 사고법을 다룬 《제로 투 원》[22]이라는 서적이 베스트셀러가 되었지만 오히려 '원 투 제로'를 어떻게 할지를 적극적으로 고민해 봐야 발상이 더 넓어질지도 모른다.

슬라이드 작성과 같은 일상적인 작업에서도 '버리기'는 구조화를 도와준다. 예를 들어 그래프 전체를 회색 톤으로 처리하고 강조하고 싶은 부분에만 색을 입히면 무엇에 주목해야 하는지, 무엇을 전달하고 싶은지 구조가 분명해진다. 여기에 강조색과 글자색을 적절히 조합하면 더 이해하기 쉬워질 것이다.

21 Tom Meyvis, Heeyoung Yoon "Adding is favoured over subtracting in problem solving" (네이처, 2021년 4월 7일)
https://www.nature.com/articles/d41586-021-00592-0#:~:text=A%20series%20of%20problem%2D
solving,removing%20features%20is%20more%20efficient
22 《제로 투 원》(한경BP, 2025)

반면 일본에서는 한때 관공서에서 만든 정보량이 지나치게 많은 '풍자만화'가 이해하기 어렵다는 이유로 화제가 된 적이 있다. 상사의 검토를 거칠 때마다 '이것도 중요하다.', '저것도 중요하다.'라며 정보가 계속 추가되고, 그림은 점점 복잡해졌다고 한다. 이는 사안을 정확히 전달해야 하는 의식 때문에 '무언가를 버린다.'라는 선택을 꺼리는 관공서의 조직 문화가 그림에 반영된 결과다. 정보가 많다고 해서 반드시 구조가 잘 보이는 것은 아니라는 점을 보여 주는 사례다.

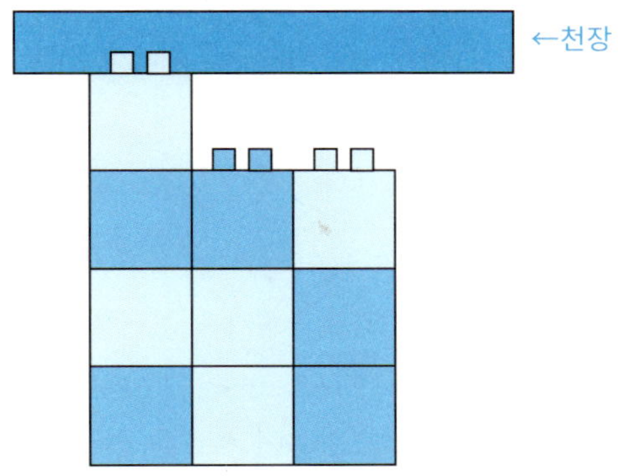

Tom Meyvis, Heeyoung Yoon "Adding is favoured over subtracting in problem solving"(nature, 2021년 4월 7일)을 참고하여 작성
https://www.nature.com/articles/d41586-021-00592-0#:~:text=A%20series%20of%20problem%2Dsolving,removing%20features%20is%20more%20efficient

사안을 정말 중요한 핵심으로 압축하는 것을 '결정화(crystallize)'라고 부르기도 한다. 깊은 통찰을 바탕으로 요점만을 추출하고 나머지를 깎아 내야 비로소 결정처럼 아름답고 예리한 구조를 구축할 수 있다. 해결책의 해상도를 높일 때는 이 결정화 프로세스를 수행하는 것이라고 생각해도 좋다.

해결책의 해상도가 높을 때는 많은 아이디어를 고려한 뒤 그중 대부분을 버리게 되므로 '해야 할 것은 충분히 적어질' 것이다. 다만 중요한 것은 단순히 할 일이 적다는 사실이 아니라 선택한 소수의 해야 할 일에 얼마나 높은 강도로 집중하고 있는가다. 이 점만큼은 꼭 기억해 두길 바란다.

제약을 의식하기

해결책의 구조(시스템)는 제약을 의식하면서 구축할 필요가 있다.

가장 알기 쉬운 제약은 예산이다. 사용할 수 있는 예산이 정해져 있다면 그 범위 안에서 실현 가능한 해결책을 만들어야 한다. 보안상의 이유로 특정 IT 시스템을 사용할 수 없다는 제약이 주어지는 경우도 있을 것이다. 제약 자체를 의심해야 할 때도 있지만 제거할 수 없는 제약이라면 제약 안에서 어떻게 해결할지를 고민해야 한다. 스타트업에게 요구되는 '단기간 내 급성장' 역시 일종의 제약이다. 단기간에 급성장을 달성할 수 있는 아이디어나 시책을 생각해야 하며, 이를 위해 보통 사람과는 다른 발상, 일종의 역행적 사고가 필요해지기도 한다. 법 제도나 규제 역시 일종의 제약 조건이 된다.

제약은 시스템으로서 무엇을 해서는 안 되는지를 결정한다. 지켜야 할 제약이 있기 때문에 시스템은 일관성과 특성을 유지할 수 있다. 예를 들어 엑셀과 같은 표 계산에서도 특정 열에는 숫자만 입력할 수 있도록 제한하면 해당 열의 합계 등을 손쉽게 계산할 수 있다는 이점이 생긴다.

또한 아름다움을 담보하는 디자인 가이드라인이나 유지 보수성을 유지하기 위한 개발 가이드라인처럼 스스로 제약 방침을 마련하고 그에 맞추어 일관성을 유지하는 경우도 있다. 예컨대 슬라이드의 배색 가이드라인이 있으면 슬라이드의 일관성을 유지할 수 있다. 선택이 망설여

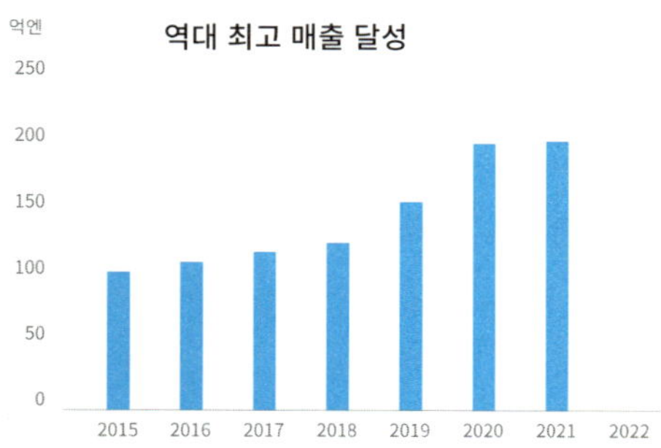

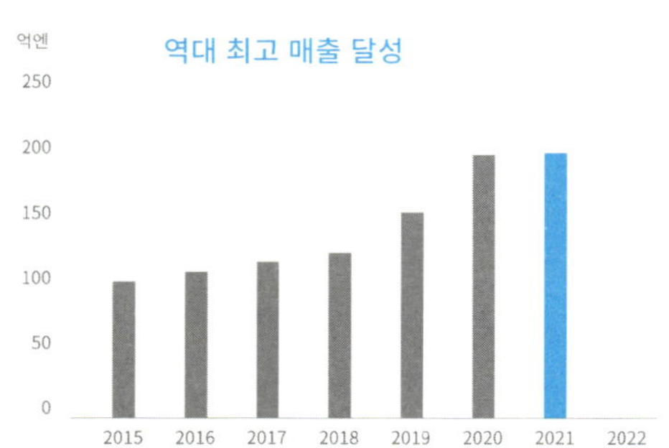

질 때 이러한 가이드라인으로 돌아가면 적절한 판단을 내릴 수 있는 경우도 많다.

앞서 언급한 블록 실험에서 보았듯이 사람은 무의식중에 뭔가를 더하려는 경향이 있다. 그러나 그렇게 되면 시스템 전체가 복잡해지고 작동이 무거워지거나 취약성이 커질 수 있다. 적극적으로 '버리기' 위해서라도 스스로 제약을 설정할 것을 권하고 싶다. 물리적 시스템에는 중력과 같은 물리적 제약이 존재하므로 거의 필연적으로 절제가 이뤄진다. 반면 소프트웨어 시스템이나 비즈니스 구조는 물리적 제약이 적어, 의식하지 않으면 쉽게 덧셈이 이루어지고 시스템은 복잡해진다.

'의도적으로 낮춰 둔 특성을 유지하는 것'도 제약이 된다. 전체 시스템을 안정적으로 완성하려는 나머지, 트레이드오프나 의도적으로 낮춰 둔 특성을 제거해 평범하고 익숙한 해결책으로 수렴되는 경우도 있다. 예를 들어 앞서 설명한 QB하우스는 배관 설비가 필요한 서비스를 버리는 대신 빠르고 저렴하게 이발할 수 있는 시스템을 구축했다. 이런 특성이 있음에도 서비스 개선이라는 명목으로 매장의 쾌적함을 지나치게 높이려 한다면 비용이 증가할 뿐만 아니라 '신속한 이발'이라는 의도적으로 낮춘 특성이 사라지고 말 것이다. '편안한 장소'라는 요소는 언뜻 좋아 보이지만 항상 모든 서비스와 궁합이 좋은 것은 아니다.

시소의 균형을 떠올려 보자. 모든 추를 같은 모양으로 균등하게 배치하면 깔끔한 균형을 만들 수 있다. 그러나 특수한 모양의 추를 군데군데 잘 배치하면 겉으로는 불균형해 보이지만 전체적으로는 균형이 맞는 상태를 만들 수 있다. 타인이 시도했던 것을 그대로 모방하는 사람은 종종 이러한 시스템상의 '의도적인 낮춤'을 제거해 버리고 외형상 깔끔한 균형만을 추구한다. 그러나 반드시 유지해야 할 의도적인 낮춤이 있다면 그것을 일종의 제약으로 삼아 독자적인 시스템을 만들어 보자.

물론 경우에 따라서는 제약 자체를 없애고 새로운 시스템을 만들 수 있을 때도 있다. 예산 제약은 외부 자금 조달을 통해 완화할 수 있을지도 모른다. 규칙이나 법 제도, 규제 역시 사람이 만든 것이므로 시대에 맞지 않을 경우 조정하거나 변경할 수 있다. 기술 제약도 시간이 흐르면 더 이상 제약이 아니게 될 수 있다. 제약을 주어진 것으로만 받아들이지 말고, 모든 조건을 걷어 내고 다시 생각해 보는 것도 잊지 말길 바란다.

다른 시스템과의 연동을 생각하기

만약 하나의 시스템으로 해결할 수 없다면 여러 시스템을 연동해 전체로서 해결하는 방식을 고려하자. 이른바 시스템 오브 시스템즈를 구축하는 접근이다. 한 가지 시스템의 기능을 의도적으로 한정하면 그 시스템은 다른 곳에서도 활용하기 쉬워지고, 구조가 단순해지며 유지·관리도 수월해진다.

업계의 가치 사슬 안에서 자사가 담당할 범위를 정해 그 영역의 능력을 키우며 그 외의 부분은 파트너 기업과 함께 해결하는 것도 시스템 오브 시스템즈의 한 형태라고 볼 수 있다. 과자 생산부터 포장, 판매까지 모두 수행하는 기업보다 포장에만 집중하는 전문 기업이 존재함으로써 더 높은 품질의 포장을 더 낮은 비용에 실현할 수 있을지도 모른다. 나아가 그 포장 기술을 과자 외의 다른 산업에 적용할 가능성도 생긴다. 굳이 가치 사슬의 일부만 수행함으로써 업계에서는 서브시스템이 변하지만, 대신 접속성이 높아져 다른 업계라는 시스템으로의 접속이 가능해진다.

해결책 자체가 사회라는 시스템 안에서 어떤 위치를 차지하는지도 고려해야 한다. 해결책은 이미 존재하는 사회 시스템 안에 편입되므로 관계된 다른 시스템을 이해하고 협조할 필요가 있다. 사람과 기업, 제도와 사회 규범 등과 어떤 상호작용이 생겨나는지 고려해야 한다. 또한 경우에 따라서는 제도나 규제와 같은 외부 요소를 스스로 바꿔 나가는 식으로 사회에 작용할 필요도 있을 수 있다(이에 대해서는 저자의 전작인 《미래를 구현하다》[23]에 그 방법론을 정리했다).

이처럼 다양한 요소가 복잡하게 연동하는 현대 사회에서 시스템 오브 시스템즈를 의식하며 시스템을 설계해 나가는 일이 많은 비즈니스에서 요구된다. 쉽지는 않지만 사회와 잘 융합하는 해결책을 만들어 낼 수 있다면 큰 이점을 얻을 수 있다. 꼭 도전해 보길 바란다.

의도하지 않았던 시스템의 행동에 대처하기

설계 시에는 잘 작동하리라 예상했던 시스템이라도 실제로 만들어 보면 시스템에서는 잘 작동하지 않는 경우가 종종 있다. 건축물에서도 설계 도면상으로는 완벽해 보였는데, 막상 지어 보니 예상보다 튼튼하다는 좋은 면은 있었지만 예상외로 실내가 춥거나 냄새가 심해 거주가 어려운 경우가 생길 수 있다. 부품을 완벽하게 조합해 스마트폰을 설계한 후 설계도대로 제작해 실제로 테스트해 보았더니 어느 부품이 인접 부품의 발열에 영향을 받아 어떤 때는 잘 작동하고 어떤 때는 그렇지 않은 현상이 발견되기도 한다.

잘 작동하지 않을 뿐만 아니라 미처 예상하지 못했던 부차적인 영향이 나타나는 경우도 있다. 예를 들어 제2차 세계 대전 이후 건축 자재를 안정적으로 확보하기 위해 일본에서는 의도적으로 삼나무 식림 정책이 추진되었다. 그러나 이후 해외 목재가 더 저렴해지면서 일본 내 삼나무가 예상 이상으로 남게 되었고, 그 부작용으로 꽃가루 알레르기에 시달리는 사람이 급증하는 등 예상 밖의 영향이 나타났다.

실제로 만들어진 시스템이 의도와 다르게, 혹은 예상하지 못한 방식으로 행동하는 것은 종종 있는 일이다.

또한 한 시스템을 다른 시스템과 연동할 때 예기치 못한 행동이 발생할 가능

---

23 《미래를 구현하다 ― 테크놀로지로 사회를 변혁하는 4가지 원칙(未来を実装する ―テクノロジーで社会を変革する 4 つの原則)》(2021)

성이 더 커진다. 예를 들어 주가가 일정 수준 이하로 떨어지면 엔화를 매도하는 시스템과, 엔저가 발생하면 주식을 자동으로 매도하는 시스템이 동시에 작동하고 있다고 가정해 보자. 이 경우 주가가 일정 수준을 밑도는 순간 엔저와 주가 하락이 연쇄적으로 발생하는 상황이 벌어질 수 있다. 각각의 시스템은 단독으로 보면 안정적으로 목적을 달성하고 있지만, 시스템들이 서로 연결되면서 각각의 영향이 연쇄적으로 일어나 시스템 오브 시스템즈로서는 오히려 불안정해지는 것이다.

처음부터 완벽한 시스템이나 시스템 오브 시스템즈를 설계할 수 있는 사람은 없다. 모든 외부 요인과 그로 인한 영향의 연쇄를 고려해 시스템을 만드는 것은 거의 불가능하다. 설계한 시스템이 복잡해질수록 이러한 설계상의 미비는 발생하기 쉬워진다. 한편 오늘날 해결책으로서의 시스템에는 점점 더 높은 복잡성이 요구되고 있어 이러한 미비가 생길 가능성도 커지고 있다고 할 수 있다.

그러므로 시스템은 항상 개선해 나갈 필요가 있다. 설계에만 머무르지 말고, 한 번 제대로 만들어서 테스트하고 잘못된 것이 있으면 개선해 나가자. 이를 위해 나중에 수정할 수 있도록 시스템에 유연성을 부여해 두는 것도 시스템 설계 시에 염두에 둘 필요가 있다.

예상치 못한 일이 발생한다고 해서 시스템을 생각하는 것 자체가 무의미하다고 단정하는 것도 너무 성급하다. 의도해서 시스템을 설계하지 않으면 애초에 시스템으로 성립하지 않는다. 설계도 없이 임기응변적인 감각에만 의존해 건축물을 만든다면 그 건축물은 머지않아 붕괴하고 말 것이다. 사안의 필요성은 0 아니면 1로 나뉘는 문제가 아니다. 완벽한 시스템은 존재하지 않을지라도 더 나은 시스템을 만들어 갈 수는 있다. 이러한 생각을 갖고 시스템 설계와 개선을 해 나가자.

스토리를 그리기

지금까지는 구조를 어떻게 구축할 것인가라는 관점에서 설명해 왔다. 그 기본은 논리적 구조다. 그러나 사람은 논리만으로 움직이지 않는다. 해결책이 실제로 활용되도록 만들기 위해 한 가지 더 의식했으면 하는 것은 받는 사람의 이해를 촉진하고 감정을 북돋는 구조를 구축하는 것, 즉 스토리라는 관점에서 사안을 서로 연결하는 것이다.

스토리를 생각할 때는 이야기 구조를 참고하면 도움이 된다. 스토리에는 구조의 패턴이 있다고 알려져 있다. 이야기의 원형을 설명한 고전으로는 블라디미르 프로프의《민담의 형태론》[24]이나 조셉 캠벨의《천의 얼굴을 가진 영웅》[25]이 있다. 이러한 이야기의 원형 개념을 응용한 형태로 할리우드에서는 각본 작성 방식이 체계화되어 있으며, 크리스토퍼 보글러, 시드 필드, 로버트 맥키[26] 등의 각본 입문서가 널리 참조되고 있다. 일본에서는 오쓰카 에이지의 해설서[27] 등이 잘 알려져 있다. 이러한 스토리 패턴을 활용하면 머리에 쏙 들어오는 구조를 만들 수 있을 뿐 아니라 듣는 사람의 감정을 흥분시키는 효과도 기대할 수 있다.

뛰어난 스토리를 구성하는 한 가지 방법은 관객의 예상을 배신하는 것이다. 먼저 약속된 전개나 상투적인 표현, 오마주 등을 활용해 청중을 끌어들인다. 그리고 관객이 무엇을 예상하고 있는지를 파악한 뒤, 그 예상을 배신해 놀라움을 만들어 내고 인상에 남는 장면으로 만드는 것이다. 다만 관객의 예상을 배신하려면 해당 장르의 관습과 문법에 정통해 있어야 한다.

비즈니스에서도 마찬가지다. 누구나 알고 있는 시장 데이터나 현황 인식을 하고 있음을 보여 준 뒤, 클라이언트가 예상하지 못했던 의외이

---

24 《민담의 형태론》(박문사, 2009)
25 《천의 얼굴을 가진 영웅》(민음사, 2018)
26 《로버트 맥키의 스토리》(민음인, 2024)
27 《스토리 메이커》(북바이북, 2013)

면서 중요한 과제나 데이터를 제시해 배신하면 주목을 모을 수 있다. 스타트업의 피치[28]라면 피치에 포함된 '독창적인 통찰'이 청중의 예상을 배신하며 단번에 그 스토리로 끌어들일 것이다. 제품의 경우 매직 모먼트[29]라 불리는 제품의 핵심이 되는 체험이 고객에게 신선한 놀라움을 제공한다. 이러한 체험을 제품 안에 설계하는 것이 제품 체험의 스토리가 된다.

받는 사람의 감정을 뒤흔드는 스토리라는 구조를 제대로 생각하면 구조의 기능성은 몇 배로 높아진다. 구조를 만들 때는 논리와 스토리 두 가지를 함께 의식하며 조립해 나가길 바란다. 다만 스토리는 강력한 만큼 사용에는 충분한 주의가 필요하다. 형편에 딱 맞는 사례만을 골라 자신의 스토리에 끼워 넣어 지나치게 단순화된 스토리를 만드는 일은 피해야 한다.

엉성한 구조부터 그리기

지금까지 완성형 구조를 설명해 왔는데, 처음부터 완성된 해결책의 구조가 보이는 경우는 드물다. 대부분은 희미하게 보이다가 만드는 과정을 거치며 점차 구조가 분명해지는 경우가 더 많다. 무언가를 만드는 도중에 전혀 다른, 더 좋은 구조를 깨닫는 경우도 있다. 이 책 역시 집필 과정에서 여러 차례 전체 목차 구조를 교체하며 만들어 왔다.

그래서 처음에는 '버린다'는 전제로 구조를 엉성하게 그리는 것부터 시작하는 것도 한 가지 방법이다.

슬라이드를 만들 때도 곧바로 제작에 들어가기보다는 먼저 A3 용지에 대충 16칸 정도의 틀을 그리고, 그 안에 각 슬라이드의 메시지 라인

---

28 (옮긴이) pitch, 자금 유치를 위해 회사와 제품 등을 짧은 시간에 명료하게 소개하는 것
29 (옮긴이) magic moment, '와우 포인트' 또는 '아하 모먼트'라고도 불리며 사용자가 제품이나 서비스의 진정한 가치와 필요성을 처음으로 깨닫는 갑작스러운 통찰의 순간

과 차트의 이미지를 간단히 적어 넣는 것이 좋다. 나중에 망설임 없이 버릴 수 있도록 가능한 한 엉성하게 적는 것이 중요하다.

필자도 슬라이드를 만들 때는 먼저 '1 슬라이드 1 메시지'로 해서 각 슬라이드의 메시지 라인만 적고, 그림은 대충 그려 넣어 구조를 점검한다.

이때 핵심은 가능한 한 엉성하게 만드는 것이다. 나중에 지워도 되는 정도가 아니라 나중에 지울 수밖에 없을 정도로 엉성하게 만들어야 한다. 어중간하게 공을 들이면 '이 정도면 괜찮지 않을까?'라는 생각이 들어, 나중에 버리지 않고 미묘하게 그럴듯한 요소들이 남아 버리기 쉽다.

소프트웨어 개발에서도 나중에 다시 작성하는 것을 전제로 처음에는 엉성하게 만드는 경우가 있다. 만들어 본 뒤 니즈가 없다는 사실을 알게 되는 경우도 흔하므로, 먼저 니즈가 있는지를 검증하기 위해 엉성하게 만들고 필요하다면 전부 다시 작성하는 것이다.

또한 엉성하다고 해도 지식과 사고가 있으면 좋은 설계를 할 수 있다. 엉성하게 만들라고 권하는 이유는 속도 때문이다. 속도와 질이 항상 트레이드오프 관계에 있는 것은 아니다. 사전에 충분한 정보를 수집하고 좋은 사고를 하면 충분한 속도로 충분히 질 높은 시스템을 만들 수 있다. 어디까지나 최선의 설계를 너무 고민하지 말고, 손을 움직여 더 나은 것을 만드는 것. 이를 위해 지식을 총동원한다는 의식을 갖길 바란다.

또한 시스템 설계에는 나중에 수정하기 쉬운 부분과 한 번 결정하면 되돌리기 어려운 부분이 있다. 예를 들어 소프트웨어에서는 데이터 구조를 결정하면 이후에 그 근본적인 부분을 바꾸기가 매우 어렵다. '무엇은 엉성하게 만들어도 되고, 무엇은 신중하게 결정해야 하는가?', '어디에 비교적 시간을 들여 고민해야 하는가?'에 대해서는 패턴을 참고하거나 주변에 물어보며 진행하는 편이 무난할 것이다. 그럼에도 대부분의 사람은 위험성을 과도하게 계산하느라 시작조차 하지 못하는 경우가 많다. 따라서 기본적으로는 엉성하게라도 먼저 시작해 보길 권한다.

☑ 해결책의 '구조' 정리

☐ 해결할 범위를 결정하자.

☐ 구조의 패턴을 학습하자. 특히 피라미드 구조는 해결책의 구조를 만들 때 가장 범용적으로 활용할 수 있는 패턴이다. 일상에서도 의식적으로 사용해 보자.

☐ 연결성을 만들자. 요소 간의 궁합을 고려하면서, 중요한 부분에서는 새로운 관계성을 만들어 내는 것을 의식하자.

☐ 버릴 것과 생략할 것을 항상 염두에 두자.

☐ 제약을 의식하자.

☐ 다른 시스템과의 연동을 고려해 보자.

☐ 시스템의 의도하지 않은 행동에 대처할 수 있도록 해 두자.

☐ 논리뿐 아니라 감정과 스토리도 중요하다. 흐름이 좋은 스토리를 만들자.

☐ 엉성한 구조부터 만들기 시작해 점차 제대로 된 구조로 만들어 가자. 처음부터 완벽을 목표로 하지 않는다.

'시간'의 시점에서 해결책의 해상도를 높이기

과제의 해상도를 높일 때 시간의 개념을 도입하면 변화와 인과, 프로세스와 흐름이 보인다고 설명했다. 이러한 시간의 개념은 해결책의 해상도를 높일 때도 중요하다. 특히 '구조'에서 다룬 시스템에 시간 축을 포함시키면 해결책의 완성도는 더욱 높아진다.

최적의 단계를 찾아내기

무언가를 해결하고자 할 때 모든 과제를 단번에 해결할 수 있는 경우도, 모든 과제에 착수할 수 있을 만큼 자원이 풍부한 경우도 거의 없다. 대부분은 과제를 하나씩 차례대로 해결해 나가는, 즉 단계를 밟아 가며 진행하게 된다.

인터넷 쇼핑몰 분야의 승자가 된 아마존은 처음부터 거대한 야망을 품고 있었다. 그러나 처음부터 인터넷 쇼핑몰 전체를 노리지는 않았다. 대신 서적의 인터넷 판매라는 작은 한 걸음부터 시작했다. 서적은 상할 우려가 없고 대형 창고도 필요하지 않다. 또한 롱테일 비즈니스[30]가 가능해 인터넷과의 궁합이 좋았기 때문에 첫 단계로 서적을 선택했다고 한다. 이후 CD 등 책과 성격이 유사한 상품으로 취급 품목을 확장하고, 다시 신선 식품으로 영역을 넓혀 갔다. 나아가 마켓플레이스를 제삼자 판매자에게 개방하고, 다음으로 클라우드 인프라를 대여하는 등 단계를 밟아 가며 해결할 수 있는 과제를 점차 늘려 갔다. 이것이 시간 축을 고려한 아마존의 성장 전략이었다.

세일즈포스나 인스타그램 등 오늘날 플랫폼 기업으로 불리는 기업들 역시 대부분 '고객 관리가 가능하다.', '사진을 가공할 수 있다.'와 같은 작은 한 걸음에서 출발했다. 물론 처음부터 플랫폼으로서의 미래상을 그렸던 측면도 있겠지만 실제로 플랫폼이 된 것은 상당히 시간이 지난 뒤의 일이다. 그러나 시간 축을 충분히 고려하지 않은 채 현재의 성공한 모습만 보고, 처음부터 플랫폼이라는 해결책을 만들려다 사용자를 모으지 못하고 실패하는 사례도 적지 않다.

아이젠하워 전 미국 대통령은 "계획(plan)은 쓸모없을 수 있지만 계획하는 과정(planning)은 유용하다."라고 말했다. 어떤 단계를 밟아서 진행할지 계획하는 것 자체가 해결책의 해상도를 높이는 한 가지 방법이다.

물론 계획만 세우면 된다는 뜻은 아니다. 계획의 각 단계에는 충분한 설득력이 있어야 한다. '먼저 A를 하고, 그다음 B를 하고······'처럼 시간의 흐름에 따라 어떻게 전개해 나갈지 생각해 보자. 이때 중요한 것은 미래에 대한 해상도다. 왜 이 순서로 해결해 나가는 것이 가장 효과적인지 그 이유를 충분히 설명할 수 없다면 해상도가 높다고 보기는 어렵다.

---

30 (옮긴이) long tail business, 기존 오프라인 매장에서 잘 팔리지 않는 비인기 제품을 판매하는
　전략. 일종의 틈새시장

처음에는 작은 과제를 해결하는 것처럼 보이더라도 그 출발점이 더 큰 과제의 해결로 이어진다는, 미래로 향한다는 발걸음, 그리고 그 과제부터 해결하는 것이 사실은 큰 가치를 만들어 내는 최적의 첫걸음이라는 이야기가 설득력이 있는가가 뛰어난 아이디어의 조건이라고 해도 과언이 아니다.

'첫걸음에서 무엇을 할지'는 진입 각도, 진입 관점, 제시 방식, 혹은 '시장에 쐐기를 박는다.'와 같은 표현으로 불리기도 한다. 커다란 바위도 작은 쐐기를 여러 개 박고 망치로 여러 번 두드리면 결국 갈라진다. 마찬가지로 기존 기업이 독점하고 있는 큰 시장이라 하더라도 쐐기가 되는 작은 제품을 잘 박아 넣으면 시장 구조가 바뀌고, 이를 계기로 크게 성장할 수 있다.

아마존은 처음에 전체 상품 중 극히 일부에 불과했던 서적 판매부터 시작해, 현재는 미국 인터넷 쇼핑의 약 40%를 차지하고 있다. 결제 도구 제공으로 시작한 스트라이프(Stripe)라는 회사는 청구 관리, 신용카드, 기업 재무 전반에 관한 서비스와 회사 설립 지원 서비스까지 단계적으로 전개하며 현재는 B2B 재무 인프라 기업으로 성장했다.

이처럼 큰 과제의 일부이면서도 중요하고 해결 가능한 과제를 첫 단계로 고른 뒤 그 과제에 해결책을 어떤 방식으로 끼워 넣어 시장에 쐐기를 박을 수 있을지 또는 도미노 현상이 일어나서 주변 핀이 계속 쓰러지는 과제 해결의 연쇄가 일어날지를 하나의 스토리로 제대로 설명할 수 있는가가 해결책의 해상도를 점검하는 중요한 기준이 된다.

SNS를 만들 때도 처음부터 SNS를 만들어 사람을 모을 것인지, 아니면 도구를 먼저 제공해 사용자를 확보한 뒤 SNS로 확장할 것인지[31] 등 목표에 도달하기까지의 단계나 기준은 다양하게 존재한다. 여러 경로를 제시할 수 있고 그중 어느 길이 최단 경로인지 명확히 말할 수 있는 것은 시간의 해상도를 높이는 데 중요한 관점이다.

31 크리스 딕슨 "Come for the tool, stay for the network"(cdixon, 2015년 1월 31일) 등을 참고했다. *https://cdixon.org/2015/01/31/come-for-the-tool-stay-for-the-network*

최단 경로를 생각할 때는 지금 당장 할 수 있는 일에서 출발하기 보다, 먼저 목표를 정한 뒤 그 **목표에서 역순으로 단계를** 생각하는 방식도 효과적이다. 이처럼 미래의 타이밍을 맨 처음 생각하고 거기서부터 역산해 단계를 도출하는 사고방식은 과제의 '넓이' 부분에서 언급한 사망 전 사인 분석이나, 해결책의 '깊이' 부분에서 언급한 '보도자료를 작성해 보고 나서 해야 할 일을 생각하기'와 통하는 사고방식이다. 아마존은 이처럼 목표나 고객 니즈에서 출발해 역산하는 업무 방식을 '거꾸로 일하기(working backward)'[32]라고 부른다고 한다.

첫걸음을 내딛는 타이밍 역시 중요하다. 너무 빠르거나 너무 늦어도 성공하기 어렵다. 유튜브 이전에도 영상 공유 서비스는 있었지만, 광대역 인터넷망이 보급되고 리치미디어[33]가 브라우저에서 작동하기 시작한 타이밍이었기 때문에 유튜브는 성공할 수 있었다는 주장[34]이 있다. 투자자가 자주 묻는 '왜 2년 전도 아니고, 2년 후도 아닌 지금인가?'라는 질문 역시 같은 맥락이다. 비즈니스뿐 아니라 정책 분야에서도 정책이 급변하기 쉬운 '정책의 창[35]이 열리는' 타이밍이 있다. **'왜 지금인가?'**라는 질문에 답할 수 있는지는 시간의 관점에서 해상도가 높은지를 가늠하는 한 가지 잣대다.

시뮬레이션하기

장기나 〈오델로〉 같은 보드게임, 〈문명(Civilization)〉이나 〈삼국지〉 같은 전략 시뮬레이션 게임, 혹은 심리전을 그린 만화처럼 '여기서 이렇게

---

32 《순서 파괴》(다산북스, 2021)
33 (옮긴이) rich media, 기존 배너 광고보다 역동적이고 풍부한 정보를 제공하는 멀티미디어 형식의 광고
34 My 25 lessons learned From 25 years of creating companies Number 2: Find Great Timing (Idealab, 2021년 3월 16일)
   https://25-lessons.idealab.com/find-great-timing
35 (옮긴이) policy window, 정치학자 존 킹던이 제시한 개념으로 문제·정책·정치 세 흐름이 일시적으로 만날 때 열리는 '기회의 창'을 뜻한다.

대응하면 아마 상대는 이렇게 나올 것이다. 그렇다면 지금은 이렇게 움직여야 한다.'라고 미래를 시뮬레이션해 보는 것은 해결책에 시간 축을 도입해 생각하는 방식이기도 하다. 한 수 앞의 성과가 아무리 커 보이더라도 두 수 앞에 파멸이 기다리고 있다면 그 길을 선택해서는 안 된다. 반대로 한 수 앞의 성과 자체는 미미해 보여도 몇 수 앞에 확실한 승리가 보인다면 그 길을 선택해야 한다.

K단계 사고(Level-K Thinking)라는 개념이 있다. 미래의 상대방이 어떻게 행동할지를 전혀 고려하지 않고 눈앞의 합리성만으로 결론을 내는 경우를 K=0이라고 한다면 상대방이 K=0으로 사고하고 있을 것이라 읽고 그에 맞춰 행동을 결정하는 것이 K=1이다. 또한 상대방이 K=1 정도의 사고는 하고 있을 것임을 감안해, 그다음 수를 결정하는 것이 K=2다. 대부분의 사람은 K=0~1 수준에서 사고를 멈추므로 K=1~2 정도만 해도 상대방보다 한 수 앞설 수 있는 경우가 많다. 약간만 앞을 내다보고 그것을 고려하는 것만으로도 우위를 점할 수 있는 상황은 의외로 많다. 예를 들어 영화 상영이 끝난 뒤 대부분의 사람은 가까운 화장실로 향한다(K=0). 이를 예상하고 일부러 조금 먼 화장실로 가면(K=1) 혼잡을 피할 수 있다.

평소에 쓰는 메일도 마찬가지다. '이런 메일을 보내면 아마 이런 질문이 돌아올 것이다. 그렇다면 처음부터 이 정보도 함께 적어 두자.'처럼 생각해서 필요한 내용을 미리 담아 보내는 사람과의 의사소통은 훨씬 원활하다. 한 걸음이나 두 걸음 앞을 내다보고 행동할 수 있는 사람은 업무 면에서도 높은 평가를 받는다.

시나리오 플래닝(scenario planning) 기법을 활용해 몇 가지 시나리오를 그려 두는 것도 한 가지 방법이다. 미래에 일어날 수 있는 상황을 폭넓게 상정해 두면 최악의 시나리오가 현실이 되더라도 사전에 대응할 수 있다.

이처럼 약간의 시뮬레이션만 해 두어도 해결책의 정밀도는 높아진다. 시간을 의식하며 두 수, 세 수 앞을 읽어 내고 여러 시나리오를 만들어 두는 습관을 들여 보길 바란다.

선순환을 만들어 내기

과제의 해상도 중 '구조' 파트에서 순환에 대해 언급했다. 해결책을 생각할 때는 시간이 지날수록 강화되는 순환을 만들어 가는 것 역시 하나의 방법이다. 특히 IT 기반의 플랫폼 비즈니스나 네트워크 효과가 작동하는 비즈니스에서는 이 관점이 더욱 중요해진다.

《좋은 기업을 넘어 위대한 기업으로》[36]와 《플라이휠을 돌려라》[37]에서 설명하는 '플라이휠 효과(flywheel effect)'는 이러한 선순환을 표현한 것이다. 플라이휠은 관성 바퀴라고도 불리는 기계 장치로, 회전력을 에너지로 축적할 수 있는 원반 모양의 기계 부품이다. 처음 돌리기 시작할 때는 큰 힘이 들지만 일단 회전이 붙으면 관성에 의해 회전이 유지된다. 이 개념을 비즈니스에 빗대어 한 번 선순환이 형성되면 비약적으로 성장하는 현상을 플라이휠 효과라고 부른다.

대표적인 사례가 아마존이다. 1990년대 초 아마존의 공동 창업자이자 회장인 제프 베이조스는 '고객에게 폭넓은 상품 선택지를 제공하고, 가능한 한 낮은 가격으로 판매한다.'라는 핵심 아이디어를 세웠다. 먼저 낮은 비용 구조로 플랫폼에서 상품을 판매할 수 있게 함으로써 상품 가격을 낮추는 것을 목표로 했다. 만족한 고객은 다시 아마존을 이용하므로 거래량은 증가한다. 그렇게 되면 다른 판매자도 아마존의 플랫폼에서 판매하게 된다. 상품 종류가 늘어나면 고객 경험이 더욱 좋아지고, 그 결과 아마존은 성장한다. 성장할수록 비용 구조를 낮출 수 있게 되고

---

36 《좋은 기업을 넘어 위대한 기업으로》(김영사, 2021)
37 《플라이휠을 돌려라》(김영사, 2021)

선순환이 만들어진다. 그리고 일정 규모가 되기까지 '거래 증가 → 판매자 증가 → 상품 종류 증가 → 고객 경험 향상 → 아마존 성장 → 더욱 낮은 비용화 → 고객 경험 향상 → 거래 증가……'라는 선순환이 계속 돌아가는 셈이다.

물론 이러한 선순환 구조는 그림의 떡이 될 때도 있다. 의도적으로 만들어 내기 어려운 점도 있을 것이다. 시간 지연이 발생하기도 하며, 선순환이 구축되었는지를 검증하기 어려울 수도 있다. 그러나 초기부터 이러한 구조를 의식하며 해결책을 설계하는 것은 중장기적인 경쟁 우위를 확보하는 데 매우 중요하다. 과제의 분석 부분에서 인과 분석과 인과 루프를 설명했는데, 이러한 인과의 연결성은 해결책을 만들 때도 적극적으로 응용해 보길 바란다.

아마존의 플라이휠 효과

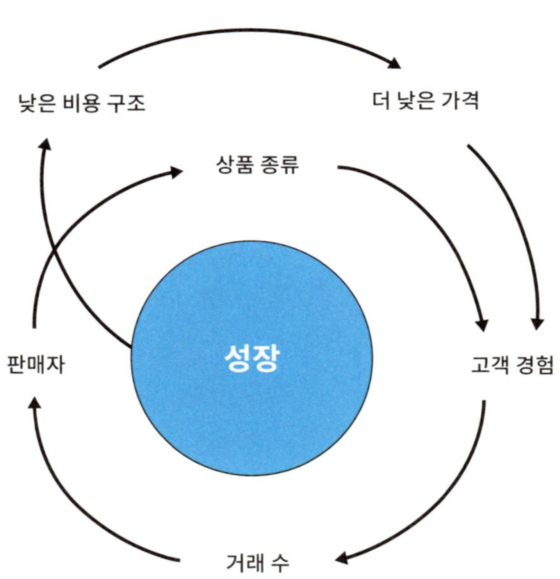

다음을 참고로 작성
https://www.amazon.jobs/en-gb/landing_pages/about-amazon
https://www.youtube.com/watch?v=QLYhtIhaLEU

장기적인 시점으로 생각해 시간을 내 편으로 만들기

시간을 내 편으로 만드는 방법으로 장기적인 시점에서 생각하기가 있다.

장기적으로 생각하기의 이점은 단기적인 변화를 굳이 예상하지 않아도 된다는 점이다. 또한 시간 축을 길게 잡을수록 취할 수 있는 선택지도 늘어난다. 어려운 과제를 1년 안에 반드시 해결해야 하는지 아니면 10년에 걸쳐서 풀어도 되는지에 따라 취할 수 있는 해결책은 크게 달라진다.

예를 들어 어떤 기업이 '1년 안에 흑자로 전환한다.'라는 목표를 세웠다면 그 수단은 즉시 착수할 수 있고 단기간에 효과가 나타나는 비용 절감이 중심이 될 수밖에 없다. 그러나 5년에 걸쳐도 된다면 신제품 투입 등도 시야에 들어올 것이다. 개인도 마찬가지다. '5년 안에 상장해서 갑부가 되겠다.'라는 목표를 세운다면 이 목표를 달성하기 위한 해결책은 제한적이다. 아마 현재 유행하는 비즈니스에 뛰어들거나, 높은 위험을 감수하는 투기적인 선택을 감행하는 방법밖에 없을 것이다. 그러나 '20년에 걸쳐 갑부가 되겠다.'라는 목표라면 취할 수 있는 수단은 더욱 많아진다. 위험과 보상이 크고 시간이 걸리는 연구 개발도 선택지에 들어올 것이다. 장기적으로 임한다는 전제가 있다면 해당 분야를 배우면서 천천히 진행할 수도 있다.

게다가 단기간에 변화를 일으키려는 사람이 많기 때문에 단기적인 성공을 목표로 한 영역은 경쟁이 치열해지기 쉽다. 사실 장기적으로 사안을 생각하는 사람이 더 많은 기회를 얻는 경향이 있다. 장기 사고를 하는 기업은 단기 사고를 하는 기업에 비해 2001년부터 2014년 사이에 매출은 47%, 이익은 81% 더 높았다는 데이터도 있다.[38]

---

38 McKinsey Global Institute "MEASURING THE ECONOMIC IMPACT OF SHORT-TERMISM (McKinsey & Company, 2017년 2월)
  https://www.mckinsey.com/~/media/mckinsey/featured%20insights/long%20term%20capitalism/where%20companies%20with%20a%20long%20term%20view%20outperform%20their%20peers/mgi-measuring-the-economic-impact-of-short-termism.ashx

주식 투자에서도 개인이 단기 매매로 전문 트레이더를 완전히 이기기는 어렵다. 그러나 전문 트레이더는 대부분 단기간에 성과를 내야 한다는 제약 때문에 취할 수 있는 전략이 제한적이다. 반면 개인 투자자는 시간을 내 편으로 만들어 장기적으로 생각함으로써 전문가와는 다른 전략을 취할 수 있고, 그 결과 큰 보상을 얻을 가능성도 생긴다.

물론 시간이 지나면서 과제의 상황이 달라지는 경우도 있고, 단기간에 점유율을 확보하지 않으면 시장이 과점 구조로 굳어질 수도 있다. 그런 경우에는 단기적인 성장을 선택하는 편이 옳을 수도 있다. 그러나 긴 시간 간격으로 사안을 바라봄으로써 남들과 다른 길을 선택할 여지가 생긴다는 점은 반드시 기억해 두었으면 한다. 이것이 내가 말하는 '시간'의 시점이다.

순발력과 학습력을 높이기

장기적인 시간 축을 취하면 단기적인 예측에 좌우되지 않는다고 설명했다. 단기적인 예측에 의존하지 않아도 되는 또 한 가지 방법이 있다. 바로 민첩성(agility)을 높여 두는 것이다.

민첩성이 높은 조직은 변화의 조짐이 보일 때 즉각 대응할 수 있다. 특히 미래를 예상하기 어려운 불확실성이 높은 상황에서는 민첩성을 높이는 것도 효과적인 선택지다.

예를 들어 IT 스타트업의 경우 기술 면에서 뛰어난 IT 엔지니어가 있으면 민첩성은 비약적으로 향상된다. 기술적으로 만들 수 있는 것이 많으면 한 가지 아이디어가 실패하더라도 곧바로 방향을 전환할 수 있고 여러 가지 아이디어를 시도하면서 나아갈 수 있기 때문이다. 특히 스타트업이 도전하는 영역은 환경 변화가 극심한 경우가 많다. 따라서 민첩하게 대응할 수 있는 뛰어난 엔지니어의 존재는 큰 경쟁 우위로 작용한다.

그렇다고 해서 큰 방향성을 매일 바꾸는 것은 현실적이지 않다. 거대한 배가 쉽게 방향을 틀 수 없듯이 아무리 조직의 민첩성을 높여도 커다란 방향은 쉽게 바꾸기 어렵다. 반면에 커다란 방향성 없이 민첩성만 높이면 상황의 변화에 휩쓸려 우왕좌왕하게 될 위험도 있다. 그런 조직은 기회가 보일 때마다 새로운 사업을 시작하고 전망이 어두워 보이면 곧바로 접어 버리는 식으로 중심축 없이 기회주의적으로 행동하게 된다. 그래서 미션이나 비전과 같은 큰 방향성을 먼저 설정하고 미래에 대한 해상도를 어느 정도 높인 후에(이에 대해서는 8장에서 자세히 다룬다.) 그 방향성에 따른 범위 내에서 민첩성을 높여 탐색해 나간다는 균형이 중요하다.

또한 민첩하게 움직일 수 있다는 것만으로는 충분하지 않다. 움직여서 도달한 영역을 빠르게 학습할 필요가 있다. 그리고 만약 도달한 곳이 잘못되었다는 사실을 알았다면 잘못을 솔직하게 인정하고 다시 방향을 전환해 나아갈 수 있어야 한다. 즉, 민첩하기 위해서는 새로운 영역에 몇 번이든 도전하면서 그때마다 신속하게 계속 배우고, 잘못되었다면 스스로 인정하며 실패를 반복하는 과정 속에서 항상 해상도를 높여 갈 필요가 있다. 이런 빠른 학습을 실현할 때 이 책에서 설명해 온 해상도를 높이기 위한 '틀'을 활용할 수 있을 것이다.

> ☑ **해결책의 '시간' 정리**
>
> ☐ 단계를 밟는 것을 전제로 해결책을 생각해 보자.
> ☐ 두 수 앞, 세 수 앞을 시뮬레이션해 보면 더 좋은 해결책에 도달하는 경우가 있다.
> ☐ 선순환을 만드는 것도 의식하자.
> ☐ 시간을 내 편으로 만들어 장기적인 시점에서 생각하면 더 좋은 해결책을 발견할 수 있다.
> ☐ 민첩성을 높여 급속한 변화에 수시로 대응하는 전략도 있다.

지금까지 과제와 해결책 각각의 해상도를 높이는 방법을 '깊이', '넓이', '구조', '시간'이라는 네 가지 시점으로 나누어 살펴보았다.

'어느 부분의 해상도를 높이면 되는가'를 판단하기가 한결 쉬워졌을 것이다. 또한 단순히 해상도를 높이는 데 그치지 않고 적절한 해상도의 렌즈를 사용해 현상을 '줌 인'하거나 '줌 아웃'할 수 있는 힌트도 얻었으리라 생각한다.

그러나 여기까지 해상도를 높인 과제와 해결책은 어디까지나 가설이다. 그것이 올바른지 여부는 반드시 검증해야 한다. 이에 7장에서는 과제와 해결책의 가설을 검증해 나가기 위한 몇 가지 힌트를 제공하고자 한다.

07

실험하고
검증하기

해상도를 높인 후의 과제와 해결책도 어디까지나 가설

지금까지 과제와 해결책의 해상도를 어떻게 높일 것인지에 대해 이야기해 왔다. 앞에서 살펴본 다양한 방법론을 활용한다면 해상도는 훨씬 높아질 것이다.

다만 여기서 반드시 유의해야 할 점이 있다. 지금까지 해상도를 높여왔던 과제와 해결책은 어디까지나 여러분 자신이 만들어 낸 '가설'이라는 점이다. 아무리 깊고, 넓고, 구조화되고, 시간의 흐름까지 고려되어있다 하더라도 가설인 이상 틀렸을 가능성은 남아 있다.

따라서 그 가설이 어느 정도 올바른지를 확인할 필요가 있다.

그렇다면 가설은 어떻게 검증할 수 있을까? 그에 대한 하나의 답은 이책에서 여러 차례 중요성을 강조해 온 '행동'이다. 검증을 위한 행동, 즉 실험을 해 보는 것이다.

고객에 대한 해상도가 충분히 높다면 고객은 상상한 대로 반응할 것이다. 업계나 조직과 같은 시스템에 대한 해상도가 높다면 그 시스템에어떤 자극을 주었을 때 시스템은 여러분의 예상대로 움직일 것이다. 만약 가설이 잘못되었다면 예상과 다른 방식으로 움직이고 실험은 실패로끝날 수 있다. 하지만 실패를 통해 얻어진 새로운 정보를 바탕으로 배우고, 생각하고, 다시 한번 실험한다면 점차 높은 해상도에 도달할 수 있을 것이다.

사실 우리는 날마다 실험을 하고 있다. 누군가에게 메일을 보낼 때도'이렇게 쓰면 이런 답변이 오겠지.'라고 예상하며 문장을 작성한다. 상대방에 대한 해상도가 높다면 아마 그 가설은 맞을 것이고 예상한 대로 답변이 돌아올 것이다. 예상과 다른 반응이 돌아왔다면 그 사람에 대한 해상도가 별로 높지 않았다는 뜻이다. 그렇다고 해서 그것이 잘못된 것은아니다. 그 사람에 대한 해상도를 높이기 위한 배움의 기회로 활용할 수있다.

이 책에서는 해상도를 높이기 위한 핵심 요소를 정보×사고×행동으로 정리했는데, 실험이라는 행동을 통해 해상도를 높이기 위한 독자적인 사고의 계기를 얻을 수 있다.

초등학교 과학 시간에 수행하는 실험도 자연과 물리 현상이라는 시스템을 대상으로 자신들의 가설을 검증하고 자연과 물리 현상에 대한 해상도를 높이는 행동이다. 비즈니스에서는 사람과 사회라는 시스템을 대상으로 실험을 수행함으로써 자신들의 가설을 검증하고 해상도를 높여 나간다.

과학의 최첨단 연구에서도 어느 정도까지는 논문을 읽거나 학회에 참여하면 해상도를 높일 수 있다. 그러나 일정 이상 깊어지면 전인미답의 영역에 도달하게 되고 거기서 한층 더 높은 해상도에 도달하려면 스스로 실험해 보는 수밖에 없다. 비즈니스도 마찬가지다. 어느 정도까지는 정보 수집이나 분석만으로 도달할 수 있지만 그 이후에는 행동하고 실험해야 해상도를 높일 수 있다. 특히 비즈니스 현장이나 최첨단 영역, 불확실성이 높은 신규 사업에서는 기존 정보가 없는 경우가 많아 직접 실험을 통해 정보를 획득할 필요성이 높아진다.

실험은 현재의 해상도를 확인할 수 있는 기회이기도 하다. 창업가에게 흔히 보이는 특징은 행동에 대한 거부감이 적고 과도하다고까지 느껴질 만큼 적극성을 보인다는 점이다. 예를 들어 아이디어가 떠올랐다면 혹은 떠올리지 않았더라도 일단 경연대회나 프로그램에 지원해 보는 행동이

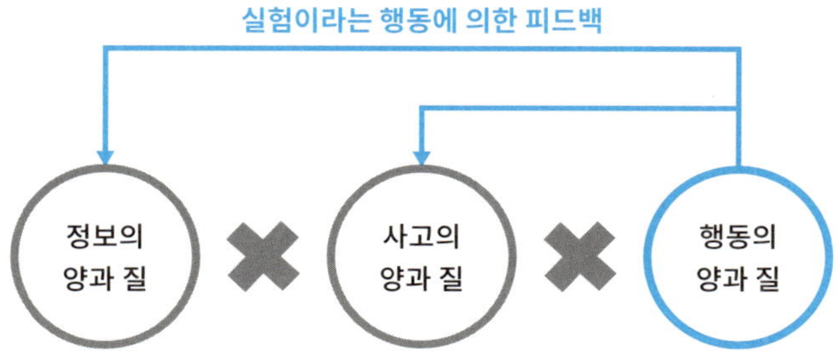

그렇다. 이들은 경연대회를 아이디어의 좋고 나쁨을 평가하는 실험의 장으로 파악해 자기 해상도의 현재 위치를 확인하고 있는 것이다. 개중에는 "상을 받지 못해도 괜찮다. 지원하면 피드백을 받을 수 있고 새로운 선택지가 보이기도 한다. 그래서 일단 행동한다."라고 말하는 창업가도 있다. 이러한 행동을 지속하는 창업가일수록 빨리 배우고 진행도 빠른 것처럼 보인다.

이제부터는 과제와 해결책의 해상도를 높인 뒤 그 가설이 어느 정도 올바른지를 검증하기 위한 몇 가지 힌트를 살펴보고자 한다.

MVP를 만들어 확장성 없는 일을 하기

완벽한 실험을 하겠다고 생각하면 해상도에 기반한 제품을 만들고 여유 있는 마케팅 비용을 투입해 확산시킨 뒤 고객이나 사회의 반응을 살펴보는 방식이 되기 쉽다. 하지만 시간과 자금이 많이 들어 오히려 실험이 아니라 본 제품이 되고 말 것이다.

실험은 가성비가 좋은 작은 단위로 진행하는 것이 바람직하다. 그리고 본 제품에 가까운 형태에서 피드백이 돌아오는 실험이 되도록 실험 방법을 고민해야 한다. 이 실험 방법을 생각하는 것은 매우 창조적인 노력이다.

예를 들어 3장에서 소개한 MVP(최소 기능 제품)는 일종의 실험이다. 최소한의 기능만 갖춘 제품을 만들고 판매해 봄으로써 과제와 해결책의 방향성이 맞는지 확인할 수 있다.

다만 무엇이 '최소 기능'인지, 어느 정도의 엉성함까지 허용할 수 있는지는 시대와 상황에 따라 달라진다. 2010년 전후라면 앱을 종이로 만든 유사 프로토타입으로 어느 정도 사용자로부터 좋은 피드백을 얻을 수 있었을지도 모른다. 그러나 2020년대에 들어서는 그러한 품질의 프로토타입으로는 좋은 피드백을 얻을 수 없을 것이다. 자동화가 진행된 기업용 제품의 경우 3장에서 설명한 음식점 예약 사례처럼 사람의 손을 매개로 하는 서비스로는 최소한의 처리 속도를 충족하지 않으므로 최소 기능이라고 할 수 없을지도 모른다.

과거의 패턴을 그대로 따르기보다는 지금 시점에서의 최소 기능이 무엇인지를 생각해 보자. 그렇다고 너무 철저하게 만들지는 않도록 균형을 살펴보면서 만들어 보자. 다만 사람은 너무 철저하게 만들려는 경향이 있으므로 스스로 보기에도 아직 엉성하다고 생각하는 단계에서 내보이기를 추천한다.

논문은 개요를 작성하는 데서부터[1], 전략 컨설팅은 그림 콘티를 그리는 데서부터[2] 시작된다는 말이 있다. 이처럼 최소한의 형태를 만들어 주위와 공유하고 반응을 살펴보면 자신들이 생각하고 있는 방향이 올바른지를 이른 단계에서 알 수 있다. 만약 잘못되어 있다면 자신의 해상도를 더욱 높이기 위한 정보를 얻었다고 생각하고 정보×사고×행동의 주기로 돌아가 해상도를 더욱 높여 나가면 된다.

게다가 실험적으로 만들어 보는 과정에서 새로운 가치를 깨닫는 경우도 있다. 예를 들어 창고용 운반 로봇은 창고 내 화물 운반을 효율화하기 위해 고안되었지만 실제로 제작해 작동시켜 보니 단순히 인간의 작업이 줄어서 효율화하는 것뿐만이 아니라는 사실을 깨닫는 사람이 생겨났다. 창고 면적을 줄일 수 있다는 사실도 알게 된 것이다. 기존에는 사람이 지나가거나 화물을 들 때 쪼그려 앉을 수 있도록 통로에 어느 정도 폭이 필요했다. 로봇으로 최적화하면 통로 폭을 좁혀도 되고, 그 결과 창고 면적의 축소로 이어졌다. 실제로 만들어 보고 작동시켜 보았기 때문에 비로소 새로운 가능성을 깨달을 수 있는 것이다.

---

1 《망상하는 머리 사고하는 손 ― 상상을 뛰어넘는 아이디어 만드는 법(妄想する頭 思考する手 ― 想像を超えるアイデアのつくり方)》(2021)
2 《기획서는 어떻게 만들어지는가?》(에이지21, 2022)

'손으로 생각하기'의 중요성을 언급했듯이 그야말로 실험은 손을 움직여 보는 일이기도 하다. 사람은 행동을 귀찮아하는 경향이 있지만 그 장벽을 뛰어넘어 실험이라는 행동을 취할 때 해상도는 훨씬 높아진다.

스타트업 세계에는 '확장성 없는 일을 하라.'라는 말이 있다.[3] 스타트업은 결국 확장해서 급속도로 확대하는 것이 목적인데, 초기에 확장성 없는 일을 하라니 언뜻 모순처럼 들릴 수도 있다. 하지만 여기에는 이유가 있다. 확장성 없는 일을 하면 고객과 직접 접촉할 수 있어 고객에 대한 해상도가 높아지는 것이다. 또한 확장성 없는 일을 전제로 서비스를 구축하면 빠르게 서비스를 시작해 실험을 하고 해결책의 가설을 검증할 수도 있다.

예를 들어 미국의 식사 배달 서비스 도어대시(DoorDash)를 살펴보자. 사업을 확장하려면 배달원 대상 시스템을 만들거나 배달원을 고용해야 한다. 이를 처음부터 실현하려고 했다면 실제 서비스 론칭까지 몇 개월이나 걸렸을 것이다. 그러나 도어대시의 창업자들은 처음에는 자신들이 직접 배달을 했다. 그렇게 해서 아이디어를 떠올린 지 몇 시간 만에 서비스를 시작할 수 있었고, 배달 과정에서 고객과 직접 대화하며 어떻게 서비스를 개선하면 좋을지를 물어보면서 개선의 주기를 돌려 나갔던 것이다.

이상과 동떨어진 최소한의 내용이라도 실제로 서비스를 론칭해 보면 그 해결책이 정말로 필요한지를 알 수 있다. 그리고 아직 자동화되지 않은 번거로운 프로세스를 자신들이 직접 수행해 보면 해결책의 어느 부분이 중요한지, 어느 부분이 언젠가 자동화될 수 있을 것 같은지도 알 수 있다. 자신들이 만든 시스템을 사용해 직접 배달을 해 보면 배달원 입장에서 시스템의 어디가 불편한지도 체감할 수 있다.

즉, '확장성 없는 일'을 통해 해결책의 MVP를 만드는 것이다. 이 방식

3　Do Things that Don't Scale (paulgraham.com, 2013년 7월)
　http://paulgraham.com/ds.html

은 다양한 서비스나 제품에 적용할 수 있다. 예를 들어 사용자 리뷰를 수집해 정보를 제공하는 웹 서비스를 구상하고 있다면 실제로 제품을 만들기 전에 대안으로 고객에게 정보를 제공하는 컨설팅을 해 보는 것도 좋다. 연구실 등에서 배양한 최신 기술을 응용하는 제품 개발을 생각하고 있다면 그 기술을 활용해 수탁 개발이나 수탁 연구를 진행해 보는 것도 한 가지 방법이다. 이러한 과정을 통해 고객의 과제와 해결책에 대한 해상도가 높아지고, 고객이 원하는 제품 요건을 점차 알게 된다.

'확장성 없는 일을 하기'는 다시 말해 '발로 뛰는 일을 하기'라고도 표현할 수 있다. 과제의 '깊이' 부분에서 살펴봤듯이 많은 창업가가 초기에는 직접 발로 뛰는 행동을 통해 많은 배움을 얻었다. 그리고 발로 뛰는 일은 오늘부터라도 시작할 수 있고, 오늘부터라도 배움을 시작할 수 있다는 뜻이다. 언론을 보다 보면 기발하고 세련된 아이디어가 있으면 곧바로 사업이 성공한다는 환상을 갖게 된다. 하지만 그러한 사례가 주목받는 이유는 오히려 예외적이기 때문이라는 점을 잊어서는 안 된다. 그런 환상을 떨쳐 내고, 오히려 초기 단계에서는 매출이라는 성과보다 배움을 얻는 것이 중요하다는 점을 인식하자. 확장성 없는 일을 통해 해상도를 착실히 높이는 것이 차별화의 원천이 된다.

반면에 스타트업을 목표로 한다면 급성장해 나갈 필요가 있다. 그래서 성공한 스타트업 기업은 확장성 없는 일을 하면서도 매출이나 활성 사용자(active users) 수를 매주 5~10%씩 성장시키는 목표를 동시에 설정한다. 그러한 성장 곡선을 동시에 내걸어 확장성 없는 일과 성장의 양립을 목표로 하는 것이다. 이를 가능하게 하려면 아무래도 '확장성 없는 일'의 업무 일부를 점차 자동화해야 한다는 압박이 발생한다. 실제로 도어대시의 창업자들도 확장성 없는 일을 하면서 점차 그 업무의 일부를 자동화해 나갔고, 결국 미국 전역의 각 도시에서 서비스를 제공하는 기업으로 성장했다.

꼭 지금 바로 서비스를 시작해서 고객을 통한 학습을 시작해 보길 바란다.

자기 돈을 내어 과제의 크기를 검증하기

좋은 과제의 조건 중 하나로 과제의 크기가 중요하다고 설명했다. 과제의 크기는 상대방이 실제로 돈을 지불할 의사가 있는지를 통해 어느 정도 검증할 수 있다.

'그 제품이 정말 필요하다.'라는 열정적인 말을 들었다고 해도 곧이곧대로 믿는 것은 경계할 필요가 있다. 상대방이 자기 돈을 내지 않는다면 그것은 진심이 아니다. '좋네요.', '원해요.', '있었으면 좋겠어요.', '그렇게 하고 싶어요.'라는 말만으로는 과제의 가설이 검증되었다고 할 수 없다. 이러한 말은 단순한 공감이나 빈말에 그치는 경우가 많기 때문이다.

따라서 '원한다.'라는 말이 아닌 '실제로 돈을 지불해 주는지', '하고 싶다.'라는 말이 아닌 '이미 그런 행동을 하고 있는지'를 확인하자.

예를 들어 해결책의 아이디어를 설명하는 인터뷰를 진행한 뒤 '원한다.'라는 말을 들었다면 "그럼 '이 요건을 충족한 제품이 만들어진다면 비용을 지불하겠다.'라는 각서에 서명해 주실 수 있습니까? 실제로 만들어지기 전까지는 비용을 청구하지 않겠습니다."라고 물어보고 반응을 살펴보자. 정말로 원한다면 당장 금전적 부담이 없는 상황이므로 서명해 줄 것이다. 망설이는 것 같다면 앞서 말한 '원한다.'라는 말은 빈말로 받아들이는 편이 좋을 것이다. 이때 왜 망설이는지를 물어보는 것도 공부가 된다. 예를 들어 '이 기능이 빠져 있어서 지금은 서명하기 어렵다.', '나는 필요하다고 생각하지만 상사에게 확인해야 한다.'와 같은 답이 돌아올 것이다. 다시 "그 기능을 추가하겠다고 약속한다면 각서에 서명할 수 있습니까?"라고 물어보면 그 망설임이 얼마나 진심이었는지를 짐작할 수도 있을 것이다.

또한 지불 의향 금액으로 과제의 해상도가 어느 정도 높은지도 판단할 수 있다. 충분히 넓은 시야에서 과제를 파고들고 구조화가 잘 이루어졌다면 고객의 버닝 니즈가 드러나 있을 것이다. 그리고 정말로 고객의 과제가 버닝 니즈라면 아직 품질이 낮은 제품이라도 상당히 높은 금액을 지불하겠다는 약속을 해 줄 것이다. 만약 높은 금액을 지불하지 않는다면 아직 과제의 해상도가 높다고 할 수는 없다.

자기 것을 내는 대상은 돈뿐만이 아니다. 시간이나 평판이라는 관점에서도 자기 것을 내주는 것으로 진정성을 알 수 있다. 예를 들어 전문적인 기능을 가진 사람이 시간을 내어 도와줄 의향이 있는지, 소개의 위험성을 무릅쓰고 누군가 다른 사람이나 고객 후보를 소개해 줄지도 그 아이디어에 얼마나 전망이 있는지를 나타내는 좋은 지표가 된다.

여러분도 친구에게서 "앱을 하나 만들었는데 써 보고 혹시 괜찮으면 좀 도와줘.", "주변에 소개해 줬으면 해."라는 말을 들었을 때, 정말로 좋은 앱이라면 조금 도와줘도 좋다고 생각하거나 주변에 소개해 줄 것이다. 그러나 전망이 없다고 느낄 때는 '요즘 너무 바빠서.', '나중에 기회가 되면 이야기해 볼게.'와 같이 완곡하게 거절하거나 말을 흐리지 않을까?

이처럼 돈을 지불해 달라, 시간을 써 달라, 자신의 신뢰를 걸고 소개해 달라는 요청에 대해 상대방이 실제로 자기 것을 투자할 의사가 있는지를 확인해 보면 진정성 있는 검증이 가능해진다.

시스템을 작동시켜 시도하기

고객의 과제뿐만 아니라 업계의 과제나 조직의 과제도 실험을 통해 어느 정도 파악할 수 있다.

가전 시스템을 잘 이해하고 있다면 어느 버튼을 누르면 기기가 작동하고 멈추는지 알고 있을 것이다. 마찬가지로 자사의 조직이라는 시스템을 이해하고 있다면 누구에게 자극을 주어야 조직이라는 시스템이 움직이기 시작하는지 어느 정도는 예상할 수 있다. 이러한 예상을 하면서 시스템에 자극을 주고 실제로 일어나는 일을 살펴보는 것, 즉 실험을 통해 '구조'의 시점에서 해상도가 충분히 높은지 확인할 수 있다.

카오스 엔지니어링(chaos engineering)이라 불리는, 의도적으로 장애를 발생시켜 현실에 가까운 불안정한 상태를 만들어 취약한 부분이나 복구 능력을 검증하는 방법도 있다. 앞서 언급했듯 시스템은 종종 의도하지 않은 행동을 할 때가 있다. 이러한 행동이 잘 일어나는 상황을 일부러 실험적으로 만들어 보면 예상 밖의 시스템 행동을 사전에 확인할 수 있다.

만약 가설과 다른 반응이 돌아온다면 그것을 배움으로 삼아 해상도를 더욱 높여 나가자.

끈기 있게 계속 개선하기

실험의 성공 정도는 자신이 세운 가설이 얼마나 맞았는지가 아니라 얼마나 많은 배움을 얻었는지로 측정하자. 반대로 실험을 통해 배움을 얻지 못한다면 그것은 실패다. 가설이 틀렸더라도 그 자체는 해상도를 높이는 데 있어 실패가 아니다.

이 책의 처음에서 강조했듯이 해상도를 높이는 핵심은 '먼저 행동하기', '끈기 있게 임하기', '틀을 의식하기'다. 행동을 함으로써 해상도를 높일 기회를 얻을 수 있다. 실험이나 행동을 하는 것은 귀찮다. 가설이 틀린 경우도 많고, 큰 타격을 입는 경우도 있을 것이다. 그때마다 마음이 꺾일 것처럼 느껴질지도 모른다.

그러나 실험을 하지 않으면 자기 해상도의 현재 위치조차 확인할 수 없다. 해상도가 어느 정도 높아졌다고 생각한다면 곧바로 실험을 해 보자. 처음의 가설이 틀렸더라도 계속해서 끈기 있게 개선해 보길 바란다. 그 끈기로 분명히 많은 것을 배울 수 있고, 누구보다도 높은 해상도에 도달하게 될 것이다.

행동함으로써 기회를 만들어 내기

마지막으로 실험을 비롯한 행동은 검증 이외의 효과도 있다는 점을 언급해 두고 싶다.

해상도를 높인다는 것은 어떻게 보면 '기회를 확인하기 위한' 수단이다. 사안의 해상도를 높이는 과정에서 간과하고 있던 비즈니스 기회나 과학적 발견을 깨달을 수 있다.

동시에 행동은 '기회를 만들어 내는' 것이기도 하다. 행동하면 주변 환경이 바뀌고, 새 기회가 생길 수도 있다.

예를 들어 실험이라는 행동을 시작하면 여러분이 무엇을 하고 있는지를 아는 사람이 늘어나게 된다. 그 결과 여러분의 활동에 관심을 갖는 사람들이 주변에 모일지도 모른다. 그렇게 되면 그들의 도움을 받아 새로운 기회를 추구할 수 있게 되고, 새로운 정보가 유입되면서 사안이 단번에 진전되는 경우도 생길 수 있다.

사회에서 이상하다고 느낀 점을 호소하면 규칙이 바뀌고, 그 변화로 새로운 기회가 생겨나는 경우도 있다. 예를 들어 기후 변화 대책의 일환으로 이산화탄소 배출을 추적하는 것이 사회 규범이나 제도로 정착된다면 그 주변 영역에서 새로운 비즈니스를 생각해 볼 수도 있다.

"스스로 기회를 만들어 내고, 기회를 통해 스스로를 바꿔라." 리쿠르트 창업자인 에조에 히로마사가 한 말이다. 스스로 기회를 만들어 내려면 행동이 필요하다. 철저하게 정보를 수집하고 머리를 짜내어 끈기 있

게 생각하면서 실험하는 것. 행동을 통해 여러분 주위의 환경이 바뀌고
여러분 자신의 미래도 바뀌며 새로운 기회가 생겨난다. 그러기 위해서
라도 행동하는 것을 적극적으로 실천하길 바란다.

08

미래의 해상도를
높이기

과제란 이상과 현상의 간극

지금까지는 과제가 존재한다는 전제로 이야기해 왔다. 많은 사람에게 과제란 타인의 과제이거나 상사나 경영자로부터 주어지는 것으로, 과제가 존재한다는 것은 명백하다. 예를 들어 고객의 과제를 해결하는 경우 고객이 갖고 있는 과제의 해상도를 높이게 된다. 젊은 사람이라면 상사로부터 대략적인 과제의 틀이 주어지고, 그 안에서 과제의 해상도를 높일 것을 요구받는다.

관리자나 경영자의 입장에 가까워질수록 자유도는 커지고, 점차 과제를 선택할 수 있게 된다는 것은 4장에서 설명한 대로다. 다만 실제로 자신이 과제를 선택할 수 있는 위치에 서게 되었을 때 고민해야 할 것은 '과제가 어디에 있는가'만이 아니다. 미래의 이상을 어떻게 설정할지도 고민해야 한다. 과제란 이상과 현상의 간극이기 때문이다. 이상이 없으면 과제는 존재하지 않는다. 과제를 선택한다는 것은 이상을 선택하는 것이기도 하다.

예를 들어 자사의 매출이 지금보다 몇 배로 성장한 상태를 이상으로 설정한다면 현재 매출과 이상의 매출 사이의 간극이 과제가 된다. 매출을 올리기 위한 해결책으로는 다양한 수단이 있을 것이다. 영업을 강화하거나 전혀 다른 상품을 판매하는 방법도 있을 수 있다. 반면 매출이 아닌 이익을 몇 배로 늘린 상태를 이상으로 설정한다면 매출 확대뿐만 아니라 비용 절감이라는 방법을 취할 수도 있을 것이다. 이익이 아닌 이익률을 이상으로 삼을 수도 있고, 매출이나 이익보다 사회에 더 큰 가치를 제공하는 것을 자사의 이상으로 설정할 수도 있다. 이상의 설정은 자유도가 높다.

그러나 이상의 설정은 잘못하면 위험해질 수 있다. 이상을 어떻게 설정하느냐에 따라 과제의 방향성이 달라지기 때문이다. 매출 2배를 선택할지,

이익 2배를 선택할지에 따라 과제는 전혀 달라진다. 매출을 선택하더라도 지금보다 10% 증가한 매출을 이상으로 삼을지, 2배의 매출을 이상으로 삼을지에 따라 과제와 해결책은 크게 달라질 것이다. 이상의 설정은 방향성뿐만 아니라 목표 수준의 설정도 자유롭다.

그리고 이상의 설정은 자유도가 높은 만큼 어려운 작업이다.

지금까지 많은 기업은 '비용 절감'을 이상으로 설정해 왔다. 이는 바람직한 모습을 그리기 쉽고, 위험성도 적으며, 설정하기 쉬운 이상이라고 할 수 있다. 그러나 그런 비용 절감의 이상만으로는 막다른 길에 다다랐다고 느끼는 기업이 늘어나면서 최근에는 새로운 가치를 창출하기 위한 이상을 그리는 방법을 모색하고 있는 것 같다. '자사 혹은 자사 제품의 바람직한 미래는 어떤 모습인가?' 혹은 '자신들은 이 사회를 어떻게 만들어 나가고 싶은가?'와 같이 자신들의 이상을 생각하는 것의 비중이 점점 커지고 있다.

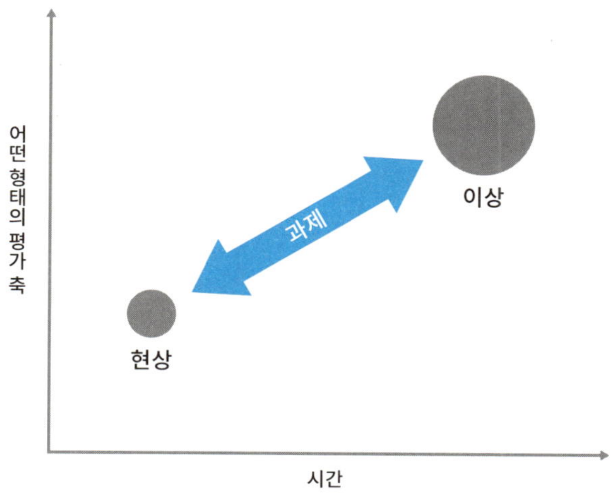

그렇다면 이러한 이상의 미래에 대해 어떻게 해상도를 높여 갈 수 있을까? 이 책의 마지막에서는 '목표로 삼고 싶은 미래상에 대한 해상도를 높이는 방법'을 생각해 보며 이야기를 마무리하고자 한다.

미래를 그리기 위해 필요한 '분석'과 '의지'

이상의 미래에 대한 해상도를 높이려면 먼저 미래를 어느 정도 높은 해상도로 예측할 필요가 있다. 여기서는 과제와 해결책의 해상도를 높일 때와 마찬가지로 정보 × 사고 × 행동의 세 가지가 중요하다.

먼저 정보와 사고다. 정보가 있다면 약간의 사고만으로 알 수 있는 미래도 있다. 인구 구조[1]가 그 일례다. 미래의 생산연령인구는 현재의 출생 수라는 정보가 있으면 거의 알 수 있다. 20년 뒤 성인이 될 인구는 곧 올해 태어난 신생아의 수이기 때문이다. 물론 이민과 같은 변수도 고려해야 하지만 전체적인 흐름이 크게 바뀌지는 않는다. 마찬가지로 20년 후 은퇴해 노후를 보내게 될 사람의 수 역시 현재의 인구를 보면 상당한 정확도로 추측할 수 있다. 그에 따라 형성될 시장 규모 역시 예측 가능하다. 이러한 미래는 말하자면 '일어날 일이 거의 정해져 있는 미래'다.

제도라는 정보를 통해 보이는 미래도 있다. 현재 수립된 제도의 효과가 나타나려면 몇 개월 혹은 몇 년이 걸린다. 길게는 5년이나 10년이 지나서야 그 영향이 나타나는 경우도 있지만 제도를 시행하기로 결정한 시점에서 변화의 방향은 이미 정해진다. 경영학자 피터 드러커는 제2차 세계 대전 이후 시행된 재향군인 재적응법(Servicemen's Readjustment Act), 즉 퇴역 군인에게 장학금을 제공하는 제도를 보고 이후에 일어날 지식사회의 도래를 '이미 일어난 미래'로 간주했다.[2]

이 책에서도 몇 차례 언급한 2050년 탄소중립도 제도적 합의를 바탕으로 한 '이미 일어난 미래'로 볼 수 있을 것이다. 그 미래를 향해 큰 변화가 일어날 것이라는 점은 약속되어 있다. 이를 위협으로 받아들일지, 기회로 받아들일지는 각자의 선택에 달려 있다.

---

1   《기업가 정신》(한국경제신문사, 2004)
2   《경영인의 비전》(YBM, 1996)

이처럼 적절한 정보와 사고가 있다면 어느 정도까지는 미래를 예측할 수 있다. 매년 연말연시가 되면 '내년이나 올해는 어떤 기술이나 비즈니스가 유행할까?'라고 예상하는 기사가 쏟아지는데 이러한 미래 예상도 정보와 사고에 의해 성립된다.

여기서 해상도를 한층 더 높이기 위해 필요한 것이 행동이다. 전문가를 인터뷰해서 자신보다 더 높은 전망을 가진 사람의 의견을 참고할 수도 있다. 혹은 미래를 살아가고 있는 듯한 선도적인 사람들을 관찰하며 어떤 힌트를 얻을 수도 있다. 그렇게 얻은 정보를 바탕으로 Why so?를 반복해서 묻다 보면 통찰을 끌어낼 수 있고, 미래를 논하는 커뮤니티에 참여해 정보를 얻을 수도 있을 것이다. 새로운 기술을 실제로 체험해 보거나 업계 구조를 분석하고 시스템으로 파악해 어떤 시간 축에서 변화가 일어날지를 생각해 보는 것 등 지금까지 살펴본 '해상도를 높이는 방법'은 모두 미래를 생각할 때도 적용할 수 있다.

그러나 완벽한 미래 예측은 어려운 법이다. 세계적인 감염병이나 대규모 자연재해가 발생한다는 것은 예전부터 예상하고 있었지만 그것이 언제 발생할지는 알 수 없다. 실제로 발생하고 나서야 갑작스럽게 닥친 일처럼 느껴지는 경우도 많다. 어떤 사건을 계기로 나비 효과와 같은 연쇄 반응이 일어나 전혀 예상하지 못한 방향으로 사태가 전개되기도 한다. 무엇이 일어날지, 그것이 언제 일어날지, 그리고 그 영향이 어떤 범위에 미칠지를 정확히 예상하기란 매우 어렵다.

미래는 아직 결정되어 있지 않고, 미래 예측은 좀처럼 들어맞지 않는다. 그러나 바뀔 가능성이 있고 아직 정해져 있지 않기에 우리가 바라는 미래를 만들어 갈 수도 있다. 우리는 미래에 영향을 줄 수도 있는 것이다. 미래 예측은 시험처럼 객관적인 정답과 오답이 있는 것이 아니라 노력에 따라 자신이 상상한 미래를 이뤄 정답으로 만들어 갈 수도 있다. 그러므로 중요한 것은 '여러분 자신은 어떤 미래를 만들고 싶은지', 즉 미래에 대한 의지다.

현장의 실무자나 컨설턴트라면 해상도를 높여서 상황을 정확히 분석하고 핵심 이슈를 파악한 뒤 여러 해결책의 장단점을 비교해 객관적으로 올바른 판단을 내리는 것만으로도 충분할 수 있다. 성과도 이익과 매출로 측정하는 경우가 대부분일 것이다. 그러나 경영층에 가까워질수록 그 이상의 것이 요구된다. 앞에서 이익을 내는 것을 이상의 한 예로 들었지만, 이익은 어디까지나 회사 존속의 전제 조건이며 이익을 내기 위해서만 회사가 존재하는 것은 아니다. 따라서 그것만으로는 좋은 이상이라고 할 수 없다. 이익이 나고 있다는 것은 회사의 건강 상태를 나타내는 좋은 지표다. 그러나 대부분의 회사에서 건강하다는 것이 최우선의 존재 목적은 아니다. 사람도 단지 건강하기 위해서만 살아가는 것은 아니듯, 회사도 건강한 상태를 바탕으로 뭔가를 달성하는 것이 본래 하고 싶은 일일 터다(건강 상태가 나쁘면 건강해지는 것을 최우선 목표로 삼을 수도 있다. 다만 그것은 일시적인 이야기다).

그 '뭔가'가 바로 이상이며, 그것을 정하는 것이 경영층이다. 즉, 경영층에 가까워질수록 과제를 설정하기 위해 이상의 미래를 그리기 위한 의지나 회사의 존재 의의를 어떻게 정할 것인지가 관건이 된다. 경영이란 분석이나 예측만으로 이루어지는 것이 아니다. 의지의 요소 또한 강하다.

물론 미래를 모두 뜻대로 만들 수는 없다. 시대의 흐름에 역행하는 것은 불가능하다. 배로 급류를 탈 때 강의 흐름을 거슬러 움직이는 것은 거의 불가능한 것과 같다. 그러나 그 흐름 속에서도 의지를 갖고 어느 방향으로 나아가고 싶은지는 정할 수 있다. 강의 중간에 장애물을 놓아 물길을 바꿀 수도 있을 것이다. 미래도 마찬가지다. 시대의 큰 흐름을 거스를 수는 없지만 강한 의지를 갖고 임한다면 행선지를 선택하거나 흐름을 조금 바꿀 수는 있다.

이상의 미래를 정할 때는 '예측이 절반, 의지와 바람이 절반'이 될 것이다. 예측에 관한 논의는 《슈퍼 예측, 그들은 어떻게 미래를 보았는가》[3] 등 다양한 서적이 있으므로 이 책에서는 다루지 않겠다. 이 책에서는 이제부터 자기 자신의 '의지와 바람'을 어떻게 정할지를 생각해 보고자 한다. '이랬으면 좋겠다.'라는 미래의 바람을 그리는 일은 쉬워 보이지만 실제로는 어렵기 때문이다.

미래 세대의 시좌에 서서 '바람직한 모습'을 생각하기

미래에 대한 생각이나 바람을 이미 갖고 있는 사람도 있을 것이고 그렇지 않은 사람도 있을 것이다. 이미 '이런 사회를 만들고 싶다.'라는 이상을 지닌 사람이라면 이 절은 굳이 필요없을지도 모른다. 그러나 아직 미래에 대한 생각이나 바람을 갖고 있지 않다면 그것을 생각할 때 추천하는 방법이 하나 있다. 미래를 살아갈 누군가의 시좌에 서 보는 것이다.

지금은 아직 태어나지 않은 미래 아이들의 시좌에 서서, 그들의 시야에 어떤 미래가 펼쳐져 있으면 기쁠지 혹은 어떤 미래만큼은 피했으면 좋을지를 생각해 보는 것이다.

핵심은 지금부터 '이랬으면 좋겠다.'라는 미래를 생각하는 것이 아니라 미래 세대의 시좌와 시점에서 생각하는 것이다. 지금 자신의 시좌에서 미래를 상상하면 지금까지의 연장선에 있는 미래나 뉴스 등에서 설명하는 식의 일반적인 미래만을 떠올리기 쉽기 때문이다.

아메리카 원주민은 의사 결정을 할 때 일곱 세대 뒤의 자손까지 고려한다고 한다. 그들에게는 '지구는 선조로부터 물려받은 것이 아니라 후손에게서 빌린 것이다.'라는 격언도 있다. 우리는 미래를 아이들로부터 위탁받은 것이고, 그것을 적절히 운용할 책임이 있다는 새로운 시점을 얻을 수 있다. 우리는 선조로부터 환경과 문명이라는 재산을 상속받은

---

3 《슈퍼 예측, 그들은 어떻게 미래를 보았는가》(알키, 2017)

상속인이자, 동시에 몇 세대 뒤 자손들의 재산을 맡고 있는 신탁재산관리인이다. 이렇게 생각하면 재산을 운용할 때 스튜어드십(stewardship)을 의식하게 되고, 스스로 미래 세대를 이해관계자로 포함해 의사 결정을 할 수 있게 된다.

우리말에도 여덟 대 뒤의 자손을 가리키는 운손이라는 단어가 있다. 대략 200년 뒤의 미래 세대의 시좌에 서서 사안을 생각해 보는 것은, 우리의 시점을 반강제적으로 미래로 옮기고 장기적인 사고로 전환하게 만든다. 이렇게 미래의 자손들이 살아갈 사회를 생각해 보면 지금 우리가 해야 할 일도 조금씩 보이기 시작한다.

예를 들어 기후 변화로 평균 기온이 4도 상승했다고 하자. 기상 이변이 빈발하고 식량 사정도 크게 달라질 그 세계를, 지금을 살아가는 우리는 길어야 수십 년 정도 경험하게 될 것이다. 그러나 앞으로 태어날 아이들은 수십 년 어쩌면 100년 이상을 그런 세상에서 살아가야 한다. 기온이 상승한 세상이 혹독하다면 거기서 살아가는 자손들은 지금의 우리를 어떻게 바라볼까? 우리 선조가 무엇을 해 주었으면 하고 생각할까?

'그 세대 사람들이 ○○를 해 주었기 때문에 지금이 존재한다.'라고 말해 줄 수 있는 판단을 지금 제대로 하고 있는지 생각해 보길 바란다. 반대로 '그 세대 사람들이 ○○를 하지 않았기 때문에 지금 우리가 고생하고 있다.'라며 후손이 규탄할 일을 지금 하고 있지 않은지를 생각해 보자. 이처럼 '지금의 판단이 미래 후손의 시좌에서 평가받아도 견딜 수 있는가'를 묻는 일은 미래를 깊이 생각하기 위한 한 가지 방법이다.

모든 사람이 이런 시점을 가져야 하는 것은 아니다. 지금을 살아가는 중에 큰 리스크를 갖고 있는 사람이나, 필사적으로 지금을 살지 않으면 살아남는 것조차 벅찬 사람들에게 이런 의식을 갖도록 강요하기는 어렵고 위험한 일이기도 하다. 하지만 조금이라도 여유가 있는 사람들이라면 먼 미래의 시좌에 서서 생각하고 지금의 행동을 되돌아볼 수는 있을 것이다. 그리고 이 방법은 새로운 사업을 생각하는 데도 효과적이다. 미래 사회에서 필요해질 가능성이 큰 사업이기 때문이다.

스타트업 육성 기관인 와이콤비네이터(Y Combinator)의 공동 창업자 폴 그레이엄은 '미래에 살고 있다고 상상하면서 미래에 결여된 것을 만드는 것'[4]이 아이디어 발상의 비결이라고 말했다. 미래 세대의 시좌에 서서 그 시좌에서 역산해 미래에 있어야 할 사업이나 없으면 이상한 사업을 생각해 보면 앞으로 크게 성장할 사업의 힌트를 얻을 수 있다.

아직 태어나지 않은 미래 세대의 시점에서 지금 해야 할 일이나 정책을 고민하는 실천은 '미래 디자인(future design)'으로 알려져 있다.[5] 가상의 미래 세대라는 개념을 활용해 그들이 살아갈 사회를 생각하는 방법이다. 일본의 지자체는 이러한 관점을 중요하다고 여겨, 일부 지자체에서는 미래국이나 미래과와 같은 부서를 시범적으로 만들기 시작했다.

제프 베이조스가 경영하던 시절의 아마존에서는 중요한 회의 때 일부러 공석을 하나 마련해 두었다고 한다. 그 자리에는 가장 중요한 이해관계자인 '고객'이 앉아 있다고 가정하고, 고객의 존재를 의식하기 위함이었다. 이 방식을 응용한다면 중요한 회의에서 한 자리를 비워 두고 그 자리에 미래를 살아갈 아이나 자손이 앉아 있다고 상상해 볼 수도 있을 것이다. 이런 장치를 통해 미래의 이해관계자, 즉 미래관계자(futureholder)[6]에 대한 공감을 형성하고, 미래의 시좌에서 현재를 생각하는 일은 지금 당장이라도 실천할 수 있다.

6장 해결책의 '시간' 파트에서 장기적으로 생각하는 것의 이점과 시좌를 생각하는 것의 중요성 그리고 미래에서 역산해 생각하는 '거꾸로 사

---

4 Want to start a startup?" (paulgraham.com, 2012년 11월)
   http://paulgraham.com/startupideas.html
5 《미래 디자인과 철학 ― 세대를 초월한 대화(フューチャー・デザインと哲学 ― 世代を超えた対話)》(2021)
6 《The good ancestor ― 우리는 '좋은 조상'이 될 수 있을까(グッド・アンセスター ― わたしたちは「よき祖先」になれるか)》(2021)

고하기'라는 방법을 설명했다. 장기적인 시간의 폭을 100년, 200년 뒤까지 늘려 보는 것은 미래의 해상도를 높이는 중요한 힌트가 될 것이다.

우주의 시좌에 서서 인류의 과제를 생각하기

먼 미래의 시좌에 선다는 것은 시간적인 시좌를 멀리 옮긴다는 뜻이다. 마찬가지로 공간적인 시좌를 멀리 떨어뜨려 보면 큰 미래를 생각할 수도 있다.

이 책에서는 시좌를 높이는 비유로 '새의 눈'이라는 표현을 사용했다. 일부 창업가들은 그보다 더 높은 시좌, 마치 우주에서 지구를 내려다보는 듯한 전체감으로 지구 환경과 인류의 이상을 이야기하곤 한다. 그렇게 함으로써 세계 문제나 인류 규모의 과제를 가려 내는 것이다. 새의 눈을 뛰어넘어 '인공위성의 눈으로 보기', 사장의 시좌를 뛰어넘어 '인류의 시좌에 서기'라고 표현해도 좋을 것이다. 먼 시점에서 바라보면 큰 과제를 발견할 수 있다. 이 책에서도 여러 차례 언급했던 일론 머스크는 2012년 캘리포니아 공과대학 졸업식 축사에서 페이팔(PayPal)이라는 성공적인 창업 이후 다음으로 무엇을 할지 고민하던 당시를 회상했다. 그때 그는 '돈을 버는 데 가장 좋은 방법은 무엇일까?'가 아니라 '인류의 미래에 가장 큰 영향을 미칠 것은 무엇일까?'를 생각했다고 한다. 그 생각의 결과가 테슬라(Tesla)와 스페이스엑스(SpaceX)처럼 거대한 영향력과 동시에 수익성까지 갖춘 사업으로 이어졌다.

이 책에서 계속 강조해 왔듯이 큰 과제에 임할수록 만들어 낼 수 있는 가치도 커진다. 가치의 크기는 결국 과제의 크기로 거의 결정된다. 큰 과제에 임하는 장점은 단지 큰 가치를 창출할 수 있다는 것뿐만이 아니다. 큰 과제는 안타깝게도 쉽게 해결되지 않는다. 그래서 오랜 시간에 걸쳐 지속적으로 해결하는 것이 요구된다. 그 과제에 임하는 기업은 장기간에 걸쳐 가치를 만들어 낼 수 있다. 반면 단기적이고 일과성인 작은 과제에 임하는 기업은 끊임없이 업태를 바꿔야만 하고, 그때마다 기업의 존망을 거는 것이 숙명이 된다.

다만 눈앞의 작은 사건을 분석하는 것도 중요하므로 단순히 높은 시좌가 무조건 좋다고 말할 수는 없다. 최근에는 인공위성이 촬영하는 이미지의 분해능이 1미터 이하에 이르렀다고 알려져 있다. 석유 탱크의 그림자 길이에서 탱크의 저장량을 판별해 정보를 에너지 관련 기업이나 투자자에게 제공하고, 기업이나 투자자는 그 정보를 토대로 투자 여부 등을 판단하는 비즈니스도 존재한다. 시좌가 높은 창업가의 역할은 우주에서의 시좌에 서서 때로는 지구의 전체상을, 때로는 아주 정밀한 현장의 상황을 살펴보며 적절한 비즈니스의 판단을 내리는 것이다. 양쪽의 시좌를 오가는 것을 잊지 말길 바란다.

누군가가 맡아 주었으면 하는 큰 과제를 짊어지고 미래를 이어가기

'100점 만점의 시험'과 '1조 점 만점의 시험' 중 어느 쪽에 도전하는 것이 좋은가라는 이야기를 했다. 이는 미래의 과제에도 그대로 적용된다. 학교 시험처럼 100점 만점의 과제에 100% 완벽하게 답해 100점을 얻을 것인지, 아니면 1조 점 만점의 과제에 0.01% 바르게 답해 1억 점을 얻을 것인지는 여러분의 선택에 달렸다.

개인적인 바람을 말하자면 더 많은 사람이 커다란 사회적 과제에 도전했으면 한다. 거기에는 거대한 비즈니스 기회가 존재하고, 큰 과제에 임하는 사람은 아직 많지 않아 희소성이 있다. 무엇보다도 압도적인 가치를 만들어 낼 가능성이 있기 때문이다.

큰 과제가 잘 보이지 않는다고 느끼는 사람도 있을 것이다. 그럴 때는 조사를 하거나 다른 사람의 이야기를 들어 보자. 세간에서 말하는 사회 과제나 남에게 배운 과제가 스스로 발견한 것이 아니라고 해서 좋지 않다고 생각할 필요는 없다. 다만 항간에 유통되는 사회 과제는 해상도가 낮아 단순히 높은 시좌에서 바라보는 것만으로는 충분하지 않다. 인류의 시점을 가지면서 눈앞의 고객이 가진 과제를 해결하는 것을 잊지 말길 바란다. 제대로 해결하고자 하면 여러분 자신이 해상도를 높여 나가야 하고, 그 과정에서 여러분만 알아차린 뛰어난 과제에 도달할 수도 있을 것이다.

'누군가가 나서서 해결해 주었으면 좋을 만큼 의미 있는 큰 과제'에 스스로 임하는 것도 한 가지 좋은 방법이다. '누군가가 임했으면 한다.'라고 바란다는 것은 거기에 과제가 있다고 인식하면서도 임하는 것은 자신이 아니라고 생각한다는 뜻이다. 힘들어 보인다거나 너무나 야심 차서 위축되어 버리기 때문이라면 오히려 기회다. 힘들다고 생각하는 사람이 많고 도전하는 사람이 적어서 경쟁이 줄어들기 때문이다. 그리고 의미 있는 과제라면 도와주는 사람도 늘어난다. 성공 확률이 조금 높아지는 것이다. 스타트업 세계에는 '귀찮은 일이야말로 기회다.'라는 말이 있다.[7] 커다란 아이디어를 떠올릴 때의 요령은 '나는 미래를 위해 어떤 과제를 해결해야 하는가?'라고 묻기보다 일단 자신을 배제하고 '다른 사람은 미래를 위해 어떤 과제를 해결해야 하는가?'를 생각해 보고, 그 해야 할 일을 자신이 맡아 버리는 것이다. 이것은 미래의 큰 과제를 선택할 때 한 가지 지침이 된다.

큰 과제에 임하려고 하면 자신은 해결책이 떠오르지 않을 때도 있을 것이다. 그때는 외부에서 자원을 얻을 수단을 생각해 보자. 자신이 갖고 있지 않은 자금이나 사람과 같은 자원을 외부에서 확보하는 순간 선택지는 단번에 넓어진다. 그리고 미래를 향한 큰 과제이면서 사회적으로 의미

7 Schlep Blindness(paulgraham.com, 2012년 1월)
   http://www.paulgraham.com/schlep.html

있는 과제일수록 도와주는 사람이 늘어나 상대적으로 수월해질 것이다.

물론 큰 과제에 도전하는 것은 두려운 일이다. 의식이 높다며 비아냥을 듣는 경우도 있을 것이다. 모든 것을 깔끔하게 해결하는 것은 불가능할지도 모른다. 1%라도 해결할 수 있다면 감지덕지일 수도 있다. 가령 1억 점 만점의 과제에 0.001% 바르게 답해 1,000점을 얻었음에도 100점 만점의 시험에서 100점을 받은 100%인 사람과 비교당해 '0.001%밖에 맞히지 못했다.', '99.999%를 틀렸다.', '목표를 달성하지 못하고 실패했다.'라며 헐뜯길 수도 있다. 잘못될 비율의 크기가 두려워 대부분의 사람은 결국 작은 과제를 선택한다.

그러나 그렇게 무서워하는 사람이 많으므로 큰 과제에 임하는 것의 이점은 커진다. 많은 사람이 큰 과제를 외면하는 만큼 결과적으로 경쟁은 줄어든다. 인재로서의 희소성도 높아져 주목받게 될 것이다. 게다가 큰 과제에 임해야 시좌가 높은 동료를 더 많이 얻을 수 있고 삶도 풍요로워진다. 그리고 큰 방향성까지 있다면 설령 자신의 도전이 실패하더라도 같은 영역의 다른 기업이 성장하고 있을 테니 그 기업에 취직하기도 쉬울 것이다.

큰 과제에 도전하는 열의는 주변으로 전파되고 주위에도 같은 과제에 도전하는 사람이 늘어난다. 설령 여러분이 실패하더라도 움직임은 여러분의 노력만큼 조금이나마 앞으로 나아간다. 탄력이 붙는다면 그 움직임은 그대로 계속 이어질 것이다. 여러분은 혼자가 아니다. 인간의 영위는 계속된다. 혼자서 모든 것을 성공시키지 못해도, 가령 실패로 끝나더라도 그 생각과 여러분이 그린 미래상은 계승되고 언젠가 커다란 움직임으로 이어져 갈 것이다. 좋은 미래상이라면 분명 미래 세대도 공감해 줄 테니 미래 세대에 맡길 수도 있다. 그리고 필사적으로 배턴을 이어 나간다면 분명 언젠가 여러분이 해결하고 싶었던 과제가 해결된 미래가 찾아올 것이다.

이를 위해서라도 여러분이나 필자와 같은 한 사람 한 사람이 큰 과제에 임하기 시작하는 것이 중요하다.

미래를 향해 행동하고 끈기 있게 계속 생각하기

미래상의 해상도를 높이려면 행동해야 한다는 점을 마지막에 다시 강조하고 싶다.

미래의 해상도에서도 정보×사고×행동이 중요하다는 점을 전했다. 그중에서도 미래에 대해 가장 어려운 것은 행동이다. 미래의 이상을 정하는 것도 어렵지만 그 이상을 향해 움직이는 것은 더 어렵기 때문이다.

사회 과제의 해결에서 가장 어려운 것은 '답을 내는 것'이 아니라 '답을 살아가는 것'이라고 일본 전역에 어린이 식당[8]을 확산시킨 것으로 잘 알려진 유아사 마코토는 지적한다.[9] 예를 들어 일본 정부는 매년 국가 전략이나 비전을 발표한다. 이는 하나의 '답'이자 미래의 이상이다. 마찬가지로 훌륭한 이상이나 비전을 가진 사람도 적지 않다. 다만 그럼에도 사회가 크게 변하고 있다는 실감을 주는 사람은 그리 많지 않다. 그것은 이상처럼 살아가는 사람, 즉 행동하는 사람이 적기 때문이 아닐까?

그러나 이상을 살아가지 않으면, 행동하지 않으면, 미래의 해상도는 높아지지 않는다.

기후 변화 대책이 중요하다고 생각하면서도 햄버거를 먹을 때 대체육을 적극적으로 선택하는 사람은 아직 그리 많지 않다. 하지만 실제로 먹어 보면 맛과 가격이 어떤지 체험할 수 있다. 그렇게 경험해 보면 지금은 무엇이 충분하고 무엇이 부족한지가 조금씩 보이기 시작한다. 부족한 부분을 알게 되면 어쩌면 그것이 과제로 보일 수도 있다. 그 과제 자체는 자기 자신이 해결할 수 없을지도 모른다. 하지만 몇 가지 행동을

---

8 (옮긴이) 일본에서 지역 어린이에게 저렴한 가격이나 무료로 식사를 제공하는 곳
9 《계속 이어지다, 어린이 식당(つながり続ける こども食堂)》(2021)

해 나가다 보면 그중에는 해결할 만한 과제도 있을 것이다. 그것을 찾았다면 끈기 있게 생각해 보고 행동하거나 실험해 보는 것이 바로 미래의 이상을 살아간다는 의미가 아닐까? '미래를 살아가면서 결여되어 있는 것을 만든다.'라는 발상은 스타트업의 아이디어를 발견하기 위한 한 가지 방법으로 알려져 있다고 앞에서 설명했다[10]. 미래를 살아가는 것은 분명 사업의 기회도 제공해 준다.

미래의 해상도를 높이려면 손으로 생각하는 것도 중요하다.

미래에 있어야 할 것을 조금 만들어 보고 손을 움직여 보면 미래의 윤곽이 조금씩 보이거나 새로운 형태가 떠오르거나 새로운 가능성을 깨닫는 경우도 있다. 찰흙을 주물러 형태를 만들어 가는 과정에서 계획과는 다른 형태가 나올 가능성이 보이게 되는 것과 같다. 미래를 형상화한다고 할 때 영어로는 흔히 'Shape(형상화하다)'라는 단어를 사용한다. 미래의 해상도를 높인다는 것은 실제로 손을 움직여 감촉을 느끼면서 미래를 형상화해 가는 일이기도 하다.

그렇게 손을 움직이거나 행동을 시작하고 끈기 있게 계속 임하는 것. 조금이라도 자신이 이상으로 삼은 삶의 방식을 살아가고자 해 보는 것. 이것이 우리의 미래를 바꿔 가는 힘이 되는 것이 아닐까?

미래가 어떻게 될지에 관한 정보를 수집하고 생각하면서 그 미래를 향해 한 걸음 내딛는 행동을 하는 것은 그 길이 옳은지 아닌지를 확인하는 가장 확실한 방법이다. 한 걸음 내디디면 한 걸음 앞의 미래에 도달한다. 한 걸음 앞의 지점에서 보이는 경치는 원래 자리에서 보던 경치와는 조금 다르다. 열 걸음 나아가면 나아간 만큼 미래의 해상도는 높아질 것이다.

처음부터 높은 해상도의 미래를 그릴 필요는 없다. 콜럼버스가 아메

---

10 "How to Get Startup Ideas"(paulgraham.com, 2012년 11월)
   http://paulgraham.com/startupideas.html

리카 대륙을 발견했을 때처럼 막연하더라도 나아가야 할 방향만 맞다면 걷기 시작하는 것만으로도 미래는 조금씩 보이게 된다.

우리 한 사람 한 사람이 미래를 개척하는 개척자다. 그 한 걸음 한 걸음이 아직 개척되지 않은 미래를 열고 사회를 조금씩 앞으로 나아가게 한다. 한 걸음 나아간 앞에서 보인 경치의 정보를 토대로 사고를 거듭하고 행동과 실험을 반복하며 다시 한 걸음 나아가는 것이 바로 미래를 살아가고 미래의 해상도를 높인다는 뜻일 것이다.

이 책에서 제시한 몇 가지 힌트가 여러분의 현재와 미래의 해상도를 높이고 과제를 해결하며 미래를 형상화하는 데 작은 도움이 되기를 바란다.

지금 여러분이 보는 풍경이, 그리고 조금 앞에 기다리고 있을 미래가 선명하고 깨끗하기를, 그리고 그 아름다운 미래를 높은 해상도로 바라보고자 할 때 이 책의 내용이 활용될 수 있다면 더할 나위 없겠다.

미래의 해상도를 높이고 이상을 설정하는 일은 스스로 과제를 설정할 수 있는 일부 경영자에게만 필요한 일이라고 생각될지도 모르지만 그렇지 않다. 우리는 적어도 자기 자신에 대한 이상만큼은 정할 수 있다. 우리는 우리 자신의 경영자이자 주인이기도 하기 때문이다.

사업이 아닌 개인의 삶이라는 차원에서도 미래의 시좌에 설 수 있다. 자신의 인생을 돌아보았을 때 올바른 선택을 했는지, 재미있었다고 말할 수 있는 삶이었는지, 타인을 배려하며 살아왔다고 말할 수 있는지를 생각해 보는 것은 미래를 기점으로 생각하는 한 가지 방법이다. 지금 자신의 시좌에서 미래에 어떻게 되어 있고 싶은지를 생각하는 것이 아닌, 미래를 기점으로 지금을 되돌아보거나 '미래에 어떻게 되어 있고 싶은가?'가 아닌 미래의 자신이 어떻게 있고 싶은지, 바꿔 말하면 미래의 자신은 어떤 감정을 느끼며 매일매일을 살아가고 싶은지를 생각하고 이를 위해 지금 무엇을 하면 되는지를 생각해 보는 것이다.

물론 우리는 미래만을 위해 사는 존재는 아니다. 즐거움을 모두 미루고 오로지 미래를 위해 저축하고 일만 하다 끝난다면 무엇을 위한 인생인지 알 수 없을 것이다. '지금을 살아가는 것'도 중요하다. 다만 조금만 미래로 시선을 향해 보는 것은 지금을 더 잘 살아가기 위한 힌트를 주기도 한다. 예를 들어 '돈 걱정을 하지 않아도 된다면 무엇을 할까?'를 생각해 보고, 그때 하고 싶은 일을 지금 시작해 보는 것도 한 가지 방법이다.

미래의 자신이 후회하지 않으려면 제프 베이조스의 '후회 최소화 프레임워크'를 참고할 수도 있다. 그는 자신이 80세가 되었을 때를 상상하고, 거기서 돌아봤을 때 후회할지라는 관점으로 생각해서 창업이라는 선택을 했다고 한다.

자신이 바라는 이상적인 경력을 떠올려 보고 현재와의 사이에 간극이 있다면 그것이 바로 과제다. 그 과제의 해상도를 높여 보자. 과제를 해결하려면 어떻게 하면 좋을지를 생각하고, 해결책의 해상도를 높여 보길 바란다. 20년 후 미래에 자신의 시좌에 서서 생각해 보자. 지금의 자신에게 무엇을 고맙다고 하고, 무엇에 쓴소리를 할 것인가? 기술을 갈고닦은 점일까? 누군가와 우정을 키워서 다행이었다고 말할 것인가? 아니면 아무것도 하지 않은 지금의 자신을 책망할 것인가?

경력의 이상을 정하는 일은 쉽지 않다. '어떤 직업인가?', '어떤 회사인가?'를 정하는 것보다 그 이후의 '어떻게 살고 싶은가?'라는 이상상을 설정하는 편이 더 도움이 될 때도 있다. 방향성만 정해도 스토리는 훨씬 그리기 쉬워진다.

단순히 어떻게 있고 싶은지를 구체적으로 정하는 것뿐만이 아니라 미래에 이르는 길을 제대로 생각하는 것도 중요하다. 행동 계획을 세우고 특정 상황에 놓였을 때 어떻게 대응할지를 미리 정해 두는 것만으로도 행동은 훨씬 수월해진다. 의사 결정의 도구로는 10 - 10 - 10 개념을 활용해 10분 후, 10개월 후, 10년 후를 상상해 보는 것도 한 가지 방법이다. 목표나 행동 계획을 글로 적어 보면 해상도는 더 높아진다.

이 책을 집어 들었다는 것은 자신이나 주위의 해상도에 대해 뭔가 과제를 느꼈기 때문일 것이다. 그러나 과제를 생각하기에 앞서 이상적인 상태를 먼저 떠올려 보았는가? 미래의 이상상을 정하지 않았다면 사실은 아직 과제의 해상도를 높이기 전 단계일지도 모른다. 그렇다면 자신이나 자기 주위의 이상적인 상태를 10초라도 좋으니 떠올려 보길 바란다. 그리고 지금 자신이나 팀의 상태와 비교해 보자. 거기에 간극이 있다면 그것이 바로 과제다. 그 간극인 과제의 해상도를 높여 보자. 과제의 깊이와 넓이, 구조 그리고 시간으로 나누어 생각해 보길 바란다. 해결책도 마찬가지로 깊이와 넓이, 구조, 시간이라는 시점으로 생각해 보자.

이 책에서 다룬 해상도를 높이는 방법은 자신이나 주위 팀처럼 가까운 곳에서도 적용할 수 있다. 그리고 이러한 사고의 '틀'은 의식적으로 사용할수록 점점 더 익숙해진다. 연습 삼아 다양한 상황에서 시도해 보길 권한다.

맺음말

이 책은 그동안 스타트업을 대상으로 제작해 왔던 여러 슬라이드 가운데 해상도를 높이기 위한 방법론을 추려, 넓은 범위로 모든 사업가를 대상으로 재구성한 것이다. 출발점이 스타트업이었고 아이디어의 초기 단계에서 해상도를 높이는 데 초점을 두었으므로, 비즈니스가 크게 성장한 이후에는 다소 다른 방법론이 필요할 수도 있다. 다만 본질적인 부분은 크게 달라지지 않을 것이라 생각한다.

이 책의 첫머리에서는 웨이트 트레이닝을 예로 들어 해상도의 요소를 설명했다. 웨이트 트레이닝이 좋다는 점이나 웨이트 트레이닝을 하는 방법에 대해서는 이미 알고 있는 사람이 많을 것이다. 그러나 결국 근력이 붙느냐는 실제로 행동하느냐에 달려 있다. 이 책의 내용도 마찬가지다. 웨이트 트레이닝처럼 실천하지 않으면 힘은 생기지 않는다. 능숙해지려면 역시 행동을 해야 하고, 진심으로 행동하지 않으면 좀처럼 익혀지지 않는다. 창업가 여러분을 지켜보면 진지한 약속과 행동에서 얻은 배움이 성장의 큰 원동력이 되는 것 같다.

사고는 운동과 같다고 생각한다. 올바른 지도를 받고 훈련하면 어느 정도까지는 능력을 키울 수 있다. 그러나 웨이트 트레이닝을 한동안 쉬면 근육이 줄어들 듯, 생각하는 것이 적어지면 사고력도 둔해진다. 날마다 행동하지 않으면 행동력도 쉽게 잃는다. 해상도도 마찬가지다. 조금만 게을리해도 보이는 경치는 흐릿해지고, 현장에 나가지 않으면 현장감은 사라진다. 안경을 며칠 닦지 않으면 먼지와 얼룩으로 뿌옇게 되는 것처럼, 해상도를 높이기 위한 노력은 계속해서 이어져야 한다.

2장의 칼럼에서 해상도를 높이는 것은 세상의 아름다움을 아는 것이라고 썼다. 아마 그것은 한순간에 눈앞이 탁 트이는 경험으로 다가오는 것은 아니다. 처음 뭔가를 경험할 때는 그런 충격을 받을 수도 있지만, 그 이후에 더 아름다운 것을 느끼기 위해서는 고통에 몸부림치면서 나아가는 시기가 반드시 찾아온다. 오히려 그런 시간이 대부분이다. 아름다운 것을 계속 깨달으려면 이를 악물고 한 걸음씩 나아가며 배움을 멈추지 않아야 한다. 그것이 바로 해상도를 높인다는 뜻이며, 세상의 아름다움과 존재 의의를 아는 것이기도 하다. 괴로운 것은 여러분만이 아니다. 필자도 그리고 이 책을 읽는 다른 독자도 괴로움과 마주하며 조금이라도 더 아름다운 경치를 보기 위해, 혹은 그러한 경치를 미래에 만들어내기 위해 조금씩 앞으로 나아가고 있다.

이 책을 통해 그것이 전해졌다면 좋겠다. 그리고 이 책이 해상도를 높이는 데 기술적·감정적인 도움이 되고, 독자 여러분이 한 걸음 나아가는 데 도움이 되길 바란다.

사고는 공동 작업이라고 이야기했는데, 이 책도 많은 분과의 공동 작업을 통해 여기까지 올 수 있었다.

먼저 수많은 선배의 책을 참고하여 여러 저자의 사고와 공동 작업을 통해 이 책을 집필했다. 수많은 서적 중에서도 특히 참고한 책으로는 《의사 결정을 위한 '분석의 기술'》,《문제 발견 프로페셔널》,《맥킨지식 사고와 기술》,《생각 전개의 기술 : 겹눈사고법》,《이슈에서 시작하라》, 《학술 논문 작성법》,《바바라 민토 논리의 기술》,《논리적 사고의 핵심 기술》,《사고의 교실 ─ 능숙하게 사고하는 레슨》[1]을 꼽고 싶다.

또한 초고 단계의 원고를 읽고 의견을 준 도미타 가나 씨, 에비타니 나쓰미 씨, 전작 《미래를 구현하다》에 이어 이번 책의 출판과 편집에 힘

---

1 《의사결정을 위한 '분석의 기술'(意思決定のための「分析の技術」─ 最大の経営成果をあげる問題発見・解決の思考法)》(1998), 《문제 발견 프로페셔널(問題発見プロフェッショナル ─「構想力と分析力」)》(2001), 《맥킨지식 사고와 기술》(거름, 2003), 《생각 전개의 기술 : 겹눈사고법》(아롬미디어, 2007), 《이슈에서 시작하라》(에이지21, 2011), 《학술 논문 작성법》(휴먼싸이언스, 2017), 《바바라 민토 논리의 기술》(더난출판사, 2019), 《논리적 사고의 핵심 기술(論理的思考のコアスキル)》(2019), 《사고의 교실 ─ 능숙하게 사고하는 레슨(思考の教室 ─ じょうずに考えるレッスン)》(2020)

써 준 에이지 출판사의 야스무라 유키코 님과 다카노 다쓰나리 님 그리고 날마다 새로운 통찰을 나눠 준 창업가 여러분에게도 감사의 마음을 전하고 싶다.

이 책을 통해 독자 여러분과 사고의 공동 작업을 이어갈 수 있다면 그리고 무엇보다 여러분이 뭔가 행동을 해 봐야겠다고 생각했다면 날마다 해상도를 높이고자 노력하는 한 사람의 동료로서 더없이 기쁠 것이다.

가능하다면 이 책에 대한 해상도를 높이기 위해 여러분이 좋아하는 공간에서 이 책을 통해 배운 점이나 느낀 점을 책에서 설명한 틀을 활용해 '언어화'해 보길 바란다. 여러분의 언어를 통해 필자도 배우고 싶다. 그렇게 여러분과 함께 해상도를 높이는 틀을 다듬어 가면서 더 높은 해상도로 미래를 그려 나갈 수 있기를 같은 시대를 살아가는 한 사람으로서 진심으로 기대하고 있다.

부록: 해상도를 높이는 틀 리스트

이 책에서 소개한 48가지 틀 리스트다. 해상도를 높이려면 끈기 있게 틀에 따라 정보×사고×행동을 계속해야 한다.

'2장 당신의 현재 해상도를 진단하자'를 참고하여 그때그때 부족한 시점을 체크하면서 필요한 틀에 따라 행동해 보자. 팀에서 '지금 필요한 것은 이 틀이 아닐까?'하고 공유하는 것도 추천한다.

'깊이'의 시점에서 해상도를 높이는 틀

틀 1   **언어화하여 현 상황을 파악하기(외부화) 83**

쓰기

소리를 내어 말하기

틀 2   **조사하기(내부화) 89**

최소 100가지 사례를 수집하기

서점에 가서 관련 책을 전부 사기

인터넷 검색 결과는 최소 10페이지까지 보기

영상이나 강연으로 최신 정보를 파악하기

데이터 분석을 하기

고객 마니아가 되자!

틀 3   **인터뷰하기(내부화) 99**

의견이 아닌 사실을 듣기

반구조화 인터뷰로 통찰을 얻기

인터뷰 상대는 인간관계를 활용하면서 외부에서도 필사적으로 찾기

인터뷰 상대의 '이야기를' 엮어 내기

설문 조사가 아니라 인터뷰를 하기

50명을 인터뷰해야 비로소 입구에 선다

인터뷰 시 주의점

'백문백견이
불여일험'

사람이나 돈은
'지금은 없을' 뿐이라고
생각하기

사회 계층,
시장 계층,
업계 계층, …

기존의
트레이드오프를
무너뜨릴 수 있는가?

과제는
움직이는 과녁

사실은
큰 가치를 창출하는
작은 첫걸음이 아닐까?